O poder simbólico

Título original:
Le Pouvoir Symbolique

© Pierre Bourdieu

Introdução: © Diogo Ramada Curto, Nuno Domingos, Miguel Bandeira Jerónimo
e Edições 70, 2011

Tradução: Fernando Tomaz

Revisão: Luís Abel Ferreira

Capa: FBA

Depósito legal n.º 483707/21

Biblioteca Nacional de Portugal – Catalogação na Publicação

BOURDIEU, Pierre, 1930-2002

O poder simbólico. - (História & sociedade)
ISBN 978-972-44-2308-1

CDU 316
165
111
32

ISBN: 978-972-44-2308-1
ISBN da 1.ª edição: 978-972-44-1666-3

Paginação:
MJA

Impressão e acabamento:
PAPELMUNDE
para
EDIÇÕES 70
Maio de 2021 (2011)

Direitos reservados para todos os países de língua portuguesa
por Edições 70, à excepção dos textos inclusos nos Apêndices.

EDIÇÕES 70, uma chancela de Edições Almedina, S.A.
LEAP CENTER – Espaço Amoreiras – Rua D. João V, n.º 24, 1.03
1250-091 Lisboa – Portugal
e-mail: editoras@grupoalmedina.pt

www.edicoes70.pt

Esta obra está protegida pela lei. Não pode ser reproduzida,
no todo ou em parte, qualquer que seja o modo utilizado,
incluindo fotocópia e xerocópia, sem prévia autorização do Editor.
Qualquer transgressão à lei dos Direitos de Autor será passível
de procedimento judicial.

Pierre Bourdieu

O poder simbólico

Nota à 2ª Edição

Vinte anos depois

Sem cair na celebração fácil em torno deste livro e do seu autor, defendemos que se trata de uma obra que não perdeu a actualidade. Pelo contrário, os seus argumentos principais impõem-se, neste momento, como instrumentos de um combate, frente aos sinais cada vez maiores que vão dando os poderes hegemónicos instalados nas suas rotinas, nos seus malabarismos tecnocráticos dissimulados e até nas suas presunções progressistas. Tudo isto, imagine-se, quer dentro dos muros da universidade, quer espalhando-se a partir desta com a força de uma *doxa*, ou seja, sem discussão. Pois é inegável que, nas últimas duas décadas, se alteraram profundamente as condições de exercício das ciências sociais em geral, incluindo da sociologia e das humanidades. Por exemplo, a França de Bourdieu perdeu influência no mercado da sociologia, tal como no da história ou da antropologia. A começar pelo facto do francês ter deixado de ser uma língua de comunicação internacional, pelo menos entre professores e alunos. Paralelamente, assistiu-se a uma espécie de fim da figura do intelectual comprometido, grosseiramente substituído pelos fazedores de opinião, um género de especialistas de todas as generalidades

VIII | O PODER SIMBÓLICO

suscitados pelo espectáculo permanente dos meios da comunicação. Em compensação, impuseram-se alguns modelos
norte-americanos ou anglo-americanos, que Bourdieu denun-
ciava como dotados de uma vocação hegemónica, na aparência universalizante. Assim, com a legitimidade própria do mercado e dos efeitos da procura, as vogas de estudos culturais,
das ciências da comunicação, da ciência política e da filosofia
política constituíram-se nas principais disciplinas, nas especialidades mais reconhecidas porque mais vendáveis, de um
campo que parece ter abandonado ambiciosos projectos
orientados para pensar historicamente as ciências sociais e
humanas, submetendo estas a um permanente escrutínio
crítico e reflexivo de um ponto de vista sociológico.

O Brasil, com a sua riqueza de tradições de análise do
social, com os seus olhares cosmopolitas e a sua escala, afigu-
rou-se em melhores condições para se interessar pela obra de
Bourdieu, apropriando-se dela no interior de um quadro
muito próprio de que fazem parte muitas outras filiações. Por
sua vez, num meio institucionalmente frágil como o que se
encontra em Portugal, no que respeita às universidades e aos
centros de investigação dedicados às ciências sociais e humanas, a evolução registada nas últimas décadas manifestou-se
em três aspectos principais, cuja enunciação não esconde a
permanência de um conjunto de problemas ([1]).

([1]) Para além das questões mais propriamente morfológicas de
recrutamento e de financiamento, um inventário dos problemas que
afectam a organização das universidades e dos centros de pesquisa em
ciências sociais e humanas, em Portugal, deveria incluir as seguintes
rubricas. Primeiro, o modo peculiar como se organizam as carreiras pres-
sionando os que progridem a assumir funções administrativas; trata-se de
uma pressão que corresponde a lógicas internas da distribuição do
poder, bastante promíscuas e bem diferentes das que dividem professores e administradores noutros sistemas universitários; ora, a referida
pressão implica quase sempre o abandono da investigação por parte da
generalidade dos professores dobrados de administradores autodidactas. Em segundo lugar, a estrutura piramidal e extremamente hierárquica de um sistema de investigação e ensino que coloca no topo
professores dobrados de administradores, cada vez mais afastados da
investigação – muitas vezes a bem da criação de oportunidades para os

VINTE ANOS DEPOIS

Em primeiro lugar, adoptou-se de uma forma rígida a dicotomia teoria-metodologia. Mau grado a incapacidade de constituir a partir desta mesma dicotomia um conjunto de

---

mais jovens ou pelo menos utilizando-a como pretexto para a sua própria demissão das actividades de pesquisa –, tem muitas vezes conduzido à abertura de ciclos irreversíveis de mediocridade; ou seja, os critérios de recrutamento dos mais jovens impostos por professores-administradores – extremamente inseguros dos seus créditos científicos, logo, receosos de que o seu próprio poder possa ser posto em causa, ainda por cima pelos mais jovens, para além de já o ser por muitos dos seus pares – não favorecem o livre-pensamento, pelo contrário, potenciam o respeito pelas verdades mais ortodoxas, a conformidade com um cânone desactualizado e um lugar apenas para os que não criem ondas de contestação ou de irreverência crítica e se limitem a obedecer aprendendo a comportar-se como os seus mestres, ou seja, como aprendizes dos reis do veludo. Em terceiro lugar, o convite à concentração tanto do ensino como da pesquisa – no interior de um mundo académico, é certo, com pouca escala e, por isso mesmo, obcecado com a criação de grandes projectos – tem conduzido a uma ainda maior concentração de poderes na figura do professor-administrador; os ressentimentos deste, pelo abandono da pesquisa e não só, raras vezes deixam margem para a existência de bolsas, mesmo que pequenas, mas dotadas de autonomia; ora, estas últimas, se não forem sustentadas por modos ainda que precários de institucionalização, morrem por asfixia ou pelo menos por falta de contacto com as gerações mais jovens e com os seus melhores representantes. Em quarto lugar, é inegável que a fragilidade de um sistema desta natureza não se faz sem uma aparente fachada de produção científica e bibliográfica onde a principal panaceia consiste nos temas do excepcionalismo português que alimentam um bem sucedido mercado de consumo dos inefáveis bens nacionais; este último, numa das áreas de maior divulgação, é formado por uma recuperação acrítica do neo-lusotropicalismo, das biografias dos grandes heróis e políticos, e da saudosa nobreza – tudo temas que permitem a construção de narrativas ou de romances históricos, para doutrinar um público por parte de uma nova espécie de missionários do alfabeto, que explicitamente se apartam de uma concepção crítica e vigilante das ciências sociais e humanas como um todo. Por último, a inconsistência e o atraso na institucionalização da investigação e do ensino das ciências sociais e humanas também criaram as condições para que os mais bem preparados, que são também os preteridos por um sistema centrado na figura do professor-administrador, procurem, no exterior, outras vias de reconhecimento; a uma escala nacional, a política e os circuitos mais mediáticos surgem, então, como

operatórias capazes de treinar os investigadores na pesquisa do social, programas existem, na actualidade, de pós-graduação em sociologia que se baseiam obsessivamente em tal divisão, cujas raízes Bourdieu, no capítulo deste livro dedicado à sociologia reflexiva, atribuía a essa *holding* formada por Talcott Parsons e Paul Lazarsfeld. De um lado, estariam as teorias professorais acerca dos autores, reproduzidos nos seus conceitos e nas suas abstracções teóricas. Do outro, os preceitos metodológicos e as técnicas de análise de dados com o seu horror à reflexão epistemológica. No meio, só haveria lugar para as teorias de médio alcance de Robert Merton, perdendo-se completamente o sentido da análise da sociedade, e com ela a noção mais experimental e, por isso mesmo, mais difícil, de uma teoria da prática, capaz de produzir conhecimento sobre objectos concretos e de simultaneamente reflectir e pôr em causa os esquemas em que se baseia essa mesma construção. É neste quadro que ganha, aliás, sentido a denúncia paradoxal e irónica de Bourdieu neste livro, segundo o qual o ensino da sociologia – fundado em tais divisões e dicotomias – se constitui muitas vezes num obstáculo ao progresso da sociologia, ou seja, do conhecimento do social ([2]). É também neste mesmo quadro de denúncias que

---

as duas grandes alternativas; porém, se estas favorecem carreiras individuais alternativas, em nada ajudam à criação de novas condições institucionais que permitam fazer desenvolver uma nova geração.

([2]) Este sumário da teoria sociológica norte-americana empreendido por Bourdieu coloca dois problemas. Por um lado, o de se saber quais os verdadeiros interesses e os conhecimentos do autor relativamente à sociologia produzida nos Estados Unidos e que se encontram muito para além deste quadro, construído para efeitos de polémica e investido de um sentido caricatural. A evidente inspiração de Thorstein Veblen em relação às formas mais conspícuas de consumo, o exemplo de concentração no trabalho empírico da escola de Chicago de Robert E. Park e Ernest Burgess, a sociologia do conhecimento de Wright Mills e Alvin Gouldner, o interaccionismo simbólico e a análise das instituições de Erving Goffman, o paralelismo com as análises de Howard S. Becker em relação às práticas culturais e artísticas – são tudo temas e referências que não cabem no referido quadro e de que Bourdieu fez uso. A própria noção de uma sociologia de combate – assumida como um projecto de

VINTE ANOS DEPOIS | XI

deve ser entendida, mais recentemente, a crítica sistemática e radical de Bourdieu às sócio-filosofias que, incapazes de analisarem um campo objectivado de práticas sociais, acabam por projectar intuições e prescrições filosóficas sobre o que consideram ser o social sem que este se constitua propriamente em objecto de estudo ([3]).

Em segundo lugar, será de reparar que o carácter hermético ou simplesmente obscuro favorecido por aquela dicotomia, associado a jogos de palavras e exercícios de estilo ditos conceptuais ou teóricos, acabou por provocar uma reacção

---

orientação política e de denúncia radical, fundada numa vigilância permanente dos instrumentos, instituições e lugares a partir dos quais o conhecimento do social é produzido – tem igualmente paralelo com muitas reflexões desenvolvidas por sociólogos norte-americanos, veja-se, a título de exemplo, *Varieties of Political Expression in Sociology*, introdução de Tom Bottomore, conclusão de E. Digby Baltzell (Chicago: The University of Chicago Press, «An American Journal of Sociology Publication», 1972). Por outro lado, como se verá mais adiante a propósito da análise do *político*, a recepção de Bourdieu nos Estados Unidos, ou de um modo geral no interior do mundo académico anglo-americano, foi igualmente pejada de equívocos que ainda se encontram por esclarecer e influenciaram, como se de um jogo de espelhos se tratasse, a própria ideia que Bourdieu acabou por formar desse mesmo mundo. Sem preocupações de exaustividade veja-se, a título de exemplo: o diálogo de surdos, com poucas ou nenhumas repercussões, patente na obra colectiva organizada por Pierre Bourdieu e James S. Coleman, dirs., *Social Theory for a Changing Society* (Boulder, Nova Iorque: Westview Press, Russell Sage Foundation, 1991); as considerações acerca das supostas ambiguidades pós-modernas de Bourdieu em Craig Calhoun, *Critical Social Theory: Culture, History, and the Challenge of Difference* (Oxford, Cambridge, Mass.: Blackwell, 1995), pp. 132-161; e o paralelo entre a teoria concreta dos campos de Bourdieu e as teorias de médio alcance de Merton segundo Nicos Mouzelis, *Sociological Theory: What went wrong?* (Londres: Routledge, 1995), pp. 116-117.

([3]) Pierre Bourdieu, *Para uma sociologia da ciência*, trad. Pedro Elói Duarte (Lisboa: Edições 70, 2008), onde se encontra uma forte denúncia dos programas de sociologia das ciências orientados para a análise da vida social dos objectos e inspirados em Bruno Latour, a ponto de se ironizar acerca da suposta *agency* das portas automáticas e das pipetas, ao mesmo tempo que se procede a uma relativização da descoberta recente de uma sociologia dos laboratórios.

feroz do lado empírico. Trata-se, aliás, de uma reacção que implicou uma suspeição generalizada sobre qualquer traço de epistemologia, lógica ou filosofia – considerados domínios de outros especialistas, logo, territórios vedados aos que se dedicam quer à sociologia, quer à história ou outras ciências sociais. Mais. Uma reacção desta natureza parece ter desencadeado reacções em cadeia destinadas a criar barreiras corporativas entre disciplinas, especialidades ou escolas. O entrincheiramento nas pseudo-divisões dos saberes e a incapacidade de pensar as ciências sociais como um todo resultam, em parte, dessa mesma reacção, mas também denotam uma insegurança das instituições académicas que funcionam mal fora de sistemas de mandarinato, rígidos e hierárquicos, ou de grupos clientelares fechados. Tal como se a debilidade institucional, acrescida da autonomia universitária, favorecesse a invenção de uma ordem corporativa, autoritária e extremamente hierárquica, assim se cavam as barreiras e se elidem aparentemente os conflitos. Porventura mais grave será o facto de – apesar da falta de escala, a nível nacional, e de uma salutar criação de focos de investigação num quadro policêntrico, animada por financiamentos institucionais que têm permitido formar novos investigadores – devido à insegurança das pseudo-escolas já estabelecidas se ignorar ou até desprezar a produção dos que chegaram mais recentemente (quer do ponto de vista de uma geografia académica, quer em termos de gerações) ([4]).

([4]) A título de exemplo, será de apontar o dinamismo e criatividade de um Claudino Ferreira que, a partir da Universidade de Coimbra, dirige, hoje, a *Revista crítica de ciências sociais*, e as promissoras investigações sobre trabalho e classes sociais do Instituto de Sociologia da Universidade do Porto, que têm como um dos seus principais exemplos a obra de referência de Virgílio Borges Pereira, *Classes e Culturas de Classe das Famílias Portuenses* (Porto: Afrontamento, 2005). Para a questão da recepção de Bourdieu em Portugal, remetemos para o texto de introdução «Para uma sociologia crítica de Pierre Bourdieu e *A Distinção*», in Bourdieu, *A Distinção: uma crítica social da faculdade do juízo* (Lisboa: Edições 70, «História e Sociedade», 2010), pp. XXXVI-XLI.

VINTE ANOS DEPOIS | XIII

Em terceiro e último lugar, será de reconhecer que, na ausência de instâncias de controlo sobre um mundo académico dramaticamente fechado sobre si próprio, parece que o ponto máximo para aferir dos bons resultados, ou seja, da produtividade científica se concentra nas publicações conseguidas «lá fora», sobretudo, nas revistas de grande impacto, anglo-americanas como não poderia deixar de ser. Neste ponto, parece que a provinciana periferia é mais papista que Roma, julgando que a qualidade da criação científica, o rigor e a inovação se reflectem magicamente nos indicadores das tabelas. Tudo isto, tal como se a proverbial incapacidade interna de auto-regulação tivesse de ser tutelada pelo que se faz lá fora e os critérios quantitativos pudessem impor-se magicamente como absolutos, frente à necessária e inevitável internacionalização. Porventura mais grave é o carácter obscuro da escolha das comissões internacionais, muitas vezes constituídas por ilustres desconhecidos, sem distância e autonomia relativamente a quem os nomeou. Nada disto acontece, aliás, nas próprias universidades norte-americanas, onde os critérios de avaliação dos investigadores – longe de se basearem no galope *quantitativista* das publicações e dos níveis de impacto, válido porventura para algumas disciplinas ou sub-especialidades, mas a despropósito para outras e, sobretudo, incapaz de dar conta de articulações e experiências que cruzam domínios disciplinares – se baseiam num sério exame dos conteúdos e das capacidades intelectuais dos investigadores.

Neste mesmo cenário, a leitura de Pierre Bourdieu e do seu *O Poder Simbólico* assume um papel de instrumento de luta. Primeiro, ajuda-nos a criticar os bloqueios a que chegámos por termos tomado por adquirida a referida dicotomia entre teoria e método, esquecendo ambiciosos e experimentais projectos destinados a pensar as ciências sociais e humanas no seu conjunto. Depois, serve-nos de inspiração para pôr em causa os medos e as limitações, proclamados em nome do empirismo ou do narrativismo (filiados em ideários conservadores e pseudo-positivistas, mais do que em derrapagens pós-modernas), frente às salutares ambições teóricas, críticas e reflexivas. E, por último, recorda-nos, a propósito dos critérios de avaliação e dos processos de internacionalização, a necessidade de reconduzir a genealogia das ideias aos seus usos concretos, neste caso aos que sucedem no interior de um campo académico, constituindo-se assim em exemplo do modo como o *habitus*, presente na linguagem e inscrito no corpo, tal como o poder simbólico exercido pelos que se encontram em posição dominante são estruturas estruturantes dos diferentes campos e, simultaneamente, por eles estruturadas.

Servem estas considerações para um convite mais generalizado à leitura de uma obra essencial, para quem queira perceber como se pode pensar e praticar as ciências sociais no seu conjunto – insistimos, para além dos domínios de especialidade e das sub-disciplinas em que se protegem os mais inseguros, que são também os mais zelosos das barreiras em que escondem a sua ignorância ou a sua falta de curiosidade pelo conhecimento da sociedade. A tradução de quatro novos textos, acrescentados à edição original, tem como propósito alargar ainda mais o ambicioso projecto de Bourdieu, na versão original desta obra, de pensar as ciências sociais como um todo.

DIOGO RAMADA CURTO

O poder simbólico e o projecto sociológico de Pierre Bourdieu

Mais de vinte anos após a sua primeira publicação, a colecção «História e Sociedade» reedita *O Poder Simbólico*. No final dos anos 80, Pierre Bourdieu aceitou o convite de coligir alguns dos seus textos expressamente para uma edição em língua portuguesa. Fê-lo com entusiasmo e incitando a uma recepção crítica da sua obra. Sabia bem que eram inúmeros os problemas colocados pela tradução tanto do seu próprio francês, como das suas ideias ou, mais concretamente, do seu modo de praticar um ofício científico. Tinha mesmo uma forte consciência de que as suas ideias poderiam ser banalizadas e servir para forjar modelos pré-construídos, sobretudo em contextos académicos menos desenvolvidos e por isso mesmo permeáveis às vogas provenientes de fora, acabando assim por servir paradoxalmente os propósitos por ele próprio denunciados. Como tradutor, Fernando Tomaz fez um excelente trabalho que muito tem contribuído para a longa vida editorial desta obra dos dois lados do Atlântico. No Brasil, aliás, a obra de Bourdieu tem demonstrado uma enorme vitalidade muito devido à sua cuidada recepção e aos inúmeros trabalhos inspirados na proposta do sociólogo francês [1].

---

[1] No Brasil, entre os pensadores mais atentos da obra de Bourdieu, valerá a pena destacar o trabalho de Sérgio Miceli e de José Sérgio

No seu formato único, o livro constituiu-se num dos mais representativos do autor e da sociologia contemporânea, por demonstrar de que modo a investigação empírica sobre diferentes domínios de práticas sociais, acompanhada de uma permanente vigilância crítica sobre as operações epistemológicas, se pode aplicar a inúmeros objectos de investigação. À versão inicial, desde logo reveladora de um largo espectro de interesses, acrescentamos, agora, quatro novos textos em tradução de João Pedro George. Quanto à pequena nota introdutória com que se tentou, na primeira edição, corresponder à solicitação do autor de querer que a sua obra fosse apresentada ao público de língua portuguesa, considerámos que não valeria a pena aqui reproduzi-la, uma vez que muito de novo haveria a dizer. Por sua vez, o índice, organizado por Claudino Ferreira, na época um recém-licenciado em sociologia, continua a valer como proposta para uma leitura sistemática e caleidoscópica da obra.

Quatro novos textos como complemento

No texto mais recente que aqui publicamos, «A Astúcia da Razão Imperialista», escrito com Loïc Wacquant, Bourdieu

---

Leite Lopes. Sérgio Miceli, no âmbito da sociologia e da história da cultura, realizou um notável esforço de divulgação de que se destacará a pioneira organização e tradução da compilação de textos do sociólogo francês intitulada *A Economia das Trocas Simbólicas* (São Paulo: Perspectiva, 1974). Miceli tem continuado a publicar trabalhos sobre a obra de Bourdieu, de quem foi discípulo directo, com destaque para o importante estado da questão: «Bourdieu e a renovação da sociologia contemporânea da cultura», *Tempo Social*, vol. 15, nº 1 (2003), pp. 63-79. Por sua vez, para o antropólogo José Sérgio Leite Lopes, o trabalho de Bourdieu foi uma inspiração decisiva para a realização de um conjunto de pesquisas sobre a condição trabalhadora no Brasil. Também este autor tem publicado vários textos sobre a influência de Bourdieu no desenvolvimento das ciências sociais no Brasil: «A recepção dos trabalhos de Pierre Bourdieu e a renovação das análises sobre as classes populares brasileiras», *Cultura Vozes*, vol. 97, nº 4 (2003) pp. 5-21; Roger Chartier, «Bourdieu e a História – Debate com José Sérgio Leite Lopes», *Topoi*, vol. 3 (2002), pp. 139-182.

O PODER SIMBÓLICO E O PROJECTO SOCIOLÓGICO... | XVII

discute o *estado* do mundo, criticando o eufemisticamente designado processo de globalização e remetendo-o para a análise concreta das relações de poder à escala mundial ([2]). Esta reflexão sobre as condições sociais e intelectuais que podem, ou não, originar um «internacionalismo social e científico», no dizer de Loïc Wacquant – que não replique o processo social que caracteriza a universalização conceptual e analítica das agendas políticas e universitárias norte-americanas – denota uma inegável actualidade, sendo extremamente útil para indagar a crescente naturalização dos argumentos que postulam a «internacionalização» como fim último da produção de saber académico (como por vezes mais provincianamente se corre o risco de considerar); para compreender a reprodução e difusão global de linguagens e saberes específicos, como acontece com os discursos empresariais ou organizacionais; ou, ainda, para tornar inteligíveis determinadas políticas públicas e para explicar a sua universalização ou ocidentalização ([3]).

([2]) Originalmente publicado como posfácio a um importante número duplo das *Actes de la recherche en science sociales*, nº 121-122 (1998), pp. 109-118; trad. inglesa «The Cunning of Imperialist Reason», *Theory, Culture, and Society*, vol. 16, nº 1 (1999), pp. 41-57; reeditado in Loïc Wacquant, dir., *Pierre Bourdieu and Democratic Politics* (Cambridge: Polity Press, 2005), pp. 178-198.

([3]) Loïc Wacquant, «Symbolic power and democratic practice», in Loïc Wacquant, dir., *Pierre Bourdieu and Democratic Politics, op. cit.*, pp. 1-10, *maxime* p. 7. Veja-se ainda P. Bourdieu e L. Wacquant, «Neoliberal Newspeak: Notes on the new planetary vulgate», *Radical Philosophy*, nº 15 (2001) [versão original, in *Le Monde Diplomatique*, nº 554 (Maio 2000), pp. 6-7]; P. Bourdieu, «Les conditions sociales de la circulation des idées», *Romanistische Zeitschrift für Literaturgeschichte*, vol. 14, nº 1-2 (1990), pp. 1-10 [reimpresso em *Actes de la recherche en sciences sociales*, vol. 145 (2002), pp. 3-8]. Para um estudo inspirado na análise de Bourdieu, centrado sobre a difusão global de noções como «sociedade civil» ou «estado de direito» (*rule of law*), veja-se Yves Dezalay e Brian G. Garth, *Global Prescriptions: The Production, Exportation, and Importation of a New Legal Orthodoxy* (Ann Arbor: University of Michigan Press, 2002); e Dezalay e Garth, «Les usages nationaux d'une science 'globale': La diffusion de nouveaux paradigmes économiques comme stratégie hégémonique et enjeu domestique dans les champs nationaux de reproduction des élites d'État», *Sociologie du Travail*, vol. 48, nº 3 (2006), pp. 308-329,

A lista de noções tornadas conceitos sobre as quais o texto que agora publicamos incide sem clemência – que constitui prova de um suposto internacionalismo que mascara processos de «colonização simbólica», de imperialismo cultural e de «intrusões etnocêntricas», como Wacquant e Bourdieu referem – é extensa e atravessa todas as ciências sociais: multiculturalismo, globalização, raça (com referências a Gilberto Freyre e à suposta «democracia racial» no Brasil), *underclass*, minoria ou identidade. A universalização do particular, processo que tanto interessou Bourdieu como conjunto de mecanismos de produção e legitimação da dominação, revela-se aqui na sua íntegra. Trata-se, aliás, de processos similares aos estudados por Fritz Ringer em *The Decline of the Mandarins*, obra que inspirou Bourdieu. Nela, o seu autor analisou o modo como as especificidades da academia alemã, o seu complexo de alianças e conflitos, de debates, escolhas e exclusões analíticas, determinaram a exportação e a universalização de um conjunto de problemáticas filosóficas para outras sociedades e para os respectivos campos académicos ([4]). Para além do

---

estudos centrados na construção de um saber económico «global» marcado pela difusão de paradigmas e pela internacionalização do processo de reprodução de elites dotadas das competências para justificar, legitimar e, assim sendo, universalizar os primeiros. Para um outro tipo de difusão, dos «mercados», das estruturas empresariais e do papel do Estado nestes processos foi marcante o livro de N. Fligstein, *The Architecture of Markets: An Economic Sociology of Twenty-First-Century Capitalist Societies* (Princeton: Princeton University Press, 2001). Num outro sentido, para a difusão dos modelos penológicos, veja-se o trabalho de Wacquant, em particular «How Penal Common Sense Comes to Europeans: Notes on the Transatlantic Diffusion of Neoliberal Doxa», *European Societies*, vol. 1, nº 3 (1999), pp. 319-352.

([4]) Loïc Wacquant, «Symbolic power and democratic practice», in *op. cit.*, p. 7; Fritz Ringer, *The Decline of the Mandarins: The German Academic Community. 1890-1933* (Cambridge, Mass.: Harvard University Press, 1969). A obra de Ringer – sobretudo *Education and Society in Modern Europe* (Bloomington: Indiana University Press, 1979) e *Fields of Knowledge: French Academic Culture in a Comparative Perspective, 1890-1920* (Cambridge, Nova Iorque: Cambridge University Press, 1992) – continuou a ser lida e apropriada por Bourdieu e pelos seus discípulos, veja-se Loïc

O PODER SIMBÓLICO E O PROJECTO SOCIOLÓGICO...   XIX

mais, a competição entre *imperialismos do universal*, com parceiros vários e mecanismos políticos, económicos, culturais e linguísticos diversos, requer sempre uma vigilância acrescida ([5]).

As outras três traduções agora anexadas ao *O Poder Simbólico* referem-se a entrevistas e debates, em que o mesmo se envolveu com os historiadores Roger Chartier ([6]), Robert Darnton ([7]), e

---

Wacquant, «Towards and Archeology of Academe: A Critical Appreciation of Fritz Ringer's 'Fields of Knowledge'», *Acta Sociologica*, vol. 38 (1995), pp. 181-186. Para o campo literário, veja-se o estimulante trabalho de Pascale Casanova, *La République mondiale des lettres* (Paris: Seuil, 1999), trad. inglesa, *The World Republic of Letters* (Cambridge, Mass.: Harvard University Press, 2004).

([5]) Pierre Bourdieu, «Deux impérialismes de l'universel», in Christine Fauré e Tom Bishop, dir., *L'Amérique des Français* (Paris: François Bourin, 1992), pp. 149-155.

([6]) Nome cimeiro da história cultural francesa, Roger Chartier, hoje professor do Collège de France, especializou-se na história da educação e do livro, da edição e das práticas de leitura. Publicou com Marie-Madeleine Compère e Dominique Julia, dir., *L'Éducation en France do XVI ao XVIII* (Paris: Société d'Édition d'Enseignement Supérieur, 1976); com Henri-Jean Martin, dir., *Histoire de l'édition française*, 4 vols. (Paris: Fayard e Cercle de la Librairie, 1989–1991); *Lectures et lecteurs dans la France d'Ancien Régime* (Paris: Éditions du Seuil, 1987); *A história cultural: entre práticas e representações* (Lisboa: Difel, «Memória e Sociedade», 1988); *Les origines culturelles de la Révolution française* (Paris: Éditions du Seuil, 1990); com Philippe Ariés, dir., *História da Vida Privada*, vol. III – *Do Renascimento ao Século das Luzes* (Porto: Afrontamento, 1990); *L'Ordre des livres* (Aix-en-Provence: Alinea, 1992) - edição portuguesa: *A ordem dos livros* (Lisboa: Vega, 1997); dir., *Pratiques de la lecture* (Paris: Payot, 1993); com Guglielmo Cavallo, dir., *Histoire de la lecture dans le monde occidental* (Paris: Éditions du Seuil, 1997); *Au bord de la falaise. L'histoire entre certitudes et inquiétude* (Paris: Albin Michel, 1998); dir., *Utilizações do Objecto Impresso* (Lisboa: Difel, 1998).

([7]) O norte-americano Robert Darnton, hoje director da principal biblioteca de Harvard, é uma das grandes referências da história cultural moderna e contemporânea, especialista no século XVIII francês, com vasta obra dedicada ao livro, à edição e aos consumos culturais. Publicou: *Mesmerism and the End of the Enlightenment in France* (Cambridge: Harvard University Press, 1968); *The Business of Enlightenment: A Publishing History of the Encyclopédie, 1775-1800* (Cambridge: Harvard University Press, 1979); *The Literary Underground of the Old Regime* (Cambridge: Harvard University Press, 1982); *The Great Cat Massacre and other Episodes in French*

XX | O PODER SIMBÓLICO

Lutz Raphael ([8]). A partir de perspectivas diferentes, todos estes textos procuram pensar a relação entre as ciências sociais no seu conjunto. Se a obra de Bourdieu, pelo modo como sintetiza de forma original diversos patrimónios do pensamento social e da prática de investigação, sugere por si só um projecto unificado de ciências sociais – bem exemplificado na aparente dispersão de interesses da revista *Actes de la recherche en sciences sociales*, bem como no ambicioso projecto da célebre colecção «Le Sens Commun» da editora Minuit, tudo iniciativas que ele dirigiu incutindo-lhes um forte sentido colectivo –, nas entrevistas e debates reunidos neste livro, esse mesmo projecto volta a ser claramente explicitado, em termos de um confronto particular entre a sociologia e a história. Na entrevista concedida a Lutz Raphael, «Sobre as relações entre a sociologia e a história na Alemanha e em França», Bourdieu sugere que a história, a sociologia, a antropologia e mesmo a economia e a filosofia são disciplinas que se encontram artificialmente separadas ([9]). De forma mais específica, a propósito da relação mais próxima entre a história e a sociologia, Bourdieu salienta que aquela se deveria transformar numa sociologia histórica do passado e a sociologia numa história social do presente. Ou seja, o projecto de uma ciência social unificada tem na sua base uma história social da criação de campos científicos autónomos, revelando a contingência histórica da

---

Cultural History (Nova Iorque: Basic Books, 1984); *The Kiss of Lamourette: Reflections in Cultural History* (Nova Iorque: W.W. Norton, 1990); *The Forbidden Best-Sellers of Pre-Revolutionary France* (Nova Iorque: W.W. Norton, 1996); *The Corpus of Clandestine Literature in France, 1769-1789* (Nova Iorque: W.W. Norton, 1995); *The Case for Books: Past, Present, and Future* (Philadelphia: Public Affairs, 2009).

([8]) O historiador alemão Lutz Raphael especializou-se no estudo da historiografia europeia contemporânea, sobretudo da escola dos *Annales*. Publicou recentemente, com Ilaria Porciani, *Atlas of European Historiography: The Making of a Profession, 1800-2005 (Writing the Nation)* (Basingstoke: Palgrave Macmillan, 2010).

([9]) Pierre Bourdieu, «Sur les rapports entre la sociologie et l'histoire en Allemagne et en France, entretien avec Lutz Raphael», *Actes de la recherche en sciences sociales*, n.º 106-107 (1995), pp. 108-122.

O PODER SIMBÓLICO E O PROJECTO SOCIOLÓGICO... | XXI

sua formação, o processo de sacralização de repertórios teóricos e metodológicos e de restrição dos objectos de análise, e a normalização dos mais jovens chegados ao campo. Por sua vez, o processo de segmentação disciplinar, promovendo crenças teóricas e metodológicas, fomenta identidades distintas, muitas vezes assentes na diferença de valor simbólico das disciplinas, que são também consequência das diferentes origens sociais dos investigadores. Neste projecto de historicização do trabalho científico, seria necessário vigiar a relação das disciplinas com o campo do poder, com o objectivo de evitar confundir os problemas científicos com os problemas sociais e políticos ([10]). De facto, a posição crítica de Bourdieu – assente numa recorrente análise dos campos científicos e intelectuais, que foi por ele aprofundada de modo sistemático em *Homo Academicus* (Paris: Minuit, 1984) – percorre as entrevistas com Raphael e com Chartier ([11]).

A história cultural e a antropologia cultural

O diálogo entre Bourdieu, Roger Chartier e Robert Darnton, a propósito da obra deste último intitulada *The Great Cat Massacre and other Episods in French Cultural History* (1984) ([12]), desenvolvido pelos dois últimos em *The Journal of Modern History*, lançou o debate acerca do espaço ocupado pelos diversos saberes no contexto de uma história cultural que pretendia unificar vários contributos disciplinares ([13]). Da

---

([10]) A propósito do legado da perspectiva de Bourdieu no que diz respeito à necessidade de *historicização* do processo de constituição e diferenciação institucional e teórico-metodológica das ciências sociais veja-se J. Heilbron., R. Lenoir e G. Sapiro, dirs., *Pour une histoire sociale des sciences sociales, en hommage à Pierre Bourdieu* (Paris: Fayard, 2004).

([11]) «Gens à histoire, gens sans histoires, dialogue entre Pierre Bourdieu et Roger Chartier», *Politix*, vol. 2, nº 6 (1989), pp. 53-60.

([12]) Traduzido quase de imediato para português, no Brasil, com o título *O grande massacre de gatos* (Rio de Janeiro: Graal, 1986).

([13]) P. Bourdieu, R. Chartier e R. Darnton, «Dialogue à propos de l'histoire culturelle», *Actes de la recherche en sciences sociales*, nº 59 (1985),

mesma forma que no Brasil a editora paulista «Companhia das Letras» correspondeu às novas tendências de uma história cultural, em Portugal, a colecção «Memória e Sociedade», 1988--2005 (Difel), onde foi pela primeira vez publicado *O Poder Simbólico*, foi, numa primeira fase, o espaço editorial onde um projecto de história cultural encontrou um veículo privilegiado de promoção. Ora, uma das obras onde essa intenção se encontra mais estruturada é precisamente no primeiro livro dessa mesma colecção da autoria de Roger Chartier, *A história cultural: entre práticas e representações* [14]. Seguiram-se-lhe o próprio Bourdieu, os historiadores Peter Burke, Jacques Revel e Carlo Ginzburg, o sociólogo Norbert Elias e o antropólogo Clifford Geertz [15]. Claro que nem todos estes autores se reclamaram da história cultural. Geertz tornou-se a maior figura da antropologia cultural norte-americana e foi a partir desse património que desenvolveu o seu projecto teórico e metodológico. No caso de Bourdieu, a disciplina a partir da qual pensava e praticava as ciências sociais como um todo era a sociologia, como transparece de modo vincado no já referido capítulo deste livro intitulado «Introdução a uma sociologia reflexiva». No entanto, será preciso não atribuir nenhum fetichismo nominalista a este projecto. Isto porque a «sociologia reflexiva» de Bourdieu se ergueu sempre contra todos os vícios «disciplinares» promovidos pela institucionalização da

---

pp. 86-93. Cf. Roger Chartier, «Text, symbols and Frenchness», *The Journal of Modern History*, vol. 57 (1985), pp. 682-695; Robert Darnton, «The Symbolic Element in History», *idem*, vol. 58 (1986), pp. 218-234; Dominick La Capra, «Chartier, Darnton, and the Great Symbol Massacre, *idem*, vol. 60 (1988), pp. 95-112.

[14] Roger Chartier, *A História cultural: entre práticas e representações*, *op. cit.*

[15] Peter Burke, *O Mundo como Teatro: estudos de antropologia histórica* (Lisboa: Difel, 1992); Jacques Revel, *A Invenção da Sociedade* (Lisboa: Difel, 1990); Carlo Ginzburg, *A Micro-História e outros ensaios* (Lisboa: Difel, 1991); Carlo Ginzburg, *A Micro-História e outros ensaios* (Lisboa: Difel, 1991); Norbert Elias, A *Busca da Excitação* (Lisboa, Difel, 1992); Clifford Geertz, *Negara: O Estado Teatro no século XIX* (Lisboa: Difel, 1991). Cf., ainda, Diogo Ramada Curto, *As múltiplas faces da história* (Lisboa: Livros Horizonte, 2008), *passim*.

O PODER SIMBÓLICO E O PROJECTO SOCIOLÓGICO... | XXIII

sociologia, bem como contra a vibração pós-moderna, fundada na viragem linguística e numa cultura de discursos.

As diferenças entre os projectos científicos de Chartier, Bourdieu e de Darnton são notórias ao longo do diálogo. No livro que serviu de ponto de partida para o debate, Darnton procurara recuperar as formas dominantes de conceber o mundo social em França durante o século XVIII. A descoberta de uma *Frenchness* – que consistia numa moral da astúcia manipulada contra as injustiças de uma sociedade desigual – levara o autor a investigar os universos culturais das classes populares, com base na circulação de contos e de livros impressos, e conduziu-o simultaneamente a interessar-se pela cultura das classes letradas, num contexto dominado pela *Encyclopédie*. A história cultural feita por Darnton, centrada no estudo dos mundos simbólicos do Antigo Regime, procurava unificar o registo histórico, criticando a separação enunciada pela escola dos *Annales* entre a história das mentalidades, de que a história cultural poderia ser entendida como um sucedâneo, e a história económica, política e social. Tudo isto atribuindo primazia a uma suposta ordem cultural, a partir da qual seria possível integrar os fenómenos categorizados como políticos, económicos ou sociais.

Bourdieu foi sensível à crítica da segmentação temática e cronológica que caracterizava a organização do campo historiográfico em França, lógica que não se aplicava apenas à academia francesa. Na entrevista com Lutz Raphael, criticou severamente uma história dividida em pedaços, tanto no sentido de ter sido estilhaçada ou fragmentada, em correspondência com a tendência pós-moderna), como em resultado das sucessivas apropriações de que foi objecto por parte de chefes de escola que elegiam, como fazendo parte do seu território, uma especialização cronológica, ou ainda pelo facto da investigação histórica ter tendência a ser segmentada em universos culturais, económicos, políticos ou sociais, quase sempre hermeticamente fechados. As fronteiras destes clãs encontravam-se protegidas por estruturas departamentais e curriculares muitas vezes dependentes da missão de uma história nacional e comemorativa, pouco interessada nas (ou mesmo horrorizada com as) reflexões teóricas e epistemológicas de outras disciplinas, e sem interesse nos ganhos inerentes a uma diversificação dos métodos de pesquisa. Qualquer mudança, experiência ou diálogo, pondo em causa uma hierarquia, suscitaria a desconfiança.

O trabalho de Darnton convocava, para a história cultural, as experiências da antropologia e da sociologia históricas, mas também os recentes debates relativos à importância do simbólico e do significado das representações como chave de leitura de sistemas históricos e sociais. Neste âmbito, a obra do antropólogo Clifford Geertz constituiu-se como a referência fundamental, sugerindo uma leitura dos sentidos dos processos históricos a partir de uma reconstituição das teias de significados culturais e simbólicos. Assim, a antropologia com as perspectivas dramatúrgicas de Geertz e também de Victor Turner, com os seus exemplos de como proceder na interpretação de culturas, influenciou de modo decisivo o rumo da história cultural ([16]). Não será por acaso que a definição de cultura proposta por Darnton, durante o diálogo com Bourdieu e Chartier, se mostrou tributária da de Geertz: «uma actividade, um esforço de expressão e de fabricação de um sentido a partir da apropriação de signos e símbolos colocados à nossa disposição pela sociedade». Porém, na passagem dos textos aos contextos, realizada pelo historiador norte-americano, marginalizaram-se os resultados de uma história serial e quantitativa, e acabou por se descobrir uma «cultura francesa» coerente – ponto de vista que suscitou fortes reservas da parte dos seus interlocutores. Bourdieu exigiu um esclarecimento acerca da genealogia do conceito de «cultura», uma vez que, no seu entender, existiam pelos menos duas linhagens que partiam de Kant: uma que assentava no Durkheim e no Marcel Mauss das formas primitivas de classificação ([17]); e a outra que

---

([16]) V. Turner, *Dramas, Fields, and Metaphors: Symbolic Action in Human Society* (Ithaca, Londres: Cornell University Press, 1974).

([17]) Émile Durkheim e Marcel Mauss, «De quelques formes de classification – contribution à l'étude des représentations collectives» *Année sociologique*, vol. 6 (1901-1902), pp. 1-72.

O PODER SIMBÓLICO E O PROJECTO SOCIOLÓGICO... | XXV

incluía Cassirer ([18]), a sua discípula, Susanne Langer ([19]), e os antropólogos norte-americanos contemporâneos, entre os quais se destacava Geertz, ao lado de Marshall Sahlins ou David Schneider. Bourdieu criticou também as conceptualizações de cultura que lhe outorgavam uma autonomia e a tratavam como uma espécie de substância de um sistema coerente. No seu entender, a «cultura» estaria sempre dependente do sistema social onde era produzida, enquanto para Geertz o sistema social encontrava-se dentro da cultura.

Num contexto diferente, tributário da discussão entre a tradição da antropologia social britânica e a antropologia cultural norte-americana, Adam Kuper procurou realizar uma genealogia crítica dos usos do conceito de cultura. Valerá a pena retomar aqui o exercício de reconstituição de uma tal linhagem porque ele é, em boa medida, paralelo às interrogações de Bourdieu. Da tradição romântica alemã de Herder, correspondendo a um contexto de sistematização da cultura nacional, até à institucionalização de uma concepção substancialista de cultura; passando pelas apropriações relativistas e progressistas da antropologia liberal de Berlim (representada pelos contributos de Rudolf Virchow e Adolf Bastian), onde Franz Boas foi educado; sem esquecer a tradição romântica inglesa, de Mathew Arnold, Elliot e Coleridge, os primeiros estudos culturais de Leavis, as investigações de Richard Hoggart e Raymond Williams, a que se seguiram os trabalhos de crítica desenvolvidos pela geração de Stuart Hall; tudo isto, segundo Kuper, formando uma genealogia que culminou, nos Estados Unidos, com o processo de institucionalização de uma antropologia cultural ([20]).

([18]) Ernst Cassirer, *The Philosophy of Symbolic Forms*, 3 vols. (New Haven: Yale University Press, 1953-57); trad. Francesa, *La philosophie des formes symboliques*, 3 vols. (Paris: Minuit, 1972). A versão original, em alemão, é de 1923-1929.

([19]) Susanne Langer, *Philosophy in a New Key: A Study in the Symbolism of Reason, Rite and Art* (Cambridge, Mass.: Harvard University Press, 1942).

([20]) Adam Kuper, *Culture, the Anthropologists account* (Cambridge, Mass.: Harvard University Press, 2000). Também Bourdieu se preocupou em analisar, dentro da tradição alemã, uma concepção substancialista de

Uma tal genealogia de estudos sobre a cultura – necessariamente imperfeita por ocultar circulações, influências e apropriações específicas – conheceu um dos seus momentos cruciais no acordo tácito de divisão do trabalho científico celebrado no interior do mundo académico norte-americano, por iniciativa do sociólogo Talcott Parsons. Segundo a análise que este último apresentou em *The Social System* (1951), baseada numa interpretação de Weber, a acção social correspondia a três ordens distintas: a psicologia lidaria com o indivíduo, a sociologia com os sistemas sociais e a antropologia com os sistemas culturais [21]. Nesta sequência, Alfred Kroeber em Berkeley e Clyde Kluckhohn em Harvard, duas das figuras tutelares da antropologia norte-americana e teorizadores do conceito de cultura, procuraram institucionalizar a visão segmentada que Parsons em boa medida postulou [22]. À antropologia caberia tornar-se a ciência da cultura, definida como um discurso simbólico colectivo, donde a importância de se proceder à interpretação dos símbolos, recorrendo para isso a modelos de leitura proporcionados pela linguística. A cisão entre o cultural e o social ter-se-ia efectivado, em 1958, quando Kroeber e Parsons publicaram um artigo conjunto intitulado «The Concept of Culture and of Social System» [23]. A nova descrição conferia à cultura, estudada pela antropologia, o estudo dos «padrões de valores, ideias e outros sistemas de significado simbólicos encarados como factores capazes de orientar o comportamento humano e os artefactos produzi-

---

cultura, em «L'ontologie politique de Martin Heidegger», *Actes de la recherche en sciences sociales*, nº 5-6 (1975), pp. 109-156; e *L'ontologie politique de Martin Heidegger* (Paris: Minuit, 1988).

[21] Kuper, *op. cit.*, p. 52

[22] Clyde Kluckhohn, A. L. Kroeber, Alfred G. Meyer, Wayne Untereiner, dirs., *Culture: A Critical Review of Concepts and Definitions* (Cambridge: Peabody Museum, 1952)

[23] A. L. Kroeber and Talcott Parsons, «The Concepts of Culture and of Social System», *The American Sociological Review*, vol. 23 (1958), pp. 582-583. Howard S. Becker chamou a esta colaboração um «acordo jurídico», no seu balanço intitulado «Culture: A Sociological View», *Yale Review*, 71 (1980), p. 517.

dos pelo comportamento; e o termo sociedade, ou sistema social – para designar especificamente o sistema relacional de interacção entre indivíduos e colectividades» ([24]). A verdade é que o projecto delineado por Parsons acabou por ser desenvolvido pelos antropólogos de Harvard, nomeadamente por Clifford Geertz e David Murray Schneider.

Na genealogia acabada de referir, Geertz ocupava um lugar central. Filiado desde 1970 no Institute for Advanced Study de Princeton, a sua obra serviu de modelo ao professor da Universidade de Princeton, Robert Darnton, em *The Great Cat Massacre* ([25]). Inspirado pelo teórico da literatura Kenneth Burke e pela filosofia de Paul Ricoeur e Susanne Langer, em *The Interpretation of Cultures,* Geertz considerara que a cultura era constituída por «um padrão de significados historica-

---

([24]) Kuper, *Culture, the Anthropologists account, op. cit.,* p. 69.

([25]) Foi em Princeton que Geertz escreveu *The Interpretation of Cultures. Selected essays* (Nova Iorque: Basic Books, 1973); *Local Knowledge* (Nova Iorque: Basic Books, 1983); *Negara, the Theatre State in Nineteenth-Century Bali* (Princeton: Princeton University Press, 1980); *Works and Lives* (Stanford: Stanford University Press, 1988); e *After the Fact* (Cambridge, Mass.: Harvard University Press, 1995). Para o contexto histórico de produção da noção de cultura de Geertz e acerca do seu impacto no campo antropológico veja-se a análise de James Peacock, «Geertz's Concept of Culture in Historical Context: How He Saved the Day and Maybe the Century», in Richard Shweder e Byron Good, dirs., *Clifford Geertz by His Colleagues* (Chicago, 2005), pp. 52-62. A influência, mas também as reacções dos historiadores, provenientes do microcosmos de Princeton, estão bem representados no manifesto de um dos seus professores Lawrence Stone, «History and Post-Modernism», *Past and Present,* nº 135 (1992), pp. 189-194, na sequência de Patrick Joyce, «History and Post-Modernism», *Past and Present,* nº 133 (1991), pp. 204-209. O ataque de Stone aos antropólogos Geertz e Victor W. Turner, este último autor de *The Ritual Process. Structure and Anti-Structure* (Harmondsworth: Penguin, 1974; 1ª ed., 1969), visava denunciar a influência então marcante da antropologia cultural sobre a produção historiográfica; mais concretamente, constituía uma forma não muito velada de atacar os seus colegas Robert Darnton e Natalie Z. Davis, opondo-lhes o exemplo de análise desenvolvido por Gabrielle M. Spiegel, «History, Historicism, and the Social Logic of the Texts in the Middle Ages», *Speculum,* vol. 65, nº 1 (Janeiro de 1990), pp. 59-86.

mente transmitido, incorporado em formas simbólicas por intermédio das quais os homens comunicam, perpetuam e desenvolvem o seu conhecimento e as suas atitudes perante a vida»; ou por «um sistema ordenado de significado e símbolos [...] a partir dos quais os indivíduos definem o seu mundo, expressam os seus sentimentos e fazem os seus julgamentos» ([26]). À antropologia cabia traduzir e interpretar a cultura como sistema simbólico que padronizava os comportamentos e as percepções do mundo revelando, de contexto em contexto histórico, o peso da religião, da ideologia ou do senso comum, como ordenadores dos símbolos ([27]). Uma «descrição densa», na qual a partir de um conjunto de dados empíricos se procedia a uma interpretação, a «uma leitura», do material empírico, nomeadamente das narrativas dos informadores, constituiu-se como o mecanismo de «tradução» da cultura. A este propósito, a narração e a interpretação das lutas de galos em Bali acabaram por fornecer o melhor exemplo desse tipo de «descrição densa». ([28])

Por sua vez, para responder aos ataques formulados contra a antropologia social, nomeadamente em relação ao seu papel no interior do projecto colonial britânico, Kuper relaciona os processos de institucionalização da disciplina e os seus quadros teóricos no pós-Guerra com os projectos de modernização mundial norte-americanos, no quadro da Guerra Fria ([29]).

([26]) Clifford Geertz, *The Interpretation of Cultures, op. cit,* pp. 89, 245.

([27]) Kuper, *Culture, the Anthropologists account, op. cit.,* pp. 101-104.

([28]) Clifford Geertz, «Thick Description: Toward an Interpretive Theory of Culture», in Idem, *The Interpretation of Cultures, op. cit.,* pp. 3-30; «Notes on the Balinese Cockfight», in *idem,* pp. 412-453. Para uma análise do método de explicação pela narrativa inspirado em Geertz, veja-se Paul A. Roth, «How Narratives Explain», *Social Research,* vol. 56, nº 2 (1989), pp. 449-478.

([29]) A reacção de Kuper prolonga, em parte, as considerações de George W. Stocking, Jr., *After Tylor: British Social Anthropology 1888-1951* (Madison: University of Wisconsin Press, 1995). Para um ponto de vista mais crítico que nega a existência de uma relação directa entre a antropologia social britânica e os projectos políticos ou coloniais, veja-se Jack Goody, *The Expansive Moment: The Rise of Social Anthropology in Britain and Africa, 1918-1970* (Cambridge: Cambridge University Press, 1995). Para a

O PODER SIMBÓLICO E O PROJECTO SOCIOLÓGICO... | XXIX

Este recuo é importante porque nos permite perceber que Geertz era um dos mais destacados representantes do *Committee for the Comparative Study of New Nations*, comissão criada em 1960 na Universidade de Chicago e patrocinada pela Carnegie Corporation, organizada por figuras tais como o sociólogo Edward Shils, o politólogo David Apter e o antropólogo Lloyd A. Fallers ([30]). Tratava-se de um projecto sedeado na Univer-

---

mais recente análise do papel da antropologia na formação da geopolítica americana, veja-se Thomas C. Patterson, *A Social History of Anthropology in the U.S.* (Oxford: Berg, 2001), pp. 103-134, *maxime* p. 116. Para a descrição de Geertz da sua participação no projecto Modjokuto, desenhado por Max Millikan (primeiro director do *Center for International Studies* do Massachusetts Institute of Technology) e que contraria as visões mais críticas do seu colaboracionismo, veja-se Clifford Geertz, «An Inconstant Profession: The anthropological life in interesting times», *Annual Review of Anthropology*, vol. 31 (2002), pp. 1-19, *maxime* p. 7. Para o conjunto destas questões, com bibliografia complementar, em relação ao conjunto das ciências sociais, veja-se Diogo Ramada Curto, Nuno Domingos e Miguel Bandeira Jerónimo, «Entre a moral e a razão: a sociologia histórica de Barrington Moore Jr.», in Barrington Moore Jr., *As Origens Sociais da Ditadura e da Democracia. Senhores e camponeses na construção do mundo moderno* (Lisboa: Edições 70, «História e Sociedade», 2010), pp. IX-LII.

([30]) Geertz, *Old societies and New States; the quest for modernity in Asia and Africa* (New York: Free Press of Glencoe, 1963); Reinhard Bendix, *Nation-building & Citizenship: studies of our changing social order* (New Brusnwick, N. J.: Transaction Publishers, 2007 [1964]). Sobre a relação entre a academia americana e as teorias da modernização, ver Thomas Bender e Carl E. Schorske, dirs., *American Academic Culture in Transformation* (New Jersey: Princeton University Press, 1997); Nils Gilman, *Mandarins of the Future: Modernization Theory in Cold War America* (Baltimore: Johns Hopkins University Press, 2007), *maxime* pp. 78-79. Sobre o caso específico de Geertz, ver Nils Gilman, «Involution and Modernization: The Case of Clifford Geertz», in Jeffrey H. Cohen e Norbert Dannhaeuser, dirs., *Economic Development: An Anthropological Approach* (Walnut Creek, CA: Rowman & Littlefield, 2002), pp. 3-22; Kuper, *Culture, the Anthropologists account, op. cit.* pp. 175-121. Sobre a acção das agências académicas preocupadas com as questões da modernização no Sul da Ásia, onde Geertz desenvolveu o seu trabalho, veja-se Mark T. Berger, «Decolonisation, Modernisation and Nation-Building: Political Development Theory and the Appeal of Communism in Southeast Asia, 1945-1975»,

XXX | O PODER SIMBÓLICO

sidade de Chicago, a partir do qual se procuravam estudar as novas nações pós-coloniais numa perspectiva comparada, relevando-se, neste âmbito, por exemplo, a importância das variáveis «culturais» na adopção ou rejeição de modelos desenvolvimentistas, de ideologias nacionalistas ou marxistas. A organização de um conjunto de instituições, centros e organismos, de pesquisa comparada de culturas regionais e nacionais, processo que tivemos oportunidade de focar com mais pormenor noutro lugar, estabeleceu-se como um elemento importante para pensar a evolução do conceito de cultura e o modo como o seu estudo se institucionalizou, no interior dos chamados «estudos de área» ([31]). É evidente que o estabelecimento desta relação não elimina um processo de racionalização próprio, inerente ao campo científico, para utilizarmos a terminologia de Bourdieu, que dota os mecanismos conceptuais de determinada capacidade heurística, consagrando uma *cumulatividade* do conhecimento e a existência de trocas que, ao reinstitucionalizar os conceitos, importando-os, por exemplo, para outro país ou para outra disciplina, refundam, pelo menos em parte, os seus usos ([32]). Ainda assim, contra as

---

Journal of Southeast Asian Studies, vol. 34 (2003), pp. 421-448, *maxime* pp. 435-437 (sobre o papel de Geertz no *Committee for the Comparative Study of New Nations*). Para uma visão crítica de Geertz, veja-se Benedict Anderson, «Djojo on the Corner» [recensão crítica da obra de Geertz, *After the Fact: Two Countries, Four Decades, One Anthropologist* (Cambridge, Mass.: Harvard University Press, 1995)], *London Review of Books*, vol. 17, n.º 16 (24, Agosto, 1995), pp. 19-20; Laura Nader, «The Phantom Factor: Impact of the Cold War on Anthropology», in Noam Chomsky *et al.*, eds., *The Cold War and the University: Toward an Intellectual History of the Postwar Years* (New York: The New Press, 1997), pp. 107-46, *maxime* p. 114.

([31]) D. R. Curto, N. Domingos e M. B. Jerónimo, «Entre a moral e a razão: a sociologia histórica de Barrington Moore, Jr.», in Barrington Moore, Jr., *op. cit.*, pp. xi-xix. Os chamados *area studies* e todo um movimento onde participou activamente o antropólogo Clyde Kluckhohn da Universidade de Harvard foram elementos centrais dos estudos de pesquisa cultural comparativa.

([32]) Acerca dos usos positivos de Geertz na história cultural, veja-se William H. Sewell, Jr., «Geertz, Cultural Systems, and History: From Synchrony to Transformation», *Representations*, n.º 59 – *The Fate of «Culture»:*

interpretações internalistas do processo de criação científica, é notório que a escolha de determinados conceitos espelha uma visão do mundo que é construída na relação tensa entre o campo científico e o campo do poder.

Em síntese, uma proposta destinada a interpretar a acção social com base sobretudo nos padrões simbólicos e culturais afasta-se do projecto sociológico de Bourdieu. Aliás, não foi por acaso que, na sua análise da história da antropologia, Sherry Ortner apresentou a obra de Bourdieu como uma das possibilidades de reaproximação da antropologia norte-americana às outras ciências sociais [33]. Ao mesmo tempo, considerou que o outro grande impulso teórico era proporcionado pela obra de Geertz. Ora, a antropologia norte-americana, e não só, acabou por se aproximar mais dos estudos literários, devedores da obra de Geertz, mas com os representantes dos quais este não deixou de polemizar demarcando-se no final dos anos 90 da viragem linguística e textual (pós-moderna) que os seus trabalhos tanto tinham estimulado [34].

Geertz and Beyond (Verão, 1997), pp. 35-55 [número da *Representations* reeditado por Sherry B. Ortner, dir., *The Fate of «Culture»: Geertz and Beyond* (Berkeley: University of California Press, 1999)].

[33] Sherry B. Ortner, «Theory in Anthropology since the Sixties», *Comparative Studies in Society and History*, vol. 26, nº 1 (Janeiro, 1984), pp. 126-166.

[34] A obra de Georges Marcus e James Clifford, *Writing Culture: The Poetics and Politics of Ethnography* (Berkeley e Los Angeles: University of California Press, 1986) marcou o advento desta nova tendência dentro da antropologia. No final da década de 90, Geertz demarcou-se dessa mesma fase da antropologia cultural, muito em particular numa longa recensão crítica a um livro traduzido de Pierre Clastres, *Chronicle of the Guayaki Indians* (New York: Zone Books, 1998) e a um outro de James Clifford, *Routes: Travel and Translation in the Late Twentieth Century* (Cambridge: Harvard University Press, 1997), cf. de Geertz «Deep Hanging Out», *The New York Review of Books*, vol. 45, nº 16 (22 Outubro 1998), pp. 69-72 [recensão crítica reeditada na compilação de Geertz onde este se afasta definitivamente da influência que teve sobre a vibração pós--moderna, veja-se *Available Light: Anthropological Reflections on Philosophical Topics* (Princeton: Princeton University Press, 2000), pp. 107-117].

XXXII | O PODER SIMBÓLICO

Em *Meditações Pascalianas*, Bourdieu referiu-se criticamente à descrição da luta de galos realizada por Geertz: «formas aparentemente humildes e subordinadas do trabalho científico, como a *thick description*, implicam e impõem ao real um modo de construção pré-construído que não é outra coisa senão a visão escolástica do mundo. Isto é, na sua 'descrição densa' de uma luta de galos, Geertz atribui aos Balineses um olhar hermenêutico e esteta que não é mais do que o seu próprio olhar. Depois, à falta de ter inscrito explicitamente na sua descrição do mundo social a 'literalização' que a sua descrição lhe fez sofrer, continua até ao fim no seu erro por omissão, defendendo, contra toda a razão, no seu prefácio a *The Interpretation of Cultures*, que o mundo social e o conjunto das relações e dos factos sociais não são mais do que 'textos'» ([35]). Bourdieu incluiu estes comentários à obra de Geertz nas críticas a todos os erros escolásticos, visíveis em teorias e metodologias bastante diferentes, como a «teoria da acção racional» ou o «jurisdicismo antropológico» de tendência estruturalista, que impunham as regras de um modelo pré-definido à prática social, esquecendo a lógica das relações. E, na entrevista a Lutz Raphael, Bourdieu voltou a referir-se à descrição densa como uma «ilusão positivista» de uma ciência sem hipóteses ([36]).

Se no diálogo com Geertz, a propósito da obra de Darnton, Bourdieu mostra posições extremadas, as propostas de história cultural enunciadas por Chartier revelam-se-lhe mais próximas. A relação entre os dois autores deve ser interpretada no contexto particular da evolução dos campos historiográfico e sociológico em França. Ambos os autores procuraram romper, cada um à sua maneira, com uma espécie de nobreza

---

([35]) Pierre Bourdieu, *Meditações Pascalianas* (Celta: Oeiras, 1998), p. 44.

([36]) Roger Chartier e Peter Burke reconheceram o problema da «leitura» como metáfora e das «intuições livres»: «Who is in position to arbitrate when two intuitive readers disagree? Is it possible to formulate rules of reading, or at least to identify misreadings?», Peter Burke, *What is Cultural History?* (Cambridge: Polity Press, 2008 [2004]), p. 116.

de Estado que dominava a academia francesa e, no caso de Chartier, com uma história fechada a outras ciências sociais. A transformação de uma história cultural, distinta da história das mentalidades, procurava conciliar a análise das representações e a das práticas, das classificações e apreciações dos indivíduos e dos interesses dos grupos, no contexto dos quais aquelas classificações se constituíam [37]. A este propósito, Chartier reconheceu que uma das inspirações do seu projecto de uma história cultural se encontrava na proposta de Bourdieu, em especial em *A Distinção* [38]. Conferir autonomia às representações não implicava que o seu estudo deixasse de pensar os contextos sociais, os sentidos e significados a partir dos quais aquelas eram produzidas. Ao contrário da noção de «mentalidade», cujo objecto se tendia a emancipar do social, sendo estudado à parte, como uma espécie de terceiro nível, a análise das representações deveria convocar os sistemas de classificação, mas também as práticas e as dinâmicas institucionais que os sustentavam e que assinalavam a existência de identidades sociais, individuais e colectivas. No entanto, uma certa hermenêutica proposta por Chartier, próxima dos ensinamentos de Paul Ricoeur, acabou por impor um afastamento do projecto sociológico de Bourdieu.

Mais recentemente, Chartier voltou a definir o campo da história cultural, tendo em conta o debate acerca da chamada «New Cultural History», termo utilizado por Lynn Hunt em 1989 [39]. Na sua descrição, a história cultural aproximara-se progressivamente da antropologia e dos estudos literários, explorando o trabalho a uma escala mais reduzida, com base em estudos de caso, tais como os sugeridos pela micro-história

---

[37] Roger Chartier, *A história cultural: entre práticas e representações, op. cit.*, p. 15.

[38] Idem, *idem*, p. 17.

[39] Roger Chartier, «La nouvelle histoire culturelle existe-t-elle?», *Les Cahiers du Centre de Recherches Historiques*, 31 (2003); trad. portuguesa, «A 'Nova' História Cultural Existe?», *Cultura*, nº 18 (2004), pp. 9-22; Lynn Hunt, *The New Cultural History* (Berkeley, Los Angeles and London: University of California Press, 1989).

de Carlo Ginzburg e de Le Roy Ladurie, assumindo uma ruptura com os métodos de análise das séries quantitativas da história económica e social e também da história das mentalidades. No início do século XXI, Chartier referiu-se à história cultural considerando que «toda a história, qualquer que ela seja, económica ou social, demográfica ou política, é cultural, e isto, na medida em que todos os gestos, todos os comportamentos, todos os fenómenos, objectivamente mensuráveis são sempre resultado dos significados que os indivíduos atribuem às coisas, às palavras e às acções», e acrescentou que, «nesta perspectiva, fundamentalmente antropológica, o risco é o de uma definição imperialista da categoria que, ao identificar-se com a própria história, conduz à sua dissolução. Esta dificuldade tem a sua principal razão na multiplicidade de acepções do termo cultura» [40]. Chartier procurou, então, voltar ao conceito de cultura e esboçar a sua genealogia próxima, distinguindo as pesquisas que convocam um olhar sobre os textos e as que, inspiradas na antropologia simbólica de Geertz, analisam a cultura de uma dada comunidade, a partir de uma interpretação da «totalidade das linguagens e das acções simbólicas que lhe são próprias» [41]. Ao insistir nos universos simbólicos dos leitores e espectadores, Chartier pretendeu evitar um olhar desvalorizador da cultura dos dominados, nomeadamente quando esta era avaliada apenas «pela sua distância face à legitimidade cultural». Este último aspecto acabou por se constituir numa espécie de crítica velada ao «dominocentrismo» do projecto sociológico de Bourdieu [42].

---

[40] Roger Chartier, *A história cultural: entre práticas e representações*, *op. cit.*, p. 13.

[41] Idem, *idem*, p. 14. No quadro de investigações capazes de trazer as questões da recepção e da interpretação para o centro da análise, no âmbito das quais conceitos como o de «comunidades de leitura» adquirem uma grande centralidade, como sugeriu Stanley Fish, *Is There a Text in This Class? The Authority of Interpretive Communities* (Cambridge, Mass.: Harvard University Press, 1980).

[42] Também criticado em Jean-Claude Passeron e Claude Grignon, *Le Savant et le Populaire. Misérabilisme et populisme en sociologie et en littérature* (Paris: Gallimard/Le Seuil, 1989).

O PODER SIMBÓLICO E O PROJECTO SOCIOLÓGICO... | XXXV

Por fim, Chartier voltou a vincular a disciplina à ideia de representação, tanto individual, como colectiva, traduzida em modos de classificação, de identificação e de reprodução institucional. Tudo isto não deixa de apontar para uma certa indefinição, admitida pelo próprio, tanto em relação a uma institucionalização da disciplina, bastante débil, como do seu próprio método e objecto. A este propósito, talvez valha a pena notar que nem sempre as propostas mais consistentes de um ponto de vista da clareza das definições conceptuais e da institucionalização são as que revelam o maior dinamismo, criatividade e capacidade heurística. Podendo acrescentar-se que, comparativamente, os estudos culturais (*cultural studies*) britânicos, rompendo com filiações consagradas, constituíram-se sem dúvida como um projecto mais institucionalizado do que uma história experimental da cultura tal como Chartier a tem sabido praticar ([43]).

Para compreender melhor o sentido experimental do projecto de Chartier em relação a uma história cultural (na sua relação ambiguamente próxima e distante da obra de Bourdieu), vale a pena considerar as tentativas de sistematização empreendidas por outro dos grandes historiadores recentes da cultura. O cânone de referências da história cultural coligido recentemente por Peter Burke, e que contém quase duzentas obras escritas entre 1860 e 2007, junta autores tão distintos e de filiação tão diversa como Max Weber, Gilberto Freyre, Panofsky, Sérgio Buarque de Holanda, Raymond Williams, Eric Hobsbawn, E.P. Thompson, Fernand Braudel, Edward Said, Michel Foucault, Jacques Le Goff, Sidney Mintz ou Benedict Anderson. Curiosamente, a lista não inclui nenhuma obra de Bourdieu. Ainda assim, Burke dedica três páginas do seu livro ao sociólogo francês, resumindo as suas principais

---

([43]) Foi no interior dos chamados Estudos Culturais que se propuseram algumas das mais sofisticadas definições de «cultura». Veja-se, por exemplo, o clássico texto de John Clarke, Stuart Hall, Tony Jefferson e Brian Roberts, «Subcultures, cultures and class», in Stuart Hall e Tony Jefferson, dirs., *Resistance through Rituals – Youth Subcultures in Post-war Britain* (Londres: Hutchinson, 1975), pp. 9-74.

XXXVI | O PODER SIMBÓLICO

contribuições e reconhecendo a sua importância para o desenvolvimento da história cultural. E, apesar de afirmar que o sociólogo francês nunca escreveu sobre história cultural, coloca-o ao lado de Bakthin, Foucault e Elias. No final da longa definição de história cultural, pejada de referências e de exemplos de temas, Burke parece debater-se, mais uma vez, com problemas de definição e articulação conceptual, sobretudo entre os termos cultura e sociedade [44]. É que não parece ser fácil encontrar referentes sociais sólidos a partir dos quais se possam definir «comunidades culturais», correndo-se por isso mesmo o risco, por maior que seja a sofisticação das abordagens, de contribuir para reificar categorias definidas como essências [45].

Uma proposta de unificação dos saberes

A concepção teórica proposta no texto de abertura de *O Poder Simbólico* procura conceptualizar a relação entre os sistemas simbólicos e a acção social. O reconhecimento da existência de sistemas simbólicos implica a análise das suas condições sociais de produção. O efeito dos símbolos sobre as formas de percepção e classificação sociais, base de constituição de conhecimento, portanto «estruturas estruturantes» – que Bourdieu importa da tradição simbólica de Cassirer [46]

---

[44] P. Burke, *Varieties of Cultural History* (Ithaca, Nova Iorque: Cornell University Press, 1997).

[45] Noutro lugar, por intermédio de um conjunto de estudos de caso, procurámos explorar as potencialidades e limites heurísticos do uso interpretativo do conceito de «comunidade interpretativa». Inês Brasão *et al.*, *Comunidades de leitura* (Lisboa: Colibri, 2009).

[46] Ernest Cassirer, *op. cit.* Como director da colecção «Le sens commun» (Paris: Minuit), Bourdieu foi, aliás, um dedicado promotor da obra de Ernst Cassirer, de quem publicou: *Le Langage. La Philosophie des formes symboliques*, vol. I (1972); *La Pensée mythique. La Philosophie des formes symboliques*, vol. II (1972); e *La Phénoménologie de la connaissance. La Philosophie des formes symboliques*, vol. III (1972), como indicámos atrás; *Langage et mythe* (1973); *Essai sur l'homme* (1975); *Substance et fonction* (1977); e, finalmente, *Individu et cosmos dans la philosophie de la Renaissance* (1983).

O PODER SIMBÓLICO E O PROJECTO SOCIOLÓGICO... | XXXVII

e Panofsky ([47]) –, corre o risco de se tornar numa construção ideal se não for concebido como parte de «estruturas estruturadas», e portanto passíveis de uma análise estrutural. Se os sistemas simbólicos são formas sociais a partir das quais se procede a uma interpretação do mundo, eles não são autónomos em relação aos regimes de práticas, no interior dos quais ganham particular sentido. Como a lógica das práticas traduz condições objectivas desiguais, os sistemas simbólicos produzem e reproduzem, ao construírem o mundo, formas de dominação. A cultura que gera consensos, uma das funções dos sistemas simbólicos, é a mesma que legitima as diferenças objectivas e que, portanto, separa – processo que se encontra na base da noção de «distinção» ([48]). É por isso que os sistemas simbólicos são concebidos como sistemas de poder, e é assim que o poder simbólico produz o seu efeito ideológico, revestindo a forma de uma violência simbólica exercida por classes e grupos sobre outras classes e grupos, no contexto de lutas pela imposição de formas distintas de definição do mundo. As relações de interacção e comunicação, longe de se constituírem como uma realidade autónoma, dependem de um estado determinado de um jogo de forças, envolvendo o «poder material ou simbólico acumulado pelos agentes (ou pelas instituições) envolvidos nessas relações». Esta é, aliás, a base da crítica de Bourdieu ao «erro interaccionista», frequente em tradições fenomenológicas e semióticas, que se traduz de modo particular nos autores que autonomizam a esfera do simbólico, enquanto esfera de comunicação independente das relações de poder. «O poder simbólico, poder subordinado, é uma forma transformada, quer dizer, irreconhecível, transfigurada e legitimada, das outras formas de poder.» A análise do social passa, então, pela descrição da

---

([47]) Erwin Panofsky, *Gothic Architecture and Scholasticism* (Nova Iorque: Meridian Books, 1957); trad. para francês e posfácio de Pierre Bourdieu, *Architecture gothique et pensée scholastique*, 2ª ed. (Paris: Minuit, 1986).

([48]) Pierre Bourdieu, *A Distinção: uma crítica social da faculdade do juízo, op. cit.*

transformação das diferentes espécies de capital (económico e cultural) em capital simbólico, proposta que tem na teoria dos campos sociais um instrumento fundamental.

A organização de *O Poder Simbólico* prossegue, de acordo com as intenções de Bourdieu, a constituição de uma linha de investigação capaz de atender aos mais diversos campos. À descrição do conceito de «poder simbólico» segue-se, no capítulo de «Introdução a uma Sociologia Reflexiva», a formulação da base sociológica a partir da qual se concebe uma ciência social unificada, ou seja, preparada para desenvolver um programa de estudos do social com ambições de integração do contributo das outras ciências sociais. A este respeito, Bourdieu propõe-se ensinar um ofício cujo «cume da arte» está na capacidade de «pôr em jogo 'coisas teóricas' muito importantes a respeito de objectos «empíricos' muito precisos, frequentemente menores na aparência, e até mesmo um pouco irrisórios». Na génese da ciência social, encontra-se uma prática que – longe de contar, à partida, com a definição prescritiva de um tema, de uma época, de unidades geográficas, nacionais ou culturais – visa proceder à «construção do objecto». O *modus operandi* capaz de favorecer a construção de uma prática desta natureza implica a rejeição: da «grande teoria» sem aplicação empírica (que também deveria ser aplicável a alguns usos considerados teóricos dos próprios conceitos por si propostos); do monoteísmo metodológico («livrai-nos dos cães-de-guarda metodológicos»); de uma sociologia dita de problemas sociais; e de todos os erros escolásticos que se encontram na origem de um pensamento não relacional, princípio aliás que traduz a sua desconfiança em relação a conceitos como o de cultura. A «objectivação participante», «objectivação da relação do sociólogo com o seu objecto» estabelece-se, então, como a prática que permite descontaminar a construção do objecto, relativizando o próprio interesse do sujeito do conhecimento pelo objecto, a partir de uma auto--análise.

No capítulo sobre «A Génese dos conceitos de *habitus* e campo», Bourdieu explora os dois utensílios teóricos relacionais que permitem operacionalizar a sua proposta, tornan-

O PODER SIMBÓLICO E O PROJECTO SOCIOLÓGICO... | XXXIX

do-a empiricamente verificável: «Diferente da teoria teórica – discurso profético ou programático que tem em si mesmo o seu próprio fim e que nasce e vive da confrontação com outras teorias –, a teoria científica apresenta-se como um programa de percepção e de acção só revelado no trabalho empírico em que se realiza». Os capítulos seguintes procuram mostrar como é que, para se pôr em causa modelos teórico-metodológicos pré-construídos, será necessário empreender uma permanente vigilância das premissas de interpretação e análise dos diversos objectos e dos instrumentos de conhecimento que historicamente têm servido o seu uso. Em «*Le mort saisit le vif*, as relações entre a história reificada e a história incorporada», Bourdieu discute o método histórico, defendendo uma sociologia histórica teoricamente fundada. A utilização de conceitos relacionais, como o de campo ou o de *habitus*, no decorrer de investigações historiográficas, visa desafiar explicações mecanicistas da acção social que se encontravam inscritas nas filosofias da história e nas visões teleológico-políticas do passado, que atribuíam «aos agentes individuais ou aos colectivos personalizados intenções e premeditações.»

Em «A Identidade e a Representação. Elementos para uma reflexão crítica sobre a ideia de região», Bourdieu intervém, sem o citar explicitamente, no debate sobre a nação e as identidades nacionais, distanciando-se daqueles que assumem designações territoriais de forma acrítica e colocando no centro da discussão a arbitrariedade histórica destas nomeações, mas também o seu poder de «construir a realidade». De facto, noutro exemplo em que a sua contribuição é escassamente valorizada, a obra de Bourdieu reflectiu com vigor sobre o que Wacquant apropriadamente chama a «nomeação autorizada e a fabricação simbólica de colectivos», ou seja, de classes, famílias, grupos étnicos, género e regiões ([49]). É neste contexto

---

([49]) Loïc Wacquant, «Pointers on Pierre Bourdieu and Democratics Politics», *Constellations*, vol. 11, nº 1 (2004), p. 6; sobre a família veja-se Pierre Bourdieu, «The Family as Realized Category», *Theory, Culture and Society*, vol. 13, n° 3 (1996), pp. 9-26, assim como o trabalho de Remi Lenoir, *Généalogie de la morale familiale* (Paris: Seuil, 2003).

que o capítulo «A Identidade e a Representação. Elementos para uma reflexão crítica sobre a ideia de região» deve ser colocado lado a lado com um *corpus* bastante vasto de interrogações sobre discursos e práticas *territoriais* e *identitárias*. O texto de Bourdieu influenciou, por exemplo, um dos mais importantes trabalhos de questionamento das correntes que postulam (e promovem no âmbito de uma indústria com uma vitalidade e uma prolixidade assinaláveis) o «realismo do grupo». Na sua tentativa de crítica do realismo e do *substancialismo* da maioria dos estudos sobre o nacionalismo (autênticos produtos dos processos de *reificação*), Brubaker sublinhou que o texto de Bourdieu foi uma contribuição importante. A dimensão *performativa* que Bourdieu associava aos discursos regionalistas e ao modo como estes eram interpretados como produtos de instrumentalização política e de um jogo de conflito pelo acto de nomear e representar são dois aspectos que têm sido trabalhados por outros autores, de Brubaker a Benedict Anderson. A imaginação política do território e da identidade é um processo fundamental para todos eles [50]. Ainda que de forma marginal, o pequeno texto de Bourdieu tornou-se numa referência importante para as investigações que procuram sistematizar o estudo dos grupos sub-nacionais nas sociedades contemporâneas [51].

Em «Espaço social e Génese de Classes», a desmontagem de categorias do conhecimento segue o trabalho realizado no texto sobre a ideia de região. Mais uma vez trata-se de destrinçar uma classe conceptual, recortada pelo investigador de acordo com a sua capacidade de ler a realidade, de uma classe nominal cuja construção se encontra num jogo de lutas entre

---

[50] Roger Brubaker, *Nationalism Reframed: Nationhood and the National Question in the New Europe* (Cambridge: Cambridge University Press, 1996), p. 13. Veja-se ainda Benedict Anderson, *Comunidades Imaginadas. Reflexões Sobre a Origem e a Expansão do Nacionalismo* (Lisboa: Edições 70, 2005).

[51] Como por exemplo no influente texto de Celia Applegate, «A Europe of Regions: the History and Historiography of Subnational Groups in Modern Times», *American Historical Review*, vol. 104 (1999), pp. 1157-1182.

O PODER SIMBÓLICO E O PROJECTO SOCIOLÓGICO... | XLI

diversos indivíduos e grupos, nomeadamente políticos. No entanto, se Bourdieu foi pouco solícito em transformar categorias históricas identitárias, base da formação de sociedades e grupos culturais, em instrumentos de análise, no caso da «classe» – um conceito que, por definição, se constitui como uma abstracção conceptual, embora contaminada pela teoria e história políticas –, o autor investiu na sua reformulação. Para esta operação, muito contribuiu a conceptualização da relação entre o *habitus* e o espaço social, onde os capitais económico e cultural, elementos de localização dos indivíduos na sociedade, se encontram desigualmente distribuídos. Será depois em *A Distinção* que a conceptualização inovadora do «espaço das classes» encontra o material empírico que lhe permite revelar a capacidade heurística. Base da sua prática sociológica, a vigilância epistemológica e a genealogia histórica dos conceitos (no sentido de uma história social dos instrumentos de construção do social) permitiram-lhe tomar os princípios de leitura do mundo e de inteligibilidade subjectiva, como a identidade nacional, regional ou de classe, como construções históricas particulares, reversíveis, para as quais contribuíam um conjunto diverso de actores, com interesses variados, que lutavam permanentemente por legitimar a sua «visão do mundo». O investigador, por intermédio dos conceitos que mobiliza, deveria evitar tornar-se ele próprio num agente da reificação destas arbitrariedades históricas e sociais.

Por uma ciência, sociológica e histórica, do campo político

A crítica à ideia de representação, presente no texto sobre as classes, surge de modo mais desenvolvido em «A representação política. Elementos para uma teoria do campo político». As relações de comunicação que caracterizam o campo político sustentam-se em formas de representação, dos eleitores pelos eleitos, por exemplo, controladas por profissionais cujo trabalho de construção implica uma definição do que se encontra dentro e fora da actividade institucional e, mais genericamente, do debate político. A sua proposta procurava ultrapassar os limites das análises do político que silenciavam as condições da possibilidade do político: «o silêncio acerca das condições que colocam os cidadãos – e de modo tanto mais brutal quanto mais desfavorecidos são económica e culturalmente – perante a alternativa da demissão pela abstenção ou do desapossamento pela delegação é para a 'ciência política' o que o silêncio acerca das condições económicas e culturais da conduta económica 'racional é para a ciência económica». O esquema de representação, capaz de eufemizar condições objectivas desiguais, a partir das quais os cidadãos acedem à política, deforma o próprio mecanismo democrático. Inspirado na análise weberiana do «mercado da conversão religiosa», no qual diferentes facções lutam por um espaço limitado de consumidores de produtos religiosos, os bens de salvação, vendendo os benefícios simbólicos da conversão, Bourdieu desenha um campo político no qual diversos profissionais se dedicam à conversão política, num mercado regulado por regras próprias [52].

Para Bourdieu, era imperioso revelar as bases sociais que condicionavam as dinâmicas, os padrões e as possibilidades de transformação do jogo político e, mais especificamente, do jogo democrático. A historicização do político, em paralelo com a historicização da razão, do direito, do Estado, da academia ou da faculdade de juízo – tal como sugeriu nas *Meditações Pascalianas* e aplicou em todos os seus exercícios de teoria da prática –, devia ser sempre acompanhada pela compreensão das suas efectivas condições de possibilidade. Assim sendo, a crítica sistemática do vocabulário, dos argumentos, dos *especialistas,* das instituições e, aspecto central, da disciplina maior que sobre o *político* clama propriedade – a ciência política – foi tomada como um exercício fundamental. É o que fica claro neste e noutros textos *políticos* do autor. Os inúmeros *mistérios* associados de modo directo ou indirecto ao *ministério* – que não se esgotam nos processos de transmutação

---

[52] Bourdieu, «Une interprétation de la théorie de la religion selon Max Weber», *Archives européennes de sociologie,* vol. XII, n.º 1 (1971), pp. 3-21.

O PODER SIMBÓLICO E O PROJECTO SOCIOLÓGICO... | XLIII

da «vontade» individual em vontade «colectiva» e abundam noutros tipos de tecnologias da delegação – requerem uma vigilância constante, inclusive no interior da academia. Como consequência, só uma postura que permita «pensar a política sem pensar politicamente», como escreveu em «Penser la politique», possibilita a iluminação tanto da emergência histórica do político, como da sua reprodução e dinâmica, ou ainda das possibilidades da sua transformação. A compreensão da formação e reprodução do campo político (o jogo do ministério) e do campo burocrático (o disputado mercado dos bens públicos a instrumentalizar pelos actores *políticos*) assim o exigem ([53]).

Igualmente controlado por profissionais da conversão política, que o concebem como um sistema autónomo de relações juridicamente prescritivas, o campo do direito parece instituir uma «verdade de Estado», constituída pela relação abstracta e pura entre o cidadão, concebido idealmente, e a lei, cega e igualitária («A Força do Direito. Elementos para uma sociologia do campo jurídico»). Este capítulo apresenta-se com um dos esteios da análise do Estado, como corpo de profissionais progressivamente burocratizado e gerador de interesses próprios. Em conjunto com «A representação política. Elementos para uma teoria do campo político», com «A Identidade e a Representação. Elementos para uma reflexão crítica sobre a ideia de região», e a publicação de «A Astúcia da Razão Imperialista», será possível encontrar uma reflexão conjunta sobre o legado conceptual e analítico da obra *política* de Pierre Bourdieu. O seu interesse pelos temas da representação, da delegação e da nomeação política foram acompanhados pelo estudo da ideologia dominante, pela análise das relações entre o campo cultural e o campo político e do funcionamento específico deste último, ou ainda pelos esforços de compreensão da emergência histórica de uma

---

([53]) Idem, «Le mystère du ministère. Des volontés particulières à la 'volonté générale'», *Actes de la recherche en sciences sociales*, n.º 140 (2001), pp. 7-11; Idem, «Penser la Politique», *Actes de la recherche en sciences sociales*, n.º 71, n.º 2 (1988), p. 2.

autonomia do campo burocrático, e justificam de modo evidente a sua incorporação crítica nos debates centrais da sociologia, da ciência e da filosofia políticas (54).

Ao chamarmos a atenção para todos estes textos de sentido político de Bourdieu pretendemos questionar as razões que explicam o facto de a sua obra não constar, pelo menos de modo regular e com um lugar de destaque, do cânone central da sociologia, mas sobretudo do da ciência e da filosofia políticas (55). A escassa divulgação e apropriação da sua obra *política*, sobretudo visível na sua ausência dos compêndios de estudos sobre a formação de modelos e padrões democráticos, contrasta aliás com a variedade de usos (e abusos) da sua acção política para efeitos de legitimação social e académica.

---

(54) Sobre a representação e a delegação política veja-se Pierre Bourdieu, «L'identité et la representation. Élements pour une refléxion critique sur l'idée de region'», *Actes de la recherche en sciences sociales*, vol. 35 (1980), pp. 63-72 (texto aqui traduzido); Idem, «La délégation et le fétichisme politique», *Actes de la Recherche en Sciences Sociales*, vol. 52-53 (1984), pp. 49-55; sobre a ideologia dominante veja-se Pierre Bourdieu e Luc Boltanski, «La production de l'idéologie dominante», *Actes de la recherche en sciences sociales*, 2-3 (1976); sobre as relações entre o campo político e o cultural veja-se, acima de tudo, Pierre Bourdieu, *A Distinção* (Lisboa: Edições 70, 2010); sobre o estado veja-se, entre outros, Idem, *La Noblesse d'état* (Paris: Seuil, 1989); Idem, «Rethinking the State: Genesis and structure of the bureaucratic field», *Sociological Theory*, vol. 12, n° 1 (1994), pp. 1-18, texto reimpresso na excelente colectânea de Georges Steinmetz, dir., *State/Culture: State-Formation after the Cultural Turn* (Cornell University Press, 1999), pp. 53-75; Idem, «L'État et la concentration du capital symbolique», in Bruno Théret, dir., *L'État, la finance et le social. Soveraineté nationale et construction européenne* (Paris: La Decouverte, 1995), pp. 73-105.

(55) Loïc Wacquant, «Pointers on Pierre Bourdieu and Democratics Politics», *Constellations*, vol. 11, n° 1 (2004), pp. 3-15 (reimpresso em Loïc Wacquant, dir., *Pierre Bourdieu and Democratic Politics*, pp. 10-28). Para uma tentativa, póstuma, de reflexão sobre a dimensão política da obra de Bourdieu e o seu impacto na ciência política veja-se Bertrand Voutat, dir., «Débat: À propos de Pierre Bourdieu», *Revue Suisse de Science Politique*, vol. 8, n° 2, n° 3-4 (2002), pp. 101-150, com colaborações de Bertrand Voutat, Uwe Bittlingmayer, Jeremias Blaser, Loïc Wacquant, Philippe Corcuff, Bernard Lacroix e Jacques Lagroye.

O PODER SIMBÓLICO E O PROJECTO SOCIOLÓGICO... | XLV

Ao contrário do que tem sucedido em França (mas mesmo assim com inegável contenção) ([56]), a obra de Bourdieu não tem encontrado eco nos programas, nos manuais, nas revistas (a começar pela sua quase inexistência na *American Political Science Review*) ou nos encontros mais significativos da sociologia política e da ciência política nos Estados Unidos da América e em Inglaterra. Como David L. Swartz e Loïc Wacquant procuraram explicar, uma suposta lógica de especialização disciplinar tipicamente americana encurralou Bourdieu nos domínios da sociologia da educação, da antropologia (a que se poderiam acrescentar os da cultura e da *French Theory*). O facto de a obra *política* de Bourdieu não encaixar de modo evidente nos problemas que governam o mundo da sociologia e da ciência políticas (ou no modo como problemas como o do Estado, das elites ou dos movimentos sociais costumam ser colocados), com a excepção dos seus trabalhos em torno da representação e da delegação do poder político, pode ajudar a encontrar uma explicação para a sua marginalização, para

---

([56]) Daniel Gaxie, «Économie des partis et rétributions du militantisme», *Revue française de science politique*, vol. 27, n⁰ 1 (1977), pp. 123-157; Idem, *Le cens caché. Inégalités culturelles et ségrégation politique* (Paris: Seuil, 1978); Idem, *La démocratie représentative* (Paris: Montchrestien, 1993); Michel Dobry, *Sociologie des crises politiques* (Paris: Presses de la Fondation Nationale des Sciences Politiques, 1992); Bernard Lacroix e Jacques Lagroye, dirs., *Le Président de la République* (Paris: Presses de la Fondation Nationale des Sciences Politiques, 1992); Erik Neveu, *Sociologie des mouvements sociaux* (Paris: Éditions La Découverte, 2005); Michel Offerlé, *Les partis politiques* (Paris: Presses Universitaires de France, 1987); Idem, *Un homme une voix? Histoire du suffrage universel* (Paris: Gallimard, 2002); Jean-Yves Caro, «La sociologie de Pierre Bourdieu. Élements pour une théorie du champ politique», *Revue Française de Science Politique*, vol. 30, n⁰ 6 (1980), pp. 1171-1197; Loïc Blondiaux, *La Fabrique de l'opinion. Une histoire sociale des sondages* (Paris: Seuil, 1998). Para uma visão recente dos modos de apropriação da sociologia de Bourdieu na ciência política francesa, veja-se Philippe Corcuff, «Usages utilitaristes de la sociologie de Pierre Bourdieu dans la science politique Française», *Revue Suisse de Science Politique*, vol. 8, n⁰ 2 e n⁰ 3-4 (2002), pp. 133-143; também a revista *Politix*, desde 1988, revela uma enorme sensibilidade aos trabalhos de análise das manifestações do político inspirados pela obra de Bourdieu.

XLVI | O PODER SIMBÓLICO

não dizer exclusão, das análises do político na academia anglo-americana. A sua obstinada e salutar recusa da divisão disciplinar do trabalho no interior das ciências sociais contribuiu, estamos certos, para tal marginalidade, assim como sucedeu com a sua rejeição da validade de um projecto científico especializado no estudo do poder, que Bourdieu, como outros pensadores, considerava uma dimensão central em *todas* as áreas do viver associado [57].

Do mesmo modo que apontava de modo crítico, em *Le métier de sociologue* (com Chamboredon e Passeron), para os perigos resultantes da presunção de que a divisão científica e disciplinar do trabalho espelharia uma partição do real (o que para ele explicava os abundantes conflitos de fronteira entre disciplinas, e no seu interior acrescentamos nós), Bourdieu questionava a ciência política enquanto projecto de imposição arbitrária ao real de um objecto construído *a priori*, o qual tinha como objectivo a legitimação do universo político, das suas instituições, dos seus profissionais e das competências especializadas a eles associadas; e, simultaneamente, recusava a constituição do político como uma realidade-em-si, passível de ser estudada isoladamente [58]. A desmontagem da aparência de objectividade da «análise» politológica e das ciências da «actualidade», ou ainda a denúncia da construção sócio-histórica e da instrumentalização social, em sentido lato, da

---

[57] David L. Swartz, «Pierre Bourdieu and North American Political Sociology: Why He Doesn't Fit In But Should», *French Politics*, Vol. 4, nº 1 (2006), pp. 84-99; Loïc Wacquant, «Bourdieu in American: Notes on the transatlantic importation of social theory», in C. Calhoun, E. LiPuma e M. Postone, dirs., *Bourdieu: Critical Perspectives* (Chicago: The University of Chicago Press, 1993), pp. 235-262.

[58] Pierre Bourdieu *et al.*, *Le Métier de Sociologue* (Paris: La Haye, Mouton, 1968), *maxime* pp. 51-52; «Questions de politique», *Actes de la recherche en sciences sociales*, vol. 16 (1977), *maxime* p. 87. Sobre o campo político, veja-se Pierre Bourdieu, «Conférence: Le champ politique», in Philippe Fritsch, dir., *Propos sur le champ politique* (Lyon: Presses Universitaires de Lyon, 2000), pp. 49-80. Veja-se ainda o texto aqui publicado «A representação política. Elementos para uma teoria do campo político».

«opinião pública» encontravam-se associadas a um esforço constante, seguido por outros colegas como Bernard Lacroix, pela identificação dos interesses que justificam e legitimam essa inclinação. A compreensão dos interesses na interpretação do *jogo* e do *mercado* político (que implica o estudo aturado das relações do campo político com os restantes campos sociais, sem esquecer, claro está, o económico) constituía-se para Bourdieu em mais um espaço de construção social da dominação [59]. O processo sócio-histórico de construção de *consumidores* do político – baseado numa variedade de instituições e de actores *políticos* (que estão longe de se esgotarem no microcosmo do campo político) que forjam «formas, legítimas e politicamente eficazes, de percepção e expressão» política – inclui necessariamente a identificação e escrutínio dos *intérpretes*, mandatados ou não, do jogo, eles próprios elementos em competição num mercado com recompensas e remunerações várias.

Valeria a pena levar mais fundo estas considerações sobre o modo como o projecto sociológico de Bourdieu também inclui uma ciência do campo político, mas uma ciência investida de uma orientação profundamente histórica e sociológica. Mais. O seu autor também se envolveu na luta política e fê-lo de uma forma constante, a ponto de nos poder baralhar na interpretação da sua biografia e na existência ou não de uma última fase da sua vida, que corresponderia a um grau de envolvimento maior nas actividades mais radicais de denúncia dos mecanismos de dominação e nos modos de dar voz aos oprimidos e «miseráveis»; tudo isto como se tal preocupação pela luta política não tivesse estado sempre presente ao longo de uma vida de investigação, desde pelo menos a experiência

---

[59] Pierre Bourdieu, «L'opinion publique n'existe pas», *Les Temps Modernes*, vol. 318 (1973), pp. 1292-1309; Idem, «La science de l'actualité», *Actes de la recherche en sciences sociales*, vol. 61 (1986), p. 2-3; Idem, «Penser la politique», *Actes de la recherche en sciences sociales*, vol. 71-72 (1988), pp. 2-3. Bernard Lacroix, «Ordre politique et ordre social, objectivisme, objectivation et analyse politique», in Jean Leca e Madeleine Grawitz, dirs., *Traité de science politique* (Paris: PUF, 1985), pp. 469-565.

argelina ([60]). De facto, uma ciência do campo político, no interior de um projecto sociológico como o de Bourdieu, não poderia excluir do horizonte de pesquisa a existência de uma cultura política popular, própria dos marginalizados e dos que foram e continuam a ser excluídos das sociedades modernas e ocidentais, bem como dos que sofreram a violência da colonização. Aliás, a propósito destes últimos, Bourdieu escreveu páginas admiráveis que, apesar de não encontrarem paralelo nas páginas deste livro, nos levam a pensar que a lógica do poder simbólico, tal como a da distinção, não se esgota numa simples perspectiva «dominocêntrica». Referimo-nos, muito concretamente, às suas análises de finais dos anos 50 relativas aos mecanismos da obediência, da conformidade e até da apatia em contexto colonial argelino. No âmbito de uma situação imposta durante cerca de 130 anos, as resistências não teriam ido para além da distância, da simples afirmação da diferença em relação aos costumes europeus ou do uso mais ou menos simbólico do véu por parte das mulheres, o qual teria permitido a estas últimas ver sem ser vistas para assim poderem preservar a sua própria intimidade. Porém, com o eclodir da guerra, os mecanismos da obediência dos dominantes sobre os dominados – impostos por patrões, médicos, professores, polícias e afirmados em termos internacionais pelos que se consideravam mandatados pela «grande

---

([60]) Pierre Bourdieu, *Sociologie de l'Algérie* (Paris: Presses Universitaires de France, 1958; 2ª ed. revista e corrigida, 1961); Idem, *Travail et travailleurs en Algérie* (Paris: Mouton, 1963); (com Abdelmalek Sayad), *Le Déracinement: crise de l'agriculture traditionnelle en Algérie* (Paris: Minuit, 1964); *Esquisses Algériennes*, dir., Tassadit Yacine (Paris: Seuil, 2008). Veja-se, Franck Poupeau e Thierry Discepolo, dirs., *Pierre Bourdieu. Interventions, Science Sociale et Action Politique* (Marselha: Agone-Contre-Feux, 2002); Tassadit Yacine, «Pierre Bourdieu in Algeria at War», *Ethnography*, vol. 5, nº 4 (2004), pp. 487-509; Idem, «Bourdieu et l'Algérie, Bourdieu en Algérie», in Bourdieu, *Esquisses algériennes, op. cit.*, pp. 9-20 ; M. Grenfel, «Bourdieu in the Field: From the Béarn and to Algeria – A timely response», *French Cultural Studies*, vol. 17, nº 2 (2006), pp. 223-239; Craig Calhoun, «Pierre Bourdieu and Social Transformation: Lessons from Algeria», *Development and Change*, vol. 37, nº 6 (2006), pp. 1403-1415.

França» – deixaram de ter sentido. Com a guerra tudo mudou, afirmou Bourdieu em texto publicado em 1960. A antiga aparência de passividade dos dominados deu subitamente lugar a novos comportamentos. Por exemplo, fez desencadear uma série de atitudes de reivindicação em relação à necessidade de instrução e de cuidados médicos, a ponto de se poder pensar que a antiga opção pela afirmação de uma distância e a perservação das diferenças não passara de uma estratégia bem dissimulada de protecção utilizada pelos dominados; da mesma forma, aquilo que era, até ao momento da guerra, imposto de forma coerciva ou como uma espécie de dádiva oferecida de forma paternalista (instrução ou cuidados médicos) passou a ser reivindicado pelos dominados como um direito. Ora, é precisamente a compreensão de tais comportamentos, numa perspectiva donde não está ausente uma influência já do interaccionismo simbólico que nos interessará, aqui, fixar:

> A demonstração de uma atitude de submissão está ligada, de modo confuso, a uma atitude de demissão motivada pelo sentimento, mais ou menos explícito, que o Europeu era inimitável ou inigualável, tanto do ponto de vista do direito, como de facto. Os membros da casta dominada tiveram mesmo muitas vezes de aceitar, se não nas suas consciências ou nas suas vontades, pelo menos nas suas atitudes, que as diferenças de estatuto traduziam diferenças de natureza. Não seria natural que, quando a ordem social era tal, para o indivíduo da casta dominada, a experiência da relação com o superior, quer este fosse o patrão, o médico, o professor primário ou o polícia, se sobrepunha e se confundia com a experiência da relação com o europeu? Por isso, o argelino tendia a construir um personagem que fosse o 'árabe-para-o francês'. Ou seja, aquele que ia solicitar um emprego a casa de um francês sabia que se tinha de exprimir de uma determinada maneira, que era necessário chegar a horas, que tinha de prometer um certo rendimento e por aí fora. O europeu, por sua vez, não conseguia apreender do outro mais do que essa máscara e o desempenho desse papel. Acontecia muitas vezes que essa atitude era forçada ou como pedida de empréstimo e que o argelino se assumia como uma personagem cujo indumentária

L | O PODER SIMBÓLICO

estava mal cortada, dando azo – pelo simples desejo de não ser criticado e de se comportar na conformidade com o que dele se esperava – à acusação de ser dissimulado ou falso [61].

Fecho

Nos dois últimos capítulos que completavam a versão do *O Poder Simbólico* coligida por Bourdieu («A Institucionalização da Anomia» e «Génese Histórica de uma Estética Pura»), o autor propunha realizar uma ciência das obras de arte, a qual veio a desenvolver de modo mais sistemático em *As Regras da Arte*[62]. As relações particulares decorrentes da autonomização de um campo artístico estabelecem-se, então, como a base fundamental desta ciência das obras. Contra uma teoria da estética que autonomiza a arte das suas condições sociais e históricas de produção, o conceito de campo permite rejeitar todas as teorias do sujeito criador, sem com isto reduzir o interesse de apreciação e classificação das obras. Os esquemas de apreciação e classificação, possuindo uma autonomia relativa, são, isso sim, produto das relações e processos de institucionalização inerentes ao próprio campo. Neste sentido, os exemplos de história e da sociologia da arte oferecidos por Bourdieu permitem desencravar tais disciplinas do seu estatuto de sub-disciplinas, sobretudo quando praticadas por especialistas que reivindicam para si o domínio de uma estética formal.

O conjunto de textos de *O Poder Simbólico* enuncia, assim, um modo de analisar o social – uma teoria da prática, que deve ela própria ser encarada como um ofício –, associado sempre ao estudo de casos concretos. Estes exemplos sugerem um método que vai ao encontro de muitas das preocupações

---

[61] Bourdieu, *Esquisses algériennes, op. cit.*, pp. 142-143 [«Guerre et mutation sociale en Algérie», *Études méditérranéennes*, vol. 7 (1960), pp. 25-37].

[62] Idem, *Les Règles de l'art. Genèse et structure du champ littéraire* (Paris: Seuil, 1992), trad. portuguesa (Lisboa: Presença, 1996).

O PODER SIMBÓLICO E O PROJECTO SOCIOLÓGICO... | LI

epistemológicas que o autor enunciou nas entrevistas com Raphael e Chartier, e no diálogo com este último e Darnton, a propósito da história cultural. Desenha-se assim a proposta de uma ciência social integrada, assente, em primeiro lugar, numa crítica histórica às próprias categorias do conhecimento. A sugestão de novas categorias, sínteses e métodos de análise, servida por uma pluralidade metodológica que evita todo o tipo de modismo escolástico – promovido pelos campos segmentados e por aqueles que beneficiam material e simbolicamente de uma tal segmentação – procura criar o que Bourdieu, na «Introdução a uma sociologia reflexiva», designa como constituindo um «novo olhar». De facto, só um novo olhar pode sustentar um projecto alicerçado na pesquisa, onde o tratamento estatístico se articula com a monografia e o estudo de caso, e onde se resolvem tantas antinomias tidas como adquiridas, mas no fundo mero produto de enunciações artificiais ou derivadas de modelos pré-construídos, pois conforme Bourdieu explicou a Lutz Raphael:

> Esses trabalhos empíricos, e muitos outros que estão a decorrer ou que serão feitos no futuro, deverão mostrar que a história social ou a sociologia histórica munidas do modo de pensamento científico condensado nos conceitos de *habitus* e de campo desfazem em pedaços as alternativas vulgares entre história da «longa duração» e história «dos acontecimentos», entre *structure* e *agency*, entre macro e micro (sociologia ou história), entre as análises estruturais e sistémicas que fazem desaparecer os agentes e os estudos prosopográficos de «elites» atomizadas, e, sobretudo, entre a ciência social entendida como uma estática (na medida em que ela se liga às estruturas supostamente duráveis ou invariáveis) e a ciência social atenta à mudança, à inovação, à «criação da imprevisível novidade».

Claro que a recepção fragmentada da obra de Bourdieu parece indicar que ela acabou por ser remetida para os paradigmas disciplinares já consagrados institucionalmente – cooptada pela sociologia mais institucional, olhada à distância quer pela antropologia quer pela história e mantida ao largo pela ciência política. Por isso mesmo, esta parece ser a altura indicada para voltar a discutir o falhanço das propostas de unificação dos saberes em ciências sociais. É que tais falhanços parecem ser mais reveladores das próprias limitações e inseguranças dos que se apropriaram de Bourdieu ou simplesmente o desprezaram, do que do verdadeiro estímulo criado por obras de grande dimensão, tais como *O Poder Simbólico*.

DIOGO RAMADA CURTO,
NUNO DOMINGOS,
MIGUEL BANDEIRA JERÓNIMO

O Poder Simbólico

I

Sobre o Poder Simbólico

Este texto, nascido de uma tentativa para apresentar o balanço de um conjunto de pesquisas sobre o simbolismo numa situação escolar de tipo particular, a da conferência numa universidade estrangeira (Chicago, Abril de 1973), não deve ser lido como uma história, mesmo escolar, das teorias do simbolismo, nem sobretudo como uma espécie de reconstrução pseudo-hegeliana do caminho que teria conduzido, por superações sucessivas, à «teoria final».

Se «a imigração das ideias», como diz Marx, raramente se faz sem dano, é porque ela separa as produções culturais do sistema de referências teóricas em relação às quais as ideias se definiram, consciente ou inconscientemente, quer dizer, do campo de produção balizado por nomes próprios ou por conceitos em *-ismo* para cuja definição elas contribuem menos do que ele as define. Por isso, as situações de «imigração» impõem com uma força especial que se torne visível o horizonte de referência o qual, nas situações correntes, pode permanecer em estado implícito. Embora seja escusado dizer que *repatriar* este produto de exportação implica riscos graves de ingenuidade e de simplificação – e também grandes inconvenientes, pois fornece um instrumento de objectivação.

4 | O PODER SIMBÓLICO

No entanto, num estado do campo em que se vê o poder por toda a parte, como em outros tempos não se queria reconhecê-lo nas situações em que ele entrava pelos olhos dentro, não é inútil lembrar que – sem nunca fazer dele, numa outra maneira de o dissolver, uma espécie de «círculo cujo centro está em toda a parte e em parte alguma» – é necessário saber descobri-lo onde ele se deixa ver menos, onde ele é mais completamente ignorado, portanto, reconhecido: o poder simbólico é, com efeito, esse poder invisível o qual só pode ser exercido com a cumplicidade daqueles que não querem saber que lhe estão sujeitos ou mesmo que o exercem (*).

1. *Os «sistemas simbólicos» (arte, religião, língua) como estruturas estruturantes.*

A tradição neo-kantiana (Humboldt-Cassirer ou, na variante americana, Sapir-Whorf para a linguagem) trata os diferentes universos simbólicos, mito, língua, arte, ciência, como instrumentos de conhecimento e de construção do mundo dos objectos, como «formas simbólicas», reconhecendo, como nota Marx (*Teses sobre Feuerbach*), o «aspecto activo» do conhecimento. Na mesma linha, mas com uma intenção mais propriamente histórica, Panofsky trata a perspectiva como uma *forma histórica*, sem todavia ir até à reconstrução sistemática das suas *condições sociais* de produção.

Durkheim inscreve-se explicitamente na tradição kantiana. Todavia, porque quer dar uma resposta «positiva» e «empírica» ao problema do conhecimento evitando a alternativa do apriorismo e do empirismo, lança os fundamentos de uma *sociologia das formas simbólicas* (Cassirer dirá expressamente que ele utiliza o conceito de «forma simbólica» como equivalente a «forma de classificação») ([1]). Com Durkheim, as formas de classificação deixam de ser formas universais (transcenden-

---

(*) Cf. esquema na p. 13.

([1]) Ernst Cassirer, *The Myth of the State*, New Haven, Yale University Press, 1946, p. 16.

tais) para se tornarem (como implicitamente em Panofsky) em *formas sociais*, quer dizer, arbitrárias (relativas a um grupo particular) e socialmente determinadas ([2]).

Nesta tradição idealista, a objectividade do sentido do mundo define-se pela concordância das subjectividades estruturantes (senso = consenso) [*sensus = consensus*].

2. *Os «sistemas simbólicos» como estruturas estruturadas (passíveis de uma análise estrutural).*

A análise estrutural constitui o instrumento metodológico que permite realizar a ambição neo-kantiana de apreender a lógica específica de cada uma das «formas simbólicas»: procedendo, segundo o desejo de Schelling, a uma leitura propriamente *tautegórica* (por oposição a *alegórica*) que não refere o mito a algo de diferente dele mesmo, a análise estrutural tem em vista isolar a estrutura imanente a cada produção simbólica. Mas, de modo diferente da tradição neo-kantiana que insiste no *modus operandi*, na actividade produtora da consciência, a tradição estruturalista privilegia o *opus operatum*, as estruturas estruturadas. É o que se vê bem na representação que Saussure, o fundador desta tradição, fornece da língua: sistema estruturado, a língua é fundamentalmente tratada como condição de inteligibilidade da palavra, como intermediário estruturado que se deve construir para se explicar a relação constante entre o som e o sentido. (Panofsky – e todo o aspecto da sua obra que tem em mira isolar as estruturas profundas das obras de arte –, pela oposição que estabelece entre a iconologia e a iconografia e que é o equivalente exacto da oposição entre a fonologia e a fonética, situa-se nesta tradição.)

([2]) Pensamos no sentido etimológico de *katègoreik*, como lembra Heidegger: «acusar publicamente» e, ainda, na terminologia do parentesco, exemplo, por excelência, de categorias sociais (termos de tratamento).

6 | O PODER SIMBÓLICO

Primeira síntese

Os «sistemas simbólicos», como instrumentos de conhecimento e de comunicação, só podem exercer um poder estruturante porque são estruturados. O poder simbólico é um poder de construção da realidade que tende a estabelecer uma ordem *gnoseológica:* o sentido imediato do mundo (e, em particular, do mundo social) supõe aquilo a que Durkheim chama o *conformismo lógico,* quer dizer, «uma concepção homogénea do tempo, do espaço, do número, da causa, que torna possível a concordância entre as inteligências». Durkheim – ou, depois dele, Radcliffe-Brown, que faz assentar a «solidariedade social» no facto de participar num sistema simbólico – tem o mérito de designar explicitamente a *função social* (no sentido do estruturo-funcionalismo) do simbolismo, autêntica função política que não se reduz à função de comunicação dos estruturalistas. Os símbolos são os instrumentos por excelência da «integração social»: enquanto instrumentos de conhecimento e de comunicação (cf. a análise durkheimiana da festa), eles tornam possível o *consensus* acerca do sentido do mundo social que contribui fundamentalmente para a reprodução da ordem social: a integração «lógica» é a condição da integração «moral» ([3]).

3. As produções simbólicas como instrumentos de dominação

A tradição marxista privilegia as *funções políticas* dos «sistemas simbólicos» em detrimento da sua estrutura lógica e da sua função gnoseológica (ainda que Engels fale de «expressão sistemática» a respeito do direito); este funcionalismo – que nada tem de comum com o estruturo-funcionalismo à maneira

---

([3]) A tradição neo-fenomenológica (Schütz, Peter Berger) e certas formas de etnometodologia aceitam os mesmos pressupostos apenas por omitirem a questão das condições sociais de possibilidade da *experiência dóxica* (Husserl) do mundo – e, em particular, do mundo social – quer dizer, a experiência do mundo social como evidente (*taken for granted,* como diz Schütz).

de Durkheim ou de Radcliffe-Brown – explica as produções simbólicas relacionando-as com os interesses da classe dominante. As ideologias, por oposição ao mito, produto colectivo e colectivamente apropriado, servem interesses particulares que tendem a apresentar como interesses universais, comuns ao conjunto do grupo. A cultura dominante contribui para a integração real da classe dominante (assegurando uma comunicação imediata entre todos os seus membros e distinguindo-os das outras classes); para a integração fictícia da sociedade no seu conjunto, portanto, à desmobilização (falsa consciência) das classes dominadas; para a legitimação da ordem estabelecida por meio do estabelecimento das distinções (hierarquias) e para a legitimação dessas distinções. Este efeito ideológico, produ-lo a cultura dominante dissimulando a função de divisão na função de comunicação: a cultura que une (intermediário de comunicação) é também a cultura que separa (instrumento de distinção) e que legitima as distinções compelindo todas as culturas (designadas como subculturas) a definirem-se pela sua distância em relação à cultura dominante.

Segunda síntese

Contra todas as formas do erro «interaccionista» o qual consiste em reduzir as relações de força a relações de comunicação, não basta notar que as relações de comunicação são, de modo inseparável, sempre, relações de poder que dependem, na forma e no conteúdo, do poder material ou simbólico acumulado pelos agentes (ou pelas instituições) envolvidos nessas relações e que, como o dom ou o *potlatch*, podem permitir acumular poder simbólico. É enquanto instrumentos estruturados e estruturantes de comunicação e de conhecimento que os «sistemas simbólicos» cumprem a sua função política de instrumentos de imposição ou de legitimação da dominação, que contribuem para assegurar a dominação de uma classe sobre outra (violência simbólica) dando o reforço da sua própria força às relações de força que as fundamentam e contribuindo assim, segundo a expressão de Weber, para a «domesticação dos dominados».

As diferentes classes e fracções de classes estão envolvidas numa luta propriamente simbólica para imporem a definição do mundo social mais conforme aos seus interesses, e imporem o campo das tomadas de posições ideológicas reproduzindo em forma transfigurada o campo das posições sociais [4]. Elas podem conduzir esta luta quer directamente, nos conflitos simbólicos da vida quotidiana, quer por procuração, por meio da luta travada pelos especialistas da produção simbólica (produtores a tempo inteiro) e na qual está em jogo o monopólio da violência simbólica legítima (cf. Weber), quer dizer, do poder de impor – e mesmo de inculcar – instrumentos de conhecimento e de expressão (taxinomias) arbitrários – embora ignorados como tais – da realidade social. O campo de produção simbólica é um microcosmos da luta simbólica entre as classes: é ao servirem os seus interesses na luta interna do campo de produção (e só nesta medida) que os produtores servem os interesses dos grupos exteriores ao campo de produção.

A classe dominante é o lugar de uma luta pela hierarquia dos princípios de hierarquização: as fracções dominantes, cujo poder assenta no capital económico, têm em vista impor a legitimidade da sua dominação quer por meio da própria produção simbólica, quer por intermédio dos ideólogos conservadores os quais só verdadeiramente servem os interesses dos dominantes *por acréscimo*, ameaçando sempre desviar em seu proveito o poder de definição do mundo social que detêm por delegação; a fracção dominada (letrados ou «intelectuais» e «artistas», segundo a época) tende sempre a colocar o capital específico a que ela deve a sua posição, no topo da hierarquia dos princípios de hierarquização.

---

[4] As tomadas de posição ideológica dos dominantes são estratégias de reprodução que tendem a reforçar *dentro* da classe e *fora* da classe a crença na legitimidade da dominação da classe.

SOBRE O PODER SIMBÓLICO

4. *Os sistemas ideológicos que os especialistas produzem para a luta pelo monopólio da produção ideológica legítima – e por meio dessa luta –, sendo instrumentos de dominação estruturantes pois que estão estruturados, reproduzem sob forma irreconhecível, por intermédio da homologia entre o campo de produção ideológica e o campo das classes sociais, a estrutura do campo das classes sociais.*

Os «sistemas simbólicos» distinguem-se fundamentalmente conforme sejam produzidos e, ao mesmo tempo, apropriados pelo conjunto do grupo ou, pelo contrário, produzidos por um corpo de *especialistas* e, mais precisamente, por um campo de produção e de circulação relativamente autónomo: a história da transformação do mito em religião (ideologia) não se pode separar da história da constituição de um corpo de produtores especializados de discursos e de ritos religiosos, quer dizer, do progresso da *divisão do trabalho religioso*, que é, ele próprio, uma dimensão do progresso da divisão do trabalho social, portanto, da divisão em classes e que conduz, entre outras consequências, a que *se desapossem* os laicos dos instrumentos de produção simbólica ([5]).

As ideologias devem a sua estrutura e as funções mais específicas às condições sociais da sua produção e da sua circulação, quer dizer, às funções que elas cumprem, em primeiro lugar, para os especialistas em concorrência pelo monopólio da competência considerada (religiosa, artística, etc.) e, em segundo lugar e por acréscimo, para os não-especialistas. Ter presente que as ideologias são sempre *duplamente determinadas,* – que elas devem as suas características mais específicas não só aos interesses das classes ou das fracções de classe que elas exprimem (função de sociodiceia), mas também aos interesses específicos daqueles que as produzem e à lógica específica do campo de produção (comummente transfigurado

---

([5]) A existência de um campo de produção especializado é condição do aparecimento de uma luta entre a ortodoxia e a heterodoxia as quais têm de comum o distinguirem-se da *doxa*, quer dizer, do indiscutido.

em ideologia da «criação» e do «criador») – é possuir o meio de evitar a redução brutal dos produtos ideológicos aos interesses das classes que eles servem (efeito de «curto-circuito» frequente na crítica «marxista») sem cair na ilusão idealista a qual consiste em tratar as produções ideológicas como totalidades auto-suficientes e autogeradas, passíveis de uma análise pura e puramente interna (semiologia) [6].

A função propriamente ideológica do campo de produção ideológica realiza-se de maneira quase automática na base da homologia de estrutura entre o campo de produção ideológica e o campo da luta das classes. A homologia entre os dois campos faz com que as lutas por aquilo que está especificamente e jogo no campo autónomo produzam automaticamente formas *eufemizadas* das lutas económicas e políticas entre as classes: é na correspondência de estrutura a estrutura que se realiza a função propriamente ideológica do discurso dominante, intermediário estruturado e estruturante que tende a impor a apreensão da ordem estabelecida como natural (ortodoxia) por meio da imposição mascarada (logo, ignorada como tal) de sistemas de classificação e de estruturas mentais objectivamente ajustadas às estruturas sociais. O facto de a correspondência não se efectuar senão de sistema a sistema esconde, tanto aos olhos dos próprios produtores como aos olhos dos profanos, que os sistemas de classificação internos reproduzem em forma irreconhecível as taxinomias directamente políticas e que a axiomática específica de cada campo especializado é a forma transformada (em conformidade com as leis específicas do campo) dos princípios fundamentais da divisão do trabalho (por exemplo, o sistema de classificação universitário que mobiliza em forma irreconhecível as divisões objectivas da estrutura social e especialmente a divisão do

---

[6] É evitar também o etnologismo (visível em especial na análise do pensamento arcaico) que consiste em tratar as ideologias como mitos, quer dizer, como produtos indiferenciados de um trabalho colectivo, passando assim em silêncio tudo o que elas devem às características do campo de produção (*v.g.*, na tradição grega, as reinterpretações esotéricas das tradições míticas).

SOBRE O PODER SIMBÓLICO | 11

trabalho – teórico e prático – converte propriedades sociais em propriedades de ordem natural). O efeito propriamente ideológico consiste precisamente na imposição de sistemas de classificação políticos sob a aparência legítima de taxinomias filosóficas, religiosas, jurídicas, etc. Os sistemas simbólicos devem a sua força ao facto de as relações de força que neles se exprimem só se manifestarem neles em forma irreconhecível de relações de sentido (deslocação).

O poder simbólico como poder de constituir o dado pela enunciação, de fazer ver e fazer crer, de confirmar ou de transformar a visão do mundo e, deste modo, a acção sobre o mundo, portanto o mundo; poder quase mágico que permite obter o equivalente daquilo que é obtido pela força (física ou económica), graças ao efeito específico de mobilização, só se exerce se for *reconhecido*, quer dizer, ignorado como arbitrário. Isto significa que o poder simbólico não reside nos «sistemas simbólicos» em forma de uma «*illocutionary force*» mas que se define numa relação determinada – e por meio desta – entre os que exercem o poder e os que lhe estão sujeitos, quer dizer, isto é, na própria estrutura do campo em que se produz e se reproduz a *crença* (7). O que faz o poder das palavras e das palavras de ordem, poder de manter a ordem ou de a subverter, é a crença na legitimidade das palavras e daquele que as pronuncia, crença cuja produção não é da competência das palavras.

O poder simbólico, poder subordinado, é uma forma transformada, quer dizer, irreconhecível, transfigurada e legitimada, das outras formas de poder: só se pode passar para além da alternativa dos modelos energéticos que descrevem as relações sociais como relações de força e dos modelos cibernéticos que fazem delas relações de comunicação, na condição de se descreverem as leis de transformação que regem a transmutação das diferentes espécies de capital em capital simbólico e, em especial, o trabalho de dissimulação e de transfiguração (numa palavra, de *eufemização*) que garante uma

_____

(7) Os símbolos do poder (trajo, ceptro, etc.) são apenas capital simbólico *objectivado* e a sua eficácia está sujeita às mesmas condições.

verdadeira transubstanciação das relações de força fazendo ignorar-reconhecer [*méconnaitre-reconnaitre*] a violência que elas encerram objectivamente e transformando-as assim em poder simbólico, capaz de produzir efeitos reais sem dispêndio aparente de energia (⁸).

(⁸) A destruição deste poder de imposição simbólico radicado no desconhecimento supõe a *tomada de consciência* do arbitrário, quer dizer, a revelação da verdade objectiva e o aniquilamento da crença: é na medida em que o discurso heterodoxo destrói as falsas evidências da ortodoxia, restauração fictícia da *doxa*, e lhe neutraliza o poder de desmobilização, que ele encerra um poder simbólico de mobilização e de subversão, poder de tornar actual o poder potencial das classes dominadas.

Instrumentos simbólicos

como	como	como
estruturas estruturantes	**estruturas estruturadas**	**instrumentos de dominação**
Instrumentos de conhecimento e de construção do mundo objectivo	Meios de comunicação (língua ou culturas *vs.* discurso ou conduta)	Poder Divisão do trabalho (classes sociais) Divisão do trabalho ideológico (manual/intelectual) Função de dominação
Formas simbólicas estruturas subjectivas (*modus operandi*) Kant – Cassirer	*Objectos simbólicos* estruturas objectivas (*opus operatum*) Hegel – Saussure	*Ideologias* (*vs.* mitos, línguas) Karl Marx Max Weber
Sapir –Whorf culturalismo	Durkheim – Mauss Lévi-Strauss Formas sociais de (semiologia) classificação	Corpos de especialistas em concorrência pelo monopólio da produção cultural legítima
Significação: objectividade como concordância dos sujeitos (consenso)	Significação: sentido objectivo como produto da comunicação que é a condição da comunicação	

sociologia das formas simbólicas:
contribuição do poder simbólico
para a ordem gnoseológica.
Senso = Consenso, isto é, doxa.

Poder ideológico como contribuição específica
da violência simbólica (ortodoxia)
para a violência política (dominação)
Divisão do trabalho de dominação

II

Introdução a uma Sociologia Reflexiva

«É por pouco que eu não assimilo as regras de Descartes ao seguinte preceito de não sei que cientista químico: muni-vos daquilo que é indispensável e procedei como é preciso proceder, obtereis então aquilo que desejais obter. Não admitais nada que não seja verdadeiramente evidente (quer dizer, apenas aquilo que deveis admitir); dividi o assunto segundo as partes requeridas (quer dizer, fazei o que deveis fazer); procedei por ordem (a ordem segundo a qual deveis proceder); fazei enumerações completas (quer dizer, aquelas que deveis fazer): é exactamente assim que procedem as pessoas que dizem ser preciso procurar o bem e evitar o mal. Tudo isto está, sem dúvida, certo. Simplesmente, faltam os critérios do bem e do mal.»

LEIBNIZ (*)

(*) *Philosophischen Schriften*, ed. Gerhardt, tomo IV, p. 329.

Ensinar um ofício

Gostaria hoje (*), excepcionalmente, de procurar explicitar um pouco as intenções pedagógicas que tento seguir na prática deste ensino. Na próxima sessão pedirei a cada um dos participantes que apresente de modo breve e exponha em termos sucintos o tema do seu trabalho – isto, insisto, sem preparação especial, de modo muito natural. O que espero, não é um discurso em forma, quer dizer, defensivo e fechado em si mesmo, um discurso que procure antes de mais (e é compreensível) esconjurar o medo da crítica, mas uma apresentação simples e modesta do trabalho realizado, das dificuldades encontradas, dos problemas, etc. Nada é mais universal e universalizável do que as dificuldades. Cada um achará uma certa consolação no facto de descobrir que grande número das dificuldades imputadas em especial à sua falta de habilidade ou à sua incompetência, são universalmente partilhadas; e todos tirarão melhor proveito dos conselhos aparentemente pormenorizados que eu poderei dar.

Gostaria de dizer, de passagem, que, entre as várias atitudes que eu desejaria poder inculcar, se acha a de se ser capaz de apreender a pesquisa como uma actividade racional – e não como uma espécie de busca mística, de que se fala com ênfase para se sentir confiante – mas que tem também o efeito de aumentar o temor ou a angústia: esta postura realista – o que não quer dizer cínica – está orientada para a maximização do rendimento dos investimentos e para o melhor aproveitamento possível dos recursos, a começar pelo tempo de que se dispõe. Sei que esta maneira de viver o trabalho científico tem qualquer coisa de decepcionante e faz correr o risco de perturbar a imagem que de si próprios muitos investigadores desejam conservar. Mas é talvez a melhor e a única maneira de se evitar decepções muito mais graves – como a do investigador que cai do pedestal, após bastantes anos de automistificação, durante os quais despendeu mais energia a tentar con-

---

(*) Introdução a um seminário da École des Hautes Études en Sciences Sociales (Outubro de 1987).

INTRODUÇÃO A UMA SOCIOLOGIA REFLEXIVA | 17

formar-se com a ideia exagerada que faz da pesquisa, isto é, de si mesmo como investigador, do que a exercer muito simplesmente o seu ofício.

Uma exposição sobre uma pesquisa é, com efeito, o contrário de um *show*, de uma exibição na qual se procura ser visto e mostrar o que se vale. É um discurso em que a *gente se expõe*, no qual se correm riscos (para estar mais certo de desarmar os sistemas de defesa e de neutralizar as estratégias de apresentação, gostaria de poder apanhar-vos de surpresa, dando-vos a palavra sem que vocês estejam prevenidos nem preparados – mas, não tenham receio, eu saberei respeitar as vossas hesitações). Quanto mais a gente se expõe, mais possibilidades existem de tirar proveito da discussão e, estou certo, mais benevolentes serão as críticas ou os conselhos (a melhor maneira de «liquidar» os erros – e os receios que muitas vezes os ocasionam – seria podermos rir-nos deles, todos ao mesmo tempo).

Hei-de apresentar aqui – será, sem dúvida, mais adiante – pesquisas em que ando ocupado. Terão ocasião de ver no estado que se chama *nascente*, quer dizer, em estado confuso, embrionário, trabalhos que, habitualmente, vocês encontram em forma acabada. O *homo academicus* gosta do acabado. Como os pintores académicos, ele faz desaparecer dos seus trabalhos os vestígios da pincelada, os toques e os retoques: foi com certa ansiedade que descobri que pintores como Couture, o mestre de Manet, tinham deixado esboços magníficos, muito próximos da pintura impressionista – que se fez contra eles – e tinham muitas vezes estragado obras julgando dar-lhes os últimos retoques, exigidos pela moral do trabalho bem feito, bem acabado, de que a estética académica era a expressão. Tentarei apresentar estas pesquisas na sua grande confusão: dentro de certos limites, é claro, pois sei que, socialmente, não tenho tanto direito à confusão como vocês e conceder-mo-ão menos do que eu vo-lo concederei – em certo sentido, com razão (mas, em todo o caso, em referência a um ideal pedagógico implícito – que merece sem dúvida ser discutido – já que leva, por exemplo, a medir o valor de um curso, o seu rendimento pedagógico, pela quantidade e pela clareza das notas tomadas).

Uma das funções de um seminário como este é a de vos dar a oportunidade de verem como se processa realmente o trabalho de pesquisa. Não terão um registo integral de todos os erros e de tudo o que foi preciso repetir para se chegar ao registo final. Mas o filme acelerado que vos será apresentado deverá tornar possível fazer uma ideia do que se passa na intimidade do «laboratório» ou, mais modestamente, da oficina – no sentido do artífice ou do pintor do *Quattrocento:* com todas as hesitações, todos os embaraços, todas as renúncias, etc. Investigadores com trabalhos mais ou menos avançados apresentarão os objectos que tentaram construir e submeter-se-ão a perguntas – e, à maneira de um velho «oficial», como se dizia na linguagem das corporações de ofícios, tentarei contribuir com a experiência que retirei dos ensaios e erros do passado.

O cume da arte, em ciências sociais, está sem dúvida em ser-se capaz de pôr em jogo «coisas teóricas» muito importantes a respeito de objectos ditos «empíricos» muito precisos, frequentemente menores na aparência, e até mesmo um pouco irrisórios. Tem-se demasiada tendência para crer, em ciências sociais, que a importância social ou política do objecto é por si mesmo suficiente para dar fundamento à importância do discurso que lhe é consagrado – é isto sem dúvida que explica que os sociólogos mais inclinados a avaliar a sua importância pela importância dos objectos que estudam, como é o caso daqueles que, actualmente, se interessam pelo Estado ou pelo poder, se mostrem muitas vezes os menos atentos aos procedimentos metodológicos. O que conta, na realidade, é a construção do objecto, e a eficácia de um método de pensar nunca se manifesta tão bem como na sua capacidade de constituir objectos socialmente insignificantes em objectos científicos ou, o que é o mesmo, na sua capacidade de reconstruir cientificamente os grandes objectos socialmente importantes, apreendendo-os de um ângulo imprevisto – como eu procuro fazer, por exemplo, ao partir, para compreender um dos efeitos maiores do monopólio estatal da violência simbólica, de uma análise muito precisa do que é um *certificado:* de invalidez, de aptidão, de doença, etc. Neste sentido, o sociólogo encontra-se hoje numa situação perfeitamente seme-

INTRODUÇÃO A UMA SOCIOLOGIA REFLEXIVA | 19

lhante – *mutatis mutandis* – à de Manet ou de Flaubert que, para exercerem em pleno o modo de construção da realidade que estavam a inventar, o aplicavam a projectos tradicionalmente excluídos da arte académica, exclusivamente consagrada às pessoas e às coisas socialmente designadas como importantes – o que levou a acusá-los de «realismo». O sociólogo poderia tornar sua a fórmula de Flaubert: «pintar bem o medíocre».

É preciso saber converter problemas muito abstractos em operações científicas inteiramente práticas – o que supõe, como se verá, uma relação muito especial com o que se chama geralmente «teoria» ou «prática». Neste processo, os preceitos abstractos, tais como aqueles que se encontram, por exemplo, em *Le Métier de sociologue* – é preciso construir o objecto; é preciso pôr em causa os objectos pré-construídos – ainda que tenham a faculdade de despertar a atenção e de pôr de sobreaviso, não prestam grande ajuda. É assim, sem dúvida, porque não há outra maneira de adquirir os princípios fundamentais de uma prática – e a prática científica não é excepção – que não seja a de a praticar ao lado de uma espécie de guia ou de treinador, que protege e incute confiança, que dá o exemplo e que corrige ao enunciar, *em situação*, os preceitos directamente aplicados *ao caso particular*.

Evidentemente, há-de acontecer que, após terem assistido a duas horas de discussão sobre o ensino da música, sobre os desportos marciais, sobre o aparecimento de uma crítica de *jazz* ou sobre os teólogos franceses, perguntem a vocês mesmos se não perderam o vosso tempo e se aprenderam realmente alguma coisa. Não sairão daqui com belos discursos sobre a acção comunicacional, sobre a teoria dos sistemas ou mesmo sobre a noção de campo ou de *habitus*. Em vez de fazer, como fazia há vinte anos, uma bela exposição sobre a noção de estrutura na matemática e na física modernas e sobre as condições de aplicação em sociologia do modo de pensamento estrutural (era sem dúvida mais «impressionante»...), direi a mesma coisa mas de forma prática, quer dizer, por meio de observações perfeitamente triviais, perfeitamente banais, por meio de questões elementares – tão elementares que nos esquecemos muitas vezes de as pôr – e passando, em cada caso, ao pormenor do seu estudo particular. Só se pode realmente dirigir uma pesquisa – pois é disso que se trata – com a condição de a *fazer* verdadeiramente *com* aquele que tem a responsabilidade directa dela: o que implica que se trabalhe na preparação do questionário, na leitura dos quadros estatísticos ou na interpretação dos documentos, que se sugiram hipóteses quando for caso disso, etc. – é claro que não se pode, nestas condições, dirigir verdadeiramente senão um pequeno número de trabalhos, e aqueles que declaram «dirigir» um grande número deles não fazem verdadeiramente o que dizem.

Visto que o que se trata de ensinar é, essencialmente, um *modus operandi*, um modo de produção científico que supõe um modo de percepção, um conjunto de princípios de visão e de divisão, a única maneira de o adquirir é a de o ver operar praticamente ou de observar o modo como este *habitus* científico – é bem este o seu nome –, sem necessariamente se tornar explícito em preceitos formais, «reage» perante opções práticas – um tipo de amostragem, um questionário, etc.

O ensino de um ofício ou, para dizer como Durkheim, de uma «arte», entendido como «prática pura sem teoria», exige uma pedagogia que não é de forma alguma a que convém ao ensino dos *saberes*. Como se vê bem nas sociedades sem escrita e sem escola – mas também é verdadeiro quanto ao que se ensina nas sociedades com escola e nas próprias escolas – numerosos modos de pensamento e de acção – e muitas vezes os mais vitais – transmitem-se de prática a prática, por modos de transmissão totais e práticos, firmados no contacto directo e duradouro entre aquele que ensina e aquele que aprende («faz como eu»). Os historiadores e os filósofos das ciências – e os próprios cientistas, sobretudo – têm frequentemente observado que uma parte importante da profissão de cientista se obtém por modos de aquisição inteiramente práticos – a parte da pedagogia do silêncio, dando lugar à explicitação não só dos esquemas transmitidos como também dos esquemas empregados na transmissão, é sem dúvida tanto maior numa ciência quanto nela são menos explícitos e menos codificados os próprios conteúdos, saberes, modos de pensamento e de acção.

INTRODUÇÃO A UMA SOCIOLOGIA REFLEXIVA | 21

A sociologia é uma ciência relativamente avançada, muito mais do que habitualmente se julga, mesmo entre os sociólogos. Um bom sinal do lugar que um sociólogo ocupa na sua disciplina seria sem dúvida o da ideia – maior ou menor – que ele tem daquilo que precisaria de dominar para estar realmente à altura do saber adquirido da sua disciplina, já que a propensão para uma apreensão modesta das suas capacidades científicas só pode crescer à medida que cresce o conhecimento do que mais recentemente foi adquirido [*acquisitions*] em matéria de métodos, de técnicas, de conceitos ou de teorias. Mas ela está ainda pouco codificada e pouco formalizada. Não se pode pois, tanto como em outros domínios, confiar nos automatismos de pensamento ou nos automatismos que suprem o pensamento (na *evidentia ex terminis*, a «evidência cega» dos símbolos, que Leibniz opunha à evidência cartesiana) ou ainda nos códigos de boa conduta científica – métodos, protocolos de observação, etc. – que constituem o direito dos campos científicos mais codificados. Deve-se pois contar sobretudo, para se obterem práticas adequadas, com os esquemas incorporados do *habitus*.

O *habitus* científico é uma regra feita homem ou, melhor, um *modus operandi* científico que funciona em estado prático segundo as normas da ciência sem ter estas normas na sua origem: é esta espécie de sentido do jogo científico que faz com que se faça o que é preciso fazer no momento próprio, sem ter havido necessidade de tematizar o que havia que fazer, e menos ainda a regra que permite gerar a conduta adequada. O sociólogo que procura transmitir um *habitus* científico parece-se mais com um treinador desportivo de alto nível do que com um professor da Sorbonne. Ele fala pouco em termos de princípios e de preceitos gerais – pode, decerto, enunciá-los, como eu fiz em *Le Métier de sociologue*, mas sabendo que é preciso não ficar por aí (nada há pior, em certo sentido, que a epistemologia, logo que ela se transforma em tema de dissertação ou em *substituto da pesquisa*). Ele procede por indicações práticas, assemelhando-se nisso ao treinador que imita um movimento («no seu lugar, eu faria assim...») ou por «correcções» feitas à prática em curso e concebidas no próprio espírito da prática («eu não levantaria essa questão, pelo menos dessa forma»).

Pensar relacionalmente

Nunca tudo isto é tão verdadeiro como quando se trata da construção do objecto, sem dúvida a operação mais importante e, no entanto, a mais completamente ignorada, sobretudo na tradição dominante, organizada em torno da oposição entre a «teoria» e a «metodologia». O paradigma (no sentido de realização exemplar) da «teoria» teórica é a obra de Parsons, *melting pot* conceptual obtido pela compilação puramente teórica (quer dizer, alheia a toda a aplicação) de algumas grandes obras (Durkheim, Pareto, Weber, etc.), reduzidas à sua dimensão «teórica» ou, melhor, professoral, ou ainda, mais perto de nós, o neofuncionalismo de Jeffrey Alexandre. Nascidas do ensino, estas compilações eclécticas e classificatórias são boas para o ensino – mas para isso somente. A par disto, há a «metodologia» catálogo de preceitos que não têm que ver nem com a epistemologia, como reflexão que tem em vista trazer à luz os esquemas da prática científica apreendida tanto nos seus erros como nos seus êxitos, nem com a teoria científica. Penso, neste caso, em Lazarsfeld. O par Parsons-Lazarsfeld (e, entre os dois, Merton e as suas teorias de médio alcance) constituiu uma espécie de *holding* «científico» socialmente muito poderoso, que reinou na sociologia mundial durante trinta anos. A divisão «teoria»/«metodologia» constitui em oposição epistemológica uma oposição constitutiva da divisão social do trabalho científico num dado momento (como a oposição entre professores e investigadores de gabinetes de estudos). Penso que se deve recusar completamente esta divisão em duas instâncias separadas, pois estou convencido de que não se pode reencontrar o concreto combinando duas abstracções.

Com efeito, as opções técnicas mais «empíricas» são inseparáveis das opções mais «teóricas» de construção do objecto. É em função de uma certa construção do objecto que tal

INTRODUÇÃO A UMA SOCIOLOGIA REFLEXIVA | 23

método de amostragem, tal técnica de recolha ou de análise dos dados, etc., se impõe. Mais precisamente, é somente em função de um corpo de hipóteses derivado de um conjunto de pressuposições teóricas que um dado empírico qualquer pode funcionar como prova ou, como dizem os anglo-saxónicos, como *evidence*. Ora, procede-se frequentemente como se o que pode ser reivindicado como *evidence* fosse evidente. O que se faz em função de uma *rotina cultural*, a maior parte das vezes imposta e inculcada pela educação (os famosos cursos de «*methodology*» das universidades americanas). O feiticismo da *evidence* leva à recusa dos trabalhos empíricos que não aceitem como evidente a própria definição da *evidence:* o investigador não concede o estatuto de dados, *data*, senão a uma pequeníssima fracção do dado, não, como seria preciso, àquela que é chamada a existência científica pela sua problemática (o que é inteiramente normal), mas àquela que é validada e garantida pela tradição pedagógica em que ele se situa, e só a ela.

É significativo que «escolas» ou tradições se possam constituir em torno de *uma* técnica de recolha de dados. Por exemplo, actualmente, certos etnometodólogos só se interessam pela análise de conversação reduzida à análise de um texto separado do seu contexto, ignorando totalmente os *dados* – que podemos chamar etnográficos – sobre o contexto imediato (o que se chama tradicionalmente a situação), sem falar dos dados que tornariam possível que se situasse a situação na estruturação social. Estes «dados», que são tomados por o próprio *concreto*, são de facto produto de uma formidável abstracção – o que sucede sempre, pois o dado é sempre construído – mas trata-se, neste caso, de uma abstracção que não se conhece como tal. Há assim monomaníacos das distribuições estatísticas, ou da análise de discursos, ou da observação participante, ou da entrevista livre *(open-ended)* ou em profundidade *(in-depth)*, ou da descrição etnográfica, etc. A adesão rígida a um ou outro destes métodos definirá a filiação numa escola, os interaccionistas sendo conhecidos por exemplo pelo seu culto da «etnografia», os etnometodólogos pela sua exclusiva paixão pela análise de conversação. E será tido como uma ruptura estrondosa com o monoteísmo metodológico o facto de se combinar a análise de discurso com a análise etnográfica! A mesma análise poderia fazer-se em relação às técnicas de análise, análise multivariada, análise de regressão, *path analysis, network analysis, factor analysis*. Também aqui o monoteísmo é rei. Assim é, sem dúvida, porque ele dá à arrogância da ignorância a aparência de um fundamento metodológico: a mais elementar sociologia da sociologia ensina que, frequentemente, as condenações metodológicas são uma maneira de tornar a necessidade em virtude, de fingir que se ignora (no sentido activo) o que, muito simplesmente, se ignora.

Haveria que analisar ainda a retórica da apresentação dos resultados que, quando se transforma em exibição ostentatória dos *data*, dos processos e dos procedimentos, serve geralmente para encobrir erros elementares de construção do objecto, enquanto, pelo contrário, uma exposição rigorosa e económica dos resultados *pertinentes* medida pela bitola deste exibicionismo do *datum brutum* suscita muitas vezes a desconfiança *a priori* dos feiticistas do *protocolo* (no sentido duplo) de uma forma de *evidence...* Mas para tentar converter em preceito positivo todas estas críticas, direi apenas que é preciso desconfiar das recusas sectárias que se escondem por detrás das profissões de fé demasiado exclusivas e tentar, em cada caso, mobilizar todas as técnicas que, dada a definição do objecto, possam parecer pertinentes e que, dadas as condições práticas de recolha dos dados, são praticamente utilizáveis. Pode-se, por exemplo, utilizar a análise das correspondências para fazer uma análise de discurso (como fiz, por exemplo, em relação aos discursos publicitários das diferentes empresas de produção de casas pré-fabricadas) ou combinar a mais clássica análise estatística com um conjunto de entrevistas em profundidade ou de observações etnográficas (como fiz em *La Distinction*). Em suma, a pesquisa é uma coisa demasiado séria e demasiado difícil para se poder tomar a liberdade de confundir a *rigidez*, que é o contrário da inteligência e da invenção, com o *rigor*, e se ficar privado deste ou daquele recurso entre os vários que podem ser oferecidos pelo conjunto das tradições intelectuais da disciplina – e das disciplinas vizinhas:

INTRODUÇÃO A UMA SOCIOLOGIA REFLEXIVA | 25

etnologia, economia, história. Apetecia-me dizer: «É proibido proibir» ou «Livrai-vos dos cães de guarda metodológicos». Evidentemente, a liberdade extrema que eu prego, e que me parece ser de bom senso, tem como contrapartida uma extrema vigilância das condições de utilização das técnicas, da sua adequação ao problema posto e às condições do seu emprego. Acontece-me frequentemente descobrir que os nossos pais-do-rigor-metodológico se revelam bem laxioristas, e até relaxados, na utilização dos próprios métodos de que se têm por zeladores...

O que nós faremos aqui parecer-vos-á talvez irrisório. Mas, antes de mais, a construção do objecto – pelo menos na minha experiência de investigador – não é uma coisa que se produza de uma assentada, por uma espécie de acto teórico inaugural, e o programa de observações ou de análises por meio do qual a operação se efectua não é um plano que se desenhe antecipadamente, à maneira de um engenheiro: é um trabalho de grande fôlego, que se realiza pouco a pouco, por retoques sucessivos, por toda uma série de correcções, de emendas, sugeridos por o que se chama o ofício, quer dizer, esse conjunto de princípios práticos que orientam as opções ao mesmo tempo minúsculas e decisivas. Denota pois uma ideia um tanto delirante e pouco realista da pesquisa que se fique surpreendido por podermos passar tanto tempo a discutir pormenores aparentemente ínfimos – e até insignificantes –, tais como a questão de saber se o pesquisador deve declarar a sua qualidade de sociólogo ou apresentar-se com uma identidade mais aceitável – a de etnólogo ou de historiador, por exemplo –, ou antes encobri-la completamente, ou ainda se é melhor incluir uma dada pergunta num questionário destinado à exploração estatística ou reservá-la para a interrogação de informadores, etc.

Esta atenção aos pormenores de procedimento da pesquisa, cuja dimensão propriamente social – como achar bons informadores, como nos apresentarmos, como descrever-lhes os objectivos da pesquisa e, de modo mais geral, como «penetrar» o meio estudado, etc. – não é a menos importante, poderá pôr-vos de prevenção contra o feiticismo dos conceitos e da «teoria», que nasce da propensão para considerar os instrumentos «teóricos», *habitus*, campo, capital, etc., em si mesmos, em vez de os fazer funcionar, de os pôr em acção. A noção de campo é, em certo sentido, uma estenografia conceptual de um modo de construção do objecto que vai comandar – ou orientar – todas as opções práticas da pesquisa. Ela funciona como um sinal que lembra o que há que fazer, a saber, verificar que o objecto em questão não está isolado de um conjunto de relações de que retira o essencial das suas propriedades. Por meio dela, torna-se presente o primeiro preceito do método, que impõe que se lute por todos os meios contra a inclinação primária para pensar o mundo social de maneira realista ou, para dizer como Cassirer, *substancialista* ([1]): é preciso pensar *relacionalmente*. Com efeito, poder-se-ia dizer, deformando a expressão de Hegel: *o real é relacional*. Ora, é mais fácil pensar em termos de realidades que podem, por assim dizer, ser vistas claramente, grupos, indivíduos, que pensar em termos de relações. É mais fácil, por exemplo, pensar a diferenciação social como forma de grupos definidos como populações, através da noção de classe, ou mesmo de antagonismos entre esses grupos, que pensá-la como forma de um espaço de relações. Os objectos comuns da pesquisa são realidades que atraem a atenção do investigador por serem «realidades que se tornam notadas» por assim dizer, ao porem problemas – por exemplo, «as mães solteiras no gueto negro de Chicago». E, frequentemente, os investigadores tomam como objecto os problemas relativos a populações mais ou menos arbitrariamente delimitadas, obtidas por divisões sucessivas de uma categoria ela própria pré-construída, «os velhos», «os jovens», «os imigrantes», etc.: como, por exemplo, «os jovens do subúrbio oeste de Villeurbanne». (A primeira urgência, em todos estes casos, seria tomar para objecto o trabalho social de construção do objecto pré-construído: é aí que está o verdadeiro ponto de ruptura.)

([1]) E. Cassirer, *Substance et fonction. Éléments pour une théorie du concept*, tradução de P. Caussat, Paris, Minuit, 1977.

INTRODUÇÃO A UMA SOCIOLOGIA REFLEXIVA | 27

Mas não basta empregar os termos empolados da «grande teoria» para se escapar ao modo de pensamento realista. Por exemplo, a respeito do poder, põem-se questões de localização em termos substancialistas e realistas (à maneira dos antropólogos culturalistas que se interrogavam indefinidamente sobre *the locus of culture*): alguns perguntar-se-ão *onde* está ele, *quem* o detém (*Who governs?*), outros se ele vem de cima ou de baixo, etc., do mesmo modo que certos sociolinguistas se preocupam em saber *em que lugar* se dá a mudança linguística, entre os pequenos burgueses ou entre os burgueses, etc. É para romper com este modo de pensamento – e não pelo prazer de colar um novo rótulo em velhos frascos teóricos – que empregarei o termo *campo de poder* (de preferência a *classe dominante*, conceito realista que designa uma população verdadeiramente real de detentores dessa realidade tangível que se chama poder), entendendo por tal as relações de forças entre as posições sociais que garantem aos seus ocupantes um *quantum* suficiente de força social – ou de capital – de modo a que estes tenham a possibilidade de entrar nas lutas pelo monopólio do poder, entre as quais possuem uma dimensão capital as que têm por finalidade a definição da forma legítima do poder (penso, por exemplo, nos confrontos entre «artistas» e «burgueses» no século XIX).

Dito isto, uma das dificuldades da análise relacional está, na maior parte dos casos, em não ser possível apreender os espaços sociais de outra forma que não seja a de distribuições de propriedades entre indivíduos. É assim porque a informação acessível está associada a indivíduos. Por isso, para apreender o subcampo do poder económico e as condições económicas e sociais da sua reprodução, é na verdade obrigatório interrogar os duzentos patrões franceses mais importantes. Mas é preciso, custe o que custar, precaver-se contra o retorno à «realidade» das unidades pré-construídas. Para isso, sugiro-vos o recurso a esse instrumento de construção do objecto, simples e cómodo, que é o *quadro dos caracteres pertinentes de um conjunto de agentes ou de instituições:* se se trata, por exemplo, de analisar diversos desportos de combate (luta, judo, aiquido, etc.) ou diversos estabelecimentos de ensino superior ou ainda diversos jornais parisienses, inscreve-se cada uma das instituições em uma linha e abre-se uma coluna sempre que se descobre uma propriedade necessária para caracterizar uma delas, o que obriga a pôr a interrogação sobre a presença ou a ausência dessa propriedade em todas as outras – isto, na fase puramente indutiva da operação; depois, fazem-se desaparecer as repetições e reúnem-se as colunas que registam características estrutural ou funcionalmente equivalentes, de maneira a reter todas as características – e essas somente – que permitem descriminar de modo mais ou menos rigoroso as diferentes instituições, as quais são, por isso mesmo, pertinentes. Este utensílio, muito simples, tem a faculdade de obrigar a pensar relacionalmente tanto as unidades sociais em questão como as suas propriedades, podendo estas ser caracterizadas em termos de presença ou de ausência (sim/não).

Mediante um trabalho de construção desta natureza – que se não faz de uma só vez mas por uma série de aproximações – constroem-se, pouco a pouco, espaços sociais os quais – embora só se ofereçam em forma de relações objectivas muito abstractas e se não possa tocá-los nem apontá-los a dedo – são o que constitui toda a realidade do mundo social. Vejam, por exemplo, o trabalho que acabo de publicar sobre as escolas superiores e em que contei, numa espécie de crónica muito concisa de uma pesquisa que se estendeu por perto de vinte anos, como se consegue passar da monografia – que tem a seu favor todos os aspectos da ciência – a um verdadeiro objecto construído, o campo das instituições escolares que asseguram a reprodução do campo do poder. Procurar não cair na armadilha do objecto pré-construído não é fácil, na medida em que se trata, por definição, de um objecto que *me interessa*, sem que eu conheça claramente o princípio verdadeiro desse «interesse». Seja, por exemplo, o caso da Escola Normal Superior: o conhecimento incipiente que dela possa ter, e que é nocivo na medida em que é tido por desmistificado e desmistificador, dá origem a toda uma série de perguntas extremamente ingénuas, que todo o normaliano achará interessantes porque «surgem de repente no espírito» daquele que se interroga acerca da sua escola, isto é, acerca dele mesmo: são os nor-

INTRODUÇÃO A UMA SOCIOLOGIA REFLEXIVA | 29

malianos literários de uma origem social mais elevada que os normalianos científicos?, contribui o escalão de entrada para a escolha das disciplinas: matemática ou física, filosofia ou letras?, etc. De facto, a problemática espontânea, em que entra uma enorme parcela de complacência narcisista, é geralmente muito mais ingénua ainda. Vejam as obras com ambições científicas que, de há uns vinte anos, têm tido por objecto esta ou aquela escola superior. Ao fim e ao cabo, poder-se-á assim escrever um volumoso livro cheio de factos com aparência inteiramente científica, mas que falhará no essencial: se, pelo menos, como creio, a Escola Normal Superior, à qual podem ligar-me laços afectivos, positivos ou negativos, produto dos meus investimentos anteriores, não passa na realidade de um ponto num espaço de relações objectivas (um ponto, de resto, cujo «peso» na estrutura terá de ser determinado); e se, mais precisamente, a verdade desta instituição reside na rede de relações de oposição e de concorrência que a ligam ao conjunto das instituições de ensino superior e que ligam esta mesma rede ao conjunto das posições no campo do poder às quais dá acesso a passagem pelas escolas superiores. Se é verdade que o real é relacional, pode acontecer que eu nada saiba de uma instituição acerca da qual eu julgo saber tudo, porque ela nada é fora das suas relações com o todo.

Daqui resultam os problemas de estratégia que encontramos sempre e que se colocarão constantemente nas nossas discussões de projectos de pesquisa: será que vale mais estudar extensivamente o conjunto dos elementos pertinentes do objecto construído, ou antes, estudar intensivamente um fragmento limitado deste conjunto teórico que está desprovido de justificação científica? A opção socialmente mais aprovada, em nome de uma ideia ingenuamente positivista da precisão e da «seriedade» é a segunda: a de «estudar a fundo um objecto muito preciso, bem circunscrito», como dizem os directores de teses. (Seria bastante fácil mostrar como virtudes pequeno-burguesas de «prudência», de «seriedade», de «honestidade», etc., que poderiam outrossim exercer-se na gestão de uma contabilidade comercial ou num emprego administrativo, se convertem aqui em «método científico»).

30 | O PODER SIMBÓLICO

Na prática, veremos que se porá a questão dos limites do campo, questão com aparência positivista a que se pode dar uma resposta teórica (o limite de um campo é o limite dos seus efeitos ou, em outro sentido, um agente ou uma instituição faz parte de um campo na medida em que nele sofre efeitos ou que nele os produz), resposta esta que poderá orientar as estratégias de pesquisa que têm em vista estabelecer respostas de facto. Isto terá como consequência que quase sempre nos acharemos expostos à alternativa da análise intensiva de uma fracção do objecto praticamente apreensível e da análise extensiva do objecto verdadeiro. Mas o proveito científico que se retira de se conhecer o espaço em cujo interior se isolou o objecto estudado (por exemplo, uma dada escola) e que se deve tentar apreender, mesmo grosseiramente, ou ainda, à falta de melhor, com dados de segunda-mão, consiste em que, sabendo-se como é a realidade de que se *abstraiu* um fragmento e o que dela se faz, se podem pelo menos desenhar as grandes linhas de força do espaço cuja pressão se exerce sobre o ponto considerado (um pouco à maneira dos arquitectos do século XIX, que faziam admiráveis esboços a carvão do conjunto do edifício no interior do qual estava situada a parte que eles queriam figurar em pormenor). E, sobretudo, não se corre o risco de procurar (e de «encontrar») no fragmento estudado mecanismos ou princípios que, de facto, lhe são exteriores, nas suas relações com outros objectos.

Construir o objecto supõe também que se tenha, perante os factos, uma postura activa e sistemática. Para romper com a passividade empirista, que não faz senão ratificar as pré-construções do senso comum, não se trata de propor grandes construções teóricas vazias, mas sim de abordar um caso empírico com a intenção de construir um *modelo* – que não tem necessidade de se revestir de uma forma matemática ou formalizada para ser rigoroso –, de ligar os dados pertinentes de tal modo que eles funcionem como um programa de pesquisas que põe questões sistemáticas, apropriadas a receber respostas sistemáticas; em resumo, trata-se de construir um sistema coerente de relações, que deve ser posto à prova

INTRODUÇÃO A UMA SOCIOLOGIA REFLEXIVA | 31

como tal. Trata-se de interrogar *sistematicamente* o caso particular, constituído em «caso particular do possível», como diz Bachelard, para retirar dele as propriedades gerais ou invariantes que só se denunciam mediante uma interrogação assim conduzida (se esta intenção está ausente, frequentemente, dos trabalhos dos historiadores, é sem dúvida porque a definição social da sua tarefa, que está inscrita na definição social da sua disciplina, é menos ambiciosa ou pretenciosa, mas também menos exigente, deste ponto de vista, do que a que se impõe ao sociólogo).

O raciocínio analógico, que se apoia na intuição racional das homologias (ela própria alicerçada no conhecimento das leis invariantes dos campos), é um espantoso instrumento de construção do objecto. É ele que permite mergulharmos completamente na particularidade do caso estudado sem que nela nos afoguemos, como faz a idiografia empirista, e realizarmos a intenção de *generalização*, que é a própria ciência, não pela aplicação de grandes construções formais e vazias, mas por essa maneira particular de pensar o caso particular que consiste em pensá-lo verdadeiramente como tal. Este modo de pensamento realiza-se de maneira perfeitamente lógica pelo recurso ao *método comparativo*, que permite pensar relacionalmente um caso particular constituído em caso particular do possível, tomando-se como base de apoio as homologias estruturais entre campos diferentes (o campo do poder universitário e o campo do poder religioso por meio da homologia das relações professor/intelectual e bispo/teólogo) ou entre estados diferentes do mesmo campo (o campo religioso na Idade Média e hoje).

Se este seminário funcionar como eu desejo, ele apresentar-se-á como uma realização social prática do método que tento promover: vocês ouvirão pessoas que, trabalhando em objectos extremamente variados, serão sujeitos – e sujeitar-se-ão – a perguntas orientadas sempre pelos mesmos princípios; deste modo, o *modus operandi* que desejo ensinar transmitir-se-á, de certa maneira, praticamente, sem que haja necessidade de o explicitar teoricamente, pelo acto repetido a respeito de casos diferentes. Cada um, ao ouvir os outros, pensará na sua própria pesquisa, e a situação de comparação institucionalizada que é assim criada (como a moral, o método só funciona se conseguir inscrever-se nos mecanismos de um universo social) obrigá-lo-á, a um tempo e sem qualquer contradição, a particularizar o seu objecto, a percebê-lo como um caso particular (isto contra um dos erros mais comuns da ciência social, a universalização do caso particular), e a generalizá-lo, a descobrir, pela aplicação de interrogações gerais, os caracteres invariantes que ele pode ocultar debaixo das aparências da singularidade (sendo um dos efeitos mais directos deste modo de pensamento o de excluir a semigeneralização, que leva a produzir conceitos concreto-abstractos, resultantes da introdução clandestina, no discurso científico, de palavras ou factos nativos [*faits indigènes*] não analisados). No tempo em que eu era mais directivo, aconselhava firmemente os investigadores a estudarem pelo menos *dois* objectos: por exemplo, em relação aos historiadores, além do seu objecto principal, um dado editor do século XVIII, os coleccionadores durante o Segundo Império, ou o equivalente contemporâneo desse objecto – uma casa editora parisiense, um grupo de coleccionadores –, pois o estudo do presente tem pelo menos como resultado obrigar a *objectivar* e a controlar as pré-noções que o historiador projecta sempre sobre o passado, nem que seja empregando palavras do presente para o designar – como a palavra *artista*, a qual faz esquecer que a noção correspondente é uma invenção extraordinariamente recente.

Uma dúvida radical

Todavia construir um objecto científico é, antes de mais e sobretudo, romper com o senso comum [*sens commun*], quer dizer, com representações partilhadas por todos, quer se trate dos simples lugares-comuns da existência vulgar, quer se trate das representações oficiais, frequentemente inscritas nas instituições, logo, ao mesmo tempo na objectividade das organizações sociais e nos cérebros. O pré-construído está em toda a parte. O sociólogo está literalmente cercado por ele, como o está qualquer pessoa. O sociólogo tem um objecto a conhecer, o mundo social, de que ele próprio é produto e, deste modo, há todas as probabilidades de os problemas que põe a si mesmo acerca desse mundo, os conceitos – e, em especial, as noções classificatórias que emprega para o conhecer, noções comuns como os nomes de profissões, noções eruditas como as transmitidas pela tradição da disciplina – sejam produto desse mesmo objecto. Ora isto contribui para lhes conferir uma evidência – a que resulta da coincidência entre as estruturas objectivas e as estruturas subjectivas – que as põe a coberto de serem postas em causa.

Como pode o sociólogo efectuar na prática a dúvida radical a qual é necessária para pôr em suspenso todos os pressupostos inerentes ao facto de ele ser um ser social, portanto, socializado e levado assim a sentir-se como peixe na água no seio desse mundo social cujas estruturas interiorizou? Como pode ele evitar que o mundo social faça, de certo modo, através dele, por meio das operações inconscientes de si mesmas de que ele é o sujeito aparente, a construção do mundo social do objecto científico? Não construir, como faz o hiperempirismo positivista, que aceita sem crítica os conceitos que lhe são propostos (*achievement, ascription, profession, role,* etc.) é ainda construir, porque é registar – e confirmar – o já construído. A sociologia corrente [*sociologie ordinaire*] – que se exime a pôr em causa de modo radical as suas próprias operações e os seus próprios instrumentos de pensamento, e que veria sem dúvida em tal *intenção reflexiva* um vestígio de mentalidade filosófica, logo, uma sobrevivência pré-científica – é inteiramente atravessada pelo objecto que ela quer conhecer e que não pode realmente conhecer, pelo facto de não se conhecer a si mesma. Uma prática científica que se esquece de se pôr a si mesma em causa não sabe, propriamente falando, o que faz. Presa no objecto que toma para objecto, ela descobre qualquer coisa do objecto, mas que não é verdadeiramente objectivado pois se trata dos próprios princípios do objecto.

Seria fácil mostrar que esta ciência meio-douta retira do mundo social os seus *problemas,* os seus *conceitos* e os seus *instrumentos de conhecimento* e *regista* amiúde como um *datum,*

como um dado empírico independente do acto de conhecimento e da ciência que o realiza, factos, representações ou
instituições os quais são *produto de um estado anterior da ciência*,
em que ela, em suma, se regista a si mesma sem se reconhecer...

Vou deter-me um pouco em cada um destes pontos. A ciência social está sempre exposta a receber do mundo social que
ela estuda os *problemas* que levanta a respeito dele: cada sociedade, em cada momento, elabora um corpo de *problemas sociais*
tidos por legítimos, dignos de serem discutidos, públicos, por
vezes oficializados e, de certo modo, *garantidos pelo Estado*. São,
por exemplo, os problemas postos às grandes *comissões* oficialmente mandatadas para os estudar, postos também, mais ou
menos directamente, aos próprios sociólogos, por meio de
todas as formas de *procura burocrática*, concursos públicos
[*appels d'offre*], programas de estudos, etc., e de financiamento,
contratos, subvenções, etc. Numerosos objectos reconhecidos
pela ciência oficial, numerosos trabalhos não são outra coisa
senão problemas sociais que entraram de contrabando na
sociologia – pobreza, delinquência, juventude, educação, laze-
res, desporto, etc. – e que, como testemunharia uma análise
da evolução no decurso do tempo das grandes divisões realistas da sociologia – tal como se exprimem nos títulos das grandes revistas ou nas denominações dos grupos de trabalho dos
congressos mundiais da disciplina –, variam ao sabor das
flutuações da consciência social do momento. Aí está uma das
mediações por meio das quais o mundo social constrói a sua
própria representação, servindo-se para isso da sociologia e do
sociólogo. Deixar em estado impensado o seu próprio pensamento é, para um sociólogo mais ainda que para qualquer
outro pensador, ficar condenado a ser apenas *instrumento*
daquilo que ele quer pensar.

Como romper com esta situação? Como pode o sociólogo
escapar à persuasão clandestina que a cada momento sobre
ele se exerce, quando lê o jornal, ou quando vê televisão, ou
mesmo quando lê os trabalhos dos seus colegas? Estar alerta é
já importante, mas não basta. Um dos instrumentos mais
poderosos da ruptura é a história social dos problemas, dos

INTRODUÇÃO A UMA SOCIOLOGIA REFLEXIVA | 35

objectos e dos instrumentos de pensamento, quer dizer, do trabalho social de construção de instrumentos de construção da realidade social (como as noções comuns, papel, cultura, velhice, etc., ou os sistemas de classificação) que se realiza no próprio seio do mundo social, no seu conjunto, neste ou naquele campo especializado e, especialmente, *no campo das ciências sociais* (o que conduziria a atribuir um programa e uma função muito diferentes dos actuais ao ensino da história social das ciências sociais – história que, no essencial, está ainda por fazer). Uma parte importante do trabalho colectivo que se divulga na revista *Actes de la recherche en sciences sociales* incide sobre a história social dos objectos mais comuns da existência corrente: penso, por exemplo, em todas essas coisas que se tornaram tão comuns, logo, tão evidentes que ninguém lhes presta atenção – a estrutura de um tribunal, o espaço de um museu, o acidente de trabalho, a cabina de voto, o quadro de dupla entrada ou, muito simplesmente, o escrito ou o registo. A história concebida assim não está inspirada por um interesse de *antiquário*, mas sim preocupada em compreender porque se compreende e como se compreende.

Para se não ser objecto dos problemas que se tomam para objecto, é preciso fazer a história social da *emergência* desses problemas, da sua constituição progressiva, quer dizer, do trabalho colectivo – frequentemente realizado na concorrência e na luta – o qual foi necessário para dar a conhecer e fazer reconhecer estes problemas como *problemas legítimos*, confessáveis, publicáveis, públicos, oficiais: podemos pensar nos problemas da família, do divórcio, da delinquência, da droga, do trabalho feminino, etc. Em todos os casos, descobrir-se-á que o problema, aceite como evidente pelo positivismo vulgar (que é a primeira tendência de qualquer investigador), foi *socialmente produzido*, num trabalho colectivo de construção da realidade social e por meio desse trabalho; e foi preciso que houvesse reuniões, comissões, associações, ligas de defesa, movimentos, manifestações, petições, requerimentos, deliberações, votos, tomadas de posição, projectos, programas, resoluções, etc., para que aquilo que era e poderia ter continuado a ser um problema *privado*, particular, singular, se tornasse num *problema social*, num problema público, de que se pode falar *publicamente* – pense-se no aborto, ou na homossexualidade – ou mesmo num problema oficial, objecto de tomadas de posição oficiais, e até mesmo de leis ou decretos. Seria preciso analisar aqui o papel particular do campo político e, sobretudo, do campo burocrático: por meio sobretudo da lógica muito especial da *comissão burocrática*, de cuja análise me ocupo actualmente a respeito da elaboração de uma nova política de ajuda ao alojamento em França por volta de 1975, este campo contribui de maneira muito intensa para a consagração e para a constituição dos problemas sociais *universais*. A imposição da problemática a que o investigador está sujeito – como qualquer agente social – e que assume sempre que toma à sua conta as questões que andam no ar do seu tempo mas sem as submeter a exame – incluindo-as, por exemplo, nos seus questionários – torna-se mais provável na medida em que os problemas que são *taken for granted* num universo social são aqueles que têm mais probabilidades de receberem *grants*, materiais ou simbólicos, de serem, como se diz, *bem vistos* pelos administradores científicos e as administrações – é, por exemplo, o que faz com que as sondagens, essa ciência sem cientista [*science sans savant*], sejam aprovadas por aqueles que dispõem de meios para as encomendar e que se mostram, de resto, tanto mais críticos para com a sociologia quanto mais esta se desliga das suas encomendas ou dos seus pedidos.

Acrescento ainda, para complicar um pouco mais e para fazer ver como a situação do sociólogo é difícil, quase desesperada, que o trabalho de produção dos problemas oficiais, quer dizer, dotados dessa espécie de universalidade que lhes vem do facto de estarem garantidos pelo Estado, dá quase sempre lugar, hoje em dia, àquilo a que se chama *peritos*, entre os quais se acham sociólogos, que se servem da autoridade da ciência para garantirem ou afiançarem a universalidade, a objectividade, o desinteresse da representação burocrática dos problemas. O mesmo é dizer que o sociólogo digno deste nome, que faz o que é preciso fazer, em meu entender, para ter alguma probabilidade de ser verdadeiramente o *sujeito* dos problemas, que se podem pôr a respeito do mundo social,

INTRODUÇÃO A UMA SOCIOLOGIA REFLEXIVA | 37

deve tomar para objecto a construção que a sociologia, os sociólogos, quer dizer, os seus próprios colegas, dão, com toda a boa-fé, para a produção dos problemas oficiais – e há todas as probabilidades de que isto apareça como um sinal inadmissível de arrogância ou como uma traição à solidariedade profissional, aos interesses corporativos.

Nas ciências sociais, como se sabe, as rupturas epistemológicas são muitas vezes rupturas sociais, rupturas com as crenças fundamentais de um grupo e, por vezes, com as crenças fundamentais do corpo de profissionais, com o corpo de certezas partilhadas que fundamenta a *communis doctorum opinio*. Praticar a dúvida radical em sociologia é pôr-se um pouco fora da lei. É, sem dúvida, o que tinha sentido Descartes o qual, com grande espanto dos seus comentadores, nunca estendeu à política – é conhecida a prudência com que fala de Maquiavel – o modo de pensamento que tinha iniciado tão corajosamente no domínio do conhecimento.

Passo aos conceitos, às palavras, aos métodos que a *profissão* emprega para falar do mundo social e para o pensar. A linguagem levanta um problema particularmente dramático para o sociólogo: ela é, com efeito, um enorme depósito de pré-construções naturalizadas, portanto, ignoradas como tal, que funcionam como instrumentos inconscientes de construção. Poderia tomar o exemplo das taxinomias profissionais, quer se trate de nomes de profissões em uso na vida quotidiana, quer se trate da CSP [*catégories socioprofessionnelles* (categorias socioprofissionais)], do INSEE [Institut National de Statistique et d'Etudes Economiques], belo exemplo de *conceptualização burocrática*, de universal burocrático, como poderia tomar, mais geralmente, o exemplo de todas as classificações (classes etárias, jovens/velhos; classes sexuais, homens/mulheres, etc. que, como se sabe, não escapam ao arbitrário) que os sociólogos empregam sem nelas pensarem quanto baste, porque são categorias sociais do entendimento que é comum a toda uma sociedade ou porque, como aquilo a que chamei categorias do entendimento professoral (os sistemas de adjectivos – brilhante/apagado, etc. – usados para classificar os pontos dos alunos ou as qualidades dos colegas) são próprias da corporação (o que não impede que se firmem, em última análise, na base das homologias de estrutura, nas oposições mais fundamentais do espaço social, como raro/banal, único//comum, etc.).

Mas creio que é preciso ir mais além e discutir não só a classificação das profissões e os conceitos empregados para designar as classes de ofícios, mas também o próprio conceito de profissão ou, para dizer em inglês, *profession*, que tem servido de base a todo um conjunto de pesquisas e que, para alguns, representa uma espécie de palavra de ordem metodológica. *Profession* é uma noção perigosa e tanto mais quanto é certo que, como sucede em casos idênticos, as aparências jogam a seu favor e, em certo sentido, o seu emprego tem sido acompanhado de um progresso em relação à papa teórica, à maneira de Parsons. Falar de *profession*, era tratar de uma verdadeira realidade, de conjuntos de pessoas com o mesmo nome, os *lawyers* por exemplo, dotados de um estatuto económico quase equivalente e, sobretudo, organizados em associações profissionais dotadas de uma deontologia, de instâncias colectivas que definiam regras de entrada, etc. *Profession* é uma palavra da linguagem comum que entrou de contrabando na linguagem científica; mas é, sobretudo, uma *construção social*, produto de todo um trabalho social de construção de um grupo e de uma *representação* dos grupos, que se insinuou docemente no mundo social. É isso que faz com que o «conceito» caminhe tão bem. Bem demais, de certo modo: se vocês o aceitarem para construírem o vosso objecto, encontrarão listas já feitas, centros de documentação que reúnem informações a seu respeito e, talvez, por pouco hábeis que sejais, fundos para o estudar. Ele refere-se a realidades em certo sentido demasiado reais, pois apreende ao mesmo tempo uma categoria social – socialmente edificada passando, por exemplo, para além das diferenças económicas, sociais, étnicas, que fazem da *profession* dos *lawyers* um espaço de concorrência – e uma categoria mental. Mas se, tomando conhecimento do espaço das diferenças que o trabalho de *agregação* necessário para construir a *profession* teve de superar, eu perguntar se não se trata de um *campo*, então tudo se torna difícil. Como obter

INTRODUÇÃO A UMA SOCIOLOGIA REFLEXIVA | 39

uma amostra num campo? Se, num estudo do campo da magistratura, não se considerar o presidente do Supremo Tribunal de Justiça ou se, num estudo sobre o campo intelectual em França em 1950, não se considerar Jean-Paul Sartre, o campo fica destruído, porque estas personagens marcam, só por si, uma posição. Há posições de um só lugar que comandam toda a estrutura. Numa amostra representativa dos escritores concebidos como *profession, no problem*.

Enquanto vocês tomarem o dado – os famosos *data* dos sociólogos positivistas – tal como ele se dá, dar-se-vos-á sem problemas. Tudo anda por si, naturalmente. As portas abrem--se e as bocas também. Que grupo recusaria o registo sacralizador do historiógrafo? O inquérito sobre os bispos ou sobre os patrões que aceita – tacitamente – a problemática episcopal ou patronal tem o apoio do secretariado do episcopado do CNPF [Conseil National du Patronat Français], e os bispos e os patrões que se apressam a vir comentar os resultados não deixam de conferir uma espécie de diploma de objectividade ao sociólogo que soube dar uma realidade objectiva – pública – à representação subjectiva que eles têm do seu próprio ser social. Em suma, enquanto vocês permanecerem na ordem da aparência socialmente constituída, todas as aparências estarão a vosso favor, convosco – até mesmo as aparências da cientificidade. Pelo contrário, desde que vocês comecem a trabalhar num verdadeiro objecto construído, tudo se tornará difícil: o progresso «teórico» gera um acréscimo de dificuldades «metodológicas». Os «metodólogos» não terão dificuldade em encontrar o pequeno erro nas operações que é preciso fazer para apreender, assim-assim, o objecto construído. (A metodologia é como a ortografia, de que se dizia: «é a ciência dos burros». É um arrolamento de erros acerca dos quais se pode dizer que é preciso ser-se estúpido para os cometer. Para ser honesto, devo dizer que entre as *fallacies* arroladas, há algumas que eu não teria talvez encontrado sõzinho. Mas, na maior parte, são faltas triviais, que fazem a felicidade dos professores. Os sacerdócios, como lembra Nietzsche, vivem do pecado...). Entre as dificuldades, há a questão de que falei há pouco, a dos limites do campo que os positivistas mais intrépidos

– quando não se esquecem pura e simplesmente de a colocar utilizando sem qualquer modificação listas já feitas – resolvem por meio de uma «definição operatória» («chamo escritor») sem verem que a questão da definição («fulano não é um *verdadeiro* escritor») está em jogo no próprio objecto. Combate-se então para se saber quem faz parte do jogo, quem merece verdadeiramente o nome de escritor. A própria noção de escritor – e também, apesar de todos os esforços de codificação e de homogeneização pela homologação, a noção de *lawyer* – está em jogo no campo dos escritores – ou dos *lawyers* –: a luta a respeito da definição legítima, em que está em jogo – di-lo a palavra «definição» – a fronteira, o limite, o *direito de entrada*, por vezes o *numerus clausus*, é a característica dos campos na sua universalidade.

A abdicação empirista tem todas as aparências e todas as aprovações a seu favor porque, eximindo-se à construção, deixa ao mundo social *tal como é*, à ordem estabelecida, as operações essenciais da construção científica – escolha do problema, elaboração dos conceitos e das categorias de análise –, preenchendo assim, pelo menos por defeito, a título de ratificação da doxa, uma função essencialmente conservadora. Entre os obstáculos ao desenvolvimento de uma sociologia científica, um dos piores está nas descobertas verdadeiras implicarem os *custos* mais elevados e os ganhos mais reduzidos, não só nos mercados ordinários da existência social mas também no mercado universitário, de que se esperaria uma maior autonomia. Como tentei mostrar a respeito dos custos e dos ganhos científicos e sociais das noções de *profissão* e de *campo*, é preciso muitas vezes, para se fazer ciência, evitar as aparências da cientificidade, contradizer mesmo as normas em vigor e desafiar os critérios correntes do rigor científico (poder-se-ia, deste ponto de vista, examinar os estatutos respectivos da sociologia e da economia). As aparências são sempre pela aparência. A verdadeira ciência, na maior parte das vezes, tem má aparência e, para fazer avançar a ciência, é preciso, frequentemente, correr o risco de não se ter todos os sinais exteriores da cientificidade (esquece-se que é fácil simulá-los). Entre outras razões, porque os meio-hábeis se prendem com

INTRODUÇÃO A UMA SOCIOLOGIA REFLEXIVA | 41

as violações aparentes dos cânones da «metodologia» elementar que, por razões de certeza positivista, são levados a encarar como «erros» e como efeitos da inépcia ou da ignorância das opções metodológicas firmadas na recusa das facilidades da «metodologia».

Será escusado dizer que a reflexividade obsessiva, que é a condição de uma prática científica rigorosa, nada tem de comum com o falso radicalismo das discussões acerca da ciência que actualmente se multiplicam. (Penso naqueles que introduzem a velha crítica filosófica das ciências sociais, mais ou menos ajustada aos gostos actuais, no mundo das ciências sociais americanas, cujas defesas imunitárias foram aniquiladas, paradoxalmente, por várias gerações de «metodologia» positivista.) Entre essas críticas, é preciso dar um lugar à parte àquelas que vêm da etnometodologia, embora, em certas formulações, elas se confundam com as conclusões dos mais irresponsáveis leitores dos filósofos franceses contemporâneos, que reduzem os discursos científicos a estratégias retóricas a respeito de um mundo reduzido, ele próprio, ao estado de texto. A análise da lógica prática e das teorias espontâneas, de que ela se arma para dar sentido ao mundo, não tem o seu fim em si mesma – como aliás, a crítica das pressuposições das análises da sociologia corrente (a-reflexiva), sobretudo em matéria de estatísticas; ela é um momento, perfeitamente decisivo, da ruptura com as pressuposições do senso comum, vulgar ou douto. Se é preciso objectivar os esquemas do senso prático, não é para provar que a sociologia nunca poderá ser mais que um ponto de vista acerca do mundo, nem mais nem menos científico que outro qualquer, mas para subtrair a razão científica à razão prática, para impedir que esta chegue a contaminar aquela, para evitar que se trate como instrumento de conhecimento aquilo que deveria ser objecto de conhecimento, quer dizer, tudo o que faz o sentido prático do mundo social, os pressupostos, os esquemas de percepção e de compreensão. Tomar para objecto o senso comum e a experiência inicial do mundo social, como adesão não-tética a um mundo que não está constituído em *objecto* perante um sujeito, é uma maneira, precisamente, de evitar o ser apanhado no objecto, de transportar para a ciência *tudo o que torna possível* a experiência dóxica do mundo social, quer dizer, não só a construção pré-construída deste mundo, mas também os esquemas cognitivos que estão na origem da construção desta imagem. E os etnometodólogos que se limitam à descrição desta experiência, sem se interrogarem acerca das condições sociais que a tornam possível – quer dizer, a adequação das estruturas sociais e das estruturas mentais, das estruturas objectivas do mundo e das estruturas cognitivas por meio das quais ele é apreendido –, não fazem mais que reconduzir as interrogações mais tradicionais da filosofia mais tradicional sobre a realidade da realidade. E para medir os limites das aparências de radicalismo que o seu populismo epistemológico (ligado à reabilitação do pensamento vulgar) por vezes lhes confere, basta por exemplo observar que eles nunca viram as *implicações políticas* da experiência dóxica do mundo que – enquanto aceitação fundamental, situada fora do alcance da crítica, da ordem estabelecida – é o fundamento mais seguro de um conservadorismo mais radical relativamente àquele que tem em vista instaurar a *ortodoxia* política (como doxa recta e de direita [*doxa droite et de droite*]).

Double bind *e conversão*

O exemplo que acabo de dar, com a noção de *profissão*, é apenas um caso particular. De facto, é toda uma tradição douta da sociologia que é necessário pôr constantemente em dúvida, e da qual há que desconfiar incessantemente. Daí, esta espécie de *double bind* a que todo o sociólogo digno deste nome está constantemente exposto: sem os instrumentos de pensamento oriundos da tradição douta, ele não passa de um amador, de um autodidacta, de um sociólogo espontâneo – e nem sempre o mais bem colocado, tão evidentes são, frequentemente, os limites da sua experiência social –, mas estes instrumentos fazem que ele corra um perigo permanente de erro, pois se arrisca a substituir a doxa ingénua do senso comum pela doxa do senso comum douto, que atribui o nome

INTRODUÇÃO A UMA SOCIOLOGIA REFLEXIVA | 43

de ciência a uma simples transcrição do discurso de senso comum. É aquilo a que chamo o efeito Diafoirus: observei frequentemente, sobretudo nos Estados Unidos, que, para se compreender verdadeiramente aquilo de que este ou aquele sociólogo fala, é preciso (e basta) ter lido o *New York Times* da semana ou do mês anteriores, que ele retraduz nessa terrível linguagem-barreira, nem verdadeiramente concreta nem verdadeiramente abstracta, que lhe é imposta, sem ele mesmo saber, pela sua formação e pela censura do *establishment* sociológico.

Mas não é fácil escapar à alternativa da ignorância desarmada do autodidacta desprovido de instrumentos de construção e da meia-ciência do meio-cientista, que aceita sem exame categorias de percepção ligadas a um estado do mundo douto, dos conceitos semiconstruídos, mais ou menos directamente tirados do mundo social. Nunca se experimenta tão bem a contradição como no caso da etnologia na qual, em consequência da diferença das tradições culturais e do *étrangement* daí resultante se não pode viver, como no caso da sociologia, na ilusão da compreensão imediata. Por exemplo, devo confessar que se, antes de ir «para o terreno», eu não tivesse lido os antropólogos, não me teria talvez apercebido da diferença radical estabelecida pelos meus informadores e a própria linguagem que empregavam entre a prima paralela e a prima cruzada. Neste caso, ou não se vê nada, ou então fica-se sujeito às categorias de percepção ou aos modos de pensamento (o juridismo dos etnólogos) recebidos dos antepassados – que, a maior parte das vezes, os receberam de uma outra tradição douta, como a do direito romano. Isso favorece uma espécie de *conservadorismo estrutural*, que leva a reproduzir a doxa douta.

Daí, a antinomia da pedagogia da pesquisa: ela deve transmitir ao mesmo tempo instrumentos de construção da realidade, problemáticas, conceitos, técnicas, métodos, e uma formidável atitude crítica, uma tendência para pôr em causa esses instrumentos – por exemplo, as classificações, as do INSEE ou outras, as quais nem tombaram do céu, nem saíram completamente armadas da realidade. Escusado será dizer que, como

44 | O PODER SIMBÓLICO

qualquer mensagem, esta pedagogia tem probabilidades muito desiguais de ser bem sucedida, segundo as atitudes socialmente constituídas dos destinatários: a situação mais favorável é a das pessoas que reúnem uma cultura douta e uma certa revolta contra essa cultura – ligada, a maior parte das vezes, a uma experiência estranha ao universo culto, que faz com que se não deixem enganar – ou, muito simplesmente, uma forma de resistência perante a representação assepsiada e des-realizada do mundo social proposta pelo discurso socialmente dominante em sociologia. Penso em Aaron Cicourel, que tivera, na juventude, convivência bastante com os «delinquentes» dos *slums* de Los Angeles para ser espontaneamente levado a pôr em dúvida a representação oficial dos «delinquentes»: foi sem dúvida esta familiaridade com o universo estudado que, associada a um bom conhecimento da estatística, o incitou a pôr às estatísticas da delinquência questões que nenhum preceito metodológico teria podido gerar.

Entre os obstáculos com os quais deve contar uma verdadeira pedagogia da pesquisa, há, antes de mais, a pedagogia corrente dos professores vulgares, a qual reforça as atitudes conformistas inscritas na própria lógica da reprodução escolar e também, como já disse, na impossibilidade de «ir às próprias coisas» sem qualquer instrumento de percepção. É minha convicção que o ensino corrente da sociologia e as produções intelectuais saídas desse ensino e condenadas a voltar a ele, constituem hoje o principal obstáculo que se levanta ao desenvolvimento da ciência social. É assim por muitas razões. Lembro apenas uma, que já por vezes evoquei: o ensino perpetua e canoniza oposições fictícias entre autores (Weber/Marx, Durkheim/Marx, etc.), entre métodos (quantitativo/qualitativo, macro-sociologia/micro-sociologia, estrutura/história, etc.) entre conceitos, etc. Se, como todas as falsas sínteses de uma teoria sem prática e todas as prevenções esterilizantes e inúteis de uma «metodologia» sem conceitos, estas operações de catalogação são muito úteis para afirmarem a existência do professor, colocado assim acima das divisões por ele descritas, é sobretudo como *sistemas de defesa* contra os progressos verdadeiros da ciência, que ameaçam o falso saber dos profes-

INTRODUÇÃO A UMA SOCIOLOGIA REFLEXIVA | 45

sores, que elas funcionam. As primeiras vítimas são, evidentemente, os estudantes: com excepção de atitudes especiais, quer dizer, salvo se forem particularmente *indóceis*, eles estão condenados a deixarem sempre uma guerra científica ou epistemológica para trás, como os professores, porque, em vez de os fazerem começar, como deveria ser, pelo ponto a que chegaram os investigadores mais avançados, fazem-nos percorrer constantemente domínios já conhecidos, em que repetem eternamente as batalhas do passado – é essa uma das funções do culto escolar dos clássicos, inteiramente contrária a uma verdadeira história crítica da ciência.

Gostaria ainda, mesmo correndo o risco de parecer levar ao extremo a dúvida radical, de evocar as formas mais perversas que o pensamento preguiçoso pode assumir em sociologia: penso, por exemplo, no caso, bastante paradoxal, de um pensamento crítico, como o de Marx, poder funcionar em estado de impensado, não só nos cérebros dos investigadores – e isto quer se afirmem adeptos de Marx, quer o combatam – mas também na realidade por eles registada em forma de pura atestação. Inquirir, sem mais nem menos, acerca das classes sociais, sobre a sua existência ou não-existência, sobre o seu número e o seu carácter antagonista ou não-antagonista, como se faz com frequência sobretudo com a intenção de se refutar a teoria marxista, é tomar para objecto, sem se saber, as marcas que os efeitos exercidos pela teoria de Marx deixaram na realidade, sobretudo através dos esforços dos partidos e dos sindicatos que se dedicaram a «elevar a consciência de classe».

O que acabo de dizer sobre o efeito de teoria que a teoria marxista das classes pôde exercer e de que a «consciência de classe» empiricamente medida é, em parte, produto, constitui apenas um caso particular de um fenómeno mais geral: a existência de uma ciência social e de práticas sociais que a invocam por caução – como as sondagens de opinião, os conselhos de comunicação, a publicidade, etc., mas também a pedagogia ou mesmo, cada vez mais, a acção dos homens políticos ou dos altos funcionários, dos homens de negócios ou dos jornalistas, etc. – faz com que haja cada vez mais agentes, no próprio seio do mundo social, que fazem entrar conhe-

46 | O PODER SIMBÓLICO

cimentos doutos, senão científicos, na sua prática e, sobretudo, no seu trabalho de produção ou de manipulação das representações do mundo social. De modo que, cada vez com mais frequência, a ciência arrisca-se a registar, sem saber, os produtos de práticas que invocam a seu favor a ciência.

Enfim, mais subtilmente, a submissão aos hábitos de pensamento, ainda que sejam os que, em outras circunstâncias, podem exercer um formidável efeito de ruptura, pode conduzir também a formas inesperadas de ingenuidade. E eu não hesitarei em dizer que o marxismo, nos seus usos sociais mais comuns, constitui, frequentemente, a forma por excelência, por ser a mais insuspeita, do pré-construído douto. Suponhamos que se pretende estudar «a ideologia jurídica», ou «religiosa», ou «professoral». O termo ideologia pretende marcar a ruptura com as representações que os próprios agentes querem dar da sua própria prática: ele significa que não se deve tomar à letra as suas declarações, que eles têm interesses, etc.; mas, na sua violência iconoclasta, ele faz esquecer que a dominação à qual é preciso escapar para o objectivar só se exerce porque é ignorada como tal; o termo ideologia significa também que é preciso reintroduzir no modelo científico o facto de a representação objectiva da prática dever ter sido construída contra a experiência inicial da prática ou, se se prefere, o facto de a «verdade objectiva» desta experiência ser inacessível à própria experiência. Marx permite que se arrombem as portas da doxa, da adesão ingénua à experiência inicial; mas, por detrás da porta, há um alçapão, e o meio-hábil que se fia no senso comum douto esquece-se de voltar à experiência inicial que a construção douta deve ter posto em suspenso. A «ideologia» (a que seria preferível de futuro dar outro nome) não aparece e não se assume como tal, e é deste desconhecimento (*) que lhe vem a sua eficácia simbólica. Em resumo, não basta romper com o senso comum vulgar, nem com o senso comum douto na sua forma corrente; é preciso romper com os instrumentos de ruptura que anulam a própria

---

(*) *«Méconnaissance»* (mais propriamente, não-reconhecimento). (*N.T.*)

experiência contra a qual eles se construíram. E isto para se construírem modelos mais completos, que englobem tanto a ingenuidade inicial como a verdade objectiva por ela dissimulada e à qual, por outra forma de ingenuidade, se prendem os meio-hábeis, aqueles que se julgam astutos. (Não posso deixar de dizer aqui que o prazer de se sentir astuto, desmistificado e desmistificador, de brincar aos desencantadores desenganados, tem boa parte em muitas vocações sociológicas... E o sacrifício que o método rigoroso exige é ainda maior...).

Tratando-se de pensar o mundo social, nunca se corre o risco de exagerar a dificuldade ou as ameaças. A força do pré--construído está em que, achando-se inscrito ao mesmo tempo nas coisas e nos cérebros, ele se apresenta com as aparências da evidência, que passa despercebida porque é perfeitamente natural. A ruptura é, com efeito, uma *conversão do olhar* e pode--se dizer do ensino da pesquisa em sociologia que ele deve em primeiro lugar «dar novos olhos» como dizem por vezes os filósofos iniciáticos. Trata-se de produzir, senão «um homem novo», pelo menos, «um novo olhar», um *olhar sociológico*. E isso não é possível sem uma verdadeira conversão, uma *metanoia*, uma revolução mental, uma mudança de toda a visão do mundo social.

Aquilo a que se chama a «ruptura epistemológica», quer dizer, o pôr-em-suspenso as pré-construções vulgares e os princípios geralmente aplicados na realização dessas construções, implica uma ruptura com modos de pensamento, conceitos, métodos que têm a seu favor todas as aparências do *senso comum*, do bom senso vulgar e do bom senso científico (tudo o que a atitude positivista dominante honra e reconhece). Vocês compreenderão, sem dúvida, que quando se está convencido, como eu, de que a primeira tarefa da ciência social – portanto, do ensino da pesquisa em ciência social – é a de instaurar em norma fundamental da prática científica a conversão do pensamento, a revolução do olhar, a ruptura com o pré-construído e com tudo o que, na ordem social – e no universo douto – o sustenta, se seja condenado a ser-se constantemente suspeito de exercer um magistério profético e de pedir uma conversão pessoal.

48 | O PODER SIMBÓLICO

Dado que tenho uma consciência muito clara das contradições propriamente sociais do desígnio científico que tentei descrever, vejo-me frequentemente obrigado a perguntar a mim próprio, perante um trabalho submetido à minha apreciação, se devo procurar impor a visão crítica que me parece a condição da construção de um verdadeiro objecto científico, entregando-me a uma crítica do objecto pré-construído que se arrisca a aparecer como uma violência, uma espécie de anexação. A dificuldade é tanto maior quanto é certo que, em ciências sociais, a origem do erro reside quase sempre, pelo menos segundo a minha experiência, em atitudes socialmente constituídas, e também em temores sociais, em fantasmas sociais – de forma que é muitas vezes difícil enunciar publicamente um juízo crítico que, por meio das práticas doutas, atinja de facto as atitudes mais profundas, tão estreitamente ligadas à origem social, ao sexo, e também ao grau de consagração escolar anterior: penso, por exemplo, na humildade excessiva (mais provável nas raparigas que nos rapazes, nos investigadores de origem «modesta» – como se diz por vezes – e escolarmente menos consagrados, etc.) que é quase tão nefasta como a arrogância (a postura equilibrada implica, em meu entender, uma combinação, muito improvável, de alguma ambição, que leve a ver em grande, e de uma grande modéstia, indispensável para se penetrar no pormenor do objecto). E o director de pesquisa, se quisesse cumprir verdadeiramente a sua função, deveria desempenhar por vezes o papel, efectivamente perigoso e em qualquer caso injustificável, de «director de consciência».

De facto, a ajuda mais decisiva, que a experiência permite que se dê ao investigador principiante, é a que consiste em incitá-lo a ter em consideração, na definição do seu projecto, as condições reais da realização, quer dizer, os meios, sobretudo em tempo e em competências específicas, de que ele dispõe (em especial, a natureza da sua experiência social, a formação que recebeu) e também as possibilidades de acesso a informadores e a informações, a documentos ou a fontes, etc. Muitas vezes, é só ao cabo de um verdadeiro trabalho de socioanálise que se pode realizar o casamento ideal de um

INTRODUÇÃO A UMA SOCIOLOGIA REFLEXIVA | 49

investigador e do seu «objecto», por meio de toda uma série de fases de sobreinvestimento e de desinvestimento.

A sociologia da sociologia, em forma muito concreta de uma sociologia do sociólogo, do seu projecto científico, das suas ambições ou das suas demissões, das suas audácias e dos seus temores, não é uma inutilidade sentimental (*) ou uma espécie de luxo narcisista: a *tomada de consciência* das atitudes favoráveis ou desfavoráveis que estão associadas às suas características sociais, escolares ou sexuais, dá uma probabilidade, sem dúvida limitada, de actuar sobre essas atitudes. Como a sabedoria, segundo os Estóicos, a sociologia da sociologia nada pode em relação ao primeiro movimento, mas permite que se controle o segundo... Os artifícios das pulsões sociais são inúmeros, e fazer a sociologia do seu próprio universo pode ser a maneira mais perversa de satisfazer, por caminhos subtilmente desviados, essas pulsões reprimidas. Por exemplo, um ex-teólogo que se fez sociólogo pode, quando começa a estudar os teólogos, proceder a uma espécie de regressão e pôr-se a falar como teólogo ou, pior, servir-se da sociologia para acertar as suas contas de teólogo. O mesmo se passará com um ex-filósofo, que se arriscará sempre a encontrar na sociologia da filosofia uma maneira de prosseguir guerras filosóficas por outras vias.

A objectivação participante

Aquilo a que chamei a *objectivação participante* (e que é preciso não confundir com «a observação participante», análise de uma – falsa – participação num grupo estranho) é sem dúvida o exercício mais difícil que existe, porque requer a ruptura das aderências e das adesões mais profundas e mais inconscientes, justamente aquelas que, muitas vezes, constituem o «interesse» do próprio objecto estudado para aquele que o estuda, tudo aquilo que ele menos pretende conhecer na sua relação com o objecto que ele procura conhecer. Exer-

---

(*) «*supplément d'âme*», no texto original. (*N.T.*)

cício mais difícil, mas também o mais necessário porque, como tentei fazer em *Homo academicus*, o trabalho de objectivação incide neste caso sobre um objecto muito particular, em que se acham inscritas, implicitamente, algumas das mais poderosas determinantes sociais dos próprios princípios da apreensão de qualquer objecto possível: por um lado, os interesses específicos associados à pertença ao campo universitário e à ocupação de uma posição particular nesse campo; e, por outro lado, as categorias socialmente constituídas da percepção do mundo universitário e do mundo social, essas categorias do entendimento professoral que, como disse há pouco, podem estar envolvidas numa estética (através da arte convencional) ou numa epistemologia (através da epistemologia do ressentimento que, fazendo da necessidade virtude, valoriza sempre as pequenas cautelas do rigor positivista contra todas as formas de audácia científica).

Sem querer explicitar aqui todos os ensinamentos que uma sociologia reflexiva pode retirar desta análise, gostaria de indicar somente um dos pressupostos mais escondidos do projecto científico, que tornei claro, compelido pelo próprio trabalho de inquérito sobre tal objecto, com a consequência imediata – prova de que a sociologia da sociologia não é um luxo – de um melhor conhecimento do próprio objecto. Num primeiro tempo, tinha construído um modelo do espaço universitário, como espaço de posições ligadas por relações de força específicas, como campo de forças e campo de lutas para conservar ou transformar este campo de forças. Poderia ter ficado por aí, mas estava de prevenção pelas observações que em outro tempo, no decurso dos meus trabalhos de etnologia, tinha podido fazer acerca do «epistemocentrismo» associado à postura douta. Além disso, o mal-estar que em mim suscitava, no momento da publicação, o sentimento de ter cometido uma espécie de deslealdade, erigindo-me em observador de um jogo que eu continuava a jogar, obrigou-me a voltar ao meu projecto. Senti pois de maneira particularmente viva o que estava implicado na pretensão de adoptar a posição de observador imparcial, ao mesmo tempo omnipresente e ausente, porque dissimulado por detrás da impersonalidade

INTRODUÇÃO A UMA SOCIOLOGIA REFLEXIVA | 51

absoluta dos procedimentos, e capaz de assumir um ponto de vista quase divino acerca dos colegas que são também concorrentes. Objectivar a pretensão à posição realenga que, como há pouco disse, leva a fazer da sociologia uma arma nas lutas no interior do campo em vez de fazer dela um instrumento de conhecimento dessas lutas, portanto do próprio sujeito cognoscente o qual, faça o que fizer, não deixa de estar nelas envolvido, é conferir a si mesmo os meios de reintroduzir na análise a consciência dos pressupostos e dos preconceitos, associados ao ponto de vista local e localizado daquele que constrói o espaço dos pontos de vista.

A consciência dos limites da objectivação objectivista levou-me a descobrir que existe no mundo social, em especial no mundo universitário, toda uma série de instituições que produzem o efeito de tornar aceitável a distância entre a verdade objectiva e a verdade vivida daquilo que se faz e daquilo que se é – tudo o que os sujeitos objectivados pretendem lembrar quando opõem à análise objectivista que «isso não se passa assim». Encontram-se, por exemplo, neste campo particular, os sistemas de defesa colectivos que – em universos em que cada um luta pelo monopólio de um mercado no qual não há como clientes senão concorrentes, e em que a vida é por consequência muito dura – permitem que cada um se aceite a si mesmo aceitando os subterfúgios ou as gratificações compensatórias oferecidas pelo meio. É esta dupla verdade, objectiva e subjectiva, que constitui a verdade completa do mundo social.

Gostaria de evocar, embora hesite um pouco em fazê-lo, a título de último exemplo, uma exposição apresentada aqui mesmo a respeito de uma sessão eleitoral na televisão, objecto que, na sua aparente facilidade – tudo se dá, de imediato, à intuição imediata – reúne todas as dificuldades que um sociólogo pode encontrar. Como passar para além de uma descrição inteligente, mas sempre sujeita a «fazer pleonasmo com o mundo», como dizia Mallarmé? É um grande perigo, com efeito, dizer por outras palavras o que os actores tinham dito ou feito, e destacar significações de primeiro grau (há uma dramatização da expectativa do resultado, há uma luta entre os participantes a respeito do *sentido* do resultado, etc.) das significações que são produto de intenções conscientes e que os próprios actores poderiam enunciar se tivessem tempo para isso e se não temessem pôr o seu jogo a descoberto. Estes sabem bem – pelo menos na prática e, actualmente, com uma frequência cada vez maior, de modo consciente – que, numa situação em que o que está em jogo é a imposição da representação mais favorável da sua própria posição, a confissão pública do fracasso, como acto de reconhecimento, é *de facto* impossível; que não há, propriamente falando, evidência universal dos números e da sua significação e que a estratégia que consiste em «negar a evidência» (52% é superior a 48%), embora aparentemente condenada ao insucesso, conserva uma certa validade (os x ganharam, mas os y não perderam; os x ganharam, mas de modo menos acentuado do que da última vez – ou menos acentuado do que tinham previsto, etc.).

Estará de facto aí o essencial? O problema do corte põe-se com uma força especial, porque o analista encontra no objecto concorrentes à interpretação do objecto que, frequentemente, também se apoiam na autoridade da ciência. Também se põe de maneira particularmente aguda porque, de modo diferente do que se passa em outras ciências, a simples descrição, menos construída – quer dizer, empenhada em restituir todas as características pertinentes e só essas – não tem o valor intrínseco de que se reveste quando se trata da descrição de uma cerimónia secreta entre os Hopis ou da sagração de um rei na Idade Média: a cena foi vista e *compreendida* (em certo nível e até certo ponto) por vinte milhões de espectadores e o registo faz dela uma restituição que nenhuma transcrição positivista pode ultrapassar ou mesmo tocar de perto.

De facto, só se pode sair da série indefinida das interpretações que se refutam umas às outras – o hermeneuta está perante uma luta entre hermeneutas que se batem pela última palavra a respeito de um acontecimento ou de um resultado – se se construir realmente o espaço das relações objectivas (estrutura) de que são manifestação as permutas comunicacionais directamente observadas (interacção). Trata-se de apreender uma realidade oculta, que só se descobre enco-

INTRODUÇÃO A UMA SOCIOLOGIA REFLEXIVA | 53

brindo-se, que só se mostra enquanto facto banal das interacções em que se dissimula a si própria. Que quer isto dizer? Temos diante de nós um conjunto de indivíduos, designados por nomes próprios, o senhor Paul Amar, jornalista, o senhor René Rémond, historiador, o senhor X, politólogo, etc., que trocam, como se diz, palavras aparentemente passíveis de uma «análise de discurso» e de que todas as «interacções» visíveis fornecem na aparência todos os instrumentos da sua própria análise. De facto, a cena que se representa no palco, as estratégias que os agentes empregam para levarem a melhor na luta simbólica pelo monopólio da imposição do veredicto, pela capacidade reconhecida de dizer a verdade a respeito do que está em jogo no debate, são a expressão das relações de força objectivas entre os agentes envolvidos e, mais precisamente, *entre os campos* diferentes em que eles estão implicados – e em que ocupam posições mais ou menos elevadas. Dito por outras palavras, a interacção é a resultante visível e puramente fenoménica, da intersecção dos campos hierarquizados.

O espaço da interacção funciona como uma situação de mercado linguístico, que tem características conjunturais cujos princípios podemos destacar. Em primeiro lugar, é um espaço pré-construído: a composição social do grupo está antecipadamente determinada. Para compreender o que pode ser dito e sobretudo *o que não pode ser dito* no palco, é preciso conhecer as leis de formação do grupo dos locutores – é preciso saber quem é excluído e quem se exclui. A censura mais radical é a ausência. É preciso pois considerar as taxas de representação (no sentido estatístico e no sentido social) das diferentes categorias (sexo, idade, estudos, etc.), logo, as probabilidades de acesso ao local da palavra – e, depois, as probabilidades de acesso à palavra, mensurável em tempos de expressão. Outra característica ainda: o jornalista exerce uma forma de dominação (conjuntural não estrutural) sobre um espaço de jogo que ele construiu, e no qual ele se acha colocado em situação de árbitro, impondo normas de «objectividade» e de «neutralidade».

Mas não se pode ficar por aí. O espaço de interacção é o lugar da actualização da intersecção entre os diferentes campos. Os agentes na sua luta para imporem o veredicto «imparcial», quer dizer, para fazerem reconhecer a sua visão como objectiva, dispõem de forças que dependem da sua pertença a campos objectivamente hierarquizados e da sua posição nos campos respectivos. Existe, em primeiro lugar, o campo político: os homens políticos, directamente implicados no jogo, portanto directamente interessados e percebidos como tais, são imediatamente percebidos como juízes e partes, logo, sempre suspeitos de produzirem interpretações interessadas, enviesadas e, por isso mesmo, desacreditadas. Eles ocupam posições diferentes no campo político: estão situados neste espaço pela sua filiação num partido, mas também pelo seu estatuto nesse partido, pela sua notoriedade, local ou nacional, etc. Vem depois o campo jornalístico: os jornalistas podem e devem adoptar uma retórica da objectividade e da neutralidade (apoiando-se eventualmente nos «politólogos»). Segue-se o campo da «ciência política», no interior do qual os «politólogos mediáticos» ocupam um lugar pouco glorioso, mesmo que gozem de prestígio no exterior (sobretudo junto dos jornalistas a quem se sobrepõem estruturalmente). Logo depois, está o campo do *marketing* político, com os publicitários e os conselheiros em comunicação política, que cobrem com justificações «científicas» os seus veredictos acerca dos homens políticos. Finalmente, encontra-se o campo universitário, propriamente dito, com os especialistas da história eleitoral que se especializaram no comentário dos resultados eleitorais. Tem-se assim uma progressão, desde os mais «empenhados» até aos mais desligados estruturalmente e estatutariamente: o universitário é aquele que, como se diz, tem mais «recuo», «distância». Tratando-se, como é o caso da sessão eleitoral, de produzir uma *retórica da objectividade* tão eficaz quanto possível, ele detém uma vantagem estrutural sobre todos os outros.

As estratégias discursivas dos diferentes actores, e em especial os efeitos retóricos que têm em vista produzir uma fachada de objectividade, dependerão das relações de força simbólicas entre os campos e dos trunfos que a pertença a esses campos confere aos diferentes participantes ou, por outras palavras, dependerão dos interesses específicos e dos trunfos diferenciais que, nesta situação particular de luta simbólica pelo veredicto «neutro», lhes são garantidos pela sua posição nos sistemas de relações invisíveis que se estabelecem entre os diferentes campos em que eles participam. Por exemplo, o politólogo terá, como tal, uma vantagem em relação ao homem político e ao jornalista, pois se lhe concede mais facilmente o crédito de objectividade, e tem a possibilidade de recorrer à sua competência específica, por exemplo, à história eleitoral que lhe permite fazer comparações. Ele poderá aliar--se aos jornalistas, cujas pretensões à objectividade reforça e legitima. O que resulta de todas estas relações objectivas, são relações de força simbólicas que se manifestam na interacção em forma de estratégias retóricas: estas relações objectivas determinam no essencial quem pode cortar a palavra, interrogar, responder fora do que foi perguntado, devolver as questões, falar longamente sem ser interrompido ou passar por cima das interrupções, etc., quem está condenado a estratégias de denegação (interesses, estratégias interessadas, etc.), a recusas de respostas rituais, a formas estereotipadas, etc. Seria preciso ir mais longe, e mostrar como é que a apreensão das estruturas objectivas permite explicar o pormenor dos discursos e das estratégias retóricas, das cumplicidades ou dos antagonismos, dos «golpes» desferidos e bem sucedidos, etc., em resumo, tudo o que a análise de discurso julga que pode compreender a partir unicamente dos discursos.

Mas por que razão a análise é, neste caso, particularmente difícil? Sem dúvida, porque aqueles que o sociólogo pretende objectivar são concorrentes pelo monopólio da objectivação objectiva. De facto, o sociólogo, segundo os objectos que estuda, está, ele mesmo, mais ou menos afastado dos actores e das coisas em jogo por ele observadas, mais ou menos directamente envolvido em rivalidades com eles, mais ou menos tentado, por conseguinte, a entrar no jogo do metadiscurso, com a aparência de o objectivar. Quando, no jogo analisado, se trata, como aqui, de sustentar um *metadiscurso* a respeito de todos os outros discursos – o do homem político que afirma ter ganho, o do jornalista que declara fazer uma exposição objectiva dos desvios, o do «politólogo» e especialista de história eleitoral que têm a pretensão de fornecerem a compreensão a explicação objectiva do resultado apoiando-se na comparação dos desvios e na análise das tendências de evolução – quando se trata, numa palavra, de se situar *meta*, acima de, unicamente pela força do discurso, é-se tentado a fazer uso da ciência das estratégias que os diferentes actores aplicam, a fim de fazerem triunfar a sua «verdade» para dizer a verdade do jogo, e para triunfarem assim no jogo. É ainda a relação objectiva entre a sociologia política e a «politologia mediática» ou, mais precisamente, entre as posições que observador e observado ocupam nos respectivos campos, objectivamente hierarquizados, que comanda a percepção do observador, sobretudo impondo-lhe as cegueiras reveladoras dos seus próprios *vested interests*.

A objectivação da relação do sociólogo com o seu objecto é, como se vê bem neste caso, a condição da ruptura com a propensão para investir no objecto, que está sem dúvida na origem do seu «interesse» pelo objecto. É preciso, de certo modo, ter-se renunciado à tentação de se servir da ciência para intervir no objecto, para se estar em estado de operar uma objectivação que não seja a simples visão redutora e parcial que se pode ter, no interior do jogo, de outro jogador, mas sim a visão global que se tem de um jogo passível de ser apreendido como tal porque se saiu dele. Só a sociologia da sociologia – e do sociólogo – pode dar um certo domínio dos fins sociais que podem estar na mira dos fins científicos directamente prosseguidos. A objectivação participante, sem dúvida, o cume da arte sociológica, por pouco realizável que seja, só o é se se firmar numa objectivação tão completa quanto possível do interesse a objectivar o qual está inscrito no facto da participação, e num pôr-em-suspenso desse interesse e das representações que ele induz.

III

A Génese dos Conceitos
de *Habitus* e de Campo

Ao apresentar aqui, de modo mais sintético e mais sistemático, os conhecimentos que pude obter, no decurso dos anos,
pela aplicação a universos diferentes do mesmo modo de
pensamento – aquele que é designado pela noção de *campo* –
conto realizar a confluência da diversidade aberta pela pesquisa em acção com a coerência reforçada por um olhar
retrospectivo. Diferente da teoria teórica – discurso profético
ou programático que tem em si mesmo o seu próprio fim e
que nasce e vive da defrontação com outras teorias –, a teoria
científica apresenta-se como um programa de percepção e de
acção só revelado no trabalho empírico em que se realiza.
Construção provisória elaborada para o trabalho empírico e
por meio dele, ganha menos com a polémica teórica do que
com a defrontação com novos objectos. Por esta razão, tomar
verdadeiramente o partido da ciência é optar, asceticamente,
por dedicar mais tempo e mais esforços a pôr em acção os
conhecimentos teóricos adquiridos investindo-os em pesquisas novas, em vez de os acondicionar, de certo modo, para a
venda, metendo-os num embrulho de metadiscurso, destinado menos a controlar o pensamento do que a mostrar e a

valorizar a sua própria importância ou a dele retirar directamente benefícios fazendo-o circular nas inúmeras ocasiões
que a idade do jacto e do colóquio oferece ao narcisismo do
pesquisador. Mas é também correr o risco de dar a imagem de
um isolacionismo provinciano ou sectário, sobretudo quando
o emprego colectivo do mesmo *modus operandi* – embora seja
coisa banal nas ciências mais avançadas – vem reforçar esta
impressão de monismo totalitário ([1]).

Tratar da teoria como um *modus operandi* que orienta e
organiza praticamente a prática científica é, evidentemente,
romper com a complacência um pouco feiticista que os «teóricos» costumam ter para com ela. Assim, nunca me pareceu
indispensável fazer a genealogia de conceitos que, não tendo

([1]) Alguns dos trabalhos cujos resultados são aqui apresentados
foram já objecto de publicação, tendo eles próprios servido de base,
desde há uns vinte anos, para pesquisas em que me apoiarei nos textos
que têm em vista fazer a síntese dos conhecimentos adquiridos. Os princípios teóricos e metodológicos que orientaram estes trabalhos foram
apresentados, originariamente, no quadro de um seminário que se realizou na Escola Normal Superior entre os anos 60 e os anos 80. Este seminário, ainda que tenha tido sempre um número muito restrito de participantes (sobretudo Jean-Claude Chamboredon, Christophe Charle, Rémi
Ponton, Jean-Louis Fabiani, Menger e alguns outros) tinha sido concebido, de começo, como um vasto trabalho colectivo destinado a cobrir o
conjunto da produção literária e artística do século XIX francês – graças
sobretudo à elaboração de um ficheiro comum, destinado a servir de
base para diferentes análises. O método só se vê bem pelos resultados
que produz e, quando é exigente, a sua aplicação requer muita inteligência e invenção e também muito trabalho. Resulta daqui que é difícil
pôr em evidência e fazer valer princípios teóricos e conceitos que funcionaram praticamente em forma de sugestões, de incitações, de conselhos
ou de correcções no quadro de seminários ou de grupos de trabalho sem
se correr o risco de se ser injusto para com todos aqueles que os fizeram
funcionar, contribuindo, por isso mesmo, para os aperfeiçoar. E assim,
visto que, no país dos mestres de pensar, a adopção de um conjunto de
utensílios de pensamento só pode aparecer como um testemunho de submissão seguidista a um patrão totalitário ou de entrega de si mesmo a um
mestre carismático. Trata-se de uma representação colectiva do trabalho
intelectual que é, sem dúvida, uma das causas maiores do fracasso total
ou parcial dos trabalhos colectivos.

A GÉNESE DOS CONCEITOS DE *HABITUS* E DE CAMPO | 59

nascido da partenogénese teórica, não ganham muito em serem re-situados em relação aos usos anteriores, tendo por função, sobretudo, designar, de maneira estenográfica, uma postura teórica, princípio de opções metódicas, tanto negativas como positivas, na condução da pesquisa. Neste sentido, por exemplo, a noção de *habitus* exprime sobretudo a recusa a toda uma série de alternativas nas quais a ciência social se encerrou, a da consciência (ou do sujeito) e do inconsciente, a do finalismo e do mecanicismo, etc. Quando introduzi aquela noção, por ocasião da publicação em francês de dois artigos de Panofsky que nunca tinham sido cotejados – um sobre a arquitectura gótica, no qual a palavra era empregada, a título de conceito «nativo» [*indigène*], para dar uma explicação do efeito do pensamento escolástico no terreno da arquitectura, o outro sobre o Abade Suger em que ela podia também tornar-se útil (²) –, tal noção permitia-me romper com o paradigma estruturalista sem cair na velha filosofia do sujeito ou da consciência, a da economia clássica e do seu *homo economicus* que regressa hoje com o nome de individualismo metodológico. Retomando a velha noção aristotélica de *hexis*, convertida pela escolástica em *habitus*, eu desejava reagir contra o estruturalismo e a sua estranha filosofia da acção que, implícita na noção levi-straussiana de inconsciente, se exprimia com toda a clareza entre os althusserianos, com o seu agente reduzido ao papel de suporte – *Trager* – da estrutura; e fazia-o arrancando Panofsky à filosofia neo-kantiana das «formas simbólicas» em que ele ficara preso (correndo o risco, com isso, de tirar partido um tanto forçado do uso, único na sua obra, que ele fazia da noção de *habitus*). Sendo as minhas posições próximas das de Chomsky que elaborava, por então, e quase contra os mesmos adversários, a noção de *generative grammar*, eu desejava pôr em evidência as capacidades «criadoras», activas, inventivas, do *habitus* e do agente (que a palavra *hábito* não diz), embora chamando a atenção para a ideia de que este poder gerador não é o de um espírito universal, de

_____

(²) E. Panofsky, *Architecture gothique et pensée scolastique*, tradução de francesa de Pierre Bourdieu, Paris, Minuit, 1967.

uma natureza ou de uma razão humana, como em Chomsky – o *habitus*, como indica a palavra, é um conhecimento adquirido e também um *haver*, um capital (de um sujeito transcendental na tradição idealista) o *habitus*, a *hexis*, indica a disposição incorporada, quase postural –, mas sim o de um agente em acção: tratava-se de chamar a atenção para o «primado da razão prática» de que falava Fichte, retomando ao idealismo, como Marx sugeria nas *Teses sobre Feuerbach*, o «lado activo» do conhecimento prático que a tradição materialista, sobretudo com a teoria do «reflexo», tinha abandonado.

Não há dúvida de que as primeiras aplicações por mim feitas da noção de *habitus* comportavam pouco mais ou menos tudo isso, mas apenas em estado implícito: eram, com efeito, o produto não de um cálculo teórico semelhante ao que acabo de fazer mediante uma balizagem sistemática do espaço teórico mas sim de uma estratégia prática do *habitus* científico, espécie de sentido do jogo que não tem necessidade de raciocinar para se orientar e se situar de maneira racional num espaço. Creio, no entanto, que a escolha desta velha palavra há muito fora de uso, por não ter herdeiros e só ocasionalmente empregada, não é estranha à realização ulterior do conceito. Os que quiserem ligar a palavra à sua origem, na intenção de a reduzir ou de a destruir, não deixarão de descobrir, por pouco inteligente que seja o modo de conduzir o inquérito, que a sua força teórica residia precisamente na direcção da pesquisa por ela designada a qual está na própria origem da superação que tornou possível. Parece-me, com efeito que, em todos os casos, os utilizadores da palavra *habitus* se inspiravam numa intenção teórica próxima da minha, que era a de sair da filosofia da consciência sem anular o agente na sua verdade de operador prático de construções de objecto. É o que se afigura, tanto no caso em que, como em Hegel que também recorre na mesma perspectiva à noção de *etos*, a noção de *hexis* (equivalente grego de *habitus*) exprime a vontade de romper com o dualismo kantiano e de reintroduzir as disposições duradouras constitutivas da «moral realizada» (*Sittlichkeit*) em oposição ao moralismo abstracto da moral pura e formal do dever; como no caso em que, como em Husserl, o mesmo con-

A GÉNESE DOS CONCEITOS DE *HABITUS* E DE CAMPO | 61

ceito e noções vizinhas, como a de *Habitualität,* assinalam o esforço para sair da filosofia da consciência reintroduzindo – como em Heidegger e Merleau-Ponty, que, de resto, não empregam a palavra – uma relação de cumplicidade ontológica com o mundo; ou ainda no caso em que – como Mauss, o qual reconhece a dimensão corporal da *hexis* como porte ou postura – a noção serve para referir o funcionamento sistemático do corpo socializado (*).

A decisão de retomar uma palavra da tradição para a reactivar assenta na convicção de que o trabalho de conceptualização pode, também ele, ser cumulativo, e é diametralmente oposta à estratégia que consiste em tentar associar o seu nome a um neologismo ou, segundo o modelo das ciências da natureza, a um efeito, mesmo menor, fazendo assim subir a sua cotação no *Citation Index* ([3])

A procura da originalidade a todo o custo, frequentemente facilitada pela ignorância e a fidelidade religiosa a este ou àquele autor canónico que leva à repetição ritual, impedem, uma e outra, a justa atitude para com a tradição teórica, que consiste em afirmar, ao mesmo tempo, a continuidade e a ruptura, a conservação e a superação, em se apoiar em todo o pensamento disponível sem temer a acusação de seguidismo ou de ecletismo, para ir para além dos antecessores, ultrapassados assim por uma utilização nova dos instrumentos para cuja produção eles contribuíram ([4]). A capacidade de repro-

---

(*) O termo «*disposition*», na acepção em que o toma o autor, será por nós traduzido por *atitude* ao longo destes textos, salvo ocorrência especial. (*N.T.*)

([3]) Esta estratégia, que é a moeda miúda da ambição positivista tradicional de ligar o nome a uma escola ou a um sistema e, deste modo, a uma visão do mundo, tem a seu favor as aparências da modéstia cientista.

([4]) Também aqui as ciências sociais estão numa posição pouco favorável à instituição de tal relação realista com a herança teórica: os valores de originalidade, que são os dos campos literário, artístico ou filosófico continuam a orientar os juízos; eles desacreditam como servil ou seguidista a vontade de adquirir instrumentos de produção específicos ligada a uma tradição e, deste modo, a um trabalho colectivo e, assim, favorecem os embustes sem futuro pelos quais os pequenos empresários sem capital têm em mira associar o seu nome a uma marca de fábrica – como

duzir activamente os melhores produtos dos pensadores do passado pondo a funcionar os instrumentos de produção que eles deixaram é a condição do acesso a um pensamento realmente produtivo.

Também a elaboração e a transmissão de métodos de pensamento eficazes e fecundos nada têm de comum com a circulação das «ideias» tal como é geralmente pensada: se é permitida esta analogia, diria que os trabalhos científicos são parecidos com uma música que fosse feita não para ser mais ou menos passivamente escutada, ou mesmo executada, mas sim para fornecer princípios de composição. Compreender trabalhos científicos que, diferentemente dos textos teóricos, exigem não a contemplação mas a aplicação prática, é fazer funcionar praticamente, a respeito de um objecto diferente, o modo de pensamento que nele se exprime, é reactivá-lo num novo acto de produção tão inventivo e original como o acto inicial que se opõe absolutamente ao *comentário* des-realizante do *lector*, meta-discurso ineficaz e esterilizante. Por isso a apropriação activa de um modo de pensamento científico, ainda que muitas vezes desacreditada como imitação servil de epígono ou como aplicação mecânica de uma arte de inventar já inventada, é tão difícil e tão rara, não só pelos efeitos de conhecimento que produz, como também pela sua elaboração inicial. Uma das inúmeras razões da particular dificuldade das ciências sociais está no facto de exigirem união de uma grande ambição com uma extrema humildade: humildade necessária para conseguir dominar praticamente todo o conjunto dos conhecimentos adquiridos, dispersos e *pouco formalizados*, da disciplina, incorporando-o, como modo de *habitus* (apesar da falsa originalidade da arrogância ou da ignorância continuarem a ter crédito); ambição indispensável para tentar totalizar numa prática realmente cumulativa o conjunto dos saberes e do saber-fazer acumulados em todos os actos de conhecimento – e por meio deles – realizados pelo colégio dos melhores, no passado e no presente.

---

se vê no domínio da crítica em que não há, hoje, autor que se não atribua um nome em *-ismo*, *-ico* ou *-logia*.

A GÉNESE DOS CONCEITOS DE *HABITUS* E DE CAMPO | 63

A mesma atitude esteve na origem do emprego do conceito de *campo*. Também aqui a noção serviu primeiro para indicar uma direcção à pesquisa, definida negativamente como recusa à alternativa da interpretação interna e da explicação externa, perante a qual se achavam colocadas todas as ciências das obras culturais, ciências religiosas, história da arte ou história literária: nestas matérias, a oposição entre um formalismo nascido da teorização de uma arte que chegara a um alto grau de autonomia e um reducionismo empenhado em relacionar directamente as formas artísticas com formas sociais – com o qual o marxismo, apesar da noção de autonomia relativa, tendia a identificar-se, especialmente com Lukács e Goldmann – encobria o que as duas correntes tinham de comum, a saber, o facto de ignorarem o campo de produção como espaço social de relações objectivas. Segue-se daqui que, uma vez mais, a investigação genealógica – que conduziria a autores tão distantes uns dos outros, como é o caso de Trier e de Kurt Lewin – daria infinitamente menos resultados do que a referência à linhagem ou à *linha* teórica em que o emprego da palavra inscrevia tudo o que se empreendia: o modo de pensamento *relacional* (de preferência a estruturalista) que é o de toda a ciência moderna ([5]), como mostrou Cassirer ao torná-lo explícito ([6]), é sem dúvida o que liga trabalhos tão diferentes na aparência como os dos formalistas russos – em particular Tynianov ([7]) –, os de Lewin ou os de Elias e também, evidentemente, os estruturalismos linguísticos ou antropoló-

---

([5]) Tentei pôr em evidência, num artigo escrito no *acmé* do estruturalismo, as condições da aplicação às ciências sociais do modo de pensamento relacional que se impôs às ciências da natureza e que, por não ter sido claramente pensado *nos seus princípios*, se viu aos poucos deformado, desviado ou pervertido, nas diferentes formas de estruturalismo (cf. P. Bourdieu, «Structuralism and Theory of Sociological Knowledge», *Social Research*, xxv, 4, Verão 1968, pp. 681-706).

([6]) Ernst Cassirer, *Substance et Fonction*, Paris, Minuit, 1977, p. 19.

([7]) Sobre a ligação entre os formalistas russos e Cassirer, pode ver-se: P. Steiner, *Russian Formalism, A Metapoetics*, Ithaca, Cornell University Press, 1984, pp. 101-104.

64 | O PODER SIMBÓLICO

gicos [8]. A dificuldade que é particular à aplicação deste modo de pensamento às coisas do mundo social provém da ruptura com a percepção comum do mundo social por este exigida. Assim, para construir realmente a noção de *campo*, foi preciso passar para além da primeira tentativa de análise do «campo intelectual» [9] como universo relativamente autónomo de relações específicas: com efeito, as relações imediatamente visíveis entre os agentes envolvidos na vida intelectual – sobretudo as interacções entre os autores ou entre os autores e os editores – tinham disfarçado as relações objectivas entre as posições ocupadas por esses agentes, que determinam a forma de tais interacções. Foi assim que a primeira elaboração rigorosa da noção saiu de uma leitura do capítulo de *Wirtschaft und Gesellschaft* consagrado à sociologia religiosa, leitura que, dominada pela referência permanente ao campo intelectual, nada tinha de comentário escolar. Com efeito, mediante uma crítica da visão interaccionista das relações entre os agentes religiosos proposta por Weber que implicava uma crítica retrospectiva da minha representação inicial do campo intelectual, eu propunha uma construção do campo religioso como *estrutura de relações objectivas* que pudesse explicar a forma concreta das interacções que Max Weber descrevia em forma de uma

---

[8] Esta unidade de linha teórica está na origem das afinidades, de início confusamente sentidas, e dos pontos de encontro, as mais das vezes descobertos fora de tempo, que importa não descrever como produtos de um empréstimo, pois são o resultado da aplicação separada dos mesmos esquemas (veremos isto mais adiante a respeito dos formalistas russos). Nada há de mais divertido, no trabalho intelectual, que descobrir a mesma ideia, com poucas diferenças de forma, em autores diferentes, sobretudo quando a origem deste encontro é perfeitamente clara. Pensamos neste caso em Baudelaire: «Pois bem, acusam-me, a mim, de imitar Poe! Sabe por que razão traduzi Poe com tanta paciência? *Porque ele se parecia comigo.* A primeira vez que abri um livro dele, vi com espanto e enlevo, não só motivos sonhados por mim, mas *frases*, pensadas por mim, e escritas por ele, vinte anos antes...» (Cf. C. Baudelaire a Théophile Thoré, 1863, in *Baudelaire Critique d'Art*, Paris, Club des Libraires, p. 179.)

[9] P. Bourdieu, «Champ Intellectuel et Projet Créateur», in *Les Temps modernes*, n.º 246, Nov. de 1966, pp. 865-906.

A GÉNESE DOS CONCEITOS DE *HABITUS* E DE CAMPO | 65

tipologia realista ([10]). Nada mais restava fazer do que pôr a funcionar o instrumento de pensamento assim elaborado para descobrir, aplicando-o a domínios diferentes, não só as propriedades específicas de cada campo – alta-costura, literatura, filosofia, política, etc. – mas também as invariantes reveladas pela comparação dos diferentes universos tratados como «casos particulares do possível» ([11]). As transferências metódicas de modelos baseados na hipótese de que existem homologias estruturais e funcionais entre todos os campos, ao invés de funcionarem como simples metáforas orientadas por intenções retóricas de persuasão, têm uma eficácia heurística eminente, isto é, a que toda a tradição epistemológica reconhece à analogia. Além disso, a paciência das aplicações práticas repetidas deste método é uma das vias possíveis (para mim a mais acessível e a mais aceitável) da «ascensão semântica» (no sentido de Quine) permitindo levar a um nível de generalidade e de formalização mais elevado os princípios teóricos envolvidos no estudo empírico de universos diferentes e as leis invariantes da estrutura e da história dos diferentes campos. Estes, em consequência das particularidades das suas funções

---

([10]) P. Bourdieu, «Une interprétation de la sociologie religieuse de Max Weber», in *Archives européennes de sociologie*, XII, 1, 1971, pp. 3-21. Embora também aqui conte evidentemente a intenção de reduzir o efeito próprio da leitura, a evidência – *ex post* – da *reinterpretação* estruturalista por mim proposta faz com que, desde que o primeiro volume de *Wirtschaft und Gesellschaft* foi, enfim, traduzido, se atribua geralmente ao próprio Weber (compreender-se-á que eu não faça citações) conceitos como os de campo religioso ou capital simbólico e todo um modo de pensamento que são evidentemente estranhos à lógica do seu pensamento. [Trata-se do tomo I, intitulado *Economie et Societé*, tradução de dirigida por J. Chavy e E. de Dampierre, Paris, Plon, 1971.]

([11]) Se a aplicação reiterada dos mesmos esquemas a objectos diferentes conduz a algumas repetições fastidiosas, ela justifica-se sem dúvida do ponto de vista da pedagogia da pesquisa, na medida em que estes esquemas podem deste modo passar directamente para a prática do leitor activo, capaz de tratar o protocolo científico como exercício de trabalhos práticos – isto sem excluir os efeitos, sem dúvida muito diferentes, da transmissão em forma de tradução formalizada dos esquemas práticos do *habitus* científico.

66 | O PODER SIMBÓLICO

e do seu funcionamento (ou, mais simplesmente, das fontes de informação respectivas), denunciam de maneira mais ou menos clara propriedades comuns a todos os campos: assim, o campo da alta-costura levou, mais directamente do que qualquer outro universo, a uma das propriedades mais importantes de todos os campos de produção cultural, que é a da lógica propriamente mágica da produção do produtor e do produto como feitiços – sem dúvida porque, sendo mais legítimo culturalmente, ele censura de modo menos vivo o aspecto «económico» das práticas e está menos protegido contra a objectivação, que implica sempre uma forma de des-sacralização.

Todavia, procurar a solução de um problema canónico neste ou naquele estudo de casos, sobretudo se este se dedica ao universo frívolo da moda, implicava uma transformação do trabalho intelectual que não deixa de ter relação com o que, segundo Erich Auerbach, fizeram os inventores do romance moderno, Virginia Woolf, Joyce e Faulkner: «Dá-se menos importância aos grandes acontecimentos exteriores e aos acasos da fatalidade, pensa-se que eles são pouco capazes de revelar alguma coisa de essencial a respeito do objecto considerado; crê-se, ao invés, que qualquer fragmento da vida, tomado ao acaso, em qualquer momento, contém a totalidade do destino e que pode servir para representá-lo. Tem-se mais confiança nas sínteses obtidas pelo aprofundamento de uma circunstância quotidiana do que num tratamento global, ordenado cronologicamente, que segue o seu objecto do começo ao fim, se esforça por nada omitir de exteriormente importante e põe em relevo as grandes viragens da vida para fazer delas as articulações da intriga» ([12]). Pode-se, com efeito, «regressar às próprias coisas» mergulhando na particularidade de um caso particular (a revolução impressionista, por exemplo) para tentar descobrir nele alguma coisa de essencial (a verdade trans-histórica das revoluções simbólicas), mas tão-só com a condição de se repudiar a hierarquia académica dos

---

([12]) E. Auerbach, *Mimesis, la représentation de la réalité dans la littérature occidentale*, Paris, Gallimard, 1968, p. 543.

A GÉNESE DOS CONCEITOS DE *HABITUS* E DE CAMPO | 67

géneros e dos objectos a qual, banida da literatura e da pintura desde o século XIX, se perpetua na tradição filosófica – através, por exemplo, da condenação altiva do «historicismo».

A teoria geral dos campos que, pouco a pouco ([13]), se foi assim elaborando, nada deve, ao contrário do que possa parecer, à transferência, mais ou menos repensada, do modo de pensamento económico, embora, ao reinterpretar numa perspectiva relacional a análise de Weber, que aplicava à religião um certo número de conceitos retirados da economia (como concorrência, monopólio, oferta, procura, etc.), me achei de repente no meio de propriedades gerais, válidas nos diferentes campos, que a teoria económica tinha assinalado sem delas possuir o adequado fundamento teórico. Em vez de ser a transferência que está na origem da construção do objecto – como quando se vai buscar a outro universo, de preferência prestigioso, etnologia, linguística ou economia, uma noção descontextualizada, simples metáfora com função puramente emblemática – é a construção do objecto que exige a transferência e a fundamenta: assim, tratando-se de analisar os usos sociais da língua, a ruptura com a noção vaga e vazia de «situação» – que introduzia, ela própria, uma ruptura com o modelo saussuriano ou chomskiano – obriga a que se pensem as relações de permuta linguística como outros tantos mercados que se especificam segundo a estrutura das relações entre os capitais linguísticos ou culturais dos interlocutores ou dos seus grupos. Tudo leva a supor que a teoria económica, como se espera poder um dia demonstrar, em vez de ser modelo fundador, deve antes ser pensada como um caso particular da teoria dos campos que se constrói pouco a pouco, de generalização em generalização e que, ao mesmo tempo permite compreender a fecundidade e os limites de validade de transferências como as com que Weber opera, e obriga a repensar os pressupostos da teoria económica à luz sobretudo dos

---

([13]) Procurei isolar as propriedades gerais dos campos, levando as diferentes análises realizadas a um nível superior de formalização, nos cursos que dei no Collège de France em 1983 e 1984 e que serão objecto de publicação.

68 | O PODER SIMBÓLICO

conhecimentos adquiridos a partir da análise dos campos de produção cultural ([14]).

A teoria geral da economia dos campos permite descrever e definir a *forma específica* de que se revestem, em cada campo, os mecanismos e os conceitos mais gerais (capital, investimento, ganho), evitando assim todas as espécies de reducionismo, a começar pelo economismo, que nada mais conhece além do interesse material e a busca da maximização do lucro monetário. Compreender a génese social de um campo, e apreender aquilo que faz a necessidade específica da crença que o sustenta, do jogo de linguagem que nele se joga, das coisas materiais e simbólicas em jogo que nele se geram, é explicar, *tornar necessário*, subtrair ao absurdo do arbitrário e do não--motivado os actos dos produtores e as obras por eles produzidas e não, como geralmente se julga, reduzir ou destruir. Não há dúvida que é tentador, como nota Wittgenstein nas *Leçons sur l'Éthique*, abandonar-se ao prazer de «destruir os preconceitos», sendo certo que alguns tipos de explicação exercem uma atracção irresistível», como em especial uma explicação do tipo: «isto é apenas aquilo». É certo, no entanto, que, contra todas as espécies de *escapism* que levam a achar na arte uma nova forma da ilusão dos mundos imaginários, a ciência deve apreender a obra de arte na sua dupla necessidade: necessidade interna desse objecto maravilhoso que parece subtrair-se à contingência e ao acidente, em suma, tornar-se necessário ele próprio e necessitar ao mesmo tempo do seu referente; necessidade externa do encontro entre uma trajectória e um campo, entre uma pulsão expressiva e um espaço

---

([14]) A análise, em curso, de um universo económico como o do campo dos produtores de habitação, reconhece um certo número de características já observadas em campos como o da alta costura ou mesmo o da pintura e da literatura: sobretudo o papel dos investimentos destinados a produzir a crença no valor de um produto simultaneamente económico e simbólico, ou o facto de, neste domínio como em outros, as estratégias das operações dependerem da sua posição no campo da produção, quer dizer, na estrutura da distribuição do *capital específico* (no qual há que incluir a «reputação» do nome da marca).

A GÉNESE DOS CONCEITOS DE *HABITUS* E DE CAMPO | 69

dos possíveis expressivos, que faz com que a obra, ao realizar as duas histórias de que ela é produto, as supere.

Nunca se passa para além da história e a ciência do homem não pode pôr a si mesma outro fim que não seja o de se reapropriar, pela tomada de consciência, da necessidade que está inscrita na história e, em particular, de conferir a si mesma o domínio teórico das condições históricas em que podem emergir necessidades trans-históricas. Por exemplo, é cair profundamente na ilusão feiticista não querer ver que a solução do problema da «literariedade», caro aos formalistas russos, não pode ser encontrada noutro domínio que não seja o da história do campo literário: nenhuma análise de essência, nenhuma definição formal pode, com efeito, esconder que a afirmação da especificidade do «literário» ou do «pictórico» e da sua irredutibilidade a qualquer outra forma de expressão é inseparável da afirmação da autonomia do campo de produção que ela supõe e, ao mesmo tempo, reforça. O movimento do campo literário ou do campo artístico para a autonomia pode ser compreendido como um processo de *depuração* em que cada género se orienta para aquilo que o distingue e o define de modo exclusivo, para além mesmo dos sinais exteriores, socialmente conhecidos e reconhecidos, da sua identidade. Os formalistas – e sobretudo Jakobson, familiarizado com a fenomenologia – nada mais fizeram do que retomar, de maneira mais metódica e mais consequente, as velhas interrogações da crítica e da tradição escolar acerca da natureza dos géneros, teatro, romance ou poesia; eles tornaram-se assim culpados, com toda a tradição de reflexão sobre a «poesia pura» ou sobre a «teatralidade», de constituírem em essências trans-históricas aquilo que, na realidade, é tão-só uma espécie de *quinta-essência histórica*, quer dizer, o produto do lento e longo trabalho de alquimia histórica que acompanha o processo de autonomização dos campos de produção cultural. Com efeito, de depuração em depuração, as lutas que têm lugar no campo da produção poética conduziram a que se isolasse, pouco a pouco, o princípio essencial do efeito poético, quer dizer, o essencial daquilo que separa a poesia da prosa: ao fazer desaparecer, por exemplo, com o verso livre, característi-

70 | O PODER SIMBÓLICO

cas secundárias como a rima e o ritmo, essas lutas não deixaram subsistir mais que uma espécie de extracto altamente concentrado (como em Francis Ponge, por exemplo) das propriedades mais indicadas para produzir o efeito poético de desbanalização das palavras e das coisas, a *ostranenie* dos formalistas russos, sem se recorrer a técnicas socialmente designadas de «poéticas». Sempre que se institui um destes universos relativamente autónomos, campo artístico, campo científico ou esta ou aquela das suas especificações o processo histórico aí instaurado desempenha o mesmo papel de *abstractor de quinta-essência*. Donde a análise da história do campo ser, em si mesma, a única forma legítima da análise de essência ([15]).

Mas, dir-se-á, que é que se ganhou, a não ser o prazer um pouco perverso do desencanto, com esta redução histórica daquilo que se quer viver como experiência absoluta, estranha às contingências de uma génese histórica? Há uma história da razão que não tem a razão como princípio; uma história do verdadeiro, do belo, do bem, que não tem apenas como motor a procura da verdade, da beleza, da virtude. A autonomia relativa do campo artístico como espaço de relações objectivas em referência aos quais se acha objectivamente definida a relação entre cada agente e a sua própria obra, passada ou presente, é o que confere à história da arte a sua autonomia relativa e, portanto, a sua lógica original. Para explicar o facto de a arte parecer encontrar nela própria o princípio e a norma da sua transformação – como se a história estivesse no interior do sistema e como se o devir das formas de representação ou de expressão nada mais fizesse além de exprimir a lógica interna do sistema – não há necessidade de hipostasiar, como frequentemente se faz, as leis desta evolução; se existe uma história propriamente artística, é, além do mais, porque os artistas e os seus produtos se acham objectivamente situados, pela sua per-

---

([15]) Assim, a análise da atitude estética pura, que é exigida pelas formas mais avançadas da arte, é inseparável do processo de autonomização do campo de produção. Do mesmo modo, a epistemologia não pode ser separada, nem de facto nem de direito, da história social da ciência.

A GÉNESE DOS CONCEITOS DE *HABITUS* E DE CAMPO | 71

tença ao campo artístico, em relação aos outros artistas e aos seus produtos e porque as rupturas mais propriamente estéticas com uma tradição artística têm sempre algo que ver com a posição relativa, naquele campo, dos que defendem esta tradição e dos que se esforçam por quebrá-la. «A acção das obras sobre as obras», de que falava Brunetière, só se exerce por intermédio de autores cujas estratégias devem à posição relativa que têm na estrutura do campo intelectual a forma, a lógica e o conteúdo que apresentam ([16]). O analista que procura nos interesses ligados à pertença a um campo de produção cultural e, mais largamente, ao campo social no seu conjunto, o princípio da existência da obra tanto naquilo que ela tem de histórico como naquilo que ela tem de trans-histórico

---

([16]) A resistência à análise científica tem recursos quase infinitos, como se pode ver nesta apresentação das minhas análises: «Bourdieu, ao contrário (de Adorno), defende uma abordagem funcionalista. Ele analisa as acções dos sujeitos naquilo a que chama 'o campo cultural' levando em linha de conta *exclusivamente* as probabilidades de conquista do poder e do prestígio, e considera os objectos *simplesmente* como meios estratégicos que os produtores empregam na luta pelo poder» (P. Bürger, «On the Literary History», *Poetics*, vol. 14, n.º 3/4, Agosto 1985, pp. 199--207 – sublinhado por mim). Estratégia muito comum, que consiste em *acusar de reducionismo* uma teoria previamente reduzida: as estratégias práticas e sobredeterminadas, que não são necessariamente conscientes e calculadas e que exprimem os interesses, ao mesmo tempo estéticos e sociais, associados a uma posição no campo, são por Peter Bürger substituídas por estratégias exclusivamente e explicitamente orientadas por uma espécie de vontade de poder genérica que poderia ser exercida tanto no campo político como no campo económico. Ele faz desaparecer assim a especificidade das lutas estéticas e dos interesses nelas envolvidos, em suma, precisamente aquilo que a noção de campo tinha em vista explicar: na realidade, as lutas que têm lugar no campo intelectual têm o poder simbólico como coisa em jogo, quer dizer, o que nelas está em jogo é o poder sobre um uso particular de uma categoria particular de sinais e, deste modo, sobre a visão e o sentido do mundo natural e social. Trata-se de um equívoco demasiado grosseiro a respeito de um ponto demasiado evidente para não ser de certo modo interessado, logo, *estratégico* (no sentido que eu dou a esta palavra), quer dizer, orientado, com toda a inocência, como em todas as formas de recusa de saber, pelos interesses ligados a uma posição.

72 | O PODER SIMBÓLICO

– «o eterno encanto da arte grega» –, trata a obra como um sinal [*signe*] intencional dominado e regulado por qualquer coisa de diferente, de que ela é também sintoma. O analista procura a intenção objectiva escondida por debaixo da intenção declarada, o querer-dizer que é denunciado no que ela declara. E supõe que nela se enuncia um sentido profundo, uma pulsão expressiva, biológica ou social que a alquimia da forma imposta pela necessidade social do campo tende a tornar irreconhecível, sobretudo obrigando a pulsão a negar-se e a universalizar-se. Ao contrário do angelismo do interesse puro pela forma pura, a análise que apreende num movimento único a pulsão expressiva, a censura e a sublimação garantida pelo trabalho de dar forma dá uma visão realista, quer dizer, ao mesmo tempo mais verdadeira, e, por fim, mais tranquilizadora do trabalho colectivo de sublimação que está na origem das conquistas mais altas da acção humana: a história só pode produzir a universalidade trans-histórica produzindo, por meio das lutas tantas vezes impiedosas dos interesses particulares, universos sociais que, por efeito da alquimia social das suas leis históricas de funcionamento, tendem a extrair da defrontação dos interesses particulares a essência sublimada do universal. A exaltação hagiográfica e o rebaixamento redutor têm isto de comum: procurar nos grandes homens o princípio das grandes obras; e ignorar tudo o que, nas práticas e nas produções mais sublimes, resulta da lógica desses mundos paradoxais em que – entre outras razões, porque pode-se ter interesse em se mostrar desinteressado – certos homens podem encontrar uma incitação para se superarem ou, pelo menos, para produzirem actos ou obras que vão para além das suas intenções e dos seus interesses.

IV

Le mort saisit le vif (*)
As Relações entre a História Reificada
e a História Incorporada

A filosofia da história que está inscrita no uso mais corrente da linguagem corrente e que leva as palavras que designam instituições ou entidades colectivas – Estado, Burguesia, Patronato, Igreja, Família, Justiça, Escola – a constituírem-se em sujeitos históricos capazes de originar e realizar os seus próprios fins («o Estado – burguês – decide...», «a Escola – capitalista – elimina...», «a Igreja de França combate...», etc.) encontra a sua forma mais acabada na noção de *Aparelho* (ou de «dispositivo»), a qual voltou a estar em moda no discurso com maiúsculas denominado «conceptual». Enquanto operador mecânico de finalidade, *Deus* (ou *Diabolus*) *in machina*, o «Aparelho», máquina divina ou infernal, consoante o humor ideológico, bom ou mau funcionalismo, está preparado para funcionar como *Deus ex machina*, «asilo da ignorância», causa

---

(*) Fórmula jurídica consagrada em direito civil para exprimir o direito que cabe ao herdeiro legítimo de entrar na posse imediata da herança do defunto. Não há expressão correspondente na língua portuguesa mas poderá traduzir-se por «O morto apodera-se do vivo». (*N.T.*)

final capaz de justificar tudo, e com menor custo, sem nada explicar: dentro desta lógica, que é a da mitologia, às grandes figuras alegóricas da dominação só se podem opor outras personificações míticas, tais como a Classe operária, o Proletariado, os Trabalhadores, até mesmo as Lutas, encarnação do Movimento social e das fúrias de vingança ([1]).

([1]) É, sem dúvida, no trabalho de mobilização e, mais precisamente, no trabalho de unificação e de universalização que se gera uma grande parte das *representações* (no sentido da psicologia, e também no do direito e do teatro) que os grupos (e, em particular, as classes dominantes) dão de si próprios e da sua unidade as quais eles condensam, para as exigências da luta (completamente diferentes das da análise) em «ideias-forças» ou em sinais de reagrupamento («classe operária», «proletariado», «quadros», «PME», etc.) frequentemente retomados tal e qual pelo discurso, mesmo «erudito», sobre o mundo social. Assim quando, por meio dessa espécie de inclinação para o romantismo social que inspira tantas vezes a história social, se fala de «movimento operário», fazendo desta entidade o sujeito colectivo de uma cultura imediatamente politizada, se corre o risco de encobrir a génese e a função sociais desta designação estenográfica da representação mediante a qual a classe operária contribui para se produzir como tal (pense-se em operações de alquimia social tão complexas como a *delegação* e a *manifestação*) e de que faz parte, na qualidade de condição e de produto, aquilo a que se chama por vezes o «movimento operário», quer dizer, o conjunto das organizações sindicais ou políticas que se reclamam da classe operária e cuja função é representar a classe operária. Quanto à mitologia pessimista e ao mau funcionalismo que a orienta, o seu sucesso advém, evidentemente, de terem um alto rendimento na polémica: aplicando-se, com efeito, às mil maravilhas, a adversários que é preciso desacreditar expondo o princípio dos seus discursos, dos seus escritos, ou das suas acções (v.g. «pasquineiro do episcopado», «lacaio do capitalismo»). Sendo também válidos contra insti- tuições como a Igreja, concebida pelo anticlericalismo comum como um organismo com mil olhos e mil braços, todo ele virado para a realização dos seus fins objectivos, quer dizer, temporais e políticos. Enquanto que, como tentaremos mostrar num próximo trabalho, é nas lutas internas – e por meio delas – dos clérigos, lutas em que o que está em jogo não é nem nunca poderá ser exclusivamente e explicitamente temporal, que eles mesmos produzem – sem necessariamente as pensarem como tais – as estratégias adequadas a assegurar as condições económicas e sociais da sua própria reprodução social. Para compreender, por exemplo, o que se descreve como um «deslizar da Igreja» (ou dos

LE MORT SAISIT LE VIF | 75

Se esta versão da filosofia teleológica da história, sem dúvida menos afastada do que parece do «tudo isto é de propósito» da indignação moral, pôde e pode ainda aparecer como intelectualmente aceitável, é porque ela encontra e exprime as atitudes constitutivas da «postura filosófica» tal como a definem em dado momento os processos de selecção e de formação daqueles que fazem da filosofia uma profissão. De facto, ela satisfaz tanto a exigência de elevação «teórica», que estimula o sobrevoar dos factos e a generalização vazia e apressada (^{2}), como a pretensão hermenêutica que manda procurar a essência por detrás da aparência, a estrutura para além da história e tudo o que a define em exclusivo, quer dizer, todas as realidades vagas, misturadas e ambíguas que pesam sobre as ciências sociais, disciplinas auxiliares e anciliárias que apenas servem para «tema de reflexão» e sempre suspeitas de cumplicidade com a realidade que elas se esforçam por conhecer – é assim que Althusser, com o pretexto de

---

«católicos») para a esquerda, é preciso dispor dos meios para interpretar as inúmeras *conversões* individuais que os laicos (*e também os clérigos*) tiveram de realizar para fazerem entrar a política na sua definição da religião; sendo o papel dos clérigos, eles próprios empenhados neste *trabalho de conversão*, o de acompanhar este movimento, de o *orquestrar*, o que era tanto mais fácil para eles quanto estavam, como bons profissionais da palavra religiosa, preparados para falar dele, e quanto a estrutura das suas divisões reproduzia, na lógica autónoma do campo clerical, as experiências, as transformações e as oposições do mundo dos laicos.

(^{2}) «Os sábios, os filósofos muito propensos à generalização, à classificação, muito fecundos na criação de novas palavras ou de novos rótulos para os géneros e as classes que imaginam, não são os que mais fazem progredir as ciências e a filosofia. É preciso, pois, que o princípio verdadeiramente activo, o princípio de fecundidade e de vida, em tudo o que diz respeito ao desenvolvimento da razão e do espírito filosófico, não resida na faculdade de abstrair, de classificar e de generalizar. Conta-se que o grande geómetra Jean Bernouilli, desgostoso por ver que o seu contemporâneo Varignon parecia querer apropriar-se das suas descobertas, a pretexto de nelas introduzir uma generalidade que o autor descurara, e que não exigia grande esforço inventivo, dizia maliciosamente, ao terminar cada memória que fazia: "Varignon há-de nos generalizar isto".» (A.A. Cournot, *Oeuvres complètes*, tomo II, editado por J.C. Pariente, Paris, Vrin, p. 20.)

76 | O PODER SIMBÓLICO

restauração teórica, reavivou a condenação que a ortodoxia marxista sempre fez pesar sobre todos aqueles que, pelo facto de procurarem, revelam que nem tudo está encontrado; matando de uma cajadada dois coelhos, ele reforçava, se necessário, o desprezo – inquieto – que a ortodoxia filosófica nunca deixou de professar em relação às «ciências ditas sociais», disciplinas plebeias e importunas. Reduzir os agentes ao papel de executantes, vítimas ou cúmplices, de uma política inscrita na Essência dos aparelhos, é permitirmo-nos deduzir a existência da Essência, ler as condutas na descrição dos Aparelhos e, ao mesmo tempo, fugir à observação das práticas e identificar a pesquisa com a leitura de *discursos* encarados como matrizes reais das práticas.

Se é verdade que a propensão para tratar um universo social como Aparelho é proporcional à distância, que condena ao objectivismo, e à ignorância, que simplifica a visão, compreende-se que os historiadores, de resto dados a desígnios teóricos menos ambiciosos, pela sua posição no espaço universitário, sejam menos levados a heroicizar entidades colectivas. A verdade é que a sua relação com o objecto determina ainda amiúde a sua visão do objecto. Primeiro, porque as tomadas de posição sobre o passado radicam frequentemente (sendo o exemplo da Revolução Francesa o mais evidente) em tomadas de posição latentes sobre o presente ou, mais exactamente, contra os adversários intelectuais do presente (segundo a lógica do «duplo resultado» [«*coup double*»] que se inscreve na autonomia relativa dos espaços de produção cultural). Além disso, os historiadores nem sempre escapam a uma forma subtil de mistificação: primeiro, porque não só a ambição, legada por Michelet, de ressuscitar o passado e de restituir o real como também a desconfiança em relação aos conceitos os incita a utilizarem intensivamente a *metáfora*, a qual como sabemos desde Max Müller, está repleta de mitos; depois, porque toda a sua postura de especialistas das fontes e das origens os leva a situarem-se na lógica mítica das origens e do primeiro começo. Às causas comuns, que levam a pensar a história como procura das responsabilidades, junta-se no caso deles uma espécie de hábito profissional: a busca da superação distintiva incita os historiadores a recuarem cada vez mais no passado, a mostrarem que tudo começou mais cedo do que se julgava, a descobrirem predecessores dos precursores, a revelarem prenúncios dos sinais anunciativos – ao invés dos artistas de vanguarda que são levados por ela a acelerar o processo que lhes pode escapar ([3]). Basta-nos pensar em questões como as do nascimento do capitalismo ou do aparecimento do artista moderno, cujo sucesso infalível só se explica porque elas dão à *regressio ad infinitum* uma superação erudita. Estes efeitos da lógica própria do campo de produção combinam-se muitas vezes com os efeitos do humor político para inspirar os derradeiros investimentos que se escondem por detrás das tomadas de posição sobre problemas de tal forma mal postos que só podem dar origem a debates intermináveis, como a questão de saber se o aparecimento das primeiras medidas de protecção social se deve atribuir à boa-vontade dos «filantropos» ou às «lutas dos trabalhadores»; ou a questão do papel, benéfico ou maléfico, que teria desempenhado o poder régio na pintura francesa do século XVII, podendo os veredictos, tão bem argumentados e documentados do rigor académico, sancionar a hostilidade ao absolutismo régio por parte dos professores republicanos de fins de século XIX ou, hoje em dia,

---

([3]) Um exemplo, entre muitos, é o da autobiografia. Não podemos apresentar as *Confissões* de Rousseau sem nos perguntarmos se esta obra criou o género autobiográfico, e evocar imediatamente Montaigne ou Benvenuto Cellini ou, indo mais longe, Santo Agostinho – para sermos de imediato ultrapassados pelo erudito (alemão) que, em alguma história monumental da autobiografia (o exemplo não é imaginário), mostrará que as origens do género se devem procurar no Próximo ou no Médio Oriente e encontrará os primeiros esboços na *7.ª Carta* de Platão ou no *Brutus* de Cícero. E só poderemos escapar à *regressio ad infinitum* substituindo a questão das origens absolutas pela questão das origens da autobiografia «moderna». Porém, como dar início à «modernidade» ou ao «modernismo» com Rousseau sem que venha de imediato à mente que o título de «primeiro dos modernos» pode ser reivindicado por Santo Agostinho ou Petrarca, para não falar de Montaigne, apesar do seu «modernismo» ser diferente? O que nos obriga a perguntar quando começa o modernismo moderno. E assim vai a vida erudita.

78 | O PODER SIMBÓLICO

a referência tácita ao Estado soviético (⁴); ou ainda o problema do limite entre a Idade Média e o Renascimento, que encheu bibliotecas e que sempre opôs os «liberais» aferrados em delimitar a ruptura entre as Trevas e a Luz, e os defensores das origens medievais (e, em especial, franciscanas) do Renascimento...

De facto, a propensão para a visão teológico-política que permite censurar ou louvar, condenar ou reabilitar imputando a vontades benéficas ou malignas as propriedades aprovadas ou reprovadas do passado, depende do grau em que o passado das instituições em causa é considerado como algo que está em jogo e como instrumento de luta, através dessas próprias instituições, no espaço social em que se situa o historiador, isto é, no campo das lutas sociais e no campo de produção cultural, ele próprio mais ou menos autónomo em relação a essas lutas (⁵). A tendência para pensar a pesquisa

---

(⁴) Estas problemáticas subterrâneas são evocadas no estudo de Nathalie Heinich sobre a constituição do campo da pintura francesa no século XVII: «La perspective académique. Peinture et tradition lettrée», *Actes de la recherche em sciences sociales*, 49, 1983, pp. 47-70.

(⁵) Uma das virtudes da objectivação da relação com o objecto que se impõe, tanto ao historiador como ao sociólogo, é a de os prover dos meios para combater a filosofia espontânea da história (e da prática) que orienta as opções científicas mais elementares: é aqui que a sociologia e a história da sociologia e da história (e, em particular, das problemáticas obrigatórias que elas adoptam, dos conceitos que elas empregam, dos métodos que põem em prática, e das condições sociais em que elas fazem funcionar esta herança) desempenham um papel determinante. Se bem que esta polémica da razão científica se possa também exercer contra certos adversários, prestando-se assim a mal-entendidos interessados quando as «vítimas» se protegem identificando-se com as vítimas de uma polémica, até mesmo de um *terror político*, ela é dirigida, em primeiro lugar, contra aquele que a exerce, contra tudo o que lhe permite participar naquilo que descreve – e de que só se poderá libertar pela crítica obstinada da ciência, quer dizer, dos limites inscritos nas condições sociais da sua produção. (Esta exploração dos limites que está no centro do projecto racionalista tal como Kant o pensava está no extremo oposto ao da leitura *relativista* que amiúde se faz – com todos os tópicos sobre a historicidade do historiador – dos escritos neokantianos sobre a ciência histórica.)

histórica na lógica do *processo*, quer dizer, como, uma pesquisa das origens e das *responsabilidades*, e até mesmo dos responsáveis, está na origem da ilusão teleológica e, mais precisamente, dessa forma da ilusão retrospectiva que permite atribuir aos agentes individuais ou aos colectivos personalizados intenções e premeditações. É fácil, de facto, quando se conhece a palavra final, transformar o *fim* da história em *fim* da acção histórica, a intenção objectiva só revelada no seu termo, após a batalha, em intenção subjectiva dos agentes, em estratégia consciente e calculada, deliberadamente orientada pela procura daquilo que acabará por daí advir, constituindo assim o juízo da história, quer dizer, do historiador, em juízo final. Desta forma, contra a ilusão teleológica que domina tantas obras consagradas à Revolução Francesa ([6]), as análises de Paul Bois mostram bem que, no caso dos campos da Sarthe, as medidas mais generosas (como a abolição de muitos dos impostos que pesavam sobre os camponeses) foram sendo contornadas, deformadas e viradas do avesso pela lógica do campo em que elas intervinham ([7]). Que o carácter abstracto, formal e, por assim dizer, «idealista» de medidas tomadas na mais completa ignorância das condições da sua concretização tenha contribuído, à revelia, para a inversão paradoxal que as fez reverter, por fim, a favor dos seus autores ou – o que já não é a mesma coisa – da sua classe é um facto em que não podemos ver o resultado de um cálculo cínico e, menos ainda, de uma espécie de milagre do inconsciente «burguês». O que é

([6]) Seria preciso analisar tudo o que está implicado unicamente no facto de se escrever Revolução no *singular* (e com maiúscula) e, em especial, a hipótese de que houve uma revolução una e indivisível onde se poderia, da mesma forma, ver um conjunto de revoluções (insurreições de camponeses, revolta da fome, actos de força de notáveis, etc.) parcialmente sincronizadas imperfeitamente encadeadas (o que leva a evitar a questão da natureza da relação entre estas diferentes revoluções).

([7]) P. Bois, *Paysans de l'Ouest, des structures économiques et sociales aux options politiques depuis l'époque revolutionaire*, Paris/Haia, Mouton, 1960. (É digno de nota que este livro de historiador se inspire no *desígnio explícito* de dar conta historicamente de um facto social do presente seja assim levado a objectivar – e a dominar – os efeitos correlativos muito mais do que é corrente.)

necessário compreender é a relação entre estas medidas (ou o *habitus*, característico de uma classe, que aí se exprime em termos, por exemplo, do universalismo e do formalismo das suas intenções) e a lógica do campo em que se geram – em função de *habitus* que nunca se circunscrevem completamente a ele – as reacções por elas suscitadas. A razão e a razão de ser de uma instituição (ou de uma medida administrativa) e dos seus efeitos sociais, não está na «vontade» de um indivíduo ou de um grupo mas sim no campo de forças antagonistas ou complementares no qual, em função dos interesses associados às diferentes posições e dos *habitus* dos seus ocupantes, se geram as «vontades» e no qual se define e se redefine continuamente, na luta – e através da luta – a realidade das instituições e dos seus efeitos sociais, previstos e imprevistos.

A forma particular de ilusão retrospectiva que conduz à ilusão teleológica leva-nos a conceber como produto de uma estratégia consciente e calculada, e até mesmo cínica, a acção com finalidade objectiva do *habitus*, estratégia objectiva que, muitas vezes, só tem sucesso devido à sua inconsciência e ao seu «desapego»: é assim que os que são bem sucedidos, em política ou mesmo nas artes ou na literatura, podem aparecer retrospectivamente como estrategas inspirados, enquanto que o que era *objectivamente* um investimento [*placement*] racional pôde ser vivido como uma aposta arriscada e até como uma loucura. A *illusio*, que a pertença a um campo exige e produz, exclui o cinismo, e os agentes quase nunca dominam explicitamente aqueles mecanismos cujo domínio prático é a condição do seu êxito; assim, por exemplo, no campo literário ou artístico, as *reconversões* – de um género para outro, de um estilo para outro, etc. – são vividas – e devem, sem dúvida sê-lo para terem êxito – como *conversões*. Em suma, o recurso à noção de estratégia que permite romper com a ilusão bem fundamentada do desinteresse e também com todas as formas de mecanicismo – ainda que se tratasse do mecanicismo finalista do *Deus in machina* – não implica o regresso a uma forma ingénua de finalismo (e de interaccionismo).

Para escapar às alternativas mortais nas quais se encerrou a história ou a sociologia e que, tal como a oposição entre o acontecimento [*l'événementiel*] e a longa duração ou, noutra ordem, entre os «grandes homens» e as forças colectivas, as vontades singulares e os determinismos estruturais, assentam todas na distinção entre o individual e o social, identificado com o colectivo, basta observar que toda a acção histórica *põe em presença* dois estados da história (ou do social): a história no seu estado objectivado, quer dizer, a história que se acumulou ao longo do tempo nas coisas, máquinas, edifícios, monumentos, livros teorias, costumes, direito, etc., e a história no seu estado incorporado, que se tornou *habitus*. Aquele que tira o chapéu para cumprimentar *reactiva*, sem saber, um sinal convencional herdado da Idade Média no qual, como relembra Panofsky os homens de armas costumavam tirar o seu elmo para manifestarem as suas intenções pacíficas ([8]). Esta actualização da história é consequência do *habitus*, produto de uma aquisição histórica que permite a apropriação do adquirido histórico. A história no sentido de *res gestae* constitui a história feita coisa a qual é levada, «actuada», *reactivada* pela história feita corpo e que não só actua como traz de volta aquilo que a leva (segundo a dialéctica do levar e do ser-levado, bem descrita por Nicolaï Hartmann ([9]). Do mesmo modo que o escrito só escapa ao estado de letra morta pelo acto de leitura o qual supõe uma atitude e uma aptidão para ler e para decifrar o sentido nele inscrito, também a história objectivada, instituída, só se transforma em acção histórica, isto é, em história «actuada» e actuante, se for assumida por agentes cuja história a isso os predispõe e que, pelos seus *investimentos* anteriores, são dados a interessar-se pelo seu funcionamento e dotados das aptidões necessárias para a pôr a funcionar. A relação com o mundo social não é a relação de causalidade mecânica que frequentemente se estabelece entre o «meio» e a consciência, mas sim uma espécie de cumplicidade ontológica: quando a história que frequenta o *habitus* e o *habitat*, as atitudes e a posi-

---

([8]) E. Panofsky, *Essais d'iconologie, les thèmes humanistes dans l'art de la Renaissance*, tradução de de C. Herbette e B. Teyssèdre, Paris, Gallimard, 1967, p. 15.

([9]) N. Hartmann, *Das Problem des geistigen Seins*, Berlim, 1933, p. 172.

ção, o rei e a sua corte, o patrão e a sua empresa, o bispo e a sua diocese, é a mesma, então é a história que comunica de certo modo com ela própria, se reflecte nela própria, se reflecte ela própria. A história «sujeito» descobre-se ela mesma na história «objecto»; ela reconhece-se nas «sínteses passivas», «antepredicativas», estruturas estruturadas antes de qualquer operação estruturante ou de qualquer expressão linguística. A relação dóxica com o mundo natal, essa espécie de empenhamento ontológico que o senso prático instaura, é uma relação de pertença e de posse na qual o corpo apropriado pela história se apropria, de maneira absoluta e imediata, das coisas habitadas por essa história ([10]).

A relação originária com o mundo social a que estamos acostumados, quer dizer, para o qual e pelo qual somos feitos, é uma relação de *posse*, que implica a posse do possuidor por aquilo que ele possui. Quando a herança se apropriou do herdeiro, como diz Marx, o herdeiro pode apropriar-se da herança. E esta apropriação do herdeiro pela herança, esta apropriação ([*]) do herdeiro à herança, que é a condição da apropriação da herança pelo herdeiro (e que nada tem de mecânico nem de fatal), realiza-se pelo efeito conjugado dos condicionamentos inscritos na condição do herdeiro e da acção pedagógica dos predecessores, proprietários apropriados. O herdeiro herdado, apropriado à herança, não precisa de *querer*, quer dizer, de deliberar, de escolher, ou de decidir conscientemente, para fazer o que é apropriado, aquilo que convém aos interesses da herança, da sua conservação e do seu aumento: embora possa não saber nem o que faz nem o que diz, ele nunca fará nem dirá nada que não esteja em conformidade com as exigências da herança. Luís XIV está de tal

---

([10]) É, ao que me parece, o que o Heidegger dos últimos escritos e Merleau-Ponty (especialmente em *Le Visible et Invisible*) tentaram exprimir na linguagem da ontologia, quer dizer, um aquém «selvagem» ou «bárbaro» – eu diria simplesmente prático – da relação intencional com o objecto.

([*]) Para não perturbar o desenvolvimento do raciocínio mantemos a palavra «apropriação»: o sentido é, evidentemente, *acomodação a* ou *adequação a*. (*N.T.*)

forma identificado com a posição por ele ocupada no campo da gravitação do qual é o sol, que seria inútil tentar determinar, entre todas as acções que se desenrolam no campo, quais as que são produto da sua vontade, como discernir, numa sinfonia, aquilo que é produzido pelo maestro daquilo que é produzido pelos músicos. A sua própria vontade de dominar é produto do campo que ela domina e faz reverter para ele todas as coisas: «Os privilegiados, presos nas redes que lançavam uns aos outros, mantinham-se, por assim dizer, uns aos outros nas posições respectivas, mesmo que só contra vontade suportassem o sistema. A pressão que os inferiores ou os menos privilegiados exerciam sobre eles forçava-os a defenderem os seus privilégios. E vice-versa: a pressão vinda de cima impelia os menos favorecidos, para se libertarem dela, a imitarem aqueles que tinham conseguido chegar a uma posição mais favorável; por outras palavras, entravam no círculo vicioso de rivalidade das precedências. O que tinha o direito de fazer parte da 'primeira entrada' (*), de apresentar a camisa ao rei, desprezava o que só tinha direito a fazer parte da 'terceira entrada' e não admitia, de forma alguma, ceder-lhe o lugar. O príncipe sentia-se superior ao duque, o duque superior ao marquês e, no conjunto, enquanto membros da 'nobreza' nem podiam nem admitiam ceder perante os plebeus sujeitos ao imposto. Uma atitude gerava a outra; pelos efeitos de acção e de reacção, o mecanismo social equilibrava-se, estabilizava-se numa espécie de equilíbrio instável» ([11]). Assim, um «Estado» que se tornou no símbolo do absolutismo e que apresenta ao mais alto nível, para o próprio monarca absoluto («o Estado sou eu»), o mais directamente *interessado* nesta representação, as aparências do Aparelho, dissimula na realidade um campo de lutas no qual o detentor do «poder absoluto» deve, ele próprio, envolver-se pelo menos quanto baste para sustentar as divisões e as tensões, quer dizer, o próprio campo, e para mobilizar a energia gerada pelo equilíbrio

---

(*) A saber, no quarto do rei (*N.T.*).

([11]) N. Elias, *La société de cour*, Paris, Calmann-Lévy, 1974, pp. 75-76. [*A sociedade de corte*, tradução de Ana M. Alves, Lisboa, Estampa, 1986.]

das tensões. O princípio do movimento perpétuo que agita o campo não reside num qualquer primeiro motor imóvel – o Rei-Sol neste caso – mas sim na própria luta que, sendo produzida pelas estruturas constitutivas do campo, reproduz as estruturas e as hierarquias deste. Ele reside nas acções e nas reacções dos agentes que, a menos que se excluam do jogo e caiam no nada, não têm outra escolha a não ser lutar para manterem ou melhorarem a sua posição no campo, quer dizer, para conservarem ou aumentarem o capital específico que só no campo se gera, contribuindo assim para fazer pesar sobre todos os outros os constrangimentos, frequentemente vividos como insuportáveis, que nascem da concorrência [12]. Em suma, ninguém pode lucrar com o jogo, nem mesmo os que o dominam, se se envolver no jogo, sem se deixar levar por ele: significa isto que não haveria jogo sem a crença no jogo e sem as vontades, as intenções, as aspirações que dão vida aos agentes e que, sendo produzidas pelo jogo, dependem da sua posição no jogo e, mais exactamente, do seu poder sobre os títulos objectivados do capital específico – precisamente aquilo que o rei controla e manipula jogando com a margem que o jogo lhe deixa [13].

Ao atribuirmos, como faz o mau funcionalismo, os efeitos de dominação a uma vontade única e central, ficamos impossibilitados de apreender a contribuição própria que os agentes

---

[12] A única liberdade absoluta que o jogo concede é a liberdade de *sair do jogo* por meio de uma renúncia heróica, a qual, a não ser que crie um outro jogo, não obtém a *ataraxia* senão à custa daquilo que é, do ponto de vista do jogo e da *illusio*, uma morte social.

[13] «O rei não se limita a observar a ordem hierárquica transmitida pelos seus predecessores. A etiqueta permite-lhe uma certa margem de manobra, de que ele se serve para determinar a parte de prestígio de cada um, mesmo nos assuntos pouco importantes. Ele tira proveito das disposições psicológicas que reflectem as estruturas hierárquicas e aristocráticas da sociedade; ele tira proveito da rivalidade dos cortesãos, sempre à procura de prestígio e de graças, para modificar, por meio de um doseamento hábil dos sinais de favor, a posição e a consideração dos membros da sociedade de corte em função das necessidades do seu poder, para criar tensões internas e deslocar a seu bel-prazer os centros de equilíbrio» (N. Elias, *op. cit.*, pp. 77-78).

(incluindo os dominados) dão, quer queiram quer não, quer saibam quer não, para o exercício da dominação por meio da relação que se estabelece entre as suas atitudes, ligadas às suas condições sociais de produção, e as expectativas e interesses inscritos nas suas posições no seio desses campos de luta, designados de forma estenográfica por palavras como Estado, Igreja ou Partido ([14]). A submissão a certos fins, significações ou interesses transcendentes, quer dizer, superiores e exteriores aos interesses individuais, raramente é efeito de uma imposição imperativa e de uma submissão consciente. É assim, porque os fins ditos objectivos, que só se revelam, no melhor dos casos, tarde demais e do exterior, nunca são apreendidos e postos como tais de modo imediato, na própria prática, por nenhum dos agentes, nem mesmo pelos mais interessados – aqueles que teriam mais interesse em fazer deles os seus fins conscientes – quer dizer, os agentes dominantes. A subordinação do conjunto das práticas a uma mesma intenção objectiva, espécie de orquestração sem maestro, só se realiza mediante a concordância que se instaura, como por fora e para além dos agentes, entre o que estes são e o que fazem, entre a sua «vocação» subjectiva (aquilo para que se sentem «feitos») e a sua «missão» objectiva (aquilo que deles se espera), entre o que a história fez deles e o que ela lhes pede para fazer, concordância essa que pode exprimir-se no sentimento de estar bem «no seu lugar», de fazer o que se tem de fazer, e de o fazer com gosto – no sentido objectivo e subjectivo – ou na convicção resignada de não poder fazer outra coisa, o que também é uma maneira, menos feliz certamente, de se sentir destinado para o que se faz.

A história objectivada, institucionalizada, só se torna «actuada» e actuante se o posto – mas também o instrumento ou o livro, ou até mesmo o «papel» socialmente designado e reconhecido, «assinar uma petição», «participar numa mani-

---

([14]) A teoria dos Aparelhos deve, sem dúvida, uma parte do seu sucesso ao facto de permitir uma denúncia abstracta do Estado ou da Escola que reabilita os agentes, consentindo que eles vivam no desdobramento da sua prática profissional e das suas opções políticas.

86 | O PODER SIMBÓLICO

festação», ou ainda a «personagem» historicamente reconhecida, o intelectual aventureiro ou a boa dona-de-casa, o funcionário íntegro ou o «homem de palavra» – encontrar, como se de um fato ou de uma casa se tratasse, alguém que o ache interessante e nele veja vantagens, alguém que nele se reconheça quanto baste para se responsabilizar por ele e o assumir ([15]). Isto faz com que tantas acções, e não só as do funcionário identificado com a sua função ([16]), se apresentem como *cerimónias* por meio das quais os agentes – que nem por isso são *actores* desempenhando *papéis* – entram na pele da personagem social que deles se espera e que eles esperam de si próprios (é a vocação), e isto pela força desta *coincidência* imediata e total do *habitus* e do hábito que faz o verdadeiro monge. O criado de café não brinca aos criados de café, como pretende Sartre ([*]). Ao vestir a sua farda, feita de maneira a exprimir uma forma democratizada e burocratizada da dignidade dedicada do servidor da grande casa, e ao cumprir o cerimonial da diligência e da solicitude – que pode ser uma estratégia para disfarçar um atraso, um esquecimento ou para vender um mau produto – ele não se faz coisa (ou «em si»). O seu corpo, em que está inscrita uma história, *casa-se com* a sua função, quer dizer, uma história, uma tradição, que ele nunca viu senão encarnada em corpos ou, melhor, nessas vestes «habitadas» por um certo *habitus* a que chamamos criados de café. O que não significa que ele tenha aprendido a ser criado de café imitando outros criados de café, deste modo constituídos em modelos. Ele identifica-se com a função de

---

([15]) Pensamos em Marx quando evoca os revolucionários de 1789 e os seus modelos romanos, e no que ele poderia ter dito se tivesse visto 1968 e todas as personagens directamente saídas de um filme de cine-clube.

([16]) O funcionário quando lembra que «o regulamento é o regulamento» reivindica a identificação, exigida pelo regulamento, da «pessoa» com o regulamento, contra aqueles que fazem apelo à «pessoa», aos seus sentimentos, à sua «compreensão», à sua «indulgência», etc.

([*]) O passo célebre, de *L'Être et le Néant* diz: *«Il joue, il s'amuse. Mais à quoi donc joue-t-il?… il joue à être garçon de café»* (1957, p. 99). (O criado de café *diverte-se*, pois, fingindo ser criado de café.) (*N.T.*)

LE MORT SAISIT LE VIF | 87

criado de café, como a criança se identifica com o seu pai (social) e adopta, sem sequer precisar de «fingir», uma maneira de mexer a boca ao falar ou de mexer os ombros a andar, que lhe parece constituir o ser social do adulto perfeito ([17]). Nem sequer se pode dizer que ele se toma por um criado de café; ele está demasiado apanhado pela função que lhe era naturalmente (isto é, sociologicamente) destinada (como, por exemplo, filho de pequeno comerciante que tem de ganhar o suficiente para se instalar por conta própria), para ter mesmo uma ideia dessa distância. E basta que ponhamos um estudante na posição dele (como se vê, hoje em dia, à testa de certos restaurantes de «vanguarda») para este marcar, por muitos sinais, a distância que pretende manter, fingindo precisamente desempenhá-la com um *papel*, em relação a uma função que não corresponde à ideia (socialmente constituída) que ele tem do seu ser, quer dizer, do seu destino social, função para a qual não se sente talhado e na qual, como diz o consumidor sartriano, não está disposto a «ficar preso». E para provar que a relação do intelectual com a posição de intelectual não é de outra natureza, e que o intelectual não se distancia mais da sua posição do que o criado de café em relação ao seu posto e daquilo que o define em exclusivo – quer dizer, a ilusão da distância em relação a todos os postos, – basta-nos ler *como um documento antropológico* ([18]) a análise pela qual Sartre prolonga e «universaliza» a célebre descrição do criado de

---

([17]) Como bem mostra Carl Schorske, no caso de Freud (C. Schorske, *Fin-de-siècle Vienna, Politics and Culture*. New York, A. Knopf, 1980, pp. 181- -203), os obstáculos «psicológicos» e os obstáculos sociais à identificação estão inextricavelmente misturados e deveriam ser levados em conta conjuntamente em qualquer análise que tenha em vista explicar a razão dos desvios em relação à trajectória inscrita no património social («falhanços» que podem evidentemente ser êxitos de outro ponto de vista, como quando o filho do banqueiro se faz pintor).

([18]) É um pouco injusto tomar para objecto de análise um texto que tem o mérito de conduzir à explicitação completa – daí o seu interesse – as dimensões mais encobertas, até mesmo mais secretas, de uma experiência vivida do mundo social de que podemos ver cada dia as manifestações parciais ou enfraquecidas.

café: «Por mais que desempenhe as funções de criado de café, só posso sê-lo em modo neutralizado, como o actor é Hamlet, fazendo mecanicamente os *gestos típicos* da minha condição e visando-me como criado de café imaginário por meio desses gestos tomados como *analogon*. O que eu tento realizar é um ser-em-si do criado do café, como se não estivesse nas minhas possibilidades conferir aos meus deveres e aos direitos da minha condição o seu valor e a sua urgência, como se não fosse da minha livre escolha levantar-me todos os dias às cinco horas da manhã ou ficar na cama, sujeitando-me a ser despedido. Como se pelo facto de eu dar existência a este papel, eu não o transcendesse em todos os sentidos, eu me não constituísse como um *para-além* da minha condição. No entanto, não há dúvida de que eu *sou*, em certo sentido, criado de café – em caso contrário, não poderia eu, do mesmo modo, chamar-me diplomata ou jornalista?» ([19]). Seria preciso determo-nos em cada palavra desta espécie de produto maravilhoso do inconsciente social que, graças ao duplo jogo consentido por um uso exemplar do *eu* fenomenológico, projecta uma consciência de intelectual numa prática de criado de café, ou no *analogon* imaginário desta prática, produzindo uma espécie de quimera social, monstro com corpo de criado de café e cabeça de intelectual ([20]): não será preciso ter a liberdade de ficar na cama sem se ser despedido para descobrir aquele que se levanta às cinco horas da manhã para varrer as salas e pôr a funcionar a máquina do café antes da chegada dos clientes como libertando-se (livremente?) da liberdade de ficar na cama, correndo o risco de ser despedido? Reconhece-se aqui a lógica – a da identificação narcisista com um fantasma –, segundo a qual outros produzem hoje um operário totalmente empenhado nas «lutas» ou, pelo contrário, por simples inversão, como nos mitos, desesperadamente resignado a não ser senão aquilo que é, ao

---

([19]) J.P. Sartre, *L'Être et le Néant*, Paris, Gallimard, 1942, p. 100.

([20]) Vemos o que se ganha em substituir o eu pessoal-impessoal que oferece tantas facilidades às projecções fantasmáticas por um sujeito socialmente caracterizado (os empregados de comércio, os quadros do sector privado).

seu «ser-em-si» de operário, desprovido da liberdade que é dada a outros por contarem, entre as suas possibilidades, com posições como as de diplomata ou de jornalista ([21]).

Significa isto que, nos casos de *coincidência* mais ou menos perfeita entre a «vocação» e a «missão» – entre a «procura» inscrita quase sempre de maneira implícita, tácita, até mesmo secreta na posição e a «oferta» oculta nas atitudes – seria inútil procurar distinguir o que nas práticas decorre do efeito das posições e o que decorre do efeito das atitudes introduzidas pelos agentes nessas posições que são próprias para comandar a sua percepção e a sua apreciação da posição, logo, a sua maneira de a manter e, ao mesmo tempo, a própria «realidade» da posição. Esta dialéctica nunca se mostra tão bem, paradoxalmente, como no caso das posições situadas em zonas de incerteza do espaço social e das profissões pouco «profissionalizadas», quer dizer, ainda mal definidas em relação tanto às condições de acesso como às condições de exercício: estes postos, a fazer mais propriamente do que feitos – feitos para serem feitos –, são feitos para aqueles que são e se sentem feitos para fazerem o seu posto, que não se sentem feitos para os postos já feitos e que, entre as velhas alternativas, escolhem *contra* o já feito e *por* o que se faz, contra o fechado e pelo aberto ([22]) (*). A definição destes postos mal definidos, mal

---

([21]) Como tentei mostrar noutro lugar, esta propensão para dar à relação «intelectual» com a condição operária pela relação operária com esta condição não desaparece necessariamente pelo facto de se ocupar, por um momento, como observador ou como actor, a posição do operário (a excepção é, para mim, o livro de Nicolas Dubost, *Flins sans fin*, Paris, Maspero, 1979 – documento notável, entre outras coisas, sobre a lógica da mistificação e da desmistificação da classe operária).

([22]) Temos sempre uma filosofia espontânea da história; e a filosofia da história da sua história, quer dizer, da sua posição e da sua trajectória no espaço social. Esta espécie de «intuição central», que permite que nos situemos em relação às grandes alternativas «teóricas» ou «políticas» do momento (determinismo/liberdade; «estruturalismo»/ /espontaneísmo; PC/esquerdismo, etc.), e em que se exprime muito directamente a relação com o mundo social, está na origem da visão do mundo social e das tomadas de posição políticas, como também das opções aparentemente mais elementares e mais inocentes da prática

90 | O PODER SIMBÓLICO

delimitados, mal garantidos, reside, paradoxalmente, na liberdade que consentem aos seus ocupantes de os definir e de os delimitar introduzindo-lhes os seus limites, a sua definição, toda a necessidade incorporada que é constitutiva do seu *habitus*. Estes postos serão o que são os seus ocupantes ou, pelo menos, aqueles que, nas lutas internas da «profissão» e nas confrontações com as profissões afins e concorrentes, consigam impor a definição da profissão mais favorável àquilo que eles são. Isto não depende somente deles ou dos seus concorrentes, quer dizer, da relação de forças no interior do campo em que se situam, mas também do estado da relação de forças entre as classes que, fora de qualquer estratégia consciente de «recuperação», decidirá acerca do sucesso social partilhado pelos diferentes bens ou serviços produzidos na luta e pela luta com os concorrentes imediatos e da investidura institucional concedida àqueles que os produzem. E a institucionalização das divisões «espontâneas» – que se opera pouco a pouco, à prova dos factos, quer dizer, das *sanções* (positivas ou negativas) de toda a espécie que a ordem social inflige aos empreendimentos (subvenções, encomendas, nomeações, titularizações, etc.) – conduz ao que se revelará posteriormente como uma nova divisão do trabalho de dominação, mas cujos desígnios não poderiam ser concebidos pelo mais consciente ou pelo mais inspirado dos tecnocratas ([23]). O mundo

---

científica. (A cientificidade da ciência social mede-se pela sua capacidade de constituir estas alternativas como objecto e de apreender as determinantes sociais das opções que se determinam em relação a elas. E uma das dificuldades da escrita advém, no caso das ciências sociais, de que ela deve tentar iludir e desmentir de antemão as leituras que apliquem à análise as grelhas que ela se esforça por objectivar.)

(*) De «estes postos» até «aberto» a tradução está feita, quase exactamente, *à letra* – sublinhado nosso. (*N.T.*)

([23]) Seria (será) preciso analisar nesta lógica toda a transformação das relações entre as fracções dominantes e as fracções da classe dominante que se operou em França desde há vinte anos, quer dizer, a redução progressiva, pelo efeito de diferentes factores, da autonomia relativa do campo intelectual, redução cujo indicador mais significativo é, sem dúvida, o aparecimento de um *mecenato burocrático* e, correlativamente, o peso crescente (pelo menos numericamente) dos intelectuais ligados

social está assim povoado de instituições que ninguém concebeu nem quis, cujos «responsáveis» aparentes não só não sabem dizer – nem mesmo mais tarde graças à ilusão retrospectiva, como se «inventou a fórmula», – como também se surpreendem que elas possam existir como existem, tão bem adaptadas a fins ([24]) nunca formulados expressamente pelos seus fundadores.

Mas os efeitos da dialéctica entre as propensões inscritas nos *habitus* e nas exigências implicadas na definição do posto

---

directamente e, por vezes, administrativamente, a uma procura burocrática. O efeito principal de um financiamento directo da pesquisa controlado por funcionários especializados poderia ser o de ter habituado os investigadores a reconhecerem uma forma de dependência *directa* em relação a autoridades e a exigências *externas* ao próprio campo de produção. Este efeito só podia ser obtido com a cumplicidade dos investigadores ou, mais exactamente, graças à cumplicidade entre os investigadores (ou pelo menos, aqueles que, entre eles, tinham mais interesse na heteronomia — em relação a *qualquer* poder exterior) e a vanguarda da tecnocracia da ciência cuja oposição (socialmente fundamentada) os sectores dominantes da burocracia predispunha a favorecer a instauração, perante o discurso tecnocrático, de um «discurso tecnocrítico» (como diz Jean-Claude Chamboredon). Para passar mais além e romper com as filosofias da história que, ao situarem o processo histórico muito alto (ou muito profundo), produzem o efeito de pôr fora de jogo os agentes e os seus desprendimentos insensíveis e frequentemente imperceptíveis, seria preciso analisar ao mesmo tempo as mudanças estruturais (como as que aconteceram no campo das escolas superiores e na reprodução das divisões no seio da classe dominante) e a série infinita dos *diferenciais sociais* que, ao acumularem-se imperceptivelmente, dão origem a um estado totalmente novo do campo intelectual e das suas relações com o campo do poder económico e político. Seria preciso analisar os deslizes insensíveis que conduziram, em menos de trinta anos, de um estado do campo intelectual em que era tão necessário ser-se comunista que não era preciso ser-se marxista a um estado em que era tão chique ser-se marxista que até se podia «ler» Marx, para se chegar a um estado em que a última palavra da moda é de se ser indiferente a tudo, e em primeiro lugar, ao marxismo. (Quantas histórias de vida nesta história! Quanta necessidade nestas liberdades sucessivas!)

([24]) É o que mostra bem, por exemplo, Jean Tavarès na sua análise (a publicar) da génese e do funcionamento do «Centre catholique des intellectuels français».

92 | O PODER SIMBÓLICO

não são menores, embora sejam menos aparentes, nos sectores mais regulados e rígidos da estrutura social, como as profissões mais antigas e as mais codificadas da função pública. É assim que algumas das características mais marcadas da conduta dos pequenos funcionários, quer se trate da tendência para o formalismo, feiticismo da pontualidade ou da rigidez em relação ao regulamento, ao invés de ser produto mecânico da organização burocrática, são a manifestação, na lógica de uma *situação particularmente favorável à sua passagem ao acto*, de um sistema de atitudes que se manifesta também fora da situação burocrática e que *bastaria* para predispor os membros da pequena burguesia às virtudes exigidas pela ordem burocrática e enaltecidas pela ideologia do «serviço público», probidade, minúcia, rigorismo e propensão para a indignação moral [25]. Esta hipótese encontrou uma espécie de verificação experimental nas transformações surgidas, desde há alguns anos, em diferentes serviços públicos, e em particular nos Correios, ligadas ao aparecimento, entre os jovens funcionários subalternos – vítimas de uma desqualificação estrutural –, de atitudes menos conformes às expectativas da instituição [26]. Só se pode, pois, compreender o funcionamento das instituições burocráticas se se ultrapassar a oposição fictícia entre uma visão «estruturalista», por um lado, que tende a procurar nas características morfológicas e estruturais o fundamento das «leis de bronze» das burocracias, consideradas como mecanismos capazes de estabelecer os seus próprios fins e de os impor aos agentes e, por outro lado, uma visão «interaccionista» ou psico-sociológica, que tende a considerar as práticas burocráticas como produto das estratégias e das interacções dos agentes, ignorando tanto as condições sociais de produção dos agentes (dentro da instituição mas também fora dela) como as condições institucionais do exercício da sua função (como as formas de controle sobre o recrutamento, a promo-

---

[25] Cf. P. Bourdieu e J.C. Passeron, *La reproduction, élements pour une théorie du système d'enseignements*, Paris, Minuit, 1970, p. 227.

[26] Cf. P. Bourdieu, *La distinction, critique sociale du jugement*, Paris, Minuit, 1979, pp. 159-165.

ção ou a renumeração). É verdade que a especificidade dos campos burocráticos como espaços relativamente autónomos de posições institucionalizadas, reside na capacidade, que constitui essas posições (definidas na sua *categoria*, na sua alçada, etc.), de conseguir que os seus ocupantes produzam todas as práticas inscritas na definição do posto, através do efeito directo e visível – logo geralmente associado à ideia de burocracia – dos regulamentos, das directivas, das circulares, etc., e, sobretudo, por intermédio do conjunto de mecanismos de vocação-cooptação que contribuem para ajustar os agentes ao seu posto ou, mais precisamente, as suas atitudes às suas posições; e, em seguida, de conseguir que a essas práticas, e somente a essas, seja reconhecida uma certa autoridade estatutária. Mas, mesmo neste caso, é tão errado tentar compreender as práticas a partir da lógica imanente do espaço das posições (definidas, em dado momento, quer dizer no termo de uma certa história, no seu número, no seu estatuto jurídico, etc.), como tentar explicá-las unicamente a partir das atitudes «psico-sociológicas» dos agentes, sobretudo separadas das suas condições de produção. Na realidade, trata-se aqui ainda de um caso particular de encontro, mais ou menos «bem sucedido», entre as posições e as atitudes, quer dizer, entre a história objectivada e a história incorporada: a tendência do campo burocrático para «degenerar» em instituição «totalitária», que exige a identificação completa e mecânica (*perinde ac cadaver*) do «funcionário» com a função, do *apparatchik* com o aparelho, não está ligada de maneira mecânica aos efeitos morfológicos que a dimensão e o número podem exercer sobre as estruturas (através, por exemplo, dos constrangimentos impostos à comunicação) e sobre as funções; ela só se poderá realizar se contar com a colaboração consciente de certos agentes ou com a cumplicidade inconsciente das suas atitudes – o que deixa um lugar para a eficácia libertadora da tomada de consciência. Quanto mais nos afastamos do funcionamento normal dos campos como campos de lutas para passar a estados-limites, sem dúvida nunca atingidos, nos quais, com o desaparecimento de toda a luta e de toda a resistência à dominação, o campo se torna rígido, reduzindo-se a uma

94 | O PODER SIMBÓLICO

«instituição totalitária» no sentido de Goffman ou, em sentido rigoroso, a um *aparelho*, que está à altura de tudo exigir sem condições nem concessões e que, nas suas formas extremas – quartel, prisão ou campo de concentração –, dispõe dos meios para aniquilar simbolicamente e praticamente o «velho homem», tanto mais a instituição tende a consagrar agentes que tudo dão à instituição (ao «Partido» ou à «Igreja», por exemplo) e que realizam esta *oblação* de maneira tanto mais fácil quanto menos capital possuírem fora da instituição, logo, quanto menos *liberdade* tiverem em relação a ela e em relação ao capital e aos ganhos específicos que ela oferece ([27]). O *apparatchik*, que tudo deve ao aparelho, é o aparelho feito homem e podem-se-lhe confiar as mais altas responsabilidades pois ele nada pode fazer em prol dos seus interesses que contribua *eo ipso* para defender os interesses do aparelho; tal como o oblato, ele está predisposto a proteger a instituição, com a mais firme convicção, dos desvios heréticos daqueles a quem um capital adquirido fora da instituição autoriza e impele a distanciarem-se das crenças e das hierarquias internas ([28]). Em suma, nos casos mais favoráveis a uma descrição mecanicista

---

([27]) Cf. J. Verdès-Leroux, «L'art de parti; le parti communiste français et ses peintres (1947-1954)», *Actes de la recherche en sciences sociales*, 1979, n.º 28, pp. 33-55, e os seus trabalhos (a publicar) sobre as relações entre o Partido Comunista e os «seus» intelectuais.

[Cf., por exemplo, «Une institution totale auto-perpétuée: le parti communiste français» e «Les invariante du parti communiste français», *Actes de la recherche en sciences sociales*, 1981, n.º 36-37, pp. 33-811.]

([28]) As tomadas de posição dos diferentes partidos e a sua evolução no decurso do tempo compreendem-se tanto melhor, a partir unicamente da história interna do corpo dos membros permanentes e da lei que tende a subordinar o êxito no aparelho à conformidade com a lógica do aparelho, quanto mais importante for – como no caso do Partido Comunista Francês actualmente – a parte dos mandantes inertes e inoperantes por estarem condenados à *fides implicita* e à entrega de si próprios, ou actuantes mas temporários (cf. P. Bourdieu, *op. cit.*, pp. 500 ss.): esta «maioria silenciosa», ao mesmo tempo real e ausente, é a garantia de um «obreirismo» que é a arma com que sonham — sobretudo no seu uso contra a crítica intelectual – os membros permanentes de origem operária ou pequeno-burguesa, ou os intelectuais que, segundo a lei fundadas práticas, a análise descobre uma espécie de ajustamento inconsciente das posições e das atitudes, verdadeiro princípio do funcionamento da instituição justamente naquilo que lhe confere a aparência trágica de máquina infernal.

Deste modo as condições de trabalho mais alienantes, mais repugnantes, mais próximas do trabalho *forçado,* são ainda apreendidas, assumidas e suportadas por um trabalhador que as percebe, as aprecia, as ordena, as acomoda e se lhes acomoda em função de toda a sua história própria e até mesmo da da sua descendência. Se a descrição das condições de trabalho mais alienantes e dos trabalhadores mais alienados soa frequentemente a falso – e, antes de mais, porque ela não permite que se compreenda que as coisas sejam e continuem a ser o que são – é porque, funcionando na lógica da quimera, ela não consegue explicar o acordo tácito estabelecido entre as condições de trabalho mais desumanas e os homens que estão preparados para as aceitar por terem condições de existência desumanas. As atitudes inculcadas pela experiência inicial do mundo social, a qual, em certas conjunturas, pode predispor os jovens trabalhadores a aceitarem, ou mesmo a desejarem, a entrada no mundo do trabalho, identificado com o mundo dos adultos, são reforçadas pela própria experiência do trabalho e por todas as transformações das atitudes que ela implica (e nas quais se pode pensar por analogia com as que Goffman descreve como constitutivas do processo de «asilização»): seria preciso evocar aqui todo o processo de *investimento* que leva os trabalhadores a contribuírem para a sua própria exploração pelo próprio esforço que fazem para se apropriarem do seu trabalho e das suas condições de trabalho e que os faz *apegarem-se* ao seu *ofício* (em todos os sentidos do termo) por intermédio das próprias liberdades (ínfimas muitas vezes e quase sempre «funcionais») que lhes são concedidas e, também, claro, sob o efeito da concorrência que se

---

mental, propendem tanto mais a participar com eles num processo de legitimação mútua quanto menor é o capital intelectual de que dispõem, encontrando, ao mesmo tempo, maiores ganhos objectivos e subjectivos na repressão dos intelectuais mais inclinados à autonomia.

96 | O PODER SIMBÓLICO

gera nas diferenças (em relação aos OS (*), aos emigrantes, às mulheres, etc.) constitutivas do espaço profissional que funciona como *campo*. Com efeito, exceptuando as situações-limites, próximas do trabalho forçado, vemos que a verdade objectiva do trabalho assalariado, quer dizer, a exploração, se torna possível, em parte, porque a verdade subjectiva do trabalho não coincide com a sua verdade objectiva. A própria indignação que ela suscita é testemunha disso, já que a experiência profissional, na qual o trabalhador só espera do seu trabalho (e do seu meio de trabalho) o salário, é vivida como mutilada, patológica e insustentável porque é desumana (29).

O acto de força objectivante necessário para constituir o trabalho assalariado na sua verdade objectiva de trabalho explorado, fez esquecer àquele que o cometia que esta verdade teve de ser conquistada contra a verdade subjectiva do trabalho a qual só *no limite* se encontra com a verdade objectiva. É este limite que o próprio Marx evoca quando observa que o desaparecimento das disparidades entre as taxas de lucro supõe a mobilidade da força de trabalho, a qual por seu lado supõe, entre outras coisas, «a *indiferença* do operário em relação ao conteúdo (*Inhalt*) do seu trabalho; a redução, levada aos extremos, do trabalho a *trabalho simples*, em todos os domínios da produção; o abandono, por parte de todos os trabalhadores, de todos os *preconceitos de vocação profissional*» (30). O que deste modo se lembra, é que existe um *investimento no próprio trabalho* que faz com que o trabalho proporcione um ganho específico, irredutível ao lucro monetário: este «ganho» do trabalho, que constitui em parte o «interesse» pelo facto de trabalhar e que é, por outra parte, efeito da ilusão constitutiva da participação num campo, contribui para tornar o trabalho aceitável para o trabalhador apesar da exploração; ele contribui até, em certos casos, para uma forma de auto-exploração. Este investimento na própria actividade, que faz com que esta

---

(*) OS = operário especializado. (*N.T.*)

(29) Bourdieu *et al.*, *Travail et travailleurs en Algérie*, Paris-La Haye, Mouton & Cie. 1963; e P. Bourdieu, *Algérie 60*, Paris, Minuit, 1977.

(30) Karl Marx, *Le Capital*, III, 2.ª secção, cap. x, Paris, Gallimard, 1968 (Bibl. de la Pléiade), tomo II, p. 988.

possa (no caso do artista ou do intelectual, por exemplo) ser vivida como livre e desinteressada em referência a uma definição restrita do interesse, identificada com o ganho material, com o salário, supõe de facto um acordo tácito infra-consciente entre as atitudes e a posição. Este ajustamento prático ([31]), condição do investimento, do interesse (por oposição à indiferença) pela actividade exigida pelo posto, acha-se, por exemplo, realizado quando atitudes como aquelas a que Marx chama «os preconceitos de vocação profissional» e que se adquirem em certas condições (a hereditariedade profissional, por exemplo), encontram as condições da sua actualização em certas características do próprio trabalho, como uma certa liberdade de jogar com a organização das tarefas ou certas formas de concorrência no espaço do trabalho (prémios ou simples privilégios simbólicos, tais como os que são atribuídos aos operários mais velhos nas pequenas empresas familiares) ([32]).

As diferenças nas atitudes, tal como as diferenças de posição (às quais elas se acham frequentemente associadas) estão na origem de diferenças de percepção e de apreciação e, por isso, de divisões bem reais ([33]). É assim que a evolução recente

---

([31]) Esta correspondência entre as atitudes e a posição nada tem, evidentemente, da submissão «psicológica», por vezes descrita como «fruição» («desfrutar do fascismo») que permite imputar aos dominados a «responsabilidade» da opressão que eles sofrem («o poder vem de baixo»).

([32]) A lógica da mobilização a qual leva a privilegiar aquilo que une em detrimento daquilo que divide não explica completamente a tendência das organizações de trabalhadores para ignorar as diferenças ligadas à trajectória. É toda a lógica da *politização* como esforço para «desprivatizar» a experiência da exploração e também a habituação a um modo de pensamento *mecanicista* que levam as análises mais subtis e mais rigorosas das condições de trabalho (cf., por exemplo, *CFDT, Les dégâts du progrès*, Paris, Ed. du Seuil, 1977) a reduzirem o trabalhador ao seu posto de trabalho, ignorando tudo o que ele deve ao seu passado e tudo o que ele é fora da sua existência profissional.

([33]) «Como pode um OP de manutenção, que pensa no seu trabalho e que, por vezes, gosta dele, censurar o trabalho capitalista pelas mesmas coisas que um operário preso à sua cadeia de produção durante dez anos? E, no entanto, o OP também se revolta.» (N. Dubost, *op. cit.*, p. 65).

98 | O PODER SIMBÓLICO

do trabalho industrial no sentido limite indicado por Marx, isto é, no sentido do desaparecimento do trabalho «interessante», da «responsabilidade» e da «qualificação» (com todas as hierarquias correlativas) é percebida, apreciada e aceite de modo muito diferente, consoante se trate daqueles que, pela sua antiguidade na classe operária, pela sua qualificação e os seus «privilégios» relativos, são levados a defender «as conquistas», quer dizer, o interesse pelo trabalho, a qualificação mas também as hierarquias e, deste modo, uma forma de ordem estabelecida; ou daqueles que, nada tendo a perder por não serem qualificados e já estarem próximos de uma realização popular da quimera populista (como os jovens que passaram mais tempo no sistema escolar do que os mais velhos), são mais dados à radicalização das lutas e à contestação de todo o sistema; ou ainda daqueles que, também eles totalmente desprovidos – como os operários de primeira geração, as mulheres e, sobretudo, os imigrantes [34] –, têm uma capacidade de tolerância à exploração que parece ser de outra época [35]. Em suma, nas mais extremas condições de

---

[34] Ainda neste caso, em graus diferentes segundo a sua origem geográfica e social e o tempo de imigração (cf. A. Sayad, «Les trois 'âges' de l'immigration algérienne en France», in *Actes de la recherche en sciences sociales*, 1977, n.º 15, pp. 59-79).

[35] As divisões aparentes entre os sindicatos encobrem frequentemente aquelas divisões com que se debatem os diferentes sindicatos e que os dirigentes apreendem e tratam de maneira diferente em função da sua própria história e sobretudo em função da tradição na sua organização. (Não há dúvida de que a percepção e a apreciação das diferentes fracções da classe operária – e, em particular, do proletariado e do subproletariado – e da sua possível contribuição para a acção revolucionária dependem estreitamente da posição e da trajectória sociais daqueles que, intelectuais ou militantes, têm de tomar posição relativamente a estes problemas, e da afinidade que eles têm com a classe operária «estabelecida» e com as suas reivindicações ou com a classe operária «instável» e com as suas revoltas; de modo que os debates sobre o «emburguesamento» da classe operária e outras questões de filosofia da história revelam mais acerca daqueles que neles se envolvem do que acerca do objecto aparente do seu discurso (cf. P. Bourdieu, «Le paradoxe du sociologue», *Sociologie et sociétés*, XI, Abril de 1979, pp. 85-94).

constrangimento, as mais favoráveis aparentemente à interpretação mecanicista que reduz o trabalhador ao seu posto de trabalho, que o *deduz* directamente do seu posto de trabalho, a actividade é bem o *relacionar* de duas histórias, e o presente o encontro de dois passados (^{36}).

Wesen ist was gewesen ist. Podemos compreender que o ser social é aquilo que foi; mas também que aquilo que uma vez foi ficou para sempre inscrito não só na história, o que é óbvio, mas também no ser social, nas coisas e nos corpos. A imagem do porvir aberto, com possíveis infinitos, dissimulou que cada uma das novas opções (mesmo tratando-se das opções não-feitas do deixar-fazer) contribui para restringir o universo dos possíveis ou, mais exactamente, para aumentar o peso da necessidade *instituída* nas coisas e nos corpos, com a qual deverá contar uma política orientada para outros possíveis e, em particular, para todos aqueles que foram, a cada momento, afastados. O processo de instituição, de estabelecimento, quer dizer, a objectivação e a incorporação como acumulação nas coisas e nos corpos de um conjunto de conquistas históricas, que trazem a marca das suas condições de produção e que tendem a gerar as condições da sua própria reprodução (quanto mais não fosse pelo efeito de demonstração e de imposição das necessidades que um bem exerce unicamente pela sua existência), aniquila continuamente possíveis laterais. À medida

---

(^{36}) Poder-se-ia, da mesma forma, descrever nesta lógica a relação entre os operários e as organizações sindicais ou políticas: também aqui o presente é o pôr-em-presença de dois passados que são, eles próprios, em parte, produto da sua interacção passada (é assim que, por exemplo, quando se mede empiricamente a consciência que os operários de uma dada sociedade podem ter, em dado momento, da divisão em classes ou da representação que têm do trabalho, dos seus direitos – em matéria de acidentes de trabalho, de despedimentos, etc. – se regista o efeito da acção passada dos sindicatos e dos partidos e se pode pensar que uma história diferente teria produzido representações e – num domínio em que a representação contribui largamente para constituir a realidade – realidades diferentes). Por outras palavras, a representação que eles têm da sua posição depende da relação entre as tradições que as organizações (e as suas divisões) oferecem e as suas atitudes.

100 | O PODER SIMBÓLICO

que a história avança, estes possíveis tornam-se cada vez mais improváveis, mais difíceis de realizar, porque a sua passagem à existência suporia a destruição, a neutralização ou a reconversão de uma parte maior ou menor da herança histórica – que é também um capital –, e mesmo mais difíceis de pensar, porque os esquemas de pensamento e de percepção são, em cada momento, produto das opções anteriores transformadas em coisas [37]. Qualquer acção que tenha em vista opor o possível ao provável, isto é, ao porvir objectivamente inscrito na ordem estabelecida, tem de contar com o peso da história reificada e incorporada que, como num processo de *envelhecimento*, tende a reduzir o possível ao provável.

Não há dúvida que é preciso ter sempre presente – contra todas as formas de determinismo tecnológico – que as potencialidades oferecidas pela lógica relativamente autónoma do desenvolvimento científico só podem advir à existência social enquanto técnicas – e intervir, se for caso disso, como motores da mudança económica e social na medida em que os seus efeitos económicos e sociais parecerem conformes aos interesses dos detentores do poder económico, quer dizer, apropriados a contribuírem para a valorização máxima do capital nos limites da reprodução das condições sociais da dominação necessária à obtenção dos ganhos [38]. Mas não deixa de ser

---

[37] Assim, as irrupções, através das revoltas estudantis, de novas formas de luta, atribuindo maior relevo às manifestações simbólicas, fez aparecer retrospectivamente os limites (até as críticas) que o movimento operário, de algum modo prisioneiro da sua confiança em formas de acção experimentadas, tinha imposto aos seus projectos.

[38] Devemos abster-nos, mais uma vez, de ler este processo numa lógica puramente teleológica, como faz certa crítica ingénua e falsamente radical da ciência: a ciência não serviria tão bem a indústria (e até, sendo caso disso, a indústria de guerra) se todos os investigadores (e sobretudo aqueles que, pela sua forte competência, quer dizer, pelo seu capital específico, são levados a uma grande distância em relação às pressões externas) estivessem directamente orientados para os fins que as suas descobertas poderão vir a servir (da mesma forma, devemos abster-nos de sobrestimar, como faz a visão criptocrática, a capacidade dos dirigentes para avaliarem racionalmente os efeitos económicos e sobretudo sociais das invenções bem recebidas). Os investigadores não conhe-

certo que, como resultado de uma longa série de opções sociais que se apresenta em forma de um conjunto de necessidades técnicas, a herança tecnológica tende a tornar-se num verdadeiro *destino social,* que exclui não só certos possíveis ainda no estado de possíveis mas também a possibilidade real de excluir muitos dos possíveis já realizados. Basta pensar nas centrais nucleares que, uma vez construídas, tendem a impor-se não só pela sua função técnica mas também por todas as cumplicidades que encontram naqueles que nelas ou nos seus produtos têm interesses. Podemos também evocar a opção que se esboçou por volta dos anos 60, para favorecer o acesso à propriedade imobiliária, para grande proveito dos bancos e, em particular, dos inventores do «crédito personalizado», em lugar de se seguir uma política de habitação social (bairros sociais (*), etc.) e que teve como efeito, entre outras coisas, ligar uma fracção dos membros da classe dominante e das classes médias à ordem política que lhes parecia mais adequada a garantir o seu capital. Assim, quanto mais um poder dura, maior é a parte irreversível com a qual terão de contar aqueles que conseguirem derrubá-lo.

É isto que bem se vê nas situações pós-revolucionárias em que a história reificada e incorporada opõe a sua resistência surda e dissimulada às atitudes e às estratégias reformistas ou revolucionárias, elas próprias em grande parte definidas pela mesma história que tencionam combater. A história instituída vence necessariamente as revoluções parciais ou, mais exactamente, *unilaterais:* as transformações mais radicais das condições de apropriação dos instrumentos de produção dão à história incorporada a possibilidade de reintroduzir insensi-

---

cem nem reconhecem fins a não ser os *interesses* (vividos como desinteressados e implicando, frequentemente, a indiferença em relação às utilizações técnicas possíveis) que se geram na concorrência no seio do campo relativamente autónomo da pesquisa; e podem, com plena (boa) consciência, denunciar como *desvios indignos* as utilizações feitas das suas descobertas as quais nascem do *encontro não desejado* entre certos produtos do campo científico e as exigências da indústria.

(*) «H.L.M.» no texto original (*habitations à loyer modéré*: casas de renda limitada). (*N.T.*)

102 | O PODER SIMBÓLICO

velmente as estruturas objectivas (económicas e sociais), de que são produto; pelo contrário, é sabido o que acontece às políticas que esperam de uma simples *conversão* das atitudes uma transformação das estruturas ([39]). As situações revolucionárias e pós-revolucionárias oferecem numerosos exemplos de desvios, patéticos e grotescos, entre a história objectivada e a história incorporada, entre *habitus* feitos para outros postos e postos feitos para outros *habitus*, os quais também se observam, numa escala menor, em qualquer ordem social, e muito especialmente nas zonas de incerteza da estrutura social. Em todos estes casos, a acção é uma espécie de luta entre a história objectivada e a história incorporada, luta essa que dura por vezes uma vida inteira para modificar o posto ou modificar-se a si mesmo, para se apropriar do posto ou ser por ele apropriado (nem que seja no próprio esforço para se apropriar dele, transformando-o). A história faz-se nesta luta, neste combate obscuro em que os postos moldam de modo mais ou menos completo os seus ocupantes que se esforçam por se apropriar deles; em que os agentes modificam de maneira mais ou menos completa os postos, talhando-os à sua medida. Ela faz-se em todas as situações em que a relação entre os agentes e o seu posto assenta num mal-entendido: é o caso daqueles responsáveis das quintas autogeridas, daqueles ministros, daqueles empregados que, a seguir à libertação da Argélia, entravam no posto e na pele do colono, do director, do comissário de polícia, deixando-se assim dominar, no próprio acto de

---

([39]) Se é verdade que a história pode desfazer o que a história fez, tudo se passa como se fosse preciso tempo para destruir os efeitos do tempo; como se as acelerações artificiais da história – que a vontade política pode, no melhor dos casos, produzir reforçando decisivamente as tendências imanentes que são conformes aos seus objectivos ou neutralizando pela violência as que vão em sentido oposto – tivessem como contrapartida os vestígios por elas deixados nas estruturas económicas e sociais (burocratização totalitária) e nos cérebros as quais, como se vê no caso da URSS, são tanto mais duradoiras (e tanto mais funestas, do próprio ponto de vista dos objectivos declarados) quanto maior tiver sido a violência exercida (cf. M. Lewin, «L'État et les classes sociales en URSS, 1929-1933», in *Actes de la recherche en sciences sociales*, 1976, n.º 1, pp. 2-31).

LE MORT SAISIT LE VIF | 103

apropriação, por uma história estrangeira (⁴⁰); é o caso daqueles membros permanentes da CGT [Confédération Générale du Travail] que, como bem mostra Pierre Cam, se «reconhecem» perfeitamente, devido às suas atitudes de classe, no «Conseil de Prud'hommes» (*), uma dessas numerosas instituições criadas no século XIX por iniciativa das fracções «esclarecidas» da classe dominante na esperança de «reconciliar» o patrão e o operário: a justiça tipicamente paternalista proposta por este «tribunal familiar», explicitamente mandatado para exercer uma autoridade «paternal» e para regular as desavenças por meio do conselho e da conciliação, à maneira de um conselho de família, e des-socializando o conflito, encontra nos operários permanentes a expectativa de uma jurisprudência clara e rápida e nos seus representantes sindicais «a preocupação de dar uma imagem honrosa da classe operária» (⁴¹). Deste modo, a história reificada aproveita-se da falsa cumplicidade que a une à história incorporada para se apropriar do portador desta história, como fazem os dirigentes de Praga ou de Sófia, quando reproduzem uma versão pequeno-burguesa dos fastos burgueses. Estas astúcias da razão histórica (⁴²) têm como princípio o efeito de *allodoxia* o

---

(⁴⁰) A imposição explícita de uma história estrangeira – «Os Gauleses, nossos antepassados» – não passa do limite extremo, e deste modo, caricatural, de formas muito mais insidiosas de imposição de uma outra história, através da língua, da cultura e também através dos objectos, das instituições, das modas (seria preciso analisar nesta lógica as vias mais dissimuladas do imperialismo americano).

(*) Conselho constituído, em composição paritária, por membros eleitos por patrões e empregados e que tem como função julgar desavenças decorrentes das relações contratuais de trabalho (em diversas profissões da indústria e do comércio). (*N.T.*)

(⁴¹) P. Cam, *Sociologie des conseils de prud'hommes*, Paris, École des Hautes Études en Sciences Sociales, tese de 3.º ciclo, 1980, e *Un tribunal familial, le conseil de prud'hommes* (a publicar). [Cf. *infra* capítulo sobre «A força do direito», p. 245].

(⁴²) Seria necessário acrescentar todas as que as homologias estruturais entre campos diferentes produzem e, em particular, todos os equívocos favorecidos pela homologia de posição entre os dominantes-dominados (no campo da classe dominante) e os dominados (no campo das

104 | O PODER SIMBÓLICO

qual resulta do encontro fortuito e ignorado de séries históricas independentes. A história é também, como se vê, uma ciência do inconsciente. Ao trazer à luz tudo o que está oculto tanto pela doxa, cumplicidade imediata com a própria história, como pela alodoxia, falso reconhecimento baseado na relação ignorada entre duas histórias que leva a reconhecer-se numa outra história, a de uma outra nação ou de uma outra classe, a pesquisa histórica fornece os instrumentos de uma verdadeira tomada de consciência ou, melhor, de um verdadeiro autodomínio. Caímos constantemente na armadilha de um sentido que se faz, fora de nós, sem nós, na cumplicidade incontrolada que nos une, coisa histórica, à história coisa. Ao objectivar o que há de impensado social, quer dizer, de história esquecida, nos pensamentos mais vulgares ou nos mais cultos – problemáticas atacadas de necrose, palavras de ordem, lugares-comuns – a polémica científica, armada com tudo o que a ciência produziu, na luta permanente contra si própria e por meio da qual ela se supera a si própria, oferece àquele que a exerce e que a ela se submete uma probabilidade de saber o que diz e o que faz, de se tornar verdadeiramente no sujeito das suas palavras e dos seus actos, de destruir tudo o que existe de necessidade nas coisas sociais e no pensamento do social. A liberdade não consiste em negar *magicamente* esta necessidade, mas sim em conhecê-la, o que em nada obriga nem a autoriza a reconhecê-la: o conhecimento científico da necessidade encerra a possibilidade de uma acção que tem em vista neutralizá-la, logo, uma liberdade possível – quando o desconhecimento (*) da necessidade implica a forma mais absoluta de reconhecimento: enquanto a lei é ignorada, o resultado do deixar-fazer, cúmplice do provável, aparece como

---

classes). Uma forma particularmente exemplar da comunicação no mal-entendido que a homologia de posição na diferença de condição torna possível é a que se estabelece entre indivíduos que, embora situados em classes diferentes e, assim, fundamentalmente separados, têm no entanto de comum o estarem em posição instável nas classes respectivas – o que os predispõe a acolherem e a veicularem os discursos transclassistas (como os discursos religiosos).

(*) *«méconnaissance»* (ignorância, não-reconhecimento). (*N.T.*)

LE MORT SAISIT LE VIF | 105

um destino; quando ela é conhecida, ele aparece como uma violência.

A sociologia só deixará de ser completamente aquilo que frequentemente se faz dela, isto é, uma ciência empenhada em revelar «os pensamentos dissimulados» (*), como dizia Montaigne, um olhar desconfiado e maldoso que desengana, destruindo a impostura e também as ilusões, um propósito de «redução» mascarado de «virtudismo» (**) do pensamento intransigente, na medida em que for capaz de se submeter completamente à interrogação a que ela submete toda a prática. Só podemos produzir a verdade do interesse se aceitarmos questionar o interesse pela verdade e se estivermos dispostos a pôr em risco a ciência e a respeitabilidade científica fazendo da ciência o instrumento do seu próprio pôr-se-em-causa. E isto na esperança de ter acesso à liberdade em relação à liberdade negativa e desmistificadora que a ciência oferece.

(*) «*les pensées d'arrière-boutique*», no texto original. (*N.T.*)

(**) Traduzimos assim a palavra (aparente neologismo) «*vertuisme*» empregada pelo autor sem qualquer sinal – aspas ou sublinhado – a destacá-la. (*N.T.*)

V

A Identidade e a Representação.
Elementos para uma reflexão crítica
sobre a ideia de região

A intenção de submeter os instrumentos de uso mais comum nas ciências sociais a uma *crítica epistemológica alicerçada na história social da sua génese e da sua utilização* encontra no conceito de região uma justificação particular ([1]). Com efeito, àqueles

---

([1]) Este texto é o resultado de um trabalho empreendido, com o apoio da DGRST, no quadro de um grupo composto por economistas, etnólogos, historiadores e sociólogos. Só um conjunto de estudos de caso orientados pela intenção de apreender a génese do conceito de região e das representações que lhe estão associadas, de descrever os processos em jogo nos quais e por meio dos quais aquele conceito é produzido – o campo literário no caso do estereótipo elaborado pelos romancistas regionalistas, o campo universitário no caso da unidade física e social delimitada pelos historiadores, pelos geógrafos ou pelos politólogos, o campo social no seu conjunto no caso da unidade política reivindicada pelos movimentos regionalistas – podia dar uma ideia do universo de pressupostos, mais ou menos dissimulados, que se acham envolvidos em cada um dos usos do conceito. É por isso que, a estes estudos, se juntarão mais tarde o de Rémi Ponton sobre os romancistas regionalistas e sobre a evolução da temática dos romances regionais (em relação com as transformações do campo literário e do sistema escolar) e o de Jean-

108 | O PODER SIMBÓLICO

que vissem neste projecto de tomar para objecto os instrumentos de construção do objecto, de fazer a história social das categorias de pensamento do mundo social, uma espécie de desvio perverso da intenção científica, poder-se-ia objectar que a certeza em nome da qual eles privilegiam o conhecimento da «realidade» em relação ao conhecimento dos instrumentos de conhecimento nunca é, indubitavelmente, tão pouco fundamentada como no caso de uma «realidade» que, sendo em primeiro lugar, *representação*, depende tão profundamente do conhecimento e do reconhecimento.

As lutas pelo poder de di-visão

Primeira observação: a região é o que está em jogo como objecto de lutas entre os cientistas, não só geógrafos é claro, que, por terem que ver com o espaço, aspiram ao monopólio da definição legítima, mas também historiadores, etnólogos e, sobretudo desde que existe uma política de «regionalização» e movimentos «regionalistas», economistas e sociólogos. Bastará um exemplo, colhido dos acasos da leitura: «É preciso prestar homenagem aos geógrafos, eles foram os primeiros a interessarem-se pela economia regional. Por vezes mesmo eles tendem a reivindicá-la como uma coutada.» A este respeito, escreve Maurice Le Lannou: «Admito que deixemos ao cuidado do sociólogo e do economista a descoberta das regras gerais – se as há – a partir do comportamento das sociedades humanas e do mecanismo das produções e das trocas. A nós, pertence-nos o concreto presente e diversificado que é a manta de retalhos multicolor das economias regionais [...]. Os inquéritos regionais dos geógrafos apresentam-se frequentemente como estudos extremamente minuciosos, extremamente aprofundados

---

-Louis Fabiani sobre o mercado dos bens culturais regionais (no caso da Córsega), e também o artigo de Enrico Castelnuovo e de Carlo Ginzburg sobre os efeitos da dominação simbólica na produção pictórica em Itália depois do Renascimento. [Este último estudo foi publicado em versão portuguesa, in *A micro-história e outros ensaios*, Carlo Ginzburg, Enrico Castelnuovo, Carlo Poni. Lisboa, Difel, 1991.]

A IDENTIDADE E A REPRESENTAÇÃO | 109

de um espaço determinado. Em geral, estes trabalhos têm o aspecto de monografias descritivas de pequenas regiões; a sua multiplicidade, a abundância dos pormenores impedem que se compreendam os grandes fenómenos que levam ao progresso ou ao declínio das regiões consideradas. Dá-se igualmente demasiada importância aos fenómenos físicos, como se o Estado não interviesse, como se os movimentos de capitais ou as decisões dos grupos não produzissem efeitos. O geógrafo prende-se talvez demasiado ao que se vê, enquanto o economista se deve prender ao que se não vê. O geógrafo limita-se frequentemente à análise do conteúdo do espaço; ele olha muito pouco para além das fronteiras políticas ou administrativas da região. Daqui, a tendência que ele tem para tratar a economia de uma região como uma entidade em que as relações internas são preponderantes. Para o economista, pelo contrário, a região seria tributária de outros espaços, tanto no que diz respeito aos seus aprovisionamentos como no que diz respeito aos seus escoamentos; a natureza dos fluxos e a importância quantitativa destes, por acentuarem a interdependência das regiões, seriam um aspecto a privilegiar. Se o geógrafo considera a localização das actividades numa região como um fenómeno espontâneo e comandado pelo meio natural, o economista introduz nos seus estudos um instrumento de análise particular – o custo» ([2]). Este texto, que merecia ser citado mais longamente ainda, mostra bem que a relação propriamente científica entre as duas ciências tem as suas raízes na *relação social* entre as duas disciplinas e os seus representantes ([3]). Com efeito, na luta para *anexar uma região do espaço científico* já ocupada pela geografia, o economista

---

([2]) R. Gendarme, *L'analyse économique régionale*, Paris, Cujas, 1976, pp. 12-13 (e M. Le Lannou, *La Géographie Humaine*, Paris, Flammarion, 1949, p. 244).

([3]) Sabe-se que os geógrafos e a geografia se acham no nível mais baixo da hierarquia social (medida por índices como a origem social e regional dos professores) das disciplinas das faculdades de Letras, enquanto a economia ocupa uma posição elevada nas faculdades de Direito, globalmente situadas em níveis mais altos do que as faculdades de Letras nesta hierarquia.

110 | O PODER SIMBÓLICO

– que reconhece àquela o mérito de primeiro ocupante – designa de modo inseparável os limites das estratégias científicas do geógrafo (a sua tendência para o «internalismo» e a sua inclinação para aceitar o determinismo «geográfico») e os fundamentos sociais destas estratégias. Isto é feito por meio das qualidades e dos limites que ele atribui à geografia e que são claramente *reconhecidos* pelo porta-voz desta disciplina dominada e dada a contentar-se «modestamente» com aquilo que lhe é concedido, a isolar-se na região que as disciplinas mais «ambiciosas», sociologia e economia, lhe dão em partilha, quer dizer, o pequeno, o particular, o concreto, o real, o visível, a minúcia, o pormenor, a monografia, a descrição – por oposição ao grande, ao geral, ao abstracto, à teoria, etc. Assim, por um efeito que caracteriza, de modo próprio, as relações de (mal)conhecimento (*) e de reconhecimento, os defensores da identidade dominada aceitam, quase sempre tacitamente, por vezes explicitamente, os princípios de identificação de que a sua identidade é produto.

Outra observação importante: esta luta pela autoridade científica é menos autónoma do que querem crer os que nela se acham envolvidos e verificar-se-ia facilmente que as grandes etapas da concorrência entre as disciplinas a respeito da noção correspondem, através de diferentes mediações – entre as quais os contratos de pesquisa não são das menos importantes – a momentos da política governamental em matéria de «ordenamento do território» ou de «regionalização» e a fase da acção «regionalista» (⁴). É assim que a concorrência entre os geógrafos, até então em situação de quase monopólio, e os economistas parece ter-se fortemente desenvolvido a partir do momento em que a «região» (no sentido administrativo do termo – mas haverá outro?) começou a revestir-se de interesse para os economistas os quais, na Alemanha com August Loesch,

---

(*) «(mé)connaissance», no texto original (N.T.).

(⁴) Encontram-se elementos úteis para uma história social da política oficial em matéria de regionalização e dos debates que a rodearam no seio do pessoal político, a par de uma evocação das teses dos regionalistas, em P. Lagarde, *La régionalisation*, Paris, Seghers, 1977.

A IDENTIDADE E A REPRESENTAÇÃO | 111

e nos Estados Unidos com a *regional science*, e depois em França com a voga do «ordenamento do território», «aplicaram à realidade regional a sua aptidão específica de generalização», como diz um geógrafo com a «modéstia» estatutariamente atribuída à profissão ([5]). A irrupção dos sociólogos que, de modo diferente do dos etnólogos – suspeitos de passadismo e de localismo –, estavam interessados no transregional, e até mesmo no transnacional – e de modo tanto mais claro quanto mais preocupados se mostravam com a sua identidade –, parece ter coincidido com o aparecimento (e foi mesmo um aspecto deste) em 1968 e depois, dos movimentos «regionalistas» de novo tipo que, graças a uma política de contratos, ofereciam ao investigador, mediante uma redefinição laxiorista da observação participante, o papel de companheiro de viagem que analisa o movimento no movimento.

Estas poucas indicações, que não são apresentadas com a pretensão de servirem de análise metódica das relações entre as diferentes ciências sociais, deveriam ser suficientes para dar a ideia de que o objecto da ciência, a saber a concorrência pelo monopólio da divisão [*découpage*] legítima também pertence ao domínio da ciência, isto é, está também no campo científico e em cada um dos que nele se acham envolvidos. Isto não implica de forma alguma – antes pelo contrário – que este facto esteja claramente presente na consciência dos investigadores. Ora, a ciência social, que é obrigada a classificar

---

([5]) E. Juillard, «La région, essai de définition», *Annales de géographie*, Set./Out., 1962, pp. 483-499. Seria preciso analisar as diferentes estratégias que o corpo dos geógrafos opôs às tentativas de anexação da economia, disciplina *socialmente* mais poderosa e capaz, por exemplo, de dar um fundamento empírico, se não uma justificação teórica, à região dos geógrafos, com a análise estatística dos *efeitos de contiguidade* (cf. J.R. Boudeville, *Aménagement du territoire et polarisation*, Paris, Ed. M.Th. Génin, 1972, pp. 25-27). Como sempre acontece no caso das lutas simbólicas, os geógrafos parecem ter-se visto divididos entre estratégias que, perfeitamente opostas na aparência (como a recusa irredentista pela politização e a acumulação sincrética das tradições próprias e das tradições alógenas, da *paisagem* dos antigos e dos *espaços funcionais* dos economistas), tinham de facto de comum a aceitação da definição dominante na sua forma directa ou inversa.

112 | O PODER SIMBÓLICO

para conhecer, só tem alguma probabilidade, não já de resolver, mas de, pelo menos, pôr correctamente o problema das classificações sociais e de conhecer tudo o que, no seu objecto, é produto de actos de classificação se fizer entrar na sua pesquisa da verdade das classificações o conhecimento da verdade dos seus próprios actos de classificação. O que quer dizer que não é possível dispensar, neste caso menos que em qualquer outro, uma análise da relação entre a lógica da ciência e a lógica da prática ([6]). Com efeito, a confusão dos debates em torno da noção de região e, mais geralmente, de «etnia» ou de «etnicidade» (eufemismos eruditos para substituir a noção de «raça», contudo, sempre presente na prática) resulta, em parte, de que a preocupação de submeter à crítica lógica os categoremas do senso comum, emblemas ou estigmas, e de substituir os princípios práticos do juízo quotidiano pelos critérios logicamente controlados e empiricamente fundamentados da ciência, faz esquecer que as classificações práticas estão sempre subordinadas a *funções práticas* e orientadas para a produção de efeitos sociais; e, ainda, que as representações práticas mais expostas à crítica científica (por exemplo, os discursos dos militantes regionalistas sobre a unidade da língua occitânica) podem *contribuir para produzir* aquilo por elas descrito ou designado, quer dizer, a *realidade objectiva* à qual a crítica objectivista as refere para fazer aparecer as ilusões e as incoerências delas.

Mas, mais profundamente, a procura dos critérios «objectivos» de identidade «regional» ou «étnica» não deve fazer esquecer que, na prática social, estes critérios (por exemplo, a língua, o dialecto ou o sotaque) são objecto de *representações mentais,* quer dizer, de actos de percepção e de apreciação, de conhecimento e de reconhecimento em que os agentes inves-

_____

([6]) A respeito das relações entre a noção de região dos geógrafos e a noção de região tal como funciona na prática e, em particular, no discurso regionalista, dir-se-iam renovar as análises por nós propostas em outro trabalho acerca do desvio entre o parentesco prático e o parentesco teórico, registado na genealogia (ou entre o esquema teórico das oposições míticas e os esquemas práticos da acção ritual) e acerca dos efeitos científicos da ignorância deste desvio inultrapassável, cf. P. Bourdieu, *Le sens pratique*, Paris, Minuit, 1980, especialmente, pp. 59-60.

A IDENTIDADE E A REPRESENTAÇÃO | 113

tem os seus interesses e os seus pressupostos, e de *representações objectais*, em coisas (emblemas, bandeiras, insígnias, etc.) ou em actos, estratégias interessadas de manipulação simbólica que têm em vista determinar a representação mental que os outros podem ter destas propriedades e dos seus portadores. Por outras palavras, as características que os etnólogos e os sociólogos objectivistas arrolam funcionam como sinais, emblemas ou estigmas, logo que são percebidas e apreciadas como o são na prática. Porque assim é e porque não há sujeito social que possa ignorá-lo praticamente, as propriedades (objectivamente) simbólicas, mesmo as mais negativas, podem ser utilizadas estrategicamente em função dos interesses materiais e também simbólicos do seu portador ([7]).

Só se pode compreender esta forma particular de luta das classificações que é a luta pela definição da identidade «regional» ou «étnica» com a condição de se passar para além da oposição que a ciência deve primeiro operar, para romper com as pré-noções da sociologia espontânea, entre a representação e a realidade, e com a condição de se incluir no real a representação do real ou, mais exactamente, a luta das representações, no sentido de imagens mentais e também de manifestações sociais destinadas a manipular as imagens mentais (e até mesmo no sentido de delegações encarregadas de organizar as representações como manifestações capazes de modificar as representações mentais).

As lutas a respeito da identidade étnica ou regional, quer dizer, a respeito de propriedades (estigmas ou emblemas) liga-

---

([7]) A dificuldade em pensar adequadamente a economia do simbólico vê-se, por exemplo, em certo autor (O. Patterson, «Context and Choice in Ethnic Allegiance: A Theoretical Framework and Caribbean Case Study», *Ethnicity, Theory and Experience*, ed. N. Glazer and D.P. Moynihan, Cambridge, Mass., Harvard University Press, 1975, pp. 305--349) que, escapando por excepção ao idealismo culturalista o qual é de regra nestas matérias, dá lugar à manipulação estratégica das características «étnicas» e reduz o interesse por si atribuído à origem destas estratégias ao interesse estritamente económico, ignorando assim tudo o que, nas lutas das classificações, obedece à procura da maximização do ganho simbólico.

das à *origem* através do *lugar* de origem e dos sinais duradoiros que lhes são correlativos, como o sotaque, são um caso particular das lutas das classificações, lutas pelo monopólio de fazer ver e fazer crer, de dar a conhecer e de fazer reconhecer, de impor a definição legítima das divisões do mundo social e, por este meio, de fazer e de desfazer os grupos. Com efeito, o que nelas está em jogo é o poder de impor uma visão do mundo social através dos princípios de di-visão que, quando se impõem ao conjunto do grupo, realizam o sentido e o consenso sobre o sentido e, em particular, sobre a identidade e a unidade do grupo, que fazem a realidade da unidade e da identidade do grupo. A etimologia da palavra região (*regio*), tal como a descreve Émile Benveniste, conduz ao princípio da divisão, acto mágico, quer dizer, propriamente social, de *diacrisis* que introduz por *decreto* uma descontinuidade decisória na continuidade natural (não só entre as regiões do espaço mas também entre as idades, os sexos, etc.). *Regere fines*, o acto que consiste em «traçar as fronteiras em linhas rectas», em separar «o interior do exterior, o reino do sagrado do reino do profano, o território nacional do território estrangeiro», é um acto *religioso* realizado pela personagem investida da mais alta autoridade, o *rex*, encarregado de *regere sacra*, de fixar as regras que trazem à existência aquilo por elas prescrito, de falar com autoridade, de pré-dizer no sentido de chamar ao ser, por um dizer executório, o que se diz, de fazer sobrevir o porvir enunciado ([8]). A *regio* e as suas fronteiras (*fines*) não passam do vestígio apagado do acto de autoridade que consiste em circunscrever a região, o território (que também se diz *fines*), em impor a definição (outro sentido de *finis*) legítima, conhecida e reconhecida, das fronteiras e do território, em suma, o princípio de di-visão legítima do mundo social. Este acto de direito que consiste em afirmar com autoridade uma verdade que tem força de lei é um acto de conhecimento, o qual, por estar firmado, como todo o poder simbólico, no reconheci-

---

([8]) E. Benveniste, *Le vocabulaire des institutions indo-européennes*, II, *Pouvoir, droit, religion*, Paris, Minuit, 1969, pp. 14-15 (e também, a respeito de *krainein*, como poder de predizer, p. 41).

A IDENTIDADE E A REPRESENTAÇÃO | 115

mento, produz a existência daquilo que enuncia (a *auctoritas*, como lembra Benveniste, é a capacidade de produzir que cabe em partilha ao *auctor*) ([9]). O *auctor*, mesmo quando só diz com autoridade aquilo que é, mesmo quando se limita a enunciar o ser, produz uma mudança no ser: ao dizer as coisas com autoridade, quer dizer, à vista de todos e em nome de todos, publicamente e oficialmente, ele subtrai-as ao arbitrário, sanciona-as, santifica-as, consagra-as, fazendo-as existir como dignas de existir, como conformes à natureza das coisas, «naturais».

Ninguém poderia hoje sustentar que existem critérios capazes de fundamentar classificações «naturais» em regiões «naturais», separadas por fronteiras «naturais». A fronteira nunca é mais do que o produto de uma divisão a que se atribuirá maior ou menor fundamento na «realidade» segundo os elementos que ela reúne, tenham entre si semelhanças mais ou menos numerosas e mais ou menos fortes (dando-se por entendido que se pode discutir sempre acerca dos limites de variação entre os elementos não idênticos que a taxinomia trata como semelhantes). Cada um está de acordo em notar que as «regiões» delimitadas em função dos diferentes critérios concebíveis (língua, *habitat*, amanho da terra, etc.) nunca coincidem perfeitamente. Mas não é tudo: a «realidade», neste caso, é social de parte a parte e as classificações mais «naturais» apoiam-se em características que nada têm de natural e que são, em grande parte, produto de uma imposição arbitrária, quer dizer, de um estado anterior da relação de forças no campo das lutas pela delimitação legítima. A fronteira, esse produto de um acto jurídico de delimitação, produz a diferença cultural do mesmo modo que é produto desta: basta pensar na acção do sistema escolar em matéria de língua para ver que a vontade política pode desfazer o que a história tinha feito ([10]). Assim, a ciência que pretende propor os critérios

---

([9]) E. Benveniste, *op. cit.*, pp. 150-151.

([10]) A diferença cultural é sem dúvida produto de uma dialéctica histórica da diferenciação cumulativa. Como mostrou Paul Bois a respeito dos camponeses do Oeste cujas opções políticas desafiavam a geografia eleitoral, o que faz a região não é o espaço, mas sim o tempo, a

116 | O PODER SIMBÓLICO

mais bem alicerçados na realidade não deve esquecer que se limita a registar um *estado* da luta das classificações, quer dizer, um estado da relação de forças materiais ou simbólicas entre os que têm interesse num ou noutro modo de classificação e que, como ela, invocam frequentemente a autoridade científica para fundamentarem na realidade e na razão a divisão arbitrária que querem impor.

O discurso regionalista é um discurso *performativo*, que tem em vista impor como legítima uma nova definição das fronteiras e dar a conhecer e fazer reconhecer a *região* assim delimitada – e, como tal, desconhecida – contra a definição dominante, portanto, reconhecida e legítima, que a ignora. O acto de categorização, quando consegue fazer-se reconhecer ou quando é exercido por uma autoridade reconhecida, exerce poder por si: as categorias «étnicas» ou «regionais», como as categorias de parentesco, instituem uma realidade usando do poder de *revelação* e de *construção* exercido pela *objectivação no discurso*. Não é uma ficção sem eficácia chamar-se «occitânico» ([11]) à língua que falam os que são chamados «Occitâ-

---

história (P. Bois, *Paysans de l'Ouest, des structures economiques et sociales aux options politiques depuis l'époque révolutionnaire*, Paris/Haia, Mouton, 1960). Poder-se-ia fazer uma demonstração semelhante a respeito das «regiões» berberófonas que, ao cabo de uma história diferente, eram suficientemente «diferentes» das «regiões» arabófonas para suscitarem da parte do colonizador tratamentos diferentes (em matéria de escolarização, por exemplo), logo, próprios para reforçar as diferenças que lhe tinham servido de pretexto e para produzir novas diferenças (as que estão ligadas à emigração para França, por exemplo) e assim sucessivamente. Nada há, nem mesmo as «paisagens» ou os «solos», caros aos geógrafos, que não seja herança, quer dizer, produtos históricos das determinantes sociais (cf. C. Reboul, «Déterminants sociaux de la fertilité des sois», *Actes de la recherche en sciences sociales*, 17-18, Nov. 1977, pp. 88-112). Na mesma lógica e para além do uso ingenuamente «naturalista» da noção de «paisagem», seria preciso analisar a contribuição dos factores sociais para os processos de «desertificação».

([11]) O adjectivo *«occitan»* e, *a fortiori*, o substantivo «Occitanie» são palavras eruditas e recentes (forjadas pela latinização da língua de *oc*, língua occitana), destinadas a designar realidades eruditas que, pelo menos de momento, só existem no papel.

A IDENTIDADE E A REPRESENTAÇÃO | 117

nicos» porque falam esta língua (que ninguém fala, propriamente dito, pois ela não passa da soma de um grande número de falares diferentes) e nomear-se «Occitânia» a região (no sentido de espaço físico) onde esta língua é falada, pretendendo-se assim fazê-la existir como «região» ou como «nação» (com todas as implicações historicamente constituídas que estas noções encerram no momento considerado) ([12]). O acto da magia social que consiste em tentar trazer à existência a coisa nomeada pode resultar se aquele que o realiza for capaz de fazer reconhecer à sua palavra o poder que ela se arroga por uma usurpação provisória ou definitiva, o de impor uma nova visão a uma nova divisão do mundo social: *regere fines, regere sacra*, consagrar um novo limite. A eficácia do discurso performativo que pretende fazer sobrevir o que ele enuncia no próprio acto de o enunciar é proporcional à autoridade daquele que o enuncia: a fórmula «eu autorizo-vos a partir» só é *eo ipso* uma autorização se aquele que pronuncia está autorizado a autorizar, tem autoridade para autorizar. Mas o efeito de conhecimento que o facto da objectivação no discurso exerce não depende apenas do reconhecimento consentido àquele que o detém; ele depende também do grau em que o discurso, que anuncia ao grupo a sua identidade, está fundamentado na objectividade do grupo a que ele se dirige, isto é, no reconhecimento e na crença que lhe concedem os membros deste grupo assim como nas propriedades económicas ou culturais que eles têm em comum, pois é somente em função de um princípio determinado de pertinência que pode aparecer a relação entre estas propriedades. O poder sobre o grupo que se trata de trazer à existência enquanto grupo é, a um tempo, um poder de fazer o grupo impondo-lhe princípios de visão e de divisão comuns, portanto, uma visão única da sua

---

([12]) De facto, esta língua é, ela mesma, um *artefacto* social, inventado à custa de uma indiferença decisória para com as diferenças, que reproduz ao nível da «região» a imposição arbitrária de uma norma única contra a qual se levanta o regionalismo e que só poderia tornar-se em princípio real das práticas linguísticas mediante uma inculcação sistemática análoga à que impôs o uso generalizado do francês.

118 | O PODER SIMBÓLICO

identidade, e uma visão idêntica da sua unidade ([13]). O facto de estar em jogo, nas lutas pela identidade – esse ser percebido que existe fundamentalmente pelo reconhecimento dos outros –, a imposição de percepções e de categorias de percepção explica o lugar determinante que, como a estratégia do *manifesto* nos movimentos artísticos, a dialéctica da manifestação detém em todos os movimentos regionalistas ou nacionais ([14]): o poder quase mágico das palavras resulta do efeito que têm a objectivação e a oficialização de facto que a nomeação pública realiza à vista de todos, de subtrair ao impensado e até mesmo ao impensável a particularidade que está na origem do particularismo (é o caso quando a «algaravia» sem nome se afirma como língua susceptível de ser falada publicamente); e a oficialização tem a sua completa realização na *manifestação*, acto tipicamente mágico (o que não quer dizer desprovido de eficácia) pelo qual o grupo prático, virtual, ignorado, negado, se torna visível, manifesto, para os outros grupos e *para ele próprio*, atestando assim a sua existência como grupo conhecido e reconhecido, que aspira à institucionalização. O mundo social é também representação e vontade, e existir socialmente é também ser percebido como distinto.

De facto, não há que escolher entre a arbitragem objectivista, que mede as *representações* (em todos os sentidos do termo) pela «realidade» esquecendo que elas podem aconte-

---

([13]) Como tentei mostrar em outro trabalho (cf. Bourdieu e L. Boltanski, «Le fétichisme de la langue», *Actes de la recherche em sciences sociales*, n.º 4, 1975, pp. 2-33), os fundadores da Escola republicana tinham por finalidade explícita inculcar, entre outras coisas pela imposição da língua «nacional», o sistema comum de categorias de percepção e de apreciação capaz de fundamentar uma visão unitária do mundo social.

([14]) O liame, geralmente atestado, entre os movimentos regionalistas e os movimentos feministas (e também ecológicos) resulta de que, dirigidos contra formas de dominação simbólica, estes movimentos supõem disposições étnicas e competências culturais (visíveis nas estratégias utilizadas) que se encontram mais propriamente na *intelligentsia* e na nova pequena burguesia (cf. Bourdieu, *La distinction*, Paris, Minuit, 1979, especialmente pp. 405-431).

A IDENTIDADE E A REPRESENTAÇÃO | 119

cer na realidade, pela eficácia própria da *evocação*, o que elas representam, e o empenhamento subjectivista que, privilegiando a representação, confirma no terreno da ciência a falsificação na escrita sociológica pela qual os militantes passam da representação da realidade à realidade da representação. Pode-se escapar à alternativa tomando-a para objecto ou, mais precisamente, levando em linha de conta na ciência do objecto os fundamentos objectivos da alternativa do objectivismo e do subjectivismo que divide a ciência, impedindo que apreenda a lógica específica do mundo social, essa «realidade» que é o lugar de uma luta permanente para *definir* a «realidade». Apreender ao mesmo tempo *o que é instituído*, sem esquecer que se trata somente da resultante, num dado momento, da luta para fazer existir ou «inexistir» o que existe, e *as representações*, enunciados performativos que pretendem que aconteça aquilo que enunciam, restituir ao mesmo tempo as estruturas objectivas e a relação com estas estruturas, a começar pela pretensão a transformá-las, é munir-se de um meio de explicar mais completamente a «realidade», logo, de compreender e de prever mais exactamente as potencialidades que ela encerra ou, mais precisamente, as possibilidades que ela oferece às diferentes pretensões subjectivistas ([15]).

([15]) Sem deixar por isso de estar sujeito a aparecer como censor ou cúmplice. Quando o discurso científico é retomado nas lutas das classificações que se esforça por objectivar – e, salvo a interdição da sua divulgação, não se vê como impedir este uso –, passa a funcionar como na realidade das lutas de classificação, isto é, como um *discurso de consagração* que diz, por um dizer autorizado que autoriza, que o que é deve ser: ele está por isso, condenado a aparecer como *crítico* ou *cúmplice* conforme a relação cúmplice ou crítica que o próprio leitor mantém com a realidade descrita. É assim que o simples facto de *mostrar* pode funcionar como uma maneira de mostrar com o dedo, de pôr no *index*, de acusar (*kategorein*), ou, inversamente, como uma maneira de fazer ver e de fazer valer. Isto tanto vale para a classificação em classes sociais como para a classificação em «regiões» ou em «etnias». O sociólogo expõe-se, a partir do momento em que aceita *tornar públicos* os resultados das suas pesquisas, a que lhe atribuam (na proporção do reconhecimento que se lhe concede) o papel do *censor* romano, responsável pelo *census* («justa estimação pública» do valor e do nível atribuídos às pessoas – G. Dumézil,

120 | O PODER SIMBÓLICO

Compreende-se melhor a necessidade de explicitar completamente a relação entre as lutas pelo princípio e divisão legítima que se desenrolam no campo científico e as que se situam no campo social (e que, pela sua lógica específica, concedem um lugar preponderante aos intelectuais). Toda a tomada de posição que aspire à «objectividade» acerca da existência actual e potencial, real ou previsível, de uma região, de uma etnia ou de uma classe social e, por esse meio, acerca da *pretensão à instituição* que se afirma nas *representações* «partidárias», constitui um certificado de *realismo* ou um veredicto de *utopismo* o qual contribui para determinar as probabilidades objectivas que tem esta entidade social de ter acesso à existência ([16]). O efeito simbólico exercido pelo discurso científico ao consagrar um estado das divisões e da visão das divisões, é inevitável na medida em que os critérios ditos «objectivos», precisamente os que os doutos conhecem, são utilizados como armas nas lutas simbólicas pelo conhecimento e pelo reconhecimento: eles designam as características em que pode firmar-se a acção simbólica de mobilização para produzir a unidade real ou a crença na unidade (tanto no seio

---

Servius et la Fortune, Paris, Gallimard, 1943, p. 188 – e, mais tarde, *recenseamento* das fortunas) ou, o que é o mesmo, a despeito das aparências, o do censor (idanoviano) que reduz as pessoas classificadas à verdade objectiva que a classificação lhes determina. (Esta leitura é ao mesmo tempo provável, porque não basta objectivar a luta das classificações para a suspender e antecipadamente a desmentir: com efeito, a objectivação desta luta e, em particular, na forma específica que ela assume no seio do campo científico, atesta que é possível apartar-se da luta pelo monopólio da definição do princípio da classificação legítima pelo menos quanto baste para a compreender e para controlar os efeitos associados aos interesses envolvidos nesta luta.)

([16]) Como compreender, a não ser como outras tantas afirmações compulsivas da pretensão à *auctoritas* mágica do *censor* duméziliano que se inscreve na ambição do sociólogo, as recitações rituais dos textos canónicos sobre as classes sociais (ritualmente confrontadas com o *census* estatístico) ou, em grau de ambição superior e em estilo menos clássico, as profecias anunciadoras das «novas classes» e das «novas lutas» (ou o declínio inelutável das «velhas classes» e das «velhas» lutas); dois géneros que ocupam grande lugar na produção dita sociológica?

A IDENTIDADE E A REPRESENTAÇÃO | 121

do próprio grupo como nos outros grupos), que – a prazo, e em particular por intermédio das acções de imposição e de inculcação da identidade legítima (como as que a escola e o exército exercem) – tende a gerar a unidade real. Em suma, os veredictos mais «neutros» da ciência contribuem para modificar o objecto da ciência: logo que a questão regional ou nacional é objectivamente posta na realidade social, embora seja por uma minoria actuante (que pode tirar partido da sua própria fraqueza jogando com a estratégia propriamente simbólica da *provocação* e do *testemunho* para arrancar réplicas, simbólicas ou não, que impliquem um reconhecimento), qualquer enunciado sobre a região funciona como um *argumento* que contribui – tanto mais largamente quanto mais largamente é reconhecido – para favorecer ou desfavorecer o acesso da região ao reconhecimento e, por este meio, à existência.

Nada há de menos inocente do que a questão, que divide o mundo douto de saber se se devem incluir no sistema dos critérios pertinentes não só as propriedades ditas «objectivas» (como a ascendência, o território, a língua, a religião, a actividade económica, etc.), mas também as propriedades ditas «subjectivas» (como sentimento de pertença, etc.), quer dizer, as *representações* que os agentes sociais têm das divisões da realidade e que contribuem para a realidade das divisões ([17]).

([17]) As razões da repugnância espontânea dos «doutos» em relação aos critérios «subjectivos» mereceria uma longa análise: há o realismo ingénuo que leva a ignorar tudo o que se não pode mostrar ou tocar com o dedo; há o economismo que leva a não reconhecer outras determinantes da acção social a não ser as que estão visivelmente inscritas nas condições materiais de existência; há os interesses ligados às aparências da «neutralidade axiológica» que, em mais de um caso, constituem toda a diferença entre o «douto» e o militante e que impedem a introdução no discurso «douto» de questões e de noções contrárias à decência; há, enfim e sobretudo, o *ponto de honra* científico que leva os observadores – e de modo tanto mais enérgico quanto menos seguros estão da sua ciência e do seu estatuto – a multiplicarem os sinais de *ruptura* com as representações do senso comum e que os condena a um *objectivismo* redutor, perfeitamente inadequado a fazer entrar a realidade das representações comuns na representação científica da realidade.

122 | O PODER SIMBÓLICO

Quando os investigadores entendem erigir-se em juízes de todos os juízos e em críticos de todos os critérios, com a sua formação e os seus interesses específicos a isso os impelem, ficam privados de apreender a lógica própria de uma luta em que a força social das representações não está necessariamente proporcionada ao seu valor de verdade (medido pelo grau em que elas exprimem o estado da relação de forças materiais no momento considerado). Com efeito, enquanto pré-visões, estas mitologias «científicas» podem produzir a sua própria verificação se conseguirem impor-se à crença colectiva a criar, pela sua energia mobilizadora, as condições da sua própria realização. A região que se torna em nação aparece retrospectivamente na sua verdade, quer dizer, à maneira da religião segundo Durkheim, como «uma ilusão bem fundamentada». Mas esses investigadores não fazem melhor quando, abdicando da distância do observador, retomam à sua própria conta a representação dos agentes, num discurso que, à falta de meios para descrever o jogo em que se produz esta representação e a crença que a fundamenta, não passa de uma contribuição entre outras para a produção da crença acerca da qual haveria que descrever os fundamentos e os efeitos sociais ([18]).

([18]) Pode admitir-se que os sociólogos, enquanto não submetem a sua prática à crítica sociológica, estão sempre determinados, na sua orientação para um pólo ou para outro, objectivista ou subjectivista, do universo das relações possíveis com o objecto, por factores sociais tais como a sua posição na hierarquia social da sua disciplina, quer dizer, do seu nível de competência estatutária que, num espaço geográfico socialmente hierarquizado, se traduz frequentemente por uma posição central ou local, factor particularmente importante se se trata de região ou de regionalismo; mas também na hierarquia técnica: pois que estratégias «epistemológicas» tão opostas como o dogmatismo dos guardiães da ortodoxia teórica e o espontaneísmo dos apóstolos da participação no movimento podem ter de comum o fornecer uma maneira de escapar às exigências do trabalho científico sem renunciar às pretensões à *auctoritas*, quando se não pode ou se não quer satisfazer estas exigências ou simplesmente as mais aparentes, quer dizer, as mais *escolares* de entre elas (como a familiaridade com os textos canónicos). Mas eles podem também oscilar, ao acaso da relação directamente experimentada para com

A IDENTIDADE E A REPRESENTAÇÃO | 123

Em suma, neste caso como em outros, trata-se de escapar à alternativa do registo «desmistificador» dos critérios objectivos e da ratificação mistificada e mistificadora das representações e das vontades para se manter junto o que está junto na realidade, a saber, (*a*) as classificações objectivas, quer dizer, incorporadas ou objectivadas, por vezes em forma de instituição (como as fronteiras jurídicas) e a relação prática, «actuada»

---

o objecto, entre o objectivismo e o subjectivismo, a censura e o elogio, a cumplicidade mistificada e mistificadora e a desmistificação redutora, porque aceitam a problemática objectiva, quer dizer a própria estrutura do campo de luta no qual a região e o regionalismo estão em jogo, em vez de o objectivar; porque eles entram no debate acerca dos critérios que permitem dizer o sentido do movimento regionalista ou de lhe predizer o futuro sem se interrogarem sobre a lógica de uma luta que incide precisamente sobre a determinação do sentido do movimento (regional ou nacional, progressivo ou regressivo, de direita ou de esquerda) e sobre os critérios que possam determinar este sentido – como a referência ao movimento operário: «Pode-se falar neste sentido de libertação nacional no caso dos movimentos regionalistas? Quanto aos que estudei, a resposta é negativa. Por um lado, o conteúdo da reivindicação de 'nação' – quando é explicitamente formulado – assenta frequentemente na manutenção ou no restabelecimento de relações sociais pré-capitalistas. Isto pode, de resto, passar-se sob a palavra de ordem de autogestão que, tomada neste contexto, nega a realidade da estrutura actual do processo de produção e de troca [...]. Que o projecto destes movimentos seja o de ter uma base popular, não o esqueço, mas o caso do Languedoc exposto por Louis Quéré aí está para nos mostrar que a acção dos movimentos de produtores de palavras de ordem regionalistas se processa com desvios e retardamentos, e mesmo em oposição, em relação aos intelectuais emissores da ideologia nacionalitária. Será desvalorizar os movimentos regionalistas o tratá-los assim? Não, é somente reconhecer que o que neles está em jogo não é dado por aquilo que deles dizem os militantes, que a sua significação está em outra parte, e que o seu impacto sobre a evolução do sistema social está longe do conteúdo reivindicativo explícito destes movimentos» (R. Dulong, Intervenção em *Deuxième rencontre européenne sur les problèmes régionaux* [roneotipado], Paris, MSH, 1976). «O problema essencial é pois o dos critérios que nos permitirão que creditemos este tipo de movimento com esta ou aquela significação social» (L. Quéré, *op. cit.* p. 63 – poder-se-ão ler também as páginas 67 e 68, em que o autor toca de passagem na objectivação da alternativa da participação e do objectivismo).

124 | O PODER SIMBÓLICO

ou representada, com essas classificações e, em particular, as estratégias individuais colectivas (como as reivindicações regionalistas) pelas quais os agentes procuram pô-las ao serviço dos seus interesses, materiais ou simbólicos, ou conservá-las e transformá-las; (*b*) as relações de forças objectivas, materiais e simbólicas, e os esquemas práticos (quer dizer, implícitos, confusos, e mais ou menos contraditórios) graças aos quais os agentes classificam os outros agentes e apreciam a sua posição nestas relações objectivas e, simultaneamente, as estratégias simbólicas de apresentação e de representação de si que eles opõem às classificações e às representações (deles próprios) que os outros lhes impõem.

Em resumo, é com a condição de exorcizar o sonho da «ciência régia» investida da regalia de *regere fines* e de *regere sacra*, do poder nomotético de decretar a união e a separação, que a ciência pode eleger como objecto o próprio jogo em que se disputa o poder de reger as fronteiras sagradas, quer dizer, o poder quase divino sobre a visão do mundo, e em que não há outra escolha para quem pretende jogá-lo (e não resignar-se a ele) a não ser mistificar ou desmistificar ([19]).

([19]) A pesquisa marxista acerca da questão nacional ou regional viu-se bloqueada, sem dúvida desde a origem, pelo efeito conjugado do utopismo internacionalista (sustentado por um evolucionismo ingénuo) e do economismo, sem falar dos efeitos das preocupações estratégicas do momento que frequentemente predeterminaram os veredictos de uma «ciência» voltada para a prática (e desprovida de uma ciência verdadeira quer da ciência quer das relações entre a prática e a ciência). Não há dúvida de que a eficácia do conjunto destes factores se vê particularmente bem na tese, tipicamente performativa, do primado, embora muitas vezes desmentido pelos factos, das solidariedades «étnicas» ou nacionais em relação às solidariedades de classe. Mas a incapacidade de *historicizar este problema* (que, ao mesmo título que o primado das relações espaciais ou das relações sociais e genealógicas, é posto e resolvido na história) e a pretensão teoreticista, incessantemente afirmada, para designar as «nações viáveis» ou para produzir os critérios cientificamente válidos da identidade nacional (cf. G. Haupt, M. Lowry, C. Weill, *Les marxistes et la question nationale*, Paris, Maspero, 1974) parecem depender directamente do grau em que a intenção realenga de reger e de dirigir orienta a ciência régia das fronteiras e dos limites: não é por acaso que Estaline é o autor da «definição» mais dogmática e mais *essencialista* de nação.

A IDENTIDADE E A REPRESENTAÇÃO | 125

Dominação simbólica e lutas regionais

O regionalismo (ou o nacionalismo) é apenas um caso particular das lutas propriamente simbólicas em que os agentes estão envolvidos quer individualmente e em estado de dispersão, quer colectivamente e em estado de organização, e em que está em jogo a conservação ou a transformação das relações de forças simbólicas e das vantagens correlativas, tanto económicas como simbólicas; ou, se se prefere, a conservação ou a transformação das leis de formação dos preços materiais ou simbólicos ligados às manifestações simbólicas (objectivas ou intencionais) da identidade social. Nesta luta pelos critérios de avaliação legítima, os agentes empenham interesses poderosos, vitais por vezes, na medida em que é o valor da pessoa enquanto reduzida socialmente à sua identidade social que está em jogo [20].

Quando os dominados nas relações de forças simbólicas entram na luta em estado isolado, como é o caso nas interacções da vida quotidiana, não têm outra escolha a não ser a da aceitação (resignada ou provocante, submissa ou revoltada) da definição dominante da sua identidade ou da busca da *assimilação* a qual supõe um trabalho que faça desaparecer todos os sinais destinados a lembrar o estigma (no estilo de vida, no vestuário, na pronúncia, etc.) e que tenha em vista propor, por meio de estratégias de dissimulação ou de embuste, a imagem de si o menos afastada possível da identidade legítima. Diferente destas estratégias que encerram o reconhecimento da identidade dominante e portanto dos critérios de apreciação apropriados a constituí-la como legítima, a luta colectiva pela subversão das relações de forças simbólicas – que tem em vista não a supressão das características estigmatizadas mas a destruição da tábua dos valores que as constitui como estigmas –,

---

[20] Sabe-se que os indivíduos e os grupos investem nas lutas de classificação todo o seu ser social, tudo o que define a ideia que eles têm deles próprios, todo o impensado pelo qual eles se constituem como «nós» por oposição a «eles», aos «outros» e ao qual estão ligados por uma adesão quase corporal. É isto que explica a força mobilizadora excepcional de tudo o que toca à identidade.

126 | O PODER SIMBÓLICO

que procura impor senão novos princípios de di-visão, pelo menos uma inversão dos sinais atribuídos às classes produzidas segundo os antigos princípios, é um esforço pela autonomia, entendida como poder de definir os princípios de definição do mundo social em conformidade com os seus próprios interesses (*novos*, a partilha legal, a atribuição legal, a lei, liga-se a *nemo*, partilhar segundo a lei). O que está nela em jogo é o poder de se apropriar, se não de todas as vantagens simbólicas associadas à posse de uma identidade legítima, quer dizer, susceptível de ser publicamente e oficialmente afirmada e reconhecida (identidade nacional), pelo menos as vantagens negativas implicadas no facto de já se não estar sujeito a ser-se avaliado ou a avaliar-se (pondo-se à prova na vergonha ou na timidez ou procurando acabar com o velho homem mediante um esforço incessante de *correcção*) em função dos critérios mais desfavoráveis. A revolução simbólica contra a dominação simbólica e os efeitos de *intimidação* que ela exerce tem em jogo não, como se diz, a conquista ou a reconquista de uma identidade, mas a reapropriação colectiva deste poder sobre os princípios de construção e de avaliação da sua própria identidade de que o dominado abdica em proveito do dominante enquanto aceita ser negado ou negar-se (e negar os que, entre os seus, não querem ou não podem negar-se) para se fazer reconhecer (21).

O estigma produz a revolta contra o estigma, que começa pela reivindicação pública do estigma, constituído assim em emblema – segundo o paradigma «*black is beautiful*» – e que termina na institucionalização do grupo produzido (mais ou menos totalmente) pelos efeitos económicos e sociais da estigmatização. É, com efeito, o estigma que dá à revolta regionalista ou nacionalista, não só as suas determinantes simbólicas mas também os seus fundamentos económicos e sociais, princípios de unificação do grupo e pontos de apoio objectivos da acção de mobilização. Os que julgam poder condenar o

---

(21) Esta alternativa impõe-se também aos membros das classes dominadas, na medida em que a dominação económica é acompanhada quase inevitavelmente de uma dominação simbólica.

A IDENTIDADE E A REPRESENTAÇÃO | 127

sionismo ao condenarem o racismo esquecem que o sionismo é, na sua origem, o produto histórico do racismo (e também que, como mostram, por exemplo, as ficções da política que têm em vista reconhecer a «identidade cultural» dos emigrados sem lhes conceder a sanção jurídica deste reconhecimento, se tem o direito de perguntar se uma identidade cultural inicialmente firmada no estigma pode ser realmente assegurada sem a garantia de um Estado independente). É assim, embora se possa deplorar que, por uma espécie de desforra da história, aqueles que foram as primeiras vítimas das ideologias reaccionárias da terra e do sangue tenham sido obrigados a criar inteiramente, para realizarem a sua identidade, a terra e a língua que servem geralmente de justificação «objectiva» à reivindicação da identidade.

A reivindicação regionalista, por muito longínqua que pareça deste nacionalismo sem território, é também uma resposta à estigmatização que produz o território de que, aparentemente, ela é produto. E, de facto, se a região não existisse como espaço estigmatizado, como «província» definida pela distância económica e social (e não geográfica) em relação ao «centro», quer dizer, pela privação do capital (material e simbólico) que a capital concentra ([22]), não teria que reivindicar a existência ([23]): é porque existe como unidade negativamente definida pela dominação simbólica e económica que

---

([22]) O espaço propriamente político de dominação define-se pela relação que se estabelece entre a distribuição dos poderes e dos bens no espaço geográfico e a distribuição dos agentes neste espaço, sendo a distância geográfica em relação aos bens e aos poderes um bom índice de poder.

([23]) O argumento mobilizador «viver na região» deve a sua força real – mesmo junto dos «burgueses» – a que, além dos desenraizamentos afectivos, o exílio imposto pela procura de trabalho é acompanhado da experiência da desvalorização simbólica, da desqualificação ligada ao facto de ser-se levado praticamente a oferecer directamente no mercado linguístico dominante produções não conformes (daí, a função que cabe aos submercados protegidos que se reconstituem no coração do mercado dominante, como é o caso do frontão de Paris frequentado por Courrèges ou o da *Amicale* dos basco-bearneses no que diz respeito aos empregados dos cheques postais).

alguns dos que nela participam podem ser levados a lutar (e com probabilidades objectivas de sucesso e de ganho) para alterarem a sua definição, para inverterem o sentido e o valor das características estigmatizadas, e que a revolta contra a dominação em todos os seus aspectos – até mesmo económicos – assume a forma da reivindicação regionalista [24].

A fé universalista, que leva a recusar o reconhecimento dos efeitos particulares e particularizantes da reivindicação nacionalista, ainda que aceitando a reivindicação autonomista [25], encontra uma justificação no facto de, como mostram entre outros casos o destino do sionismo ou os efeitos paradoxais da autonomização (inacabada) dos cantões jurassianos [26], a autodeterminação, que é apenas a negação de uma heterodeterminação, não fazer mais do que reproduzir o estigma, mas em forma invertida. Abolir o estigma realmente (e não magicamente, quer dizer, por uma simples inversão simbólica dos sinais de distinção que pode levar até uma redefinição dos *limites* no interior dos quais a legitimidade da identidade assim definida se acha garantida) implicaria que se destruíssem os próprios fundamentos do jogo que, ao produzir o estigma, gera a procura de uma reabilitação baseada na auto-afirmação exclusiva que está na própria origem do estigma, e que se façam desaparecer os mecanismos por meio dos quais se exerce a dominação simbólica e, ao mesmo tempo, os fundamentos subjectivos e objectivos da reivindicação da diferença por ela gerados.

Ora, o paradoxo está em que, por uma espécie de desafio lançado à combinação de racionalismo universalista e de economismo evolucionista que fazia esperar dos efeitos univer-

---

[24] Pode compreender-se nesta lógica por que razão a oposição entre o Norte e o Sul se encontra na atitude assumida a respeito da região e do regionalismo: as regiões onde a reivindicação económica e a luta contra a dominação tomam a forma regionalista são aquelas onde os efeitos da dominação económica são mais nitidamente acrescidos dos efeitos da dominação simbólica (pronúncia estigmatizada, etc.).

[25] E. Hobsbawm, «Some Reflections on The Break-up of Britain», *New Left Review*, 105, Set/Out. 1977, pp. 3-24.

[26] A. Charpilloz, *Le Jura irlandisé*, Vevey, Bertil Galland, 1976.

A IDENTIDADE E A REPRESENTAÇÃO | 129

salizantes da unificação da economia o desaparecimento das
nações e dos nacionalismos, estes mecanismos são, com toda a
evidência, produto de um começo de universalização (historicamente encarnada pela tradição jacobina). De modo que o
separatismo aparece bem como o único meio realista de combater ou de anular os efeitos de dominação que estão implícitos, inevitavelmente, na unificação do mercado dos bens
culturais e simbólicos, desde que uma categoria de produtores
esteja em condições de impor as suas próprias normas de percepção e de apreciação. É o que se vê bem no caso da língua
na qual todos os efeitos de dominação estão ligados à *unificação do mercado* que, ao invés de abolir os particularismos, os
constituiu em estigmas negativos [27]. Assim, o verdadeiro
suporte objectivo do regionalismo occitânico reside não nos
falares locais que, já heterogéneos, foram desnaturados e
desenraizados pela confrontação com a língua dominante,
mas sim no *francês meridional,* bastante diferente do francês
legítimo na sua sintaxe, no seu vocabulário e na sua pronúncia
para servir de base a uma depreciação sistemática de todos os
seus utilizadores, independentemente da classe a que perten-
çam (se bem que a propensão e a aptidão para a «correcção»
aumente à medida que se sobe na hierarquia social), e a uma
forma doce e larvada de racismo (firmada na oposição mítica
do Norte e do Sul) [28].

---

[27] P. Bourdieu e L. Boltanski, *op. cit.,* nota 13.

[28] Pode pensar-se que, além dos efeitos da transmissão directa das
vantagens sociais que estão ligadas ao capital social, a pronúncia legítima
desempenha um papel não descurável no privilégio de que beneficiam,
para o acesso à classe dominante, as pessoas nascidas na região parisiense
ou que fizeram nela os seus estudos – (privilégio que vai aumentando à
medida que se sobe na hierarquia das funções, desde os bispos, os pre-
feitos ou os generais até aos directores de ministérios, aos inspectores de
finanças ou aos PDG [Président-directeur général] das grandes sociedades, todos colocados no centro do poder central). Esta hipótese acha
uma confirmação no facto de a taxa de parisienses (nascidos em Paris ou
residentes em Paris no momento da entrada em *6ème*) entre os alunos das
escolas superiores crescer segundo o mesmo princípio, quer dizer,
segundo a hierarquia seguinte: École des P. et T., Mines de Saint-Etienne
e Saint-Cloud, Fontenay, Ulm, Sèvres, Agro, Mines de Nancy, Mines de

130 | O PODER SIMBÓLICO

Em resumo, o mercado dos bens simbólicos tem as suas leis, que não são as da comunicação universal entre sujeitos universais: a tendência para a partilha indefinida das nações que impressionou todos os observadores compreende-se se se vir que, na lógica propriamente simbólica da distinção – em que existir não é somente ser diferente mas também ser reconhecido legitimamente diferente e em que, por outras palavras, a existência real da identidade supõe a possibilidade real, juridicamente e politicamente garantida, de afirmar oficialmente a diferença – qualquer unificação, que *assimile* aquilo que é diferente, encerra o princípio da dominação de uma identidade sobre outra, da negação de uma identidade por outra.

É preciso, pois, romper com o economismo – marxista ou qualquer outro – que reduz o regionalismo à paixão, ou mesmo à patologia, porque, por não reconhecer a contribuição dada à construção do real pela representação que os agentes têm do real, ele não pode compreender a real contribuição que a transformação colectiva da representação colectiva dá à transformação da realidade. Mas sem esquecer por isso que há uma economia do simbólico que é irredutível à economia (em

---

Paris, Polytechnique e, enfim, HEC, ENA e Ciências PO em que existem mais de 50% dos alunos naquelas condições. Vê-se que as vantagens associadas à pronúncia legítima, elemento do *capital* associado ao nascimento na capital, vêm acrescer às vantagens associadas a uma origem social elevada. É assim que a oposição é ainda mais marcada entre as escolas superiores se se levar em linha de conta ao mesmo tempo o lugar de residência dos pais no momento de entrada em *6ème* e a origem social: têm-se assim, de um lado, as escolas que recrutam uma grande parte dos seus alunos na burguesia parisiense, quer dizer, Ciências PO, HEC, ENA e as Mines de Paris, e por outro lado, as escolas que recrutam sobretudo na burguesia de província, quer dizer, ULM, Sèvres, Polytechnique e Agro. Tudo parece pois indicar que o peso crescente no universo das vias de acesso às posições dominantes de Ciências PO, HEC ou ENA, que, sob a aparência de considerar apenas critérios de selecção universais, concede um reconhecimento especialmente marcado às propriedades mais características do *habitus* legítimo, quer dizer, parisiense (como a pronúncia e sem dúvida muitas outras características), tem contribuído para reforçar a inferioridade da burguesia de província.

A IDENTIDADE E A REPRESENTAÇÃO | 131

sentido restrito) e que as lutas simbólicas têm fundamentos e efeitos económicos (em sentido restrito) efectivamente reais. É assim que, como bem mostra Eric Hobsbawm ([29]), a mundialização da economia, de que se poderia ter esperado fizesse desaparecer os nacionalismos, poderia ter permitido caminho livre à lógica da diferenciação simbólica, criando assim as condições que tornassem possível um separatismo quase sem limites económicos. Com efeito, o critério do *tamanho* do território a que se referiam os teóricos (marxistas, em especial) para determinarem os «Estados viáveis», quer dizer, capazes de oferecer um mercado suficientemente extenso e diversificado e, secundariamente, capazes de se protegerem contra as agressões exteriores, perde uma grande parte da sua significação desde que se generalize a dependência dos Estados (e das nações) em relação à economia internacional e em relação às empresas transnacionais – e isto na medida em que o equilíbrio das forças entre as grandes potências militares tende a assegurar uma protecção de facto aos pequenos países. A nova divisão internacional do trabalho não só não condena os pequenos Estados isolados, como também se acomoda muito bem a essas unidades oficialmente autónomas e incapazes de impor constrangimentos aos capitais estrangeiros (visto que os poderes locais podem encontrar ganhos evidentes em cederem a sua dependência às grandes potências económicas). Mas, simultaneamente, a redistribuição dos investimentos no espaço, em função apenas da lógica das taxas diferenciais de lucro, e a deslocalização do poder, que daí resulta, tendem a estimular a revolta contra o Estado.

Uma economia das lutas regionalistas deveria assim determinar os princípios segundo os quais as diferentes categorias de agentes activamente ou passivamente envolvidos nas lutas regionalistas se distribuem entre partidários e adversários do poder local. Se todos os observadores estão de acordo em notar que os intelectuais desempenham um papel determinante no trabalho simbólico que é necessário para contrariar as forças tendentes à unificação do mercado dos bens culturais

---

([29]) E. Hobsbawm, *loc. cit.*

132 | O PODER SIMBÓLICO

e simbólicos e os efeitos de desconhecimento (*) por elas imposto aos defensores das línguas e das culturas locais, não se interessam por situar a posição desses intelectuais no campo intelectual nacional que poderia estar na origem das suas tomadas de posição sobre as relações entre o nacional e o regional: tudo parece, com efeito, indicar que, tanto no caso dos romancistas regionalistas, estudados por Rémi Ponton como no caso dos inspiradores dos movimentos regionalistas o empenhamento pelo regional, pelo local, pelo provincial, fornece aos detentores de um capital cultural e simbólico, cujos limites são, muitas vezes, objectivamente imputáveis (e quase sempre subjectivamente imputados) ao efeito da estigmatização regional, um meio de obterem um rendimento mais elevado deste capital nacional investindo-o num mercado mais restrito, em que a concorrência é mais fraca (30). No caso oposto, segundo uma lógica que se observa no conjunto da classe dominante e, em particular, entre os dirigentes da indústria, os agentes activamente envolvidos na luta parecem tanto mais voltados para o transregional quanto mais ligado está ao poder central, nacional ou internacional o seu capital económico e cultural (31).

(*) *«méconnaissance»* (ignorância, não-reconhecimento). (*N.T.*)

(30) Esta lógica observa-se no campo científico em que a fissão [*fission*] das disciplinas permite que se assegure uma dominação mais completa sobre um domínio mais restrito: é o que descreve, por exemplo, Ernst Kantorowicz que mostra como os juristas de Bolonha conseguiram garantir, no século XII, o monopólio do direito por meio de uma divisão dos poderes, em relação ao rei, e de uma diferenciação funcional das atribuições das diferentes instituições encarregadas de administrar o direito (cf. E. Kantorowicz, «Kinship under the Impact of Scientific Jurisprudence», in *Twelfth-Century Europe and Me Foundations of Modern Society*, M. Clagett, G. Post e R. Reynolds eds., Madison, University of Wisconsin Press, 1961, pp. 89-111).

(31) Quanto aos que, nesta luta, estão condenados ao papel passivo de *coisas em jogo*, tudo permite supor que, além dos factores ordinários da propensão para aceitar a transformação ou a conservação (quer dizer, essencialmente, a posição na estrutura social e a trajectória, ascendente ou descendente, que conduz a esta posição), é o balanço dos ganhos actuais e dos ganhos esperados, quer dizer, dos ganhos proporcionados

A IDENTIDADE E A REPRESENTAÇÃO | 133

E reencontraríamos assim o ponto de partida, quer dizer, as determinações que a posição, central ou local, no espaço de jogo faz pesar sobre a visão do jogo, e que só a construção do jogo enquanto tal pode permitir neutralizar, pelo menos durante o tempo de uma análise.

---

pelo nacional (salários, reformas, etc.) e dos ganhos prometidos pelo regional, que determina as opções. Ao suspender a eficácia assimiladora da instituição escolar como via privilegiada de ascensão – e de integração – social, a *desclassificação* (cf. P. Bourdieu, «Classement, déclassement, reclassement», *Actes de la recherche em sciences sociales*, n.º 24, Nov. 1978, pp. 2-22) favorece as atitudes anti-institucionais, dirigidas contra a Escola, o Estado e a Família, e leva a pequena nova burguesia a recusar o papel de correia de transmissão que ela desempenhava na luta de concorrência integradora e a entrar numa contestação (ambígua) do central que é acompanhada por uma reivindicação da participação nos poderes locais.

VI

Espaço Social e Génese das «Classes»

A construção de uma teoria do espaço social implica uma série de rupturas com a teoria marxista [1]. Ruptura com a tendência para privilegiar as substâncias – neste caso, os grupos reais, cujo número, cujos limites, cujos membros, etc. se pretende definir – em detrimento das *relações* e com a ilusão intelectualista que leva a considerar a classe teórica, construída pelo cientista, como uma classe real, um grupo efectivamente mobilizado; ruptura com o economismo que leva a reduzir o campo social, espaço multidimensional, unicamente ao campo económico, às relações de produção económica constituídas assim em coordenadas da posição social; ruptura, por fim, com o objectivismo, que caminha lado a lado com o intelectualismo e que leva a ignorar as lutas simbólicas desenvolvidas nos diferentes campos e nas quais está em jogo a própria representação do mundo social e, sobretudo, a hierarquia no seio de cada um dos campos e entre os diferentes campos.

---

[1] Uma versão abreviada deste texto foi pronunciada no quadro das *Vorlesungen zu den Geistes und Sozialwissenschaften,* na Universidade de Frankfurt, em Fevereiro de 1984.

136 | O PODER SIMBÓLICO

O espaço social

Num primeiro tempo, a sociologia apresenta-se como uma *topologia social*. Pode-se assim representar o mundo social em forma de um espaço (a várias dimensões) construído na base de princípios de diferenciação ou de distribuição constituídos pelo conjunto das propriedades que actuam no universo social considerado, quer dizer, apropriadas a conferir, ao detentor delas, força ou poder neste universo. Os agentes e grupos de agentes são assim definidos pelas suas *posições relativas* neste espaço. Cada um deles está acantonado numa posição ou numa classe precisa de posições vizinhas, quer dizer, numa região determinada do espaço, e não se pode ocupar realmente duas regiões opostas do espaço – mesmo que tal seja concebível. Na medida em que as propriedades tidas em consideração para se construir este espaço são propriedades actuantes, ele pode ser descrito também como campo de forças, quer dizer, como um conjunto de relações de força objectivas impostas a todos os que entrem nesse campo e irredutíveis às intenções dos agentes individuais ou mesmo às *interacções* directas entre os agentes ([2]).

As propriedades actuantes, tidas em consideração como princípios de construção do espaço social, são as diferentes espécies de poder ou de capital que ocorrem nos diferentes campos. O capital – que pode existir no estado objectivado, em forma de propriedades materiais, ou, no caso do capital cultural, no estado incorporado, e que pode ser juridicamente garantido – representa um poder sobre um campo (num dado momento) e, mais precisamente, sobre o produto acumulado do trabalho passado (em particular sobre o conjunto dos

---

([2]) Pode-se julgar ter-se rompido com o substancialismo e ter-se introduzido um modo de pensamento relacional quando se estudam de facto as interacções e as permutas reais (de facto, as solidariedades práticas, como as rivalidades práticas, ligadas ao contacto directo e à interacção – vizinhança – podem ser um *obstáculo* à construção das solidariedades baseadas na vizinhança no espaço teórico).

ESPAÇO SOCIAL E GÉNESE DAS «CLASSES» | 137

instrumentos de produção), logo sobre os mecanismos que contribuem para assegurar a produção de uma categoria de bens e, deste modo, sobre um conjunto de rendimentos e de ganhos. As espécies de capital, à maneira dos trunfos num jogo, são os poderes que definem as probabilidades de ganho num campo determinado (de facto, a cada campo ou subcampo corresponde uma espécie de capital particular, que ocorre, como poder e como coisa em jogo, neste campo). Por exemplo, o volume do capital cultural (o mesmo valeria, *mutatis mutandis*, para o capital económico) determina as probabilidades agregadas de ganho em todos os jogos em que o capital cultural é eficiente, contribuindo deste modo para determinar a posição no espaço social (na medida em que esta posição é determinada pelo sucesso no campo cultural).

A posição de um determinado agente no espaço social pode assim ser definida pela posição que ele ocupa nos diferentes campos, quer dizer, na distribuição dos poderes que actuam em cada um deles, seja, sobretudo, o capital económico – nas suas diferentes espécies –, o capital cultural e o capital social e também o capital simbólico, geralmente chamado prestígio, reputação, fama, etc., que é a forma percebida e reconhecida como legítima das diferentes espécies de capital. Pode-se assim construir um modelo simplificado do campo social no seu conjunto que permite pensar a posição de cada agente em todos os espaços de jogo possíveis (dando-se por entendido que, se cada campo tem a sua lógica própria e a sua hierarquia própria, a hierarquia que se estabelece entre as espécies do capital e a ligação estatística existente entre os diferentes haveres fazem com que o campo económico tenda a impor a sua estrutura aos outros campos.

Pode-se descrever o campo social como um espaço multidimensional de posições tal que qualquer posição actual pode ser definida em função de um sistema multidimensional de coordenadas cujos valores correspondem aos valores das diferentes variáveis pertinentes: os agentes distribuem-se assim nele, na primeira dimensão, segundo o volume global do capital que possuem e, na segunda dimensão, segundo a composi-

138 | O PODER SIMBÓLICO

ção do seu capital – quer dizer, segundo o peso relativo das diferentes espécies no conjunto das suas posses ([3]).

A forma de que se reveste, em cada momento e em cada campo social, o conjunto das distribuições das diferentes espécies de capital (incorporado ou materializado), como instrumentos de apropriação do produto objectivado do trabalho social acumulado, define o estado das relações de força – institucionalizadas em estatutos sociais duradoiros, socialmente reconhecidos ou juridicamente garantidos –, entre agentes objectivamente definidos pela sua posição nestas relações. Esta posição determina os poderes actuais ou potenciais nos diferentes campos e as probabilidades de acesso aos ganhos específicos que eles ocasionam ([4]).

O conhecimento da posição ocupada neste espaço comporta uma informação sobre as propriedades intrínsecas (condição) e relacionais (posição) dos agentes. Isso vê-se particularmente bem no caso dos ocupantes das posições intermédias

---

([3]) O inquérito estatístico só pode apreender esta relação de forças em forma de *propriedades*, por vezes juridicamente garantidas por meio dos *títulos* de propriedade económica, cultural – títulos escolares – ou social – títulos de nobreza –; é isto que explica o liame entre a pesquisa empírica sobre as classes e as teorias da estrutura social como *estratificação* descrita em termos de distância em relação aos instrumentos de apropriação («distância em relação ao núcleo dos valores culturais» de Halbwachs), como faz o próprio Marx quando fala da «massa privada de propriedade».

([4]) Em certos universos sociais, aos princípios de divisão que, como o volume e a estrutura do capital, determinam a estrutura do espaço social acrescem princípios de divisão relativamente independentes das propriedades económicas ou culturais, como a filiação étnica ou religiosa. A distribuição dos agentes aparece neste caso como o produto da intersecção de dois espaços que são parcialmente independentes, podendo uma etnia situada em posição inferior no espaço das etnias ocupar posições em todos os campos, ainda os mais altos, mas com taxas de representação inferiores às de uma etnia situada numa posição superior. Cada etnia pode assim ser caracterizada pelas posições sociais dos seus membros, pela taxa de dispersão dessas posições e, enfim, pelo seu grau de integração social, apesar da dispersão (podendo a solidariedade étnica produzir o efeito de assegurar uma forma de mobilidade colectiva).

ESPAÇO SOCIAL E GÉNESE DAS «CLASSES» | 139

ou médias que, além dos valores médios ou medianos das suas propriedades, devem um certo número das suas características mais típicas ao facto de estarem situadas *entre* os dois pólos do campo, no ponto *neutro* do espaço, e de oscilarem entre as duas posições extremas.

Classes no papel

Com base no conhecimento do espaço das posições, podemos recortar *classes* no sentido lógico do termo, quer dizer, conjuntos de agentes que ocupam posições semelhantes e que, colocados em condições semelhantes e sujeitos a condicionamentos semelhantes, têm, com toda a probabilidade, atitudes e interesses semelhantes, logo, práticas e tomadas de posição semelhantes. Esta classe no papel tem a existência *teórica* que é a das teorias: enquanto produto de uma classificação explicativa, perfeitamente semelhante à dos zoólogos ou dos botânicos, ela permite explicar e prever as práticas e as propriedades das coisas classificadas – e, entre outras, as das condutas de reunião em grupo. Não é realmente uma classe, uma classe actual, no sentido de grupo e de grupo mobilizado para a luta; poder-se-ia dizer, em rigor, que é uma classe *provável*, enquanto conjunto de agentes que oporá menos obstáculos objectivos às acções de mobilização do que qualquer outro conjunto de agentes.

Deste modo, é preciso afirmar, contra o *relativismo nominalista* que anula as diferenças sociais ao reduzi-las a puros artefactos teóricos, a existência de um espaço objectivo que determina compatibilidades e incompatibilidades, proximidades e distâncias. É preciso afirmar, contra o *realismo do inteligível* (ou reificação dos conceitos), que as classes que podemos recortar no espaço social (por exemplo, por exigências da análise estatística que é o único meio de revelar a estrutura do espaço social) não existem como grupos reais embora expliquem a probabilidade de se constituírem em grupos práticos, famílias (homogamia), clubes, associações e mesmo «movimentos» sindicais ou políticos. O que existe, é um *espaço de relações* o qual é tão real como um espaço geográfico, no qual as mudanças de lugar se pagam em trabalho, em esforços e sobretudo em tempo (ir de baixo para cima é guindar-se, trepar e trazer as marcas ou os estigmas desse esforço). Também as distâncias se medem nele em tempo (de ascensão ou de reconversão, por exemplo). E a probabilidade da mobilização em movimentos organizados, dotados de um aparelho e de porta-voz (precisamente aquilo que leva a falar de «classe») será inversamente proporcional ao afastamento nesse espaço. Se a probabilidade de reunir realmente ou nominalmente – pelo poder do delegado – um conjunto de agentes é tanto maior quanto maior é a sua proximidade no espaço social e quanto mais restrita, logo mais homogénea, é a classe construída a que eles pertencem, a aproximação dos mais chegados nunca é *necessária*, fatal (pois que os efeitos da concorrência imediata podem fazer barreira), e a aproximação dos mais afastados nunca é *impossível:* se há mais probabilidade de mobilizar no mesmo grupo real o conjunto dos operários do que o conjunto dos patrões e dos operários, pode-se, graças a uma crise internacional, por exemplo, conseguir um agrupamento baseado em liames de identidade nacional (isto em parte porque, pela história que lhe é própria, cada um dos espaços sociais nacionais tem a sua estrutura própria – por exemplo em matéria de desvios hierárquicos no campo económico).

Como o ser segundo Aristóteles, o mundo social pode ser dito e construído de diferentes modos: ele pode ser praticamente percebido, dito, construído, segundo diferentes princípios de visão e de divisão – por exemplo, as divisões étnicas –, dando-se por entendido que os reagrupamentos na estrutura do espaço construído na base da distribuição do capital apresentam maiores probabilidades de serem estáveis e duradoiros e que as outras formas de reagrupamento estarão sempre ameaçadas pelas cisões e oposições ligadas às distâncias no espaço social. Falar de um espaço social, é dizer que se não pode juntar uma pessoa qualquer com outra pessoa qualquer, descurando as diferenças fundamentais, sobretudo económicas e culturais. Mas isso não exclui nunca completamente

ESPAÇO SOCIAL E GÉNESE DAS «CLASSES» | 141

que se possam organizar os agentes segundo outros princípios
de divisão – étnicos, nacionais, etc. É preciso, de resto, notar
que estes estão geralmente ligados aos princípios fundamentais, estando os conjuntos étnicos, eles próprios pelo menos
grosseiramente, hierarquizados no espaço social, por exemplo, nos EUA (por intermédio do critério de antiguidade na
imigração, à excepção dos Negros) (5).

É isto que marca uma primeira ruptura com a tradição
marxista. Com efeito, esta identifica, por vezes, sem outra
forma de processo, a classe construída com a classe real, quer
dizer, as coisas da lógica com a lógica das coisas, como Marx
dizia censurando Hegel; outras vezes, distinguindo-as pela
oposição entre a «classe-em-si», definida na base de um conjunto de condições objectivas, e a da «classe-para-si» radicada
em factores subjectivos, ela descreve a passagem de uma à
outra, sempre celebrada como uma verdadeira promoção
ontológica, em termos de uma lógica ora totalmente determinista, ora, pelo contrário, plenamente voluntarista. No primeiro caso, a transição aparece como uma necessidade lógica,
mecânica ou orgânica (a transformação do proletariado como
classe-em-si em *classe-para-si* é aqui apresentada como um efeito
inevitável do tempo, da «maturação das condições objectivas»);
no segundo caso, ela apresenta-se como o efeito da «tomada
de consciência», concebida como «tomada de conhecimento»
da teoria operada sob a direcção esclarecida do partido. Em
caso algum nada é dito acerca da alquimia misteriosa pela
qual um «grupo em luta», colectivo personalizado, agente histórico que determina os seus próprios fins, surge das condições económicas objectivas.

Por uma espécie de falsificação de escrita, fazem-se desaparecer as questões mais importantes: por um lado, a própria

---

(5) A mesma coisa se diria acerca das relações entre o espaço geográfico e o espaço social: estes dois espaços nunca coincidem completamente; no entanto muitas diferenças que, geralmente, se associam ao
efeito do espaço geográfico, por exemplo, à oposição entre o centro e a
periferia, são o efeito da distância no espaço social, quer dizer, da distribuição desigual das diferentes espécies de capital no espaço geográfico.

142 | O PODER SIMBÓLICO

questão do político, a da acção própria dos agentes que, em nome de uma definição teórica da «classe», destinam aos seus membros os fins oficialmente mais conformes com os seus interesses «objectivos», quer dizer, teóricos, e a do trabalho pelo qual eles conseguem produzir, se não a classe mobilizada, pelo menos a crença na existência da classe, fundamento da autoridade dos seus porta-vozes; por outro lado, a questão das relações entre as classificações com ambição à objectividade que o letrado, nisso parecido com o zoólogo, produz, e as classificações continuamente produzidas pelos próprios agentes na existência corrente e por meio das quais tentam modificar a sua posição nas classificações objectivas ou os próprios princípios segundo os quais essas classificações são produzidas.

A percepção do mundo social e a luta política

A teoria mais acentuadamente objectivista tem de integrar não só a representação que os agentes têm do mundo social, mas também, de modo mais preciso, a contribuição que eles dão para a construção da visão desse mundo e, assim, para a própria construção desse mundo, por meio do *trabalho de representação* (em todos os sentidos do termo) que continuamente realizam para imporem a sua visão do mundo ou a visão da sua própria posição nesse mundo, a visão da sua identidade social. A percepção do mundo social é produto de uma dupla estruturação social: do lado «objectivo», ela está socialmente estruturada porque as autoridades ligadas aos agentes ou às instituições não se oferecem à percepção de maneira independente, mas em combinações de probabilidade muito desigual (e tal como há mais probabilidades de que sejam os animais com penas a terem asas do que a tê-las os animais com pêlo, também há mais probabilidades de que os visitantes de museus sejam os que possuem um forte capital cultural do que os que dele estão desprovidos); do lado «subjectivo», ela está estruturada porque os esquemas de percepção e de apreciação susceptíveis de serem utilizados no momento considerado, e sobretudo os que estão sedimentados na linguagem, são pro-

ESPAÇO SOCIAL E GÉNESE DAS «CLASSES» | 143

duto das lutas simbólicas anteriores e exprimem, de forma mais ou menos transformada, o estado das relações de força simbólicas. É certo, em todo o caso, que os objectos do mundo social podem ser percebidos e enunciados de diferentes maneiras porque, como os objectos do mundo natural, eles comportam sempre uma parte de indeterminação e de vago – pois que, por exemplo, as combinações mais constantes de propriedades nunca têm outro fundamento que não sejam as ligações estatísticas entre caracteres substituíveis – e também porque, enquanto objectos históricos, estão sujeitos a variações no tempo, estando a sua significação, na medida em que se acha ligada ao porvir, em suspenso ela própria, em tempo de dilação, expectante e, deste modo, relativamente indeterminada. Esta parte de jogo, de incerteza, é o que dá fundamento à pluralidade das visões do mundo, ela própria ligada à pluralidade dos pontos de vista, como o dá a todas as lutas simbólicas pela produção e imposição da visão do mundo legítima e, mais precisamente, a todas as estratégias cognitivas de *preenchimento* que produzem o sentido dos objectos do mundo social ao irem para além dos atributos directamente visíveis pela referência ao futuro e ao passado – esta referência pode ser implícita e tácita, através do que Husserl chama a *protensão* e a *retenção*, formas práticas de prospecção ou de retrospecção que excluem a posição do futuro e do passado como tais; ela pode ser explícita, como nas lutas políticas, em que o passado, com a reconstrução retrospectiva de um passado ajustado às exigências do presente («La Fayette, aqui estamos!»), e sobretudo o futuro, com a previsão criadora, são continuamente invocados para determinar, delimitar, definir o sentido, sempre em aberto, do presente.

Sustentar que a percepção do mundo social implica um acto de construção não implica, de modo algum, que se aceite uma teoria intelectualista do conhecimento: o que é essencial na experiência do mundo social e no trabalho de construção que ela comporta opera-se, na prática, aquém do nível da representação explícita e da expressão verbal. Mais chegado a um inconsciente de classe que a uma «consciência de classe» no sentido marxista, o sentido da posição ocupada no espaço

144 | O PODER SIMBÓLICO

social (aquilo a que Goffman chama o «*sense of one's place*»)
está no domínio prático da estrutura social no seu conjunto, o
qual se descobre através do sentido da posição ocupada nessa
estrutura. As categorias de percepção do mundo social são, no
essencial, produto da incorporação das estruturas objectivas
do espaço social. Em consequência, levam os agentes a tomarem o mundo social tal como ele é, a aceitarem-no como natural, mais do que a rebelarem-se contra ele, a oporem-lhe possíveis diferentes, e até mesmo antagonistas: o sentido da posição
como sentido daquilo que se pode ou se não pode «permitir-
-se a si mesmo» implica uma aceitação tácita da posição, um
sentido dos limites («isso não é para nós») ou, o que é a
mesma coisa, um sentido das distâncias, a marcar e a sustentar,
a respeitar e a fazer respeitar – e isto, sem dúvida, de modo tanto
mais firme quanto mais rigorosas são as condições de existência e quanto mais rigorosa é a imposição do princípio de
realidade (daí o profundo realismo que caracteriza frequentemente a visão do mundo dos dominados e que, funcionando
como uma espécie de instinto de conservação socialmente
constituído, só pode parecer conservador em referência a
uma representação exterior, portanto normativa, do «interesse
objectivo» daqueles que ele ajuda a viver, ou a sobreviver) ([6]).

_____

([6]) Este *sentido das realidades* não implica, de forma alguma, *consciência de classe* no sentido psicosociológico, o menos irreal que se pode dar
a este termo, quer dizer, uma *representação explícita* da posição ocupada na
estrutura social e dos interesses colectivos que lhe são correlativos;
menos ainda uma *teoria das classes sociais*, quer dizer, não só um sistema
de classificação firmado em princípios explícitos e logicamente controlados mas também um conhecimento rigoroso dos mecanismos responsáveis pelas distribuições. De facto, para acabar de vez com a metafísica da
tomada de consciência e da consciência de classe, espécie de *cogito*
revolucionário da consciência colectiva de uma entidade personificada,
basta examinar as condições económicas e sociais que possibilitam esta
forma de distância em relação ao presente da prática implicada pela
concepção e a formulação de uma representação mais ou menos elaborada de um futuro colectivo. (É o que eu tinha esboçado na minha análise das relações entre a consciência temporal – e sobretudo a aptidão
para o cálculo económico racional – e a consciência política entre os trabalhadores argelinos.)

ESPAÇO SOCIAL E GÉNESE DAS «CLASSES» | 145

Se as relações de força objectivas tendem a reproduzir-se nas visões do mundo social que contribuem para a permanência dessas relações, é porque os princípios estruturantes da visão do mundo radicam nas estruturas objectivas do mundo social e porque as relações de força estão sempre presentes nas consciências em forma de categorias de percepção dessas relações. Mas a parte de indeterminação e de vago que os objectos do mundo social comportam é, com o carácter prático, pré-reflexivo e implícito dos esquemas de percepção e de apreciação que lhes são aplicados, o ponto arquimédio que se oferece objectivamente à acção propriamente política. O conhecimento do mundo social e, mais precisamente, as categorias que o tornam possível, são o que está, por excelência, em jogo na luta política, luta ao mesmo tempo teórica e prática pelo poder de conservar ou de transformar o mundo social conservando ou transformando as categorias de percepção desse mundo.

A capacidade de fazer existir em estado explícito, de publicar, de tornar público, quer dizer, objectivado, visível, dizível, e até mesmo oficial, aquilo que, por não ter acedido à existência objectiva e colectiva, permanecia em estado de experiência individual ou serial, mal-estar, ansiedade, expectação, inquietação, representa um considerável poder social, o de constituir os grupos, constituindo o *senso comum*, o consenso explícito, de qualquer grupo. De facto, este trabalho de categorização, quer dizer, de explicitação e de classificação, faz-se sem interrupção, a cada momento da existência corrente, a propósito das lutas que opõem os agentes acerca do sentido do mundo social e da sua posição nesse mundo, da sua identidade social, por meio de todas as formas do bem dizer e do mal dizer, da bendição ou da maldição e da maledicência, elogios, congratulações, louvores, cumprimentos ou insultos, censuras, críticas, acusações, calúnias, etc. Não é por acaso que *katègorein* de que vêm as nossas categorias e os nossos categoremas, significa *acusar publicamente*.

Compreende-se que uma das formas elementares do poder político tenha consistido, em muitas sociedades arcaicas, no poder quase mágico de *nomear* e de fazer existir pela

146 | O PODER SIMBÓLICO

virtude da nomeação. É assim que, na Cabila, a função de explicitação e o trabalho de produção simbólica que os poetas exerciam, sobretudo em situações de crise, em que o sentido do mundo se esquiva, lhes conferiam funções políticas eminentes, como as de chefe de guerra ou de embaixador ([7]). Mas com os progressos da diferenciação do mundo social e a constituição de campos relativamente autónomos, o trabalho de produção e de imposição do sentido faz-se tanto no seio das lutas do campo de produção cultural como por meio delas mesmas (e sobretudo no seio do subcampo político): ele é a função própria, o interesse específico dos produtores profissionais de representações objectivadas do mundo social ou, melhor, de métodos de objectivação.

Se o modo de percepção legítimo é objecto de lutas tão importantes, é porque, por um lado, a passagem do implícito ao explícito nada tem de automático, podendo a mesma experiência do social reconhecer-se em expressões muito diferentes, e porque, por outro lado, as diferenças objectivas mais acentuadas podem estar dissimuladas por diferenças mais imediatamente visíveis (como as que separam as etnias, por exemplo). Se é verdade que existem na objectividade das configurações perceptivas, *Gestalten* sociais, e que a proximidade

---

([7]) Neste caso, a produção do senso comum consiste, essencialmente, em reinterpretar ininterruptamente o tesouro comum de discursos sagrados (provérbios, ditados, poemas gnómicos, etc.), em «dar um sentido mais puro às palavras da tribo». Apropriar-se das palavras em que se acha sedimentado tudo o que o grupo reconhece é ter a garantia de uma vantagem considerável nas lutas pelo poder. É o que se vê bem nas lutas pela autoridade religiosa: a palavra mais preciosa é a palavra sagrada e, como nota Gershom Scholem, é por a contestação mística ter de se reapropriar dos símbolos para se fazer reconhecer que ela acaba por ser «recuperada» pela tradição. Objectos de luta, as palavras do léxico político trazem a marca da polémica na forma da *polissemia* que é o vestígio dos usos antagonistas que grupos diferentes delas fizeram e delas fazem. Uma das estratégias mais universais dos profissionais do poder simbólico – poetas nas sociedades arcaicas, profetas, homens políticos – consiste assim em pôr o *senso comum* do seu próprio lado apropriando-se das palavras que estão investidas de valor por todo o grupo, porque são depositárias da crença dele.

ESPAÇO SOCIAL E GÉNESE DAS «CLASSES» | 147

das condições, portanto, das atitudes, tende a retraduzir-se em ligações e em reagrupamentos duradoiros das unidades sociais imediatamente perceptíveis, tais como regiões ou bairros socialmente distintos (com a segregação espacial), ou dos conjuntos de agentes dotados de propriedades visíveis perfeitamente semelhantes, tais como os *Stände*, também é verdade que só há diferença socialmente conhecida e reconhecida para um sujeito capaz não só de perceber as diferenças, mas também de as reconhecer como significantes, interessantes, quer dizer, para um sujeito dotado da aptidão e da inclinação *para fazer* as diferenças que são tidas por significativas no universo social considerado.

Assim o mundo social, por meio sobretudo das propriedades e das suas distribuições, tem acesso, na própria objectividade, ao estatuto de *sistema simbólico* que, à maneira de um sistema de fonemas, se organiza segundo a lógica da diferença, do desvio diferencial, constituído assim em *distinção* significante. O espaço social e as diferenças que nele se desenham «espontaneamente» tendem a funcionar simbolicamente como *espaço dos estilos de vida* ou como conjunto de *Stände*, isto é, de grupos caracterizados por estilos de vida diferentes.

A distinção não implica necessariamente, como frequentemente se crê, na esteira de Veblen e da sua teoria da *conspicuous consumption*, a procura da distinção. Todo o consumo e, mais geralmente, toda a prática, é *conspicuous*, visível, quer tenha sido ou não realizado *a fim de ser visto;* ele é distintivo, quer tenha sido ou não inspirado pela intenção de dar nas vistas, de se singularizar (*to make oneself conspicuous*), de se distinguir ou de agir com distinção. Como tal, está condenado a funcionar como *sinal distintivo* e, quando se trata de uma diferença reconhecida, legítima, aprovada, como *sinal de distinção* (nos diferentes sentidos). No entanto, os agentes sociais, dado que são capazes de perceber como distinções significantes as diferenças «espontâneas» que, a partir das suas categorias de percepção, têm por pertinentes, também são capazes de aumentar intencionalmente estas diferenças espontâneas de estilo de vida por meio daquilo a que Weber chama a «estilização da vida» (*Stilisierung des Lebens*). A procura da distinção

– que pode marcar-se nas maneiras de falar ou na recusa a um casamento desigual – produz separações destinadas a serem percebidas ou, melhor, conhecidas e reconhecidas como diferenças legítimas, quer dizer, na maior parte dos casos, como diferenças de natureza (em francês fala-se de distinção natural).

A distinção – no sentido corrente do termo – é a diferença inscrita na própria estrutura do espaço social quando percebida segundo as categorias apropriadas a essa estrutura; e o *Stand* weberiano que muitos gostam de opor à classe marxista, é a classe construída por meio de um recorte adequado do espaço social quando ela é percebida segundo as categorias derivadas da estrutura desse espaço. O capital simbólico – outro nome da distinção – não é outra coisa senão o capital, qualquer que seja a sua espécie, quando percebido por um agente dotado de categorias de percepção resultantes da incorporação da estrutura da sua distribuição, quer dizer, quando conhecido e reconhecido como algo de óbvio. As distinções, enquanto transfigurações simbólicas das diferenças de facto, e mais geralmente, os níveis, ordens, graus ou quaisquer outras hierarquias simbólicas, são produto da aplicação de esquemas de construção que, como por exemplo os pares de adjectivos empregados para enunciar a maior parte dos juízos sociais, são produto da incorporação das estruturas a que eles se aplicam; e o reconhecimento da legitimidade mais absoluta não é outra coisa senão a apreensão do mundo comum como coisa evidente, natural, que resulta da coincidência quase perfeita das estruturas objectivas e das estruturas incorporadas.

Resulta daqui, entre outras consequências, que o capital simbólico se incorpora no capital simbólico, não só porque a autonomia, real, do campo de produção simbólica não impede que ele permaneça dominado, no seu funcionamento, pelos constrangimentos que dominam o campo social, mas também porque as relações de força objectivas tendem a reproduzir-se nas relações de força simbólicas, nas visões do mundo social que contribuem para garantir a permanência dessas relações de força. Na luta pela imposição da visão legítima do mundo

ESPAÇO SOCIAL E GÉNESE DAS «CLASSES» | 149

social, em que a própria ciência está inevitavelmente envolvida, os agentes detêm um poder à proporção do seu capital, quer dizer, em proporção ao reconhecimento que recebem de um grupo. A autoridade que fundamenta a eficácia performativa do discurso sobre o mundo social, a força simbólica das visões e das previsões que têm em vista impor princípios de visão e de divisão desse mundo, é um *percipi*, um ser reconhecido e reconhecido (*nobilis*), que permite impor um *percipere*. Os mais *visíveis* do ponto de vista das categorias de percepção em vigor são os que estão mais bem colocados para mudar a visão mudando as categorias de percepção. Mas, salvo excepção, são também os menos inclinados a fazê-lo.

A ordem simbólica e o poder de nomeação

Na luta simbólica pela produção do senso comum ou, mais precisamente, pelo monopólio da *nomeação* legítima como imposição oficial – isto é, explícita e pública – da visão legítima do mundo social, os agentes investem o capital simbólico que adquiriram nas lutas anteriores e sobretudo todo o poder que detêm sobre as taxinomias instituídas, como os títulos. Assim, todas as estratégias simbólicas por meio das quais os agentes procuram impor a sua visão das divisões do mundo social e da sua posição nesse mundo podem situar-se entre dois extremos: o insulto, *idios logos* pelo qual um simples particular tenta impor o seu ponto de vista correndo o risco da reciprocidade; a *nomeação oficial*, acto de imposição simbólica que tem a seu favor toda a força do colectivo, do consenso, do senso comum, porque ela é operada por um mandatário do Estado, detentor do *monopólio da violência simbólica legítima*. De um lado, está o universo das perspectivas particulares, dos agentes singulares que, a partir do seu ponto de vista particular, da sua posição particular, produzem nomeações – deles mesmos e dos outros – particulares e interessadas (sobrenomes, alcunhas, insultos ou, *no limite*, acusações, calúnias, etc.) – e tanto mais ineficazes em se fazerem reconhecer, portanto, em exercer um efeito propriamente simbólico, quanto menos *autorizados* estão os

150 | O PODER SIMBÓLICO

seus autores, a título pessoal (*auctoritas*) ou institucional (delegação) e quanto mais interessados estão em fazer reconhecer o ponto de vista que se esforçam por impor [8]. Do outro lado, está o ponto de vista autorizado de um agente autorizado, a título pessoal, como certo grande crítico, certo prefaciador de prestígio ou certo autor consagrado (*«J'accuse»*) e, sobretudo, o ponto de vista legítimo do porta-voz autorizado, do mandatário do Estado, «geometral de todas as perspectivas», no dizer de Leibniz, a nomeação oficial, ou o título que, como o título escolar, vale em todos os mercados e que, enquanto definição oficial da identidade oficial, subtrai os seus detentores à luta simbólica de todos contra todos, dando acerca dos agentes sociais a perspectiva autorizada, reconhecida de todos, universal. O Estado, que produz as classificações oficiais é, de certo modo, o Tribunal Supremo a que se referia Kafka quando punha Block a dizer, a respeito do advogado e da pretensão deste a colocar-se entre os «grandes advogados»: «Quem quer que seja pode naturalmente qualificar-se de 'grande' se isso lhe agradar, mas na matéria em questão são os usos do tribunal que decidem» [9]. A verdade é que a análise científica não tem de escolher entre o perspectivismo e aquilo a que bem se deve dar o nome de absolutismo: com efeito, a verdade do mundo social é o que está em jogo numa luta entre agentes armados de modo muito desigual para chegarem à visão e à previsão absolutas, quer dizer, autoverificantes.

---

[8] Como bem mostrou Leo Spitzer a respeito do *Dom Quixote*, em que a mesma personagem está dotada de vários nomes, a polionomásia, quer dizer, a pluralidade dos nomes, sobrenomes, alcunhas que são atribuídos ao mesmo agente ou à mesma instituição é, com a polissemia das palavras ou das expressões e designam os valores fundamentais dos grupos, o vestígio visível das lutas pelo poder de nomear que se travam no seio de todos os universos sociais (L. Spitzer, «Perspectivism in Don Quijote», in *Linguistics and Literary History*, Nova Iorque, Russell and Russel, 1948).

[9] Franz Kafka, *Le Procés* [*O Processo*], Paris, Flammarion, 1983, pp. 219-220.

ESPAÇO SOCIAL E GÉNESE DAS «CLASSES»   151

Poder-se-ia analisar nesta perspectiva o funcionamento de uma instituição como o Instituto Nacional de Estatística e de Estudos Económicos, instituto do Estado que, produzindo as taxinomias oficiais, investidas de um valor quase jurídico, sobretudo nas relações entre empregadores e empregados – a do título que pode conferir direitos independentes da actividade produtora efectivamente exercida – tende a fixar as hierarquias e, ao fazê-lo, a sancionar e a consagrar uma relação de força entre os agentes a respeito dos nomes de profissão e de ofício, componente essencial da identidade social ([10]). A gestão dos nomes é um dos instrumentos da gestão da raridade material e os nomes de grupos – sobretudo de grupos profissionais – registam um estado das lutas e das negociações a respeito das designações oficiais e das vantagens materiais e simbólicas que lhes estão associadas. O nome da profissão de que os agentes estão dotados, o título que se lhes dá, é uma das retribuições positivas ou negativas (do mesmo título que o salário) enquanto *marca distintiva* (emblema ou estigma) que recebe o seu valor da posição que ocupa num sistema de títulos organizado hierarquicamente e que contribui por este modo para a determinação das posições relativas entre os agentes e os grupos. Por esta razão, os agentes recorrem a estratégias práticas ou simbólicas tendo em mira maximizar o ganho simbólico da nomeação: por exemplo, podem renunciar às vantagens económicas garantidas por um posto para ocuparem uma posição de menor retribuição mas à qual está

([10]) O dicionário dos ofícios é a forma realizada deste neutralismo social que anula todas as diferenças constitutivas do espaço social tratando uniformemente todas as posições como *profissões*, mediante uma mudança constante do ponto de vista da definição (títulos, natureza da actividade, etc.): quando os anglo-saxónicos chamam aos médicos *professionals*, eles tornam claro que estes agentes são definidos pela sua profissão, que é para eles um *atributo essencial;* pelo contrário, o trabalhador que faz o engate das carruagens é pouco definido por este atributo, que o designa simplesmente como ocupante de um posto de trabalho; quanto ao professor agregado, ele é definido, como o que faz o engate das carruagens, por uma tarefa, uma actividade – mas também por um título, como o médico.

atribuído um nome prestigioso, ou orientarem-se para posições cuja designação é menos precisa, escapando assim aos efeitos da desvalorização simbólica, da mesma forma que, ao declararem a sua identidade pessoal, podem atribuir a si mesmos um nome que os engloba numa classe suficientemente vasta para comportar também agentes que ocupam uma posição superior à deles, como o mestre-escola que se faz passar por «professor». De modo mais geral, eles têm sempre a faculdade de escolher entre vários nomes e podem jogar com as indeterminações e os efeitos de imprecisão que estão ligados à pluralidade das perspectivas para tentarem escapar ao veredicto da taxinomia oficial.

Mas a lógica da nomeação oficial nunca se vê tão bem como no caso do *título* – nobiliário, escolar, profissional –, capital simbólico, social e até mesmo juridicamente, garantido. O nobre não é somente aquele que é conhecido, célebre, e mesmo conhecido como bem, prestigioso, em resumo *nobilis*. Ele é também aquele que é reconhecido por uma instância *oficial*, «universal», quer dizer, conhecido e reconhecido por todos. O título profissional ou escolar é uma espécie de regra jurídica de percepção social, um ser-percebido que é garantido como um direito. É um capital simbólico institucionalizado, legal (e não apenas legítimo). Cada vez mais indissociável do título escolar, visto que o sistema escolar tende cada vez mais a representar a última e única garantia de todos os títulos profissionais, ele tem em si mesmo um valor e, se bem que se trate de um nome comum, funciona à maneira de um grande nome (nome de grande família ou nome próprio), conferindo todas as espécies de ganhos simbólicos (e dos bens que não é possível adquirir directamente com a moeda) ([11]). É a raridade simbólica do título no espaço dos nomes de profissão que tende a comandar a retribuição da profissão (e não

---

([11]) A entrada na profissão dotada de um título é cada vez mais estreitamente subordinada à posse de um título escolar, e é estreita a relação entre os títulos escolares e a retribuição profissional, diferentemente do que se observa nos ofícios não titulados em que os agentes que fazem o mesmo trabalho podem ter títulos escolares muito diferentes.

ESPAÇO SOCIAL E GÉNESE DAS «CLASSES» | 153

a relação entre a oferta e a procura de uma certa forma de trabalho): segue-se daqui que a retribuição do título tende a tornar-se autónoma em relação à retribuição do trabalho. Assim, o mesmo trabalho pode ter remunerações diferentes, conforme os títulos daquele que o exerce (titular/interino; titular/em exercício, etc.). Dado que o título é em si mesmo uma *instituição* (como a língua) mais duradoira que as características intrínsecas do trabalho, a retribuição do título pode manter-se apesar das transformações do trabalho e do seu valor relativo: não é o valor relativo do trabalho que determina o valor do nome mas o valor institucionalizado do título que serve de instrumento o qual permite que se defenda e se mantenha o valor do trabalho ([12]).

Isto quer dizer que não se pode fazer uma ciência das classificações sem se fazer uma ciência da luta dessas classificações e sem se tomar em linha de conta a posição que, nesta luta pelo poder de conhecimento, pelo poder por meio do conhecimento, pelo monopólio da violência simbólica legítima, ocupa cada um dos agentes ou grupos de agentes que nela se acham envolvidos, quer se trate de simples particulares, condenados aos acasos da luta simbólica quotidiana, quer se trate de profissionais autorizados (e a tempo inteiro) – e entre eles todos os que falam ou escrevem a respeito das classes sociais e que se distinguem conforme as suas classificações envolvem mais ou menos o Estado, detentor do monopólio na *nomeação oficial,* da boa classificação, da boa ordem.

Se a estrutura do campo social é definida em cada momento pela estrutura da distribuição do capital e dos ganhos característicos dos diferentes campos particulares, é certo em todo o caso que em cada um desses espaços de jogo, a própria definição daquilo que está em jogo e dos vários trunfos pode ser posta em jogo. Todo o campo é lugar de uma luta mais ou

---

([12]) Os detentores do mesmo título tendem a constituir-se em grupo e a dotar-se de organizações permanentes – ordens de médicos, associações de antigos alunos, etc. – destinados a assegurar a coesão do grupo – reuniões periódicas, etc. – e a promover os seus interesses materiais e simbólicos.

menos declarada pela definição dos princípios legítimos de divisão do campo. A questão da legitimidade surge da própria possibilidade deste pôr-em-causa, desta ruptura com a doxa que aceita a ordem corrente como coisa evidente. Posto isto, a força simbólica das partes envolvidas nesta luta nunca é completamente independente da sua posição no jogo, mesmo que o poder propriamente simbólico da nomeação constitua uma força relativamente autónoma perante as outras formas de força social. Os constrangimentos da necessidade inscrita na própria estrutura dos diferentes campos pesam ainda nas lutas simbólicas que têm em vista conservar ou transformar esta estrutura: o mundo social é, em grande parte, aquilo que os agentes fazem, em cada momento, contudo eles não têm probabilidades de o desfazer e de o refazer a não ser na base de um conhecimento realista daquilo que ele é e daquilo de que nele são capazes em função da posição nele ocupada.

Em suma, o trabalho científico tem em vista estabelecer um conhecimento adequado não só do espaço das relações objectivas entre as diferentes posições constitutivas do campo mas também das relações necessárias estabelecidas, pela mediação dos *habitus* dos seus ocupantes, entre essas posições e as tomadas de posição correspondentes, quer dizer, entre os pontos ocupados neste espaço e os pontos de vista sobre este mesmo espaço, que participam na realidade e no devir deste espaço. Por outras palavras, a delimitação objectiva de classes construídas, quer dizer, de *regiões* do espaço construído das posições, permite compreender o princípio e a eficácia das estratégias classificatórias pelas quais os agentes têm em vista conservar ou modificar este espaço – e em cuja primeira fila é preciso contar a constituição de grupos organizados com o objectivo de assegurarem a defesa dos interesses dos seus membros.

A análise da luta das classificações traz à luz a ambição política que atormenta a ambição gnoseológica de produzir a boa classificação, ambição que define de modo próprio o *rex*, aquele a quem pertence, segundo Benveniste, *regere fines* e *regere sacra*, traçar, por meio do dizer, as fronteiras entre os

ESPAÇO SOCIAL E GÉNESE DAS «CLASSES» | 155

grupos e também entre o sagrado e o profano, o bem e o mal, o vulgar e o distinguido. O cientista, se não quer transformar a ciência social numa maneira de prosseguir a política por outros meios, deve tomar para objecto a intenção de colocar os outros em classes e de lhes dizer por este meio o que eles são e o que têm de ser (é toda a ambiguidade da previsão); ele deve analisar a ambição da visão do mundo criadora – esta espécie de *intuitus originarius* que faria existir as coisas em conformidade com a sua visão (é toda a ambiguidade da classe marxista que é, ao mesmo tempo, ser e dever-ser) – e deve repudiá-la. Ele deve objectivar a ambição de objectivar, de classificar objectivamente, do exterior, agentes que lutam para classificar e para se classificarem. Se, de facto, ele classifica – operando, por exigências da análise estatística, recortes no espaço contínuo das posições sociais – é precisamente para ter a possibilidade de objectivar *todas* as formas de objectivação, do insulto singular à nomeação oficial, sem esquecer a pretensão, característica da ciência na sua definição positivista e burocrática, de arbitrar essas lutas em nome da «neutralidade axiológica». O poder simbólico dos agentes, como poder de fazer ver – *theorein* – e de fazer crer, de produzir e de impor a classificação legítima ou legal, depende com efeito, como o caso do *rex* lembra, da posição ocupada no espaço (e nas classificações que nele estão potencialmente inscritas). Mas objectivar a objectivação é, antes de mais, objectivar o campo de produção das representações objectivadas do mundo social, e em particular das taxinomias legiferantes, em resumo, o campo de produção cultural ou ideológica, jogo em que o próprio cientista está metido, como todos os que discutem acerca das classes sociais.

O campo político e o efeito das homologias

É a este campo de lutas simbólicas, em que os profissionais da representação, – em todos os sentidos do termo – se opõem a respeito de outro campo de lutas simbólicas, que temos de nos aplicar se queremos compreender, sem nos conformarmos com a mitologia da tomada de consciência, a passagem do sentido prático da posição ocupada, *em si mesma disponível para diferentes explicações*, a manifestações propriamente políticas. Os que ocupam as posições dominadas no espaço social estão também em posições dominadas no campo de produção simbólica e não se vê de onde lhes poderiam vir os instrumentos de produção simbólica de que necessitam para exprimirem o seu próprio ponto de vista sobre o social, se a lógica própria do campo de produção cultural e os interesses específicos que aí se geram não produzisse o efeito de predispor uma fracção dos profissionais envolvidos neste campo a oferecer aos dominados, na base de uma homologia de posição, os instrumentos de ruptura com as representações que se geram na cumplicidade imediata das estruturas sociais e das estruturas mentais e que tendem a garantir a reprodução continuada da distribuição do capital simbólico. O fenómeno que a tradição marxista designa de «a consciência do exterior», quer dizer, a contribuição dada por certos intelectuais para a produção e para a difusão – sobretudo em direcção aos dominados – de uma visão do mundo social em ruptura com a visão dominante, só pode compreender-se sociologicamente se se tiver em conta a homologia entre a posição dominada que é a dos produtores de bens culturais no campo do poder (ou na divisão do trabalho de dominação) e a posição no espaço social dos agentes mais desprovidos dos meios de produção económicos e culturais. Mas a construção do modelo do espaço social que sustenta esta análise supõe uma ruptura bem distinta com a representação unidimensional e unilinear do mundo social que subentende a visão dualista segundo a qual o universo das oposições constitutivas da estrutura social se reduziria à oposição entre os proprietários dos meios de produção e os vendedores de força de trabalho.

As insuficiências da teoria marxista das classes e, sobretudo, a sua incapacidade de explicar o conjunto das diferenças objectivamente provadas, resultam de que, ao reduzir o mundo social unicamente ao campo económico, ela se vê obrigada a definir a posição social em referência unicamente à posição nas relações de produção económica, ignorando com isso

ESPAÇO SOCIAL E GÉNESE DAS «CLASSES» | 157

as posições ocupadas nos diferentes campos e subcampos – sobretudo nas relações de produção cultural – da mesma forma que todas as oposições que estruturam o campo social e que são irredutíveis oposição entre proprietários e não-proprietários dos meios de produção económica. Ela põe assim um mundo social unidimensional, organizado simplesmente em torno da oposição entre dois blocos (sendo uma das questões mais importantes a do *limite* entre estes dois blocos, com todas as questões anexas, eternamente debatidas, da aristocracia operária, do «emburguesamento» da classe operária, etc.). Na realidade, o espaço social é um espaço multidimensional, conjunto aberto de campos relativamente autónomos, quer dizer, subordinados quanto ao seu funcionamento e às suas transformações, de modo mais ou menos firme e mais ou menos directo ao campo de produção económica: no interior de cada um dos subespaços, os ocupantes das posições dominantes e os ocupantes das posições dominadas estão ininterruptamente envolvidos em lutas de diferentes formas (sem por isso se constituírem necessariamente em grupos antagonistas).

Mas, o mais importante, do ponto de vista do problema da ruptura do círculo da reprodução simbólica, está em que, na base das homologias de posição no interior de campos diferentes (e do que há de invariante, e até mesmo de universal, na relação entre dominante e dominado) se podem instaurar *alianças* mais ou menos duradoiras e sempre com fundamento num mal-entendido mais ou menos consciente. A homologia de posição entre os intelectuais e os operários da indústria – os primeiros ocupam no seio do campo do poder, isto é, em relação aos patrões da indústria e do comércio, posições que são homólogas das que são ocupadas pelos operários da indústria no espaço social tomado no seu conjunto – está na origem de uma aliança ambígua, na qual os produtores culturais, dominados entre os dominantes, oferecem aos dominados, mediante uma espécie de desvio do capital cultural acumulado, os meios de constituírem objectivamente a sua visão do mundo e a representação dos seus interesses numa teoria explícita e em instrumentos de representação institucionali-

158 | O PODER SIMBÓLICO

zados – organizações sindicais, partidos, tecnologias sociais de mobilização e de manifestação, etc. (^{13}).

Mas, há que se abster de tratar a homologia de posição, semelhança na diferença, como uma identidade de condição (como faz, por exemplo, a ideologia dos «três PP» – patrão, pai, professor – desenvolvida pelo movimento esquerdista dos anos 60). Não há dúvida de que a mesma estrutura – entendida como *invariante* das formas das diferentes distribuições – se encontra, ela própria, nos diferentes campos, o que explica a fecundidade do pensamento analógico em sociologia. Mas não deixa de ser verdade que o princípio da diferenciação é, de cada vez, diferente, como a natureza do interesse e do que neste está em jogo, logo, a *economia* das práticas. Importa, com efeito, restabelecer uma justa hierarquização, quer dizer, das espécies de capital. O conhecimento da hierarquia dos princípios de divisão permite definir os limites em que operam os princípios subordinados e, a par disso, os limites das similitudes ligadas à homologia; as relações dos outros campos com o campo de produção económica são ao mesmo tempo relações de homologia estrutural e relações de dependência causal;

(^{13}) A mais perfeita ilustração desta análise pode ser encontrada, graças aos belos trabalhos de Robert Darnton, na história dessa espécie de revolução cultural que os dominados no seio do campo intelectual em via de constituição, os Brissot, Mercier, Desmoulins, Hébert, Marat e tantos outros, fizeram em pleno movimento revolucionário (destruição das academias, dispersão dos salões, supressão das pensões, abolição dos privilégios) e que, encontrando o seu princípio no estatuto dos «párias culturais», se apresentou com prioridade contra os fundamentos simbólicos do poder, tendo contribuído, com a «político-pornografia» e os libelos de boa mente escatológicos, para o trabalho de «des-legitimação» que é, sem dúvida, uma das dimensões fundamentais do radicalismo revolucionário (cf. Robert Darnton, «The High Enlightenment and the Low-Life of Literature in Pre-revolutionary France», *Past and Present*, 51, 1971, pp. 81-115; tradução francesa in *Bohême littéraire et révolution, Le monde des livres au xviiie siècle*, Paris, Gallimard – Le Seuil, 1983, pp. 7-41; sobre «o caso exemplar de Marat, de quem se ignora frequentemente que foi também, ou em primeiro lugar, um mau físico, pode ler-se C.C. Gillispie, *Science and Polity in France at the End of the Old Regime*, Princeton, Princeton University Press, 1980, pp. 290-330).

ESPAÇO SOCIAL E GÉNESE DAS «CLASSES» | 159

a forma das determinações causais é definida pelas relações estruturais e a força de dominação é tanto maior quanto mais aproximadas das relações de produção económica estiverem as relações em que ela se exerce.

Seria preciso analisar os interesses específicos que os mandatários devem à sua posição no campo político e no subcampo do partido ou do sindicato e mostrar todos os efeitos «teóricos» por eles determinados. Muitas discussões cultas acerca das «classes sociais» – penso, por exemplo, no problema da aristocracia operária» ou dos «quadros» – nada mais fazem que retomar as questões práticas que se impõem aos responsáveis políticos. Estes têm sempre que fazer frente aos imperativos práticos (frequentemente contraditórios) que surgem da lógica da luta no seio do campo político, como é a necessidade de provar a sua representatividade ou a preocupação de mobilizar o maior número possível de votos ou de mandatos sem deixarem de afirmar a irredutibilidade do seu projecto ao dos outros mandatários, vendo-se assim obrigados a pôr o problema do mundo social em termos de lógica tipicamente substancialista das fronteiras entre os grupos e do volume do grupo mobilizado. Eles podem, por isso, tentar resolver o problema que se põe a qualquer grupo preocupado em conhecer e fazer reconhecer a sua força, quer dizer, a sua existência, recorrendo a conceitos de geometria variável como os de «classe operária», de «povo» ou de «trabalhadores». Mas ver-se-ia sobretudo que o efeito dos interesses específicos associados à posição por eles ocupada no campo e na concorrência pela imposição de visões do mundo social, incita os teóricos e os porta-vozes profissionais, quer dizer, todos aqueles a quem a linguagem comum chama *permanentes*, a produzirem produtos diferenciados, distintivos, que, em consequência da homologia entre o campo dos produtores profissionais e o campo dos consumidores de opiniões, são quase automaticamente ajustados às diferentes formas de procura – definindo-se esta, neste caso mais do que em qualquer outro, como uma procura de diferença, de oposição, para cuja produção, de resto, eles contribuem ao permitir-lhe encontrar uma expressão. É a estrutura do campo político, quer dizer, a relação

160   O PODER SIMBÓLICO

objectiva com os ocupantes das outras posições, e a relação com as tomadas de posição concorrentes por eles propostas que, tanto como a relação com os mandantes, determina as tomadas de posição, quer dizer, a oferta de produtos políticos. Dado que os interesses directamente envolvidos na luta pelo monopólio da expressão legítima da verdade do mundo social tendem a ser o equivalente específico dos interesses dos ocupantes das posições homólogas no campo social, os discursos políticos acham-se tocados de uma espécie de duplicidade estrutural: na aparência directamente destinados aos mandantes, eles são, na realidade, dirigidos aos concorrentes no campo.

As tomadas de posição políticas num dado tempo (por exemplo, os resultados eleitorais) são também produto de um encontro entre uma oferta política de opiniões políticas objectivadas (programas, plataformas de partidos, declarações, etc.) que está ligada a toda a história anterior do campo de produção e uma procura política ligada, ela própria, à história das relações entre a oferta e a procura. A correlação que se pode observar num dado momento entre as tomadas de posição sobre este ou aquele problema político e as posições no espaço social só se pode compreender perfeitamente se se notar que as classificações utilizadas pelos votantes para fazerem a sua escolha (direita/esquerda, por exemplo) são produto de todas as lutas anteriores e que o mesmo se passa com as classificações utilizadas pelo analista para classificar não só as opiniões, mas também os agentes que as exprimem. Toda a história do campo social está presente, em cada momento, em forma materializada – em instituições tais como os serviços permanentes de partidos ou de sindicatos – e em forma incorporada – nas atitudes dos agentes que fazem funcionar estas instituições ou que as combatem (com os efeitos de histerese ligados à fidelidade). Todas as formas de identidade colectiva reconhecida – a «classe operária» ou a CGT, os «artífices», os «quadros» ou os «adidos», etc. – são produto de uma longa e lenta elaboração colectiva: não sendo completamente artificial, sem o que a operação de constituição não teria sucesso, cada um destes corpos de representação que

ESPAÇO SOCIAL E GÉNESE DAS «CLASSES» | 161

justificam a existência de corpos representados dotados de uma identidade social conhecida e reconhecida, existe por todo um conjunto de instituições que são outras tantas invenções históricas, uma sigla, *sigillum authenticum*, como diziam os canonistas, um selo ou um carimbo, um escritório ou um secretariado dotado de um monopólio da assinatura e da *plena potentia agendi et loquendi*, etc. Esta representação, produto das lutas que se desenrolaram, no seio do campo político e também no exterior dele, a propósito sobretudo do poder sobre o Estado, deve as suas características específicas à história particular de um campo político e de um Estado específicos (o que explica, entre outras coisas, as diferenças que separam as representações das divisões sociais, logo, dos grupos representados, conforme os países). Para evitar que se seja iludido pelos efeitos do trabalho de *naturalização*, que todo o grupo tende a produzir em vista de se legitimar, de justificar plenamente a sua existência, é preciso pois reconstruir em cada caso o *trabalho histórico* de que são produto as divisões sociais e a visão social dessas divisões. A posição social adequadamente definida é a que dá a melhor previsão das práticas e das representações; mas, para evitar que se confira àquilo a que outrora se chamava o *estado*, isto é, à identidade social (hoje cada vez mais plenamente identificada com a identidade profissional) o lugar do ser na antiga metafísica, quer dizer, a função de uma essência de que derivariam todos os aspectos da existência histórica – segundo a fórmula *operatio sequitur esse* – é preciso ter em atenção de modo muito claro que este *status*, como o *habitus* que nele se gera são produtos da história, susceptíveis de serem transformados, de modo mais ou menos difícil, pela história.

A classe como representação e como vontade

Mas para estabelecer como se constitui e se institui o poder de constituição e de instituição que o porta-voz autorizado – chefe de partido ou de sindicato, por exemplo – detém, não basta explicar os interesses específicos dos teóricos ou dos porta-vozes e as afinidades estruturais que os ligam aos seus mandantes; é preciso ainda analisar a lógica do processo de instituição, geralmente percebido e descrito como processo de delegação, pelo qual o mandatário recebe do grupo o poder de fazer o grupo. Podemos seguir aqui os historiadores do direito (Kantorowicz, Post, etc.), transpondo as suas análises, quando eles descrevem o mistério do ministério – segundo o jogo de palavras *mysterium/ministerium*, prezado pelos canonistas. O mistério do processo de transubstanciação que faz com que o porta-voz se torne no grupo que ele exprime só pode ser penetrado por uma análise histórica da génese e do funcionamento da *representação*, pela qual o representante faz o grupo que o faz a ele: o porta-voz dotado do pleno poder de falar e de agir em nome do grupo e, em primeiro lugar, sobre o grupo pela magia da palavra de ordem, é o substituto do grupo que somente por esta procuração existe; personificação de uma pessoa fictícia, de uma ficção social, ele faz sair do estado de indivíduos separados os que ele pretende representar, permitindo-lhes agir e falar, através dele, como um só homem. Em contrapartida, ele recebe o direito de se assumir pelo grupo, de falar e de agir como se fosse o grupo feito homem: *Status est magistratus*, «*l'État c'est moi*», «O Sindicato pensa que...», etc.

O mistério do ministério é um desses casos de magia social em que uma coisa ou uma pessoa se torna uma coisa diferente daquilo que ela é, um homem (ministro, bispo, delegado, deputado, secretário-geral, etc.) que pode identificar-se e ser identificado com um conjunto de homens, o Povo, os Trabalhadores, etc., ou com uma entidade social, a Nação, o Estado, a Igreja, o Partido. O mistério do ministério chega ao cúmulo quando o grupo só pode existir pela delegação num porta-voz que o fará existir falando por ele, quer dizer, a favor dele e no lugar dele. O círculo fica então fechado: o grupo é feito por aquele que fala em nome dele, aparecendo assim como o princípio do poder que ele exerce sobre aqueles que são o verdadeiro princípio dele. Esta relação circular é a raiz da ilusão carismática que faz com que, *no limite*, o porta-voz possa aparecer e apresentar-se como *causa sui*. A alienação política

ESPAÇO SOCIAL E GÉNESE DAS «CLASSES» | 163

encontra a sua origem no facto de só ser possível aos agentes isolados – sobretudo por estarem mais desprovidos simbolicamente – constituírem-se como grupo, quer dizer, como força capaz de se fazer ouvir no campo político, desapossando-se em proveito de um aparelho, no facto de ser sempre preciso arriscar o desapossamento político para escapar ao desapossamento político. O feiticismo é, segundo Marx, o que advém quando «produtos da cabeça do homem aparecem como dotados de uma vida própria»; o feiticismo político reside precisamente em que o valor da personagem hipostasiada, esse produto da cabeça do homem, aparece como carisma, misteriosa propriedade objectiva da pessoa, encanto inapreensível mistério sem nome. O ministro, ministro do culto ou ministro do Estado, acha-se numa relação de metonímia com o grupo; sendo parte do grupo, ele funciona como sinal pela totalidade do grupo. É ele quem, enquanto substituto perfeitamente real de um ser perfeitamente simbólico, favorece um «erro de categoria», como diria Ryle, bastante semelhante ao da criança que, após ter visto desfilar os soldados de que se compõe o regimento, pergunta onde está o regimento: unicamente pela sua existência visível, ele constitui a pura diversidade serial dos indivíduos separados em pessoa moral, a *collectio personarum plurium* em *corporatio*, em corpo constituído, e pode mesmo, pelo efeito da mobilização e da manifestação, fazê-la aparecer como um agente social.

A política é o lugar, por excelência, da eficácia simbólica, acção que se exerce por sinais capazes de produzir coisas sociais e, sobretudo, grupos. Pelo poder do mais antigo dos efeitos metafísicos ligados à existência de um simbolismo, a saber, aquele que permite que se tenha por existente tudo o que pode ser *significado* (Deus ou o não-ser), a representação política produz e reproduz a cada instante uma forma derivada do argumento do rei calvo de França, que é caro aos lógicos: todo o enunciado predicativo que tenha como sujeito a «classe operária», qualquer que ele seja, dissimula um enunciado existencial (*há* uma classe operária). De modo mais geral, todos os enunciados que têm como sujeito um colectivo, Povo, Classe, Universidade, Escola, Estado, supõem resolvido o problema da existência do grupo em questão e encobrem esta espécie de «falsificação de escrita metafísica» que foi possível denunciar no argumento ontológico. O porta-voz é aquele que, ao falar de um grupo, ao falar em lugar de um grupo, põe, sub-repticiamente, a existência do grupo em questão, institui este grupo, pela operação de magia que é inerente a todo o acto de nomeação. É por isso que é preciso proceder a uma crítica da razão política, intrinsecamente dada a abusos de linguagem que são abusos de poder, se se quer pôr a questão pela qual toda a sociologia deveria começar, a saber, a da existência e do modo de existência dos colectivos.

A classe existe na medida em que – e só na medida em que – os mandatários dotados de *plena potentia agendi* podem ser e sentir-se autorizados a falar em *nome* dela – segundo a equação *o Partido é a classe operária*, ou *a classe operária é o Partido*, fórmula que reproduz a equação dos canonistas *a Igreja é o Papa (ou os Bispos), o Papa (ou os Bispos) é a Igreja* – e a fazê-la existir assim como uma força real no seio do campo político. O modo de existência daquilo a que hoje se chama, em muitas sociedades (com variações, evidentemente), «classe operária» é perfeitamente paradoxal: trata-se de uma espécie de *existência em pensamento*, de uma existência no pensamento de uma boa parte daqueles que as taxinomias designam como operários, mas também no pensamento dos ocupantes das posições mais afastadas destes últimos no espaço social. Esta existência reconhecida quase universalmente assenta ela própria na existência de uma *classe operária em representação*, quer dizer, de aparelhos políticos e sindicais e de porta-vozes permanentes, vitalmente interessados em crer que ela existe e em fazê-lo crer tanto àqueles que a ela pertencem como àqueles que a rejeitam, capazes de *fazer falar* a «classe operária» – e de uma só voz –, de a evocar, como se evocam os espíritos, de a invocar, como se invocam os deuses e os santos patronos, e até mesmo de a exibir simbolicamente através da *manifestação*, espécie de aparato teatral da classe em representação, com o corpo dos representantes permanentes e toda a simbólica constitutiva da sua existência – siglas, emblemas, insígnias – por um lado e, por outro lado, a fracção mais convicta dos crentes que, pela

ESPAÇO SOCIAL E GÉNESE DAS «CLASSES»   165

sua presença, permite que os representantes dêem a representação da sua representatividade. Esta classe operária como «vontade e representação» – segundo o famoso título de Schopenhauer – nada tem da classe em acto, grupo real realmente mobilizado, que a tradição marxista evocava. Mas nem por isso ela é menos real, embora a sua realidade seja aquela realidade mágica que (seguindo Durkheim e Mauss) define as instituições como ficções sociais. Esta classe, verdadeiro corpo místico, criada à custa de um imenso trabalho histórico de invenção teórica e prática – a começar pelo do próprio Marx –, incessantemente recriada pelos esforços e dedicações sem número e sem fim que são necessários para produzir e reproduzir a crença e a instituição que garante a reprodução da crença, existe no corpo de mandatários – e por meio dele –, os quais lhe dão uma palavra e uma presença visíveis, existe na crença na sua existência que este corpo de plenipotenciários consegue impor, pela sua existência e pelas suas representações, na base das afinidades que unem objectivamente os membros da mesma «classe no papel» como grupo provável ([14]). O sucesso histórico da teoria marxista, a primeira, entre as teorias sociais com pretensões científicas, a ter-se realizado de modo tão completo no mundo social, contribui assim para fazer com que a teoria do mundo social menos capaz de integrar o *feito de teoria* – que ela exerceu mais do que qualquer outra – represente hoje, sem dúvida, o mais poderoso obstáculo ao progresso da teoria adequada do mundo social, progresso para o qual, em outros tempos, ela contribuiu mais do que qualquer outra.

([14]) Para uma análise semelhante da relação entre o grupo de parentesco «no papel» e o grupo de parentesco prático como «representação e vontade», ver P. Bourdieu, *Esquisse d'une théorie de la pratique*, Genève, Droz, 1972, e *Le sens pratique*, Paris, Minuit, 1980.

VII

A Representação Política.
Elementos para uma teoria do campo político

À memória de Georges Haupt

O silêncio acerca das condições que colocam os cidadãos – e de modo tanto mais brutal quanto mais desfavorecidos são económica e culturalmente – perante a alternativa da demissão pela abstenção ou do desapossamento pela delegação é para a «ciência política» o que o silêncio acerca das condições económicas e culturais da conduta económica «racional» é para a ciência económica. Toda a análise da luta política deve ter como fundamento as determinantes económicas e sociais da divisão do trabalho político ([1]), para não ser levada a *natu-*

([1]) As teorias neomaquiavelianas só tomam em linha de conta esta divisão para a inscrever na natureza humana. É assim que Michels fala de «incompetência incurável» (R. Michels, *Les partis politiques*, Paris, Flammarion, 1971, p. 299) ou de «incompetência inata das massas» (*op. cit.*, p. 302) e descreve a relação dos profanos com os profissionais em termos de necessidade («a necessidade de chefe nas massas», p. 49, «a necessidade de veneração entre as massas», p. 59, etc.) ou de natureza («À apatia das multidões e à sua necessidade de serem guiadas corresponde, nos chefes, uma sede ilimitada de poder. E é assim que o desen-

168 | O PODER SIMBÓLICO

ralizar os mecanismos sociais que produzem e reproduzem a separação entre os «agentes politicamente activos» e os «agentes politicamente passivos» ([2]) e a constituir em leis eternas as regularidades históricas válidas nos limites de um estado determinado da estrutura da distribuição do capital.

O campo político, entendido ao mesmo tempo como campo de forças e como campo das lutas que têm em vista transformar a relação de forças que confere a este campo a sua estrutura em dado momento, não é um império: os efeitos das necessidades externas fazem-se sentir nele por intermédio sobretudo da relação que os mandantes, em consequência da sua distância diferencial em relação aos instrumentos de produção política, mantêm com os seus mandatários e da relação que estes últimos, em consequência das suas atitudes, mantêm com as suas organizações. O que faz com que a vida política possa ser descrita na lógica da oferta e da procura é a desigual distribuição dos instrumentos de produção de uma representação do mundo social explicitamente formulada: o campo político é o lugar em que se geram, na concorrência entre os agentes que nele se acham envolvidos, produtos políticos, problemas, programas, análises, comentários, conceitos, acontecimentos, entre os quais os cidadãos comuns, reduzidos ao estatuto de «consumidores», devem escolher, com probabilidades de mal-entendido tanto maiores quanto mais afastados estão do lugar de produção.

O monopólio dos profissionais

Sem retomar aqui a análise das condições sociais da constituição da competência social e técnica que a participação activa na «política» exige ([3]), é preciso lembrar ao menos que

---

volvimento da oligarquia se acha favorecido, acelerado pelas propriedades gerais da natureza humana», p. 151).

([2]) Max Weber, *Wirtschaft und Gesellschaft*, II, Berlim, Colónia, Kiepenheuer und Witsch, 1956, p. 1067.

([3]) Em particular, *La distinction*, Paris, Minuit, 1979, pp. 466-542.

A REPRESENTAÇÃO POLÍTICA | 169

os efeitos dos obstáculos morfológicos que a dimensão das unidades políticas e o número dos cidadãos opõem a qualquer forma de governo directo são de certo modo aumentados pelos efeitos do desapossamento económico e cultural: a concentração do capital político nas mãos de um pequeno grupo é tanto menos contrariada e portanto tanto mais provável, quanto mais desapossados de instrumentos materiais e culturais necessários à participação activa na política estão os simples aderentes – sobretudo, o *tempo livre* e o *capital cultural* [4].

Dado que os produtos oferecidos pelo campo político são instrumentos de percepção e de expressão do mundo social (ou, se assim se quiser, princípios de di-visão), a distribuição das opiniões numa população determinada depende do estado dos instrumentos de percepção e de expressão disponíveis e do acesso que os diferentes grupos têm a esses instrumentos. Quer isto dizer que o campo político exerce de facto um efeito de censura ao limitar o universo do discurso político e, por este modo, o universo daquilo que é pensável politicamente, ao espaço finito dos discursos susceptíveis de serem produzidos ou reproduzidos nos limites da *problemática* política como espaço das tomadas de posição efectivamente realizadas no campo, quer dizer, sociologicamente possíveis dadas as leis que regem a entrada no campo. A fronteira entre o que é politicamente dizível ou indizível, pensável ou impensável para uma classe de profanos determina-se na relação entre os interesses que exprimem esta classe e a capacidade de expressão desses interesses que a sua posição nas relações de produção cultural e, por este modo, política, lhe assegura. «Uma intenção, nota Wittgenstein, encarna-se numa situação, em costumes e em instituições humanas. Se a técnica do jogo de

---

[4] O que implica que a divisão do trabalho político varia em função do volume global do capital económico e cultural acumulado numa formação social determinada (o seu «nível de desenvolvimento») e também em função da estrutura, mais ou menos dissimétrica, da distribuição deste capital, particularmente do cultural. É assim que a generalização do acesso ao ensino secundário esteve na origem de um conjunto de transformações da relação entre os partidos e os seus militantes ou os seus eleitores.

170 | O PODER SIMBÓLICO

xadrez não existisse, eu não poderia ter *a intenção* de jogar o xadrez. Se posso ter em vista a construção de uma frase, é porque sei falar a língua em questão» (5). A intenção política só se constitui na relação com um estado do jogo político e, mais precisamente, do universo das técnicas de acção e de expressão que ele oferece em dado momento. Neste caso, como em outros, a passagem do implícito ao explícito, da impressão subjectiva à expressão objectiva, à manifestação pública num discurso ou num acto público constitui por si um acto de *instituição* e representa por isso uma forma de oficialização, de legitimação: não é por acaso que, como nota Benveniste, todas as palavras que têm uma relação com o direito têm uma raiz que significa *dizer*. E a instituição entendida como o que já está instituído, já explicitado, exerce ao mesmo tempo um efeito de assistência e de licitação e um efeito de arrematação e de mudança de posse. Dado que, pelo menos fora dos períodos de crise, a produção das formas de percepção e de expressão politicamente actuantes e legítimas é monopólio dos profissionais e se acha portanto sujeita aos constrangimentos e às limitações inerentes ao funcionamento do campo político, vê-se que os efeitos da lógica censitária, que rege de facto o acesso às escolhas entre os produtos políticos oferecidos, estão acrescidos dos efeitos da lógica oligopolística que rege a oferta dos produtos. Monopólio da produção entregue a um corpo de profissionais, quer dizer, a um pequeno número de unidades de produção, controladas elas mesmas pelos profissionais; constrangimentos que pesam nas opções dos consumidores, que estão tanto mais condenados à *fidelidade* indiscutida às marcas conhecidas e à delegação incondicional nos seus representantes quanto mais desprovidos estão de *competência social* para a política e de instrumentos próprios de produção de discursos ou actos políticos: o mercado da política é, sem dúvida, um dos menos livres que existem.

Os constrangimentos do mercado pesam em primeiro lugar sobre os membros das classes dominadas que não têm

---

(5) L. Wittgenstein, *Philosophical Investigations*, New York, Macmillan, 1953, parág. 337, p. 108.

A REPRESENTAÇÃO POLÍTICA | 171

outra escolha a não ser a demissão ou a entrega de si ao partido, organização permanente que deve produzir a *representação* da continuidade da classe, sempre ameaçada de cair na descontinuidade da existência atomizada (com o recolhimento à vida privada e a procura de vias de salvação individual) ou na particularidade das lutas estritamente reivindicativas (6). Isto faz com que, mais do que os membros das classes dominantes, os quais se podem contentar com associações, grupos de pressão ou partidos-associações (7), tenham necessidade de partidos entendidos como organizações *permanentes* orientadas para a conquista do poder e que propõem aos seus militantes e aos seus eleitores não só uma doutrina mas também um *programa* de pensamento e de acção, exigindo por isso uma adesão global e antecipada. Como nota Marx em *Miséria da Filosofia*, pode-se datar o nascimento de um grupo social do momento em que os membros das suas organizações representativas não lutam só pela defesa dos interesses económicos dos mandantes mas também pela defesa e o desenvolvimento da própria organização. Mas como não deixar de notar que se a existência de uma organização permanente, relativamente independente dos interesses cor-

---

(6) A relação entre os profanos e os profissionais assume formas muito diferentes para os dominantes: sendo capazes, quase sempre, de produzir eles mesmos os seus actos e as suas opiniões políticas, nunca se resignam à delegação sem reticências nem ambivalência (delegação imposta pela lógica específica da legitimidade que, baseada no não reconhecimento, condena a tentação de autocelebração).

(7) Pode-se chamar *partido-associação* a uma organização cujo objectivo quase exclusivo é a preparação das eleições e que deve a esta função permanente uma permanência que as associações ordinárias não possuem: próxima da associação pelo carácter limitado e parcial dos seus objectivos e do empenhamento que exige e, ao mesmo tempo, pela composição social fortemente diversificada da sua *clientela* (feita de eleitores e não de militantes), está perto do partido pela permanência que lhe é imposta pela recorrência da função específica, a preparação das eleições. (É de notar que o *partido ideal* tal como o descreve Ostrogorski seja exactamente uma associação, quer dizer, uma organização *temporária*, criada *ad hoc* com vista a uma reivindicação determinada ou a uma causa específica.)

porativos e conjunturais, é a condição da *representação* permanente e propriamente política da classe, ela encerra também a ameaça do desapossamento dos membros «insignificantes» da classe? A antinomia do «poder revolucionário estabelecido», como diz Bakunine, é perfeitamente semelhante à da Igreja reformada tal como a descreve Troeltsch. A *fides implicita*, delegação global e total pela qual os mais desfavorecidos concedem em bloco ao partido da sua escolha uma espécie de crédito ilimitado, deixa caminho livre aos mecanismos que tendem a retirar-lhes a posse de qualquer controlo sobre o aparelho. Isto faz com que, por estranha ironia, a concentração do capital político nunca seja tão grande, salvo intervenção deliberada (e improvável) em sentido oposto, como nos partidos que se propõem como objecto a luta contra a concentração do capital económico.

Gramsci evocou frequentemente a propensão para o fideísmo milenarista e para a representação providencialista do partido e dos seus chefes que se observa na clientela dos partidos comunistas: «Um outro aspecto do perigo que houve que lamentar no nosso Partido, é a esterilização de toda a actividade individual, a passividade da massa do Partido, a certeza estúpida de que, de qualquer modo, havia alguém que pensava em tudo e que provia a tudo» (A. Gramsci, *Écrits politiques*, tomo II, Paris, Gallimard, 1974, p. 265). As massas, inquietas com esta sua condição de inferioridade absoluta, abdicaram completamente de toda a soberania e de todo o poder, a organização e a pessoa do organizador tornaram-se para elas numa só e mesma coisa, da mesma forma que, para um exército em campanha, a pessoa do *condottiere* encarna a salvação comum, se torna no garante do sucesso e da vitória» (Ib., *id.*, p. 82). Poder-se-ia também citar, *a contrario*, Rosa Luxemburgo, quando descreve (à maneira do *wishful thinking*) um partido como limitando ele mesmo o seu próprio poder por um esforço consciente e constante de chefes que se destituem para agirem como executantes da vontade das massas: «O único papel dos pretensos 'dirigentes' da social-democracia consiste em esclarecer a massa acerca da sua missão histórica. A autoridade e a influência dos 'chefes' na demo-

A REPRESENTAÇÃO POLÍTICA | 173

cracia não aumenta senão em proporção ao trabalho de educação que eles realizam nesse sentido. Por outras palavras, o seu prestígio e a sua influência só aumentam na medida em que os chefes destroem o que até agora tem sido a função dos dirigentes, a cegueira da massa, na medida em que se despojam eles próprios da sua qualidade de chefes, na medida em que eles fazem da massa dirigente e deles próprios os órgãos executivos da acção consciente da massa» (R. Luxemburgo, *Masses et chefs*, Paris, Spartacus, 1972, p. 37). Seria interessante determinar aquilo que, nas tomadas de posição dos diferentes «teóricos» acerca deste problema (que, como Gramsci, podem oscilar entre o espontaneísmo da *Ordine Nuovo* e o centralismo do artigo sobre o Partido Comunista – *Écrits politiques*, I, pp. 389-403), se prende com factores objectivos (como o nível da formação geral e política das massas) e, em particular, com a experiência directa das atitudes das massas numa conjuntura determinada, e o que se prende com efeitos de campo e com a lógica das oposições internas.

Os que dominam o partido e têm interesses ligados com a existência e a persistência desta instituição e com os ganhos específicos que ela assegura, encontram na liberdade, que o monopólio da produção e da imposição dos *interesses políticos instituídos* lhes deixa, a possibilidade de imporem os seus interesses de mandatários como sendo os interesses dos seus mandantes. E isto passa-se sem que nada permita fazer a prova completa de que os interesses assim universalizados e plebiscitados dos mandatários coincidam com os interesses não expressos dos mandantes, pois os primeiros têm o monopólio dos instrumentos de produção dos interesses políticos, quer dizer, politicamente expressos e reconhecidos, dos segundos. Nada, a não ser esta forma de abstenção activa, a qual tem raízes na revolta contra uma dupla impotência, impotência perante a política e todas as acções puramente seriais que ela propõe, impotência perante os aparelhos políticos: o apolitismo, que assume por vezes a forma de um antiparlamentarismo e que pode ser desviado para todas as formas de bonapartismo, de boulangismo ou de gaulismo, é fundamentalmente uma contestação do monopólio dos políticos que representa o equivalente político daquilo que foi, em outros tempos, a revolta religiosa contra o monopólio dos clérigos.

Competência, coisas em jogo e interesses específicos

Em matéria de política como em matéria de arte, o desapossamento dos que são em maior número é correlativo, ou mesmo consecutivo, da concentração dos meios de produção propriamente políticos nas mãos de profissionais, que só com a condição de possuírem uma competência específica podem entrar com alguma probabilidade de sucesso no jogo propriamente político. Com efeito, nada é menos natural do que o modo de pensamento e de acção que é exigido pela participação no campo político: como o *habitus* religioso, artístico ou científico, o *habitus* do político supõe uma preparação especial. É, em primeiro lugar, toda a aprendizagem necessária para adquirir o *corpus* de saberes específicos (teorias, problemáticas, conceitos, tradições históricas, dados económicos, etc.) produzidos e acumulados pelo trabalho político dos profissionais do presente e do passado ou das capacidades mais gerais tais como o domínio de uma certa linguagem e de uma certa retórica política, a do *tribuno*, indispensável nas relações com os profanos, ou a do *debater*, necessária nas relações entre profissionais. Mas é também e sobretudo esta espécie de *iniciação*, com as suas provas e os seus ritos de passagem, que tendem a inculcar o *domínio prático* da lógica imanente do campo político e a impor uma submissão de facto aos valores, às hierarquias e às censuras inerentes a este campo ou à forma específica de que se revestem os seus constrangimentos e os seus controlos no seio de cada partido. Isto significa que, para compreender completamente os discursos políticos que são oferecidos no mercado em dado momento e cujo conjunto define o universo do que pode ser dito e pensado politicamente, por oposição ao que é relegado para o indizível e o impensável, seria preciso analisar todo o processo de produção dos profissionais da produção ideológica, desde a marca-

A REPRESENTAÇÃO POLÍTICA | 175

ção(*), operada em função de uma definição frequentemente implícita da competência desejada, que os designa para estas funções e a formação geral ou específica que os prepara para as assumir, até à acção de normalização contínua que os membros mais antigos do grupo lhes impõem com a sua própria cumplicidade, em particular quando, recém-eleitos, têm acesso a uma instância política para onde poderiam levar um falar franco e uma liberdade de maneiras atentatórias das regras do jogo.

O desapossamento correlativo da concentração dos meios de produção de discursos ou de actos socialmente reconhecidos como políticos não deixou de aumentar à medida que o campo de produção ideológica ganhava autonomia com o aparecimento das grandes burocracias políticas de profissionais a tempo inteiro e com o aparecimento de instituições (como, em França, o Instituto de Ciências Políticas e a Escola Nacional de Administração) encarregadas de seleccionar e de formar os produtores profissionais de esquemas de pensamento e de expressão do mundo social, homens políticos, jornalistas políticos, altos funcionários, etc., e, ao mesmo tempo, de codificar as *regras* do funcionamento do campo de produção ideológica e o *corpus* de saberes e de saber fazer indispensáveis à respectiva acomodação. A «ciência política» que se ensina em instituições especialmente ordenadas a este fim é a *racionalização* da competência que o universo da política exige e que os profissionais possuem no estado prático: ela tem em vista aumentar a eficácia desta mestria prática pondo ao seu serviço técnicas racionais, como a sondagem, as relações públicas ou o «*marketing*» político, ao mesmo tempo que tende a legitimá-la dando-lhe a aparência da cientificidade e erigindo as questões políticas em casos de especialistas que aos especialistas compete resolver em nome do saber e não do interesse da classe ([8]).

(*) «*marquage*», no texto original (marcação de animais ou de mercadorias). (*N.T.*)

([8]) É assim por exemplo que a teoria elitista da opinião, que é aplicada na elaboração ou na análise das sondagens de opinião ou nas

176 | O PODER SIMBÓLICO

A autonomização do campo de produção ideológica é acompanhada, sem dúvida, de uma elevação do direito de entrada no campo e, em particular, de um reforço das exigências em matéria de competência geral ou mesmo específica (o que contribui para explicar o aumento de peso dos profissionais formados nas escolas e mesmo nas escolas especializadas – Ciências PO, ENA – em detrimento dos simples militantes) ([9]). Mas também é acompanhada, sem dúvida, de um reforço do efeito das leis internas do campo político – e em particular da concorrência entre os profissionais – em relação ao efeito das transacções directas ou indirectas entre os profissionais e os profanos ([10]). Isto significa que, tratando-se de compreender uma tomada de posição política, programa, intervenção, discurso eleitoral, etc., é, pelo menos, tão importante conhecer o universo das tomadas de posição propostas em concorrência no interior do campo como conhecer

---

lamentações rituais acerca da abstenção, se denuncia efectivamente com toda a inocência nos inquéritos sobre os *opinion-makers* que, inspirando-se numa filosofia emanatista da «difusão» entendida como escoamento, têm em vista subir pelos canais de circulação das opiniões até à fonte de onde se pensa que jorram, quer dizer, até à «élite» dos «fabricantes de opiniões», de quem nunca ninguém pensa perguntar o que é que faz a sua opinião (cf. por exemplo, C. Kadushin, «Power, Influence and Social Circles: A New Methodology for Studying Opinion Makers», *American Sociological Review*, xxxiii, 1968, pp. 685-699).

([9]) Não é menos certo que esta evolução poderia achar-se contrariada, em certa medida, pela elevação geral do nível de instrução que, dado o peso determinante do capital escolar no sistema dos factores explicativos das variações da relação com a política, é sem dúvida por natureza própria para entrar em contradição com esta tendência e para reforçar, em diferentes graus segundo os aparelhos, a pressão da base, menos dada a um ligação incondicional.

([10]) O debate televisivo em que se acham frente a frente profissionais escolhidos pela sua competência e também pelo seu sentido do decoro e da respeitabilidade política, em presença de um público reduzido ao estatuto de espectador, realizando deste modo a luta de classes em forma de confrontação teatralizada e ritualizada entre dois campeões, simboliza perfeitamente o termo de um processo de autonomização do jogo propriamente político, mais do que nunca fechado nas suas técnicas, nas suas hierarquias, nas suas regras internas.

A REPRESENTAÇÃO POLÍTICA | 177

as pressões (*) dos laicos de quem os responsáveis por tais tomadas de posição são os mandatários declarados (a «base»): uma tomada de posição, como o nome diz às mil maravilhas, é um acto que só ganha sentido relacionalmente, na diferença e pela diferença, do *desvio distintivo*. O político avisado é o que consegue dominar praticamente o sentido objectivo e o efeito social das suas tomadas de posição graças ao domínio que ele possui do espaço das tomadas de posição actuais e, sobretudo, potenciais ou, melhor, do princípio dessas tomadas de posição a saber, o espaço das posições objectivas no campo e das atitudes dos seus ocupantes: este «sentido prático» das tomadas de posição possíveis e impossíveis, prováveis e improváveis para os diferentes ocupantes das diferentes posições é o que lhe permite «escolher» as tomadas de posição convenientes e convencionadas, e evitar as tomadas de posição «comprometedoras» que fariam com que se encontrasse com os ocupantes de posições opostas no espaço do campo político. Este sentido do jogo político que permite que os políticos prevejam as tomadas de posição dos outros políticos é também o que os torna previsíveis para os outros políticos. Previsíveis, portanto responsáveis, no sentido do inglês *responsible*, quer dizer, competentes, sérios, dignos de confiança, em suma, prontos a desempenhar com constância e sem surpresas nem traições o papel que lhes cabe na estrutura do espaço de jogo.

Nada há que seja exigido de modo mais absoluto pelo jogo político do que esta adesão fundamental ao próprio jogo, *illusio, involvement, commitment,* investimento no jogo que é produto do jogo ao mesmo tempo que é a condição do funcionamento do jogo: todos os que têm o *privilégio* de investir no jogo (em vez de serem reduzidos à indiferença e à apatia do apolitismo), para não correrem o risco de se verem excluídos do jogo e dos ganhos que nele se adquirem, quer se trate do simples prazer de jogar, quer se trate de todas as vantagens materiais ou simbólicas associadas à posse de um capital simbólico, aceitam o contrato tácito que está implicado no facto

---

(*) *«demandes»*, no texto original (entendemos as pressões que a procura exerce no mercado). (*N.T.*)

de participar no jogo, de o reconhecer deste modo como *valendo a pena* ser jogado, e que os une a todos os outros participantes por uma espécie de *conluio originário* bem mais poderoso do que todos os acordos abertos ou secretos. Esta solidariedade de todos os iniciados, ligados entre si pela mesma adesão fundamental aos jogos e às coisas que estão em jogo, pelo mesmo respeito (*obsequium*) do próprio jogo e das leis não escritas que o definem, pelo mesmo investimento fundamental no jogo de que eles têm o monopólio e que precisam de perpetuar para assegurarem a rentabilidade dos seus investimentos, não se manifesta nunca de modo tão claro como quando o jogo chega a ser ameaçado enquanto tal.

Os grupos unidos por uma forma qualquer de conluio (como os conjuntos de *colegas*) fazem da *discrição* e do *segredo* acerca de tudo o que diz respeito às crenças íntimas do grupo um imperativo fundamental. Eles condenam com a máxima violência certas manifestações de cinismo quando elas se fazem notar no exterior mas que, entre os *iniciados*, são perfeitamente admitidas porque não podem, por definição, tocar na crença fundamental sobre o valor do grupo, sendo a liberdade a respeito dos valores frequentemente vivida como um testemunho suplementar de valor – é conhecida a indignação com que os homens políticos e os jornalistas políticos, geralmente tão solícitos em fazer correr boatos e ditos decepcionantes sobre os homens políticos, acolhem os que, por momentos, mostram vontade de «estragar o jogo» trazendo à existência política o apolitismo popular e pequeno-burguês, que é ao mesmo tempo a condição e o produto do monopólio dos políticos). Mas os grupos não desconfiam menos daqueles que, levando demasiado a sério os valores proclamados, recusam os compromissos e os comprometimentos os quais são a condição da existência real do grupo.

O jogo duplo

A luta que opõe os profissionais é, sem dúvida, a forma por excelência da luta simbólica pela conservação ou pela trans-

A REPRESENTAÇÃO POLÍTICA | 179

formação do mundo social por meio da conservação ou da transformação da visão do mundo social e dos princípios de di-visão deste mundo: ou, mais precisamente, pela conservação ou pela transformação das divisões estabelecidas entre as classes por meio da transformação ou da conservação dos sistemas de classificação que são a sua forma incorporada e das instituições que contribuem para perpetuar a classificação em vigor, legitimando-a (*). Ela encontra as suas condições sociais de possibilidade na lógica específica segundo a qual se organiza, em cada formação social, o jogo propriamente político em que se jogam, por um lado, o monopólio da elaboração e da difusão do princípio de di-visão legítima do mundo social e, deste modo, da mobilização dos grupos e, por outro lado, o monopólio da utilização dos instrumentos de poder objectivados (capital político objectivado). Ela assume pois a forma de uma luta pelo poder propriamente simbólico de fazer ver e fazer crer, de predizer e de prescrever, de dar a conhecer e de fazer reconhecer, que é ao mesmo tempo uma luta pelo poder sobre os «poderes públicos» (as administrações do Estado). Nas democracias parlamentares, a luta para conquistar a adesão dos cidadãos (o seu voto, as suas quotizações, etc.) é também uma luta para manter ou para subverter *a distribuição do poder sobre os poderes públicos* (ou, se se prefere, pelo monopólio do uso legítimo dos recursos políticos objectivados, direito, exército, polícia, finanças públicas, etc.). Os agentes por excelência desta luta são os partidos, organizações de combate especialmente ordenadas em vista a conduzirem esta *forma sublimada de guerra civil,* mobilizando de maneira duradoura, por previsões prescritíveis, o maior número possível de agentes dotados da mesma visão do mundo social e do seu porvir. Para garantirem esta mobilização duradoira, os partidos devem, por um lado, elaborar e impor uma representação do mundo social capaz de obter a adesão do maior número possível de cidadãos e, por outro lado, conquistar postos (de poder ou não) capazes de assegurar um poder sobre os seus atributários.

_____

(*) Sobre a lógica da luta pela imposição do princípio de di-visão, ver *supra* capítulo v.

180 | O PODER SIMBÓLICO

Assim, a produção das ideias acerca do mundo social acha-se sempre subordinada de facto à lógica da conquista do poder, que é a da mobilização do maior número. Daqui, sem dúvida, o privilégio concedido, na elaboração da representação legítima, ao modo de produção *eclesial*, no qual as propostas (moções, plataformas, programas, etc.) são de imediato submetidas à aprovação de um grupo e só podem pois ser impostas por profissionais capazes de manipular ao mesmo tempo ideias e grupos, de produzir ideias capazes de produzir grupos manipulando estas ideias de maneira a garantir-lhes a adesão de um grupo – por exemplo, através da retórica do «*meeting*» ou do domínio de todo um conjunto de técnicas da palavra, da redacção, de manipulação da assembleia, que permitem o «fazer passar» de uma «moção», sem falar do domínio dos procedimentos e dos processos que, como o jogo do número dos *mandatos*, controlam directamente a própria produção do grupo.

Seria um erro subestimar a autonomia e a eficácia específica de tudo o que acontece no campo político e reduzir a história propriamente política a uma espécie de manifestação epifenoménica das forças económicas e sociais de que os actores políticos seriam, de certo modo, os títeres. Além de que isso seria ignorar a eficácia propriamente simbólica da representação e da crença mobilizadora que ela suscita pela força da objectivação, equivaleria ainda a esquecer o poder propriamente político de *governo* que, por muito dependente que seja das forças económicas e sociais, pode garantir uma eficácia real sobre essas forças por meio da acção sobre os instrumentos de administração das coisas e das pessoas.

A vida política só pode ser comparada com um teatro se se pensar verdadeiramente a relação entre o partido e a classe, entre a luta das organizações políticas e a luta das classes, como uma relação propriamente simbólica entre um significante e um significado ou, melhor, entre *representantes* dando uma *representação* e agentes, acções e situações representadas. A concordância entre o significante e o significado, entre o representante e o representado, resulta sem dúvida menos da procura consciente do ajustamento à procura da clientela ou

A REPRESENTAÇÃO POLÍTICA | 181

do constrangimento mecânico exercido pelas pressões externas do que da homologia entre a estrutura do teatro político e a estrutura do mundo representado, entre a luta das classes e a forma sublimada desta luta que se desenrola no campo político ([11]). É esta homologia que faz com que os profissionais, ao prosseguirem na satisfação dos interesses específicos que lhes impõe a concorrência no interior do campo, dêem ainda satisfação aos interesses dos seus mandantes e que as lutas dos representantes possam ser descritas como uma *mimesis* política das lutas dos grupos ou das classes de que eles se assumem como campeões; ou, inversamente, que, nas suas tomadas de posição mais adequadas ao interesse dos seus mandantes, eles prossigam ainda na satisfação dos seus próprios interesses – sem necessariamente o confessarem a si mesmos –, tais como lhes são determinados pela estrutura das posições e das oposições constitutivas do espaço interno do campo político.

A dedicação, por obrigação, aos interesses dos mandantes faz esquecer os interesses dos mandatários. Por outras palavras, a relação, aparente, entre os representantes e os representados, concebidos como causa determinante («grupos de pressão», etc.) ou causa final («causas» a defender, interesses a «servir», etc.) dissimula a relação de concorrência entre os representantes e, ao mesmo tempo, a relação de orquestração (ou de harmonia pré-estabelecida) entre os representantes e os representados. Não há dúvida de que Max Weber tem razão em lembrar, com uma sã brutalidade materialista, que «pode-se viver *para* a política e *da* política» ([12]). Para se ser perfeitamente rigoroso, seria preferível dizer que se pode viver da política com a condição de se viver para a política: é, com

---

([11]) Como prova, estão as diferenças que as necessidades ligadas à história e à lógica próprias de cada campo político nacional fazem surgir entre as representações que as organizações «representativas» de classes sociais colocadas em posições equivalentes – como as classes operárias dos diferentes países europeus – dão dos interesses dessas classes – e isto apesar de todos os defeitos homogeneizantes (como a «bolchevização» dos partidos comunistas).

([12]) Max Weber, *op. cit.*, II, p. 1052.

182 | O PODER SIMBÓLICO

efeito, na relação entre os profissionais que se define a espécie particular de interesse pela política que determina cada categoria de mandatários a consagrar-se à política e, por este meio, aos seus mandantes. Mais precisamente, a relação que os vendedores profissionais dos serviços políticos (homens políticos, jornalistas políticos, etc.) mantêm com os seus clientes é sempre mediatizada, e determinada de modo mais ou menos completo, pela relação que eles mantêm com os seus concorrentes ([13]). Eles servem os interesses dos seus clientes na medida em que (e só nessa medida) se servem *também* ao servi-los, quer dizer, *de modo tanto mais exacto quanto mais exacta é a coincidência da sua posição na estrutura do campo político com a posição dos seus mandantes na estrutura do campo social.* (O rigor da correspondência entre os dois espaços depende, sem dúvida, em grande parte, da intensidade da concorrência, quer dizer, antes de mais do *número* dos partidos ou das tendências que comanda a diversidade e a renovação dos produtos oferecidos obrigando por exemplo os diferentes partidos a modificar os seus programas para conquistarem as novas clientelas.) Em consequência, os discursos políticos produzidos pelos profissionais são sempre duplamente determinados e afectados de uma duplicidade que nada tem de intencional visto que resulta da dualidade dos campos de referência e da necessidade de servir ao mesmo tempo os fins esotéricos das lutas internas e os fins exotéricos das lutas externas ([14]).

([13]) «Os oportunistas de todos os campos, que defendem os interesses bem estabelecidos dos diversos conventículos, interesses materiais, sem dúvida, e para mais interesses que se prendem com a dominação política das massas, são um obstáculo à unidade proletária» (A. Gramsci, *Écrits politiques*, tomo I, Paris, Gallimard, 1974, p. 327).

([14]) A forma paradigmática desta duplicidade estrutural é sem dúvida representada por aquilo a que a tradição revolucionária da URSS chama a «língua de Esopo», quer dizer, a linguagem secreta, codificada, indirecta, a que os revolucionários recorriam para escaparem à censura czarista e que reapareceu no partido bolchevique, quando do conflito entre os partidários de Estaline e os de Bukharine, quer dizer, quando se tratou de evitar, por «patriotismo de partido» que os conflitos no interior do Politburo ou do Comité Central passassem para fora do partido. Esta

A REPRESENTAÇÃO POLÍTICA | 183

Um sistema de desvios

Deste modo, é a estrutura do campo político que, subjectivamente indissociável da relação directa – e sempre proclamada – com os mandantes, determina as tomadas de posição, por intermédio dos constrangimentos e dos interesses associados a uma posição determinada nesse campo. Concretamente, a produção de tomadas de posição depende do sistema das tomadas de posição propostas em concorrência pelo conjunto dos partidos antagonistas, quer dizer, da *problemática política* como campo de possibilidades estratégicas objectivamente oferecidas à escolha dos agentes em forma de posições efectivamente ocupadas e das tomadas de posição efectivamente propostas no campo. Os partidos, como as tendências no seio dos partidos, só têm existência relacional e seria vão tentar definir o que eles são e o que eles professam independentemente daquilo que são e professam os seus concorrentes no seio do mesmo campo (¹⁵).

Não há manifestação mais evidente deste efeito de campo do que esta espécie de *cultura esotérica*, feita de problemas completamente estranhos ou inacessíveis ao comum, de conceitos e de discursos sem referente na experiência do cidadão comum e, sobretudo talvez, de *distinguos*, de matizes, de subtilezas, de agudezas, que passam despercebidos aos olhos dos não-iniciados e que não têm outra razão de ser que não sejam as relações de conflito ou de concorrência entre as diferentes organizações ou entre as «tendências» ou as «correntes» de uma mesma organização. Pode-se ainda citar o testemunho de Gramsci: «Nós outros, afastamo-nos da massa: entre nós e a

---

linguagem dissimula, numa aparência anódina, uma verdade oculta que «todo o militante suficientemente cultivado» sabe decifrar e pode ser objecto, segundo os destinatários, de duas leituras diferentes (cf. S. Cohen, *Nicolas Boukharine, la vie d'un bolchevik*, Paris, Maspero, 1979, pp. 330 e 435).

(¹⁵) Daí o fracasso de todos os que, como tantos historiadores da Alemanha na esteira de Rosenberg, tentaram definir o «conservadorismo» de modo absoluto, sem verem que ele devia mudar incessantemente de conteúdo substancial a fim de conservar o seu valor relacional.

184 | O PODER SIMBÓLICO

massa forma-se uma barreira de *quiproquos*, de mal-entendidos, de jogo verbal complicado. Acabaremos por aparecer como pessoas que querem, a todo o custo, conservar o seu lugar» ([16]). Na realidade, o que faz com que esta cultura propriamente política permaneça inacessível à maioria das pessoas é, sem dúvida, menos a complexidade da linguagem em que ela se exprime do que a complexidade das relações sociais que constituem o campo político que nela se reexprime: esta criação artificial das lutas de Cúria afigura-se menos inteligível do que desprovida de razão de ser aos que, não participando no jogo, «não vêem nele interesse» e não podem compreender que este ou aquele *distinguo* entre duas palavras ou entre dois rodeios de frase de um discurso-jogo, de um programa, de uma plataforma, de uma moção ou resolução, dê lugar a tais debates, visto que não aderem ao princípio das oposições que suscitam os debates geradores desses *distinguos* ([17]).

O facto de todo o campo político tender a organizar-se em torno da oposição entre dois pólos (que, como os partidos no sistema americano, podem eles próprios ser constituídos por verdadeiros campos, organizados segundo divisões análogas) não deve fazer esquecer que as propriedades recorrentes das doutrinas ou dos grupos situados nas posições polares, «partido do movimento» e «partido da ordem», «progressistas» e «conservadores», «esquerda» e «direita», são *invariantes* que só se realizam na relação com um campo determinado e por meio dessa relação. Assim as propriedades dos partidos que as tipologias realistas registam compreendem-se, de modo imediato, se as relacionarmos com a força relativa dos dois pólos, com a distância que os separa e que comanda as propriedades dos seus ocupantes, partidos ou homens políticos (e, em particular, a sua propensão para a divergência para os extremos

---

([16]) A. Gramsci, *op. cit.*, tomo II, p. 225.

([17]) Entre os factores deste efeito de «hermetismo» e da forma particularíssima de esoterismo que ela gera, é preciso contar com a tendência, frequentemente observada, que têm os membros permanentes dos aparelhos políticos para só conviverem com outros membros permanentes.

A REPRESENTAÇÃO POLÍTICA | 185

ou à convergência para o centro) e, ao mesmo tempo, a probabilidade de que seja ocupada a posição central, intermédia, o lugar neutro. O campo, no seu conjunto, define-se como um sistema de desvios de níveis diferentes e nada, nem nas instituições ou nos agentes, nem nos actos ou nos discursos que eles produzem, tem sentido senão relacionalmente, por meio do jogo das oposições e das distinções. É assim, por exemplo, que a oposição entre a «direita» e a «esquerda» se pode manter numa estrutura transformada mediante uma permuta parcial dos papéis entre os que ocupam estas posições em dois momentos diferentes (ou em dois lugares diferentes): o racionalismo, a fé no progresso e na ciência que, entre as duas guerras, em França como na Alemanha, constituíam o ideário da esquerda enquanto que a direita nacionalista e conservadora se dava mais ao irracionalismo e ao culto da natureza, tornaram-se hoje, nestes dois países, no coração do novo credo conservador, fundamentado na confiança no progresso, na técnica e na tecnocracia, enquanto que a esquerda se vê recambiada para temas ideológicos ou práticas que pertenciam exclusivamente ao pólo oposto, como o culto (ecológico) da natureza, o regionalismo e um certo nacionalismo, a denúncia do mito do progresso absoluto, a defesa da «pessoa», tudo isto banhado de irracionalismo.

A mesma estrutura diádica ou triádica que organiza o campo no seu conjunto pode reproduzir-se em cada um dos seus pontos, quer dizer, no seio do partido ou do grupúsculo, segundo a mesma lógica dupla, ao mesmo tempo interna e externa, que põe em relação os interesses específicos dos profissionais e os interesses reais ou presumíveis dos seus mandantes, reais ou presumíveis. É, sem dúvida, no seio dos partidos cujos mandantes são os mais desprovidos e, por isso, os mais dados a confiar no partido, que a lógica das oposições internas se pode manifestar de modo mais claro. De modo que nada dá mais bem conta das tomadas de posição do que uma *topologia* das posições a partir das quais elas se enunciam: «No que diz respeito à Rússia, eu sempre soube que na *topografia* das fracções e das tendências, Radek, Trotsky e Bukarine tinham uma posição de esquerda; Zinoviev, Kamenev e Estaline uma

186 | O PODER SIMBÓLICO

posição de direita, enquanto que Lenine estava no *centro* e tinha função de árbitro no conjunto da situação, isto naturalmente na linguagem política corrente. O núcleo que se chama leninista sustenta, como bem se sabe, que estas posições «topográficas» são absolutamente ilusórias e falazes» ([18]). Tudo se passa com efeito como se a distribuição das posições no campo implicasse uma distribuição dos papéis; como se cada um dos protagonistas fosse levado ou remetido às suas tomadas de posição tanto pela concorrência com os ocupantes das posições mais afastadas ou das mais chegadas, que ameaçam, de diferentes maneiras, a sua existência, como pela *contradição lógica* entre as tomadas de posição ([19]).

Assim, certas oposições recorrentes, como a que se estabelece entre a tradição libertária e a tradição autoritária são tão-só a transcrição no plano das lutas ideológicas da contradição fundamental do movimento revolucionário, coagido a recorrer à disciplina e à autoridade, e até mesmo à violência, para combater a autoridade e a violência. Contestação herética da igreja herética, revolução contra «o poder revolucionário estabelecido», a crítica «esquerdista» na sua forma espontânea esforça-se por explorar, contra os que dominam o partido, a contradição entre as estratégias «autoritárias» no seio do partido e as estratégias «anti-autoritárias» do partido no seio do campo político no seu conjunto. E encontramos até no movimento anarquista, que censura ao marxismo o seu

---

([18]) A. Gramsci, *op. cit.*, tomo II, p. 258, sublinhado nossos.

([19]) Se se ignorar o que os conceitos devem à história, fica-se privado da única possibilidade real de os libertar da história. Sendo armas da análise e também do anátema, instrumentos de conhecimento e também instrumentos de poder, todos os conceitos em *-ismo* que a tradição marxológica eterniza ao tratá-los como puras construções conceptuais, livres de qualquer contexto e desligadas de qualquer função estratégica, estão «frequentemente ligados às circunstâncias, maculados de generalizações prematuras, marcados por polémicas acerbas» e gerados «na divergência, nas confrontações violentas entre representantes das diversas correntes» (G. Haupt, «Les marxistes face à la question nationale: l'histoire du problème», in G. Haupt, M. Lowy e C. Weill, *Les marxistes et la question nationale, 1848-1914*, Paris, Maspero, 1974, p. 11).

A REPRESENTAÇÃO POLÍTICA | 187

autoritarismo ([20]), uma oposição do mesmo tipo entre o pensamento «plataformista» o qual, preocupado em apresentar os fundamentos de uma organização anarquista poderosa, relega para segundo plano a reivindicação da liberdade ilimitada dos indivíduos e dos pequenos grupos, e o pensamento «sintesista» que quer deixar aos indivíduos a sua plena independência ([21]).

Mas, ainda aqui, os conflitos internos sobrepõem-se aos conflitos externos. Assim, é na medida (e só nesta medida) em que cada tendência é levada a valer-se da fracção correspondente da sua clientela, graças às homologias entre as posições ocupadas pelos «leaders» no campo político e as posições ocupadas no campo das classes populares pelos seus mandantes reais ou presumíveis, que as divisões e as contradições reais da classe operária podem achar o seu correspondente nas contradições e nas divisões dos partidos operários: os interesses do subproletariado inorganizado só têm probabilidade de acesso à representação política (sobretudo se é composto de estrangeiros, desprovidos do direito de voto, ou de etnias estigmatizadas) na medida em que se tornem numa arma e numa coisa em jogo na luta que, em certos estados do campo político, opõe o espontaneísmo ou, *no limite*, o voluntarismo ultra-revolucionário – sempre dados a privilegiar as fracções menos organizadas do proletariado cuja acção espontânea procede ou excede a organização – e o centralismo (qualificado pelos seus adversários como «burocrático-mecanicista») para o qual a organização, quer dizer, o partido, precede e condiciona a classe e a luta ([22]).

([20]) É sabido que Bakunine, que impõe a submissão absoluta aos órgãos dirigentes nos movimentos que ele constitui (por exemplo, a Fraternidade Nacional) e que é no fundo partidário da ideia «blanquista» das «minorias actuantes», é levado na sua polémica contra Marx a denunciar o autoritarismo e a enaltecer a espontaneidade das massas e a autonomia das federações.

([21]) J. Maitron, *Le mouvement anarchiste en France*, tomo II, Paris, Maspero, 1975, pp. 82-83.

([22]) A posição, mais ou menos central e dominante, no aparelho do partido e o capital cultural possuído estão na origem das visões diferen-

188 | O PODER SIMBÓLICO

Palavras de ordem e ideias-força

A tendência para a autonomização e a divisão indefinida em minúsculas seitas antagonistas que está inscrita, em estado de potencialidade objectiva, na constituição de corpos de especialistas dotados de interesses específicos e colocados em concorrência pelo poder no campo político (ou neste ou naquele sector do campo – por exemplo, um aparelho de partido) é contrabalançada em diferentes graus pelo facto de o desfecho das lutas internas depender da força que os agentes e as instituições envolvidos nesta luta podem mobilizar fora do campo. Em outros termos, a tendência para a fissão tem o seu limite no facto de a força de um discurso depender menos das suas propriedades intrínsecas do que da força mobilizadora que ele exerce, quer dizer, ao menos em parte, do grau em que ele é *reconhecido* por um grupo numeroso e poderoso que se reconhece nele e de que ele exprime os interesses (em forma mais ou menos transfigurada e irreconhecível).

A simples «corrente de ideias» não se torna num movimento político senão quando as ideias propostas são reconhecidas no exterior do círculo dos profissionais. As estratégias

---

tes, e até mesmo opostas, da acção revolucionária, do porvir do capitalismo, das relações entre o partido e as massas, etc., que se defrontam no seio do movimento operário. É certo, por exemplo, que o economismo e a propensão para acentuar o pendor determinista, objectivo, científico, do marxismo é mais próprio dos «cientistas» e dos «teóricos» (por exemplo, Tugan-Baranowski ou os «economistas» no seio do partido social-democrata) do que dos «militantes» ou dos «agitadores», sobretudo se são autodidactas em matéria de teoria ou de economia (está aí, sem dúvida, um dos princípios da oposição entre Marx e Bakunine). A oposição entre o centralismo e o espontaneísmo ou, se se quiser, entre o socialismo autoritário e o socialismo libertário parece variar de maneira perfeitamente paralela, levando a propensão para o cientismo e o economismo a confiar aos detentores do conhecimento o direito de definir autoritariamente as orientações (a biografia de Marx é percorrida por estas oposições que se resolvem, à medida que o tempo vai passando, a favor do «sábio»).

A REPRESENTAÇÃO POLÍTICA | 189

que a lógica da luta interna impõe aos profissionais, e que podem ter como fundamento objectivo, para além das diferenças professadas, diferenças de *habitus* e de interesses (ou, mais precisamente, de capital económico e escolar e de trajectória social), ligadas a posições diferentes no campo, só podem ser bem sucedidas na medida em que encontrarem as estratégias (por vezes inconscientes) de grupos exteriores ao campo (toda a diferença entre o utopismo e o realismo situa- -se aí). Assim, as tendências para a cisão sectária acham-se contrabalançadas de modo contínuo pelas necessidades da concorrência que levam os profissionais, para triunfarem nas suas lutas internas, a ter de fazer apelo a forças que nem sempre são totalmente internas (é diferente o que se passa no campo científico ou artístico em que a invocação dos profanos desacredita). Os grupúsculos de vanguarda só podem importar para o campo político a lógica característica do campo intelectual porque estão desprovidos de base, logo, de constrangimentos, mas também de força. Funcionando como *seitas* nascidas da cisão e condenadas à cissiparidade, portanto fundados sobre uma renúncia à universalidade, esses grupúsculos pagam com uma perda de poder e de eficácia a afirmação da plena qualificação técnica e étnica que define a *ecclesia pura* (os Puritanos), o universo dos «puros» e dos «puristas», capazes de manifestar a sua excelência de virtuosos políticos no seu apego às tradições mais puras e mais radicais («a revolução permanente», «a ditadura do proletariado», etc.). Ao contrário, o partido, se não quer ver-se excluído do jogo político e da ambição de participar senão do poder, pelo menos do poder de ter influência na distribuição do poder, não pode consagrar-se a virtudes tão exclusivas. Com efeito, do mesmo modo que a Igreja se consagra à missão de espalhar a sua graça de instituição por todos os fiéis, justos ou injustos, e de sujeitar os pecadores sem distinção à disciplina do mandamento divino, também o partido elege como fim trazer para a sua causa o maior número possível de refractários (é o caso sempre que o partido comunista se dirige, em período eleitoral, a «todos os republicanos do progresso»), não hesitando, para alargar a sua base e atrair a clientela dos partidos concorrentes, em

190 | O PODER SIMBÓLICO

transigir com a «pureza» da sua linha e em tirar proveito de modo mais ou menos consciente, das ambiguidades do seu programa. Segue-se daqui que, entre as lutas que têm lugar em cada partido, uma das mais constantes é a que se estabelece entre os que denunciam os compromissos necessários ao aumento da *força* do partido (portanto daqueles que o dominam) mas em detrimento da sua *originalidade*, quer dizer, mediante o abandono das tomadas de posição distintivas, originais, nativas, e que reclamam por um regresso às raízes, por uma restauração da pureza original e, do outro lado, os que propendem a procurar o reforço do partido, quer dizer, o alargamento da clientela, nem que seja à custa de transacções e de concessões ou mesmo de uma baralha metódica de tudo o que as tomadas de posição originais do partido podem ter de demasiado «exclusivo». Os primeiros puxam o partido para a lógica do campo intelectual que, levada até ao limite, pode retirar-lhe toda a força temporal; os segundos têm a seu favor a lógica da *Realpolitik* que é a condição do acesso à realidade política ([23]).

O campo político é pois o lugar de uma concorrência pelo poder que se faz por intermédio de uma concorrência pelos profanos ou, melhor, pelo monopólio do direito de falar e de agir em nome de uma parte ou da totalidade dos profanos. O porta-voz apropria-se não só da palavra do grupo dos profanos, quer dizer, na maioria dos casos, do seu silêncio, mas também da força desse mesmo grupo, para cuja produção ele contribui ao prestar-lhe uma palavra reconhecida como legítima no campo político. A força das ideias que ele propõe mede-se, não como no terreno da ciência, pelo seu valor de verdade (mesmo que elas devam uma parte da sua força à sua capacidade para convencer que ele detém a verdade), mas sim

---

([23]) As estratégias de voto defrontam-se também com a alternativa da representação adequada mais desprovida de força e da representação imperfeita mas, por isso mesmo, poderosa. Quer dizer que a própria lógica que identifica isolamento e impotência obriga a *escolhas de compromisso* e confere uma vantagem decisiva às tomadas de posição já confirmadas em relação às opiniões originais.

A REPRESENTAÇÃO POLÍTICA 191

pela força de mobilização que elas encerram, quer dizer, pela força do grupo que as reconhece, nem que seja pelo silêncio ou pela ausência de desmentido, e que ele pode manifestar recolhendo as suas vozes ou reunindo-as no espaço. É o que faz com que o campo da política – onde se procuraria em vão uma instância capaz de legitimar as instâncias de legitimidade e um fundamento da competência diferente do interesse de classe bem compreendido – oscile sempre entre dois critérios de validação, a ciência e o plebiscito ([24]).

Em política, «dizer é fazer», quer dizer, fazer crer que se pode fazer o que se diz e, em particular, dar a conhecer e fazer reconhecer os princípios de di-visão do mundo social, as *palavras de ordem* que produzem a sua própria verificação ao produzirem grupos e, deste modo, uma ordem social. A palavra política – é o que a define de modo próprio – empenha totalmente o seu autor porque ela constitui um empenhamento em fazer que só é verdadeiramente político se estiver na maneira de ser de um agente ou de um grupo de agentes *responsáveis politicamente*, quer dizer, à altura de conseguirem o empenhamento de um grupo e de um grupo capaz de a realizar: é só com esta condição que ele equivale a um acto. A verdade da promessa ou do prognóstico depende da veracidade e também da autoridade daquele que os pronuncia, quer dizer, da sua capacidade de fazer crer na sua veracidade e na sua autoridade. Quando se admite que o porvir que está em discussão depende da vontade e da acção colectivas, as ideias-força do porta-voz capaz de suscitar esta acção são infalsificáveis, pois têm o poder de fazer com que o porvir que elas anunciam se torne verdadeiro. Isto, sem dúvida, faz com que, para toda a tradição revolucionária, a questão da verdade seja indissociável da questão da liberdade ou da necessidade histórica: se se admite que o porvir, quer dizer, a verdade política, depende da acção dos responsáveis políticos e das massas

---

([24]) Não é por acaso que a sondagem de opinião manifesta a contradição entre dois princípios de legitimidade antagonistas, a ciência tecnocrática e a vontade democrática, alternando as questões que convidam ao juízo de perito ou ao desejo de militante.

192 | O PODER SIMBÓLICO

– seria preciso ainda determinar em que grau – Rosa Luxemburgo teve razão contra Kautsky que contribuiu para fazer advir o que era provável e que ele anunciava, não fazendo o que havia que fazer segundo Rosa Luxemburgo; no caso contrário, Rosa Luxemburgo não teve razão pois não soube prever o porvir mais provável.

O que seria um «discurso irresponsável» na boca de qualquer um é uma previsão razoável na boca de qualquer outro. As expressões políticas, programas, promessas, previsões ou prognósticos («Ganharemos as eleições») nunca são verificáveis ou falsificáveis logicamente; elas não são verdadeiras senão na medida em que aquele que as enuncia (por sua própria conta ou em nome de um grupo) é capaz de as tornar historicamente verdadeiras, fazendo-as advir na história – e isto depende ao mesmo tempo da sua aptidão para apreciar de maneira realista as probabilidades de êxito da acção destinadas a pô-las em acto e das suas capacidades para mobilizar as forças necessárias para o fazer, ao conseguir inspirar a confiança na sua própria veracidade e, portanto, nas suas probabilidades de êxito. Por outras palavras, a palavra do *porta-voz*, deve uma parte da sua «força de elocução» [*force illocutionnaire*] à força (ao número) do grupo para cuja produção como tal ele contribui pelo acto de simbolização, de representação; ela tem o seu princípio no acto de força pelo qual o locutor investe no seu enunciado toda a força para cuja produção o seu enunciado contribui ao mobilizar o grupo a que ele se dirige. É o que se vê bem na lógica tão tipicamente política da promessa ou, melhor, da predição: verdadeiro *self-fulfilling prophecy*, a palavra pela qual o porta-voz anuncia uma vontade, um projecto, uma esperança ou, muito simplesmente, um porvir a um grupo, *faz o que ela diz* na medida em que os destinatários se reconhecem nela, conferindo-lhe a força simbólica e também material (em forma de votos e também de subvenções, de quotizações ou de força de trabalho ou de combate, etc.) que lhe permite realizar-se. É porque basta que as ideias sejam professadas por *responsáveis políticos*, para se tornarem em ideias-força capazes de se imporem à crença ou mesmo em palavras de ordem capazes de mobilizar ou de

A REPRESENTAÇÃO POLÍTICA | 193

desmobilizar, que os erros são *faltas* ou, na linguagem nativa, «traições» ([25]).

Crédito e crença

O capital político é uma forma de capital simbólico, *crédito* firmado na *crença* e no *reconhecimento* ou, mais precisamente, nas inúmeras operações de crédito pelas quais os agentes conferem a uma pessoa – ou a um objecto – os próprios poderes que eles lhes reconhecem. É a ambiguidade da *fides*, analisada por Benveniste ([26]): força objectiva que pode ser objectivada nas coisas (e, em particular, em tudo o que faz a simbólica do poder, tronos, ceptros e coroas), produto de actos subjectivos de reconhecimento e que, enquanto crédito e credibilidade, só existe na representação e pela representação, na confiança e pela confiança, na crença e pela crença, na obediência e pela obediência. O poder simbólico é um poder que aquele que lhe está sujeito dá àquele que o exerce, um crédito com que ele o credita, uma *fides*, uma *auctoritas*, que ele lhe confia pondo nele a sua confiança. É um poder que existe porque aquele que lhe está sujeito crê que ele existe. *Credere*, diz Benveniste, «é literalmente colocar o *kred*, quer dizer, a potência mágica, num ser de que se espera protecção, por conseguinte, crer nele» ([27]). O *kred*, o crédito, o carisma,

---

([25]) A violência da polémica política e o recurso constante ao pôr--em-causa ético armados frequentemente de argumentos *ad hominem*, explica-se também pelo facto de as ideias-força deverem uma parte do seu crédito ao crédito da pessoa que as professa e que não há somente que refutar, mas que desacreditar desacreditando o seu autor. A lógica do campo político, dado que permite combater as ideias e as pessoas dos adversários, fornece um terreno altamente favorável às estratégias do ressentimento: é assim que ele oferece a qualquer indivíduo um meio de atingir, frequentemente por meio de uma forma rudimentar de sociologia do conhecimento, teorias ou ideias que ele seria incapaz de submeter à crítica científica.

([26]) E. Benveniste, *Le vocabulaire des institutions indo-européennes*, tomo I, Paris, Minuit, 1969, pp. 115-121.

([27]) *Ibidem*.

194 | O PODER SIMBÓLICO

esse não-sei-quê pelo qual se tem aqueles de quem isso se tem, é o produto do *credo*, da crença da obediência, que parece produzir o *credo*, a crença, a obediência.

Como o campeão divino ou humano que, segundo Benveniste, tem necessidade que se creia nele, que se lhe confie o *kred*, com a condição de ele espalhar os seus benefícios sobre os que assim o apoiaram ([28]), o homem político retira a sua força política da confiança que um grupo põe nele. Ele retira o seu poder propriamente mágico sobre o grupo da fé na representação que ele dá ao grupo e que é uma representação do próprio grupo e da sua relação com os outros grupos. Mandatário unido aos seus mandantes por uma espécie de contrato racional – o programa –, ele é também campeão, unido por uma relação mágica de identificação àqueles que, como se diz, «põem nele todas as esperanças». E, devido ao seu capital específico ser um puro *valor fiduciário* que depende da representação, da opinião, da crença, da *fides*, o homem político, como homem de honra, é especialmente vulnerável às suspeitas, às calúnias, ao escândalo, em resumo, a tudo o que ameaça a crença, a confiança, fazendo aparecer à luz do dia os actos e os ditos secretos, escondidos, do presente e do passado, os quais são próprios para desmentir os actos e os ditos presentes e para desacreditar o seu autor – e isto, como se verá, de modo tanto mais completo quanto o seu capital deve menos à delegação ([29]). Este capital supremamente *lábil* só pode ser conser-

---

([28]) *Ibidem*, p. 177.

([29]) A prudência extrema que define o político consumado e que se mede de modo particular pelo alto grau de eufemização do seu discurso explica-se, sem dúvida, pela vulnerabilidade extrema do capital político que faz do ofício de homem político uma profissão de alto risco, sobretudo em períodos de crise nos quais, como se vê em relação a De Gaulle e a Pétain, pequenas diferenças nas atitudes e nos valores assumidos podem estar na origem de escolhas totalmente exclusivas (pelo facto de ser próprio das situações extra-ordinárias aniquilar a possibilidade dos compromissos, das ambiguidades, dos jogos duplos, das filiações múltiplas, etc., autorizadas pelo recurso comum a critérios de classificação múltiplos e parcialmente integrados, pela imposição de um sistema de classificação organizado em torno de um único critério).

A REPRESENTAÇÃO POLÍTICA | 195

vado mediante o trabalho constante que é necessário não só para acumular o crédito como também para evitar o descrédito: daí, toda a prudência, todos os silêncios, todas as dissimulações, impostos a personagens públicas incessantemente colocadas perante o tribunal da opinião, pela preocupação constante de nada dizer ou fazer que possa ser lembrado pelos adversários, princípio impiedoso da irreversibilidade, de nada revelar que possa contradizer as profissões de fé presentes ou passadas ou desmentir-lhes a constância no decurso do tempo. E a atenção especial que os homens políticos devem dar a tudo o que contribui para produzir a representação da sua *sinceridade* ou do seu *desinteresse* explica-se se se imaginar que estas atitudes aparecem como a garantia última da representação do mundo social, a qual eles se esforçam por impor, dos «ideais» e das «ideias», que eles têm a missão de fazer aceitar ([30]).

As espécies de capital político

«Banqueiro de homens em regime de monopólio» ([31]), como diz Gramsci a respeito dos funcionários sindicais, o

---

([30]) É o que faz com que o homem político esteja comprometido com o jornalista, detentor de um poder sobre os instrumentos de grande difusão que lhe dá um poder sobre toda a espécie de capital simbólico (o poder de «fazer ou desfazer reputações», de que o caso Watergate deu uma medida). Capaz, pelo menos em certas conjunturas políticas, de controlar o acesso de um homem político ou de um movimento ao estatuto de força política que conte, o jornalista está condenado, como crítico, ao papel de dar a apreciar, incapaz de fazer para ele mesmo o que ele faz para os outros (e as tentativas que pode fazer para mobilizar a favor da sua pessoa ou da sua obra as autoridades intelectuais ou políticas, que devem alguma coisa à sua acção de valorizar, estão antecipadamente condenadas). Por isso liga-se àqueles que ele contribuiu para fazer (na proporção do seu valor como fazer-valer), por uma relação de profunda ambivalência que o leva a oscilar entre a submissão admirativa ou servil e o ressentimento pérfido, pronto a exprimir-se ao primeiro passo em falso dado pelo ídolo para cuja produção contribuiu.

([31]) «Estes chefes tornaram-se banqueiros de homens em regime de monopólio, e a menor alusão a uma concorrência torna-os loucos de

homem político deve a sua autoridade específica no campo político – aquilo a que a linguagem nativa chama o seu «peso específico» – à força de mobilização que ele detém quer a título pessoal, quer por delegação, como mandatário de uma organização (partido, sindicato) detentora de um capital político acumulado no decurso das lutas passadas, e primeiro em forma de postos – no aparelho ou fora do aparelho – e de militantes *ligados* a esses postos ([32]). O capital pessoal de «notoriedade» e de «popularidade» – firmado no facto de *ser conhecido e reconhecido* na sua pessoa (de ter um «nome», uma «reputação», etc.) e também no facto de possuir um certo número de qualificações específicas que são a condição da aquisição e da conservação de uma «boa reputação» – é frequentemente produto da reconversão de um capital de notoriedade acumulado em outros domínios e, em particular, em profissões que, como as profissões liberais, permitem tempo livre e supõem um certo capital cultural ou, como no caso dos advogados, um domínio profissional da eloquência. Enquanto este capital pessoal de *notável* é produto de uma acumulação lenta e contínua, a qual leva em geral toda uma vida, o capital pessoal a que se pode chamar heróico ou profético e no qual pensa Max Weber quando fala de «carisma» é

---

terror e de desespero» (A. Gramsci, *op. cit.*, tomo II, p. 85). «Em muitos aspectos, os chefes sindicais representam um tipo social semelhante ao banqueiro: um banqueiro experimentado, que conhece os negócios com um olhar, que sabe prever com alguma exactidão as cotações da bolsa e a vida dos contratos, dá crédito à sua casa, atrai as poupanças e os clientes; um chefe sindical que, em plena confrontação das forças sociais em luta, sabe prever os resultados possíveis, atrai as massas à sua organização, torna-se num banqueiro de homens» (*op. cit.*, p. 181).

([32]) A oposição entre as duas espécies de capital político está na origem de uma das diferenças fundamentais entre os eleitos do PC e os do PS: «Enquanto que a grande maioria dos presidentes de câmara socialistas evocam a sua "notoriedade", quer ela radique no prestígio familiar, na competência profissional, quer radique nos serviços prestados a título de uma actividade qualquer, os dois terços dos comunistas consideram-se, primeiro e sobretudo, delegados do seu partido» (D. Lacorne, *Les notables rouges*, Paris, Presses de la Fondation Nationale des Sciences Politiques, 1980, p. 67).

A REPRESENTAÇÃO POLÍTICA | 197

produto de uma acção inaugural, realizada em situação de crise, no vazio e no silêncio deixados pelas instituições e os aparelhos: acção profética de doação de sentido, que se fundamenta e se legitima ela própria, retrospectivamente, pela confirmação conferida pelo seu próprio sucesso à linguagem de crise e à acumulação inicial de força de mobilização que ele realizou ([33]).

Ao contrário do capital pessoal que desaparece com a pessoa do seu portador (embora possa originar querelas de herança), o capital delegado da autoridade política é, como o do sacerdote, do professor e, mais geralmente, do *funcionário*, produto da transferência limitada e provisória (apesar de renovável, por vezes vitaliciamente) de um capital detido e controlado pela instituição e só por ela ([34]): é o partido que, por meio da acção dos seus quadros e dos seus militantes, acumulou no decurso da história um capital simbólico de *reconhecimento* e de *fidelidade* e que a si mesmo se dotou, pela luta política e para ela, de uma organização permanente de membros permanentes capazes de mobilizar os militantes, os aderentes e os simpatizantes e de organizar o trabalho de propaganda necessário à obtenção dos votos e, por este meio, dos postos que permitem que se mantenham duradoiramente os membros permanentes. Este aparelho de mobilização, que distingue o partido ou o sindicato tanto do clube aristocrático como do grupo intelectual, assenta *ao mesmo tempo* em estruturas objectivas como a burocracia da organização propriamente dita, os postos que ela oferece, com todas as vantagens correlativas, nela própria ou nas administrações públicas, as tradições de recrutamento, de formação e de selecção que a

---

([33]) Pensar-se-á, sem dúvida, na aventura gaulista. Mas também se achará o equivalente numa região perfeitamente oposta do espaço social e político. É assim que Denis Lacorne observa que os eleitos comunistas que gozam de uma notoriedade pessoal devem quase sempre o seu estatuto de «personalidade local» a um «acto de natureza heróica» realizado durante a segunda guerra mundial (D. Lacorne, *op. cit.*, p. 69).

([34]) Dito isto, a missão política distingue-se, mesmo neste caso, de uma simples função burocrática visto que é sempre, como se viu, uma missão pessoal, em que a pessoa toda se empenha.

198 | O PODER SIMBÓLICO

caracterizam, etc., e em atitudes, quer se trate da fidelidade ao partido, quer se trate dos princípios incorporados de di-visão do mundo social que os dirigentes, os membros permanentes ou os militantes põem em prática no dia-a-dia e na sua acção propriamente política.

A aquisição de um capital delegado obedece a uma lógica muito particular: a *investidura* – acto propriamente mágico de *instituição* pelo qual o partido *consagra* oficialmente o candidato oficial a uma eleição e que marca a transmissão de um capital político, tal como a investidura medieval solenizava a «tradição» de um feudo ou de bens de raiz – não pode ser senão a contrapartida de um longo *investimento* de tempo, de trabalho, de dedicação, de devoção à instituição. Não é por acaso que as igrejas, como os partidos, põem frequentemente oblatos à sua testa (³⁵). A lei que rege as permutas entre os agentes e as instituições pode enunciar-se assim: a instituição dá tudo, a começar pelo poder sobre a instituição, àqueles que tudo deram à instituição, mas porque fora da instituição e sem a instituição eles nada seriam, e porque não podem negar a instituição sem se negarem a si mesmos pura e simplesmente privando-se de tudo o que eles são pela instituição e para a instituição à qual tudo devem (³⁶). Em resumo, a instituição

---

(³⁵) Não é a única característica que sugere o facto do movimento operário desempenhar para a classe operária uma função homóloga àquela que a Igreja desempenha para os camponeses e para certas fracções da pequena burguesia.

(³⁶) Pode-se citar aqui Michels: «Os conservadores mais tenazes de um partido são os que mais dele dependem» (R. Michels, *op. cit.*, p. 101). E mais além: «Um partido que dispõe de uma caixa bem provida pode não só renunciar ao apoio material dos seus membros mais afortunados e eliminar assim a preponderância deles nos negócios internos, como também pode constituir um corpo de funcionários fiéis e devotados, pois que tiram do partido os seus únicos meios de existência» (Ib., *id.*, p. 105). Também se pode citar Gramsci: «Hoje, os representantes dos interesses constituídos, quer dizer, os representantes das cooperativas, das agências de emprego, das habitações operárias, das municipalidades, das caixas de previdência, ainda que em minoria no partido, prevalecem sobre os tribunos, os jornalistas, os professores, os advogados, que prosseguem em inacessíveis e vãos planos ideológicos» (A. Gramsci, *op. cit.*, tomo II, p. 193).

A REPRESENTAÇÃO POLÍTICA | 199

investe aqueles que *investiram* na instituição: o investimento consiste não só em serviços prestados, frequentemente tanto mais raros e preciosos quanto mais custosos são psicologicamente (como todas as «provas» iniciáticas), ou mesmo em obediência às instruções ou na conformidade às exigências da instituição, mas também em investimentos psicológicos que fazem com que a exclusão, como o retirar o capital de autoridade da instituição, assuma frequentemente a forma de uma *falência*, de uma *bancarrota* ao mesmo tempo social e psicológica (e isso ainda mais na medida em que, como a excomunhão e a exclusão do sacrifício divino, ela é acompanhada de uma «áspera boicotagem social como forma de recusa de relações com o excluído») ([37]). Aquele que é investido de um *capital de função*, equivalente à «graça institucional» ou ao «carisma de função» do sacerdote, pode não possuir qualquer outra «qualificação» a não ser a que a instituição lhe outorga pelo acto de investidura. E é ainda a instituição que controla o acesso à *notoriedade pessoal*, controlando por exemplo o acesso às posições *mais em vista* (a de secretário-geral ou de porta-voz) ou aos lugares de publicidade (como actualmente a televisão ou as conferências de imprensa), embora o detentor de um capital delegado possa sempre obter capital pessoal por meio de uma estratégia subtil, a qual consiste em tomar, em relação à instituição, o máximo de distância compatível com a manutenção da pertença e da conservação das vantagens correlativas. Segue-se daqui que o eleito de aparelho depende pelo menos tanto do aparelho como dos seus eleitores – que ele deve ao aparelho e que ele perde em caso de ruptura com o aparelho. Segue-se também que, à medida que a política se «profissionaliza» e que os partidos se «burocratizam», a luta pelo poder político de mobilização tende cada vez mais a tornar-se numa competição a dois níveis: é do resultado da concorrência pelo poder sobre o aparelho a qual se desenrola no seio do aparelho só entre profissionais, que depende a escolha daqueles que poderão entrar na luta pela conquista dos simples laicos – o mesmo é dizer que a luta pelo mono-

---

([37]) Max Weber, *op. cit.*, tomo II, p. 880 e 916.

pólio da elaboração e da difusão dos princípios de di-visão do mundo social está cada vez mais estreitamente reservada aos profissionais e às grandes unidades de produção e de difusão, excluindo de facto os pequenos produtores independentes (a começar pelos «intelectuais livres»).

A institucionalização do capital político

A delegação do capital político pressupõe a objectivação desta espécie de capital em instituições permanentes, a sua materialização em «máquinas» políticas, em postos e instrumentos de mobilização e a sua reprodução contínua por mecanismos e estratégias. Ela é própria de empreendimentos políticos [*entreprises politiques*] já com muitos anos, que acumularam um importante capital político objectivado, em forma de postos no seio do próprio partido, em todas as organizações mais ou menos subordinadas ao partido e também nos organismos do poder local ou central e em toda a rede de empresas industriais ou comerciais que vivem em simbiose com esses organismos. A objectivação do capital político garante uma independência relativa perante a sanção eleitoral, substituindo a dominação directa sobre as pessoas e as estratégias de investimento pessoal («pagar com a sua pessoa»), pela dominação imediata, a qual permite que se mantenham duradoiramente os detentores dos postos mantendo os postos ([38]). Compreende-se assim que a esta nova definição das posições correspondam características novas nas atitudes dos seus ocupantes. Com efeito, quanto mais o capital político se institucionaliza em forma de postos a tomar, maiores são as

---

([38]) Estas análises aplicam-se também ao caso da Igreja: à medida que o capital político da Igreja se objectiva em instituições e, como é o caso no período recente, em postos controlados pela Igreja (no ensino, na imprensa, no movimento de jovens, etc.), o poder da Igreja tende a assentar cada vez menos na inculcação e na «cura das almas», de tal modo que ele se mede sem dúvida melhor pelo número de postos e de agentes controlados de forma mediata pela Igreja do que pelo número dos «missalizantes» ou dos «pascalizantes».

A REPRESENTAÇÃO POLÍTICA | 201

vantagens em entrar no aparelho, ao contrário do que se passa nas fases iniciais ou nos tempos de crise – em período revolucionário, por exemplo – em que os riscos são grandes e as vantagens reduzidas. O processo frequentemente designado pelo termo vago de «burocratização» compreende-se se se vir que, à medida que se avança no ciclo da vida do empreendimento político, os efeitos exercidos pela oferta de postos estáveis de permanência sobre o recrutamento vêm aumentar os efeitos, frequentemente observados [39], que são exercidos pelo acesso às posições de permanência (e o acesso aos privilégios, relativos, que tais posições garantem aos militantes saídos da classe operária). Quanto mais avançado é o processo de institucionalização do capital político, tanto mais tende a conquista do «espírito» a subordinar-se à conquista dos postos e tanto mais os militantes, ligados apenas pela sua dedicação à «causa», recuam em proveito dos «prebendados», como lhes chama Weber – essa espécie de clientes, ligados ao aparelho de modo duradoiro pelos benefícios e os ganhos que ele lhes garante, dedicados ao aparelho na medida em que este os mantenha com a redistribuição de uma parte do espólio material ou simbólico que conquista graças a eles (por exemplo, os *spoils* dos partidos americanos) [40]. Por outras palavras, à

---

[39] «O desenvolvimento normal da organização sindical gera resultados inteiramente opostos aos que tinham sido previstos pelo sindicalismo: os operários que se tornaram dirigentes sindicais perderam completamente a vocação do trabalho e o espírito de classe e adquiriram todas as características do funcionário pequeno-burguês, intelectualmente preguiçoso, moralmente pervertido ou fácil de perverter. Quanto mais o movimento sindical se alarga, ao abarcar grandes massas, tanto mais o funcionarismo se espalha» (A. Gramsci, *op. cit.*, tomo III, pp. 206-207).

[40] «Os presidentes de câmaras, são para o Partido Socialista o essencial dos meios, dos homens, das influências [...]. Enquanto os mantiver, o partido durará, manter-se-á, aconteça o que acontecer. Compreende-se que as municipalidades sejam a grande preocupação dos socialistas. No limite, a única preocupação séria. A ideologia, as declarações de princípio, os planos de acção, os programas, os debates, as discussões, os diálogos, são importantes, decerto [...]. Mas ao nível local o partido está no poder, ou pelo menos tem a ilusão disso. É por isso que já se não brinca quando se trata de eleições municipais. Entra-se no

202 | O PODER SIMBÓLICO

medida que o processo de institucionalização avança e o aparelho de mobilização cresce, o peso dos imperativos ligados à reprodução do aparelho e dos postos que ele oferece, vinculando os seus ocupantes por todas as espécies de interesses materiais ou simbólicos, não deixa de aumentar, tanto na realidade como nos cérebros, em relação àqueles que a realização dos fins proclamados imporia: e compreende-se que os partidos possam ser assim levados a sacrificar o seu programa para se manterem no poder ou simplesmente na existência.

Campos e aparelhos

Se não há empreendimento político que, por muito monolítico que possa parecer, não deixe de ser lugar de defrontações entre tendências e interesses divergentes [41], não é menos verdade que os partidos estão tanto mais condenados a funcionarem segundo a lógica do aparelho capaz de responder instantaneamente às exigências estratégicas inscritas na lógica do campo político quanto mais desprovidos culturalmente e mais presos aos valores de fidelidade, logo, mais dados à delegação incondicional e duradoura estão os seus mandantes; e também quanto mais antigos e mais ricos eles são em capital político objectivado, quanto mais fortemente determinados estão nas suas estratégias pela preocupação de «defender as suas conquistas» [*«défendre les acquis»*]; ou ainda, quanto mais expressamente ordenados para a luta, quanto

---

concreto. A defesa é feita no terreno, sem tagarelices teóricas, asperamente, duramente, até ao fim» (P. Guidoni, *Histoire du nouveau Parti Socialiste*, Paris, Tema-Action, 1973, p. 120).

[41] É o que se observa no caso aparentemente mais desfavorável, o do partido bolchevique: «Por detrás da fachada de uma unidade política e organizacional proclamada, conhecida pelo nome de «centralismo democrático», não havia em 1917, nem mesmo alguns anos depois, uma filosofia ou ideologia políticas bolcheviques uniformes. Pelo contrário, o partido oferecia uma notável variedade de pontos de vista: as diferenças iam das questões de palavras aos conflitos acerca das opções fundamentais» (S. Cohen, *op. cit.*, 1979, p. 19).

A REPRESENTAÇÃO POLÍTICA | 203

mais organizados eles estão segundo o modelo militar do aparelho de mobilização; ou enfim, quanto mais desprovidos de capital económico e cultural, mais dependentes em relação ao partido estão os seus quadros e os seus membros permanentes.

A combinação da fidelidade inter-generacional e intra-generacional – que garante aos partidos uma clientela relativamente estável, retirando à sanção eleitoral uma grande parte da sua eficácia – e da *fides implicita* – que põe os dirigentes a coberto do controlo dos profanos – faz com que, paradoxalmente, não haja empreendimentos políticos que sejam mais independentes dos constrangimentos e dos controlos da procura e mais livres de obedecer apenas à lógica da concorrência entre os profissionais (por vezes mediante as mais repentinas e paradoxais reviravoltas) do que os dos partidos que mais claramente reivindicam para eles mesmos a defesa das massas populares [42]. É assim na medida em que eles tendem a aceitar o dogma bolchevique segundo o qual fazer intervir os profanos nas lutas internas do partido, apelar para eles ou, muito simplesmente, deixar passar para fora os desacordos internos, tem qualquer coisa de ilegítimo.

Do mesmo modo, os membros permanentes não dependem nunca tanto do partido como quando a sua profissão lhes não permite participar na vida política a não ser à custa de um sacrifício de tempo e de dinheiro: só do partido podem então esperar o *tempo livre* que os notáveis devem aos seus rendimentos ou à maneira como eles os adquirem, quer dizer, sem

---

[42] Se é conhecido o lugar que o sistema de valores popular concede a virtudes como a integridade («ser inteiro», «de uma só peça», etc.), a fidelidade à palavra dada, a lealdade para com os seus, a constância para consigo mesmo («eu cá sou assim», «ninguém me fará mudar», etc.), atitudes estas que, em outros universos, apareceriam como uma forma de rigidez, e até mesmo de estupidez, compreende-se que o efeito de fidelidade às opções originais – que tende a transformar a filiação política numa propriedade quase hereditária e capaz de sobreviver às mudanças de condição intrageracionais ou intergeracionais – se exerça com força especial no caso das classes populares e aproveite particularmente aos partidos de esquerda.

204 | O PODER SIMBÓLICO

trabalho ou por um trabalho intermitente (⁴³). E a sua dependência é tanto mais completa quando mais fraco for o capital económico e cultural que eles possuíam antes da sua entrada no partido. Compreende-se que os membros permanentes saídos da classe operária tenham o sentimento de tudo dever ao partido, não só a sua posição, que os liberta das servidões da sua antiga condição, mas também a sua cultura, em suma, tudo o que faz o seu ser actual: «É que aquele que vive a vida de um partido como o nosso nada mais faz do que guindar-se. Parti com a bagagem da instrução primária e o partido obrigou-me a que me educasse. É preciso trabalhar, é preciso lidar com os livros, é preciso ler, é preciso empenhar-se na coisa... É uma obrigação! Senão... ainda hoje seria o mesmo burrico

---

(⁴³) Ainda que apresente características invariantes, a oposição entre os *membros permanentes* e os simples aderentes (ou, com mais razão, os votantes ocasionais) reveste-se de sentidos muito diferentes segundo os partidos. Isto, por intermédio da distribuição do capital e, sobretudo talvez, do *tempo livre*, entre as classes. (É sabido que se a democracia directa não resiste à diferenciação económica e social, é porque, por intermédio da desigual distribuição do tempo livre que daí resulta, se introduz a concentração dos cargos administrativos em proveito daqueles que dispõem do tempo necessário para cumprir as funções graciosamente ou mediante uma fraca remuneração.) Este princípio simples poderia também contribuir para explicar a participação diferencial das diferentes profissões (ou ainda dos diferentes estatutos numa mesma profissão) na vida política ou sindical e, mais geralmente, em todas as responsabilidades semipolíticas: Max Weber observa assim que os directores dos grandes institutos de medicina e de ciências da natureza são pouco dados e aptos a ocupar os postos de reitor (M. Weber, *op. cit.*, tomo II, p. 698) e Robert Michels indica que os cientistas que tiveram parte activa na vida política «viram as suas aptidões científicas sofrerem uma baixa lenta, mas progressiva» (R. Michels, *op. cit.*, p. 155). Se a isto se juntar que as condições sociais que favorecem ou permitem a recusa de dar o seu tempo à vida política ou à administração estimulam também, frequentemente, o desdém aristocrático ou profético pelos ganhos *temporais* que as actividades podem prometer ou fornecer, compreende-se melhor algumas das invariantes estruturais da relação entre os intelectuais do aparelho (político, administrativo ou outro) e os intelectuais «livres», entre teólogos e bispos, ou entre investigadores e decanos universitários, reitores ou administradores científicos, etc.

A REPRESENTAÇÃO POLÍTICA | 205

de há cinquenta anos! Eu cá digo: *Um militante deve tudo ao seu partido* [44]. Também se compreende que, como Denis Lacorne estabeleceu, «o espírito de partido» e o «orgulho partidário» sejam claramente mais marcados entre os membros permanentes do partido comunista do que entre os membros permanentes do partido socialista os quais, por serem frequentemente oriundos das classes médias e superiores – e especialmente do corpo docente – estão menos dependentes do partido.

Vê-se que a disciplina e o amestramento, tão frequentemente sobrestimados pelos analistas, permaneceriam ineficazes sem a cumplicidade encontrada nas atitudes de submissão forçada ou electiva que os agentes introduzem no aparelho e que são elas próprias reforçadas de modo contínuo pela confrontação com atitudes afins e pelos interesses inscritos nos postos de aparelho. Pode-se dizer, indiferentemente, que certos *habitus* acham as condições da sua realização, e até mesmo do seu desenvolvimento, na lógica do aparelho; ou, inversamente, que a lógica do aparelho «explora» em seu proveito as tendências inscritas nos *habitus*. Por um lado, poder-se-iam invocar todos os processos, comuns a todas as instituições totais, pelos quais o aparelho, ou os que o dominam, impõem a disciplina e põem no bom caminho os heréticos e os dissidentes ou os mecanismos que, com a cumplicidade daqueles cujos interesses servem, tendem a assegurar a reprodução das instituições e das suas hierarquias Por outro lado, seria um nunca mais acabar com a enumeração e a análise das atitudes que oferecem à mecanização militarista a sua força e os seus instrumentos: quer se trate da relação dominada com a cultura que predispõe os membros permanentes saídos da classe operária a uma forma de anti-intelectualismo próprio para servir de justificação ou de álibi a uma espécie de idanovismo espontâneo e de corporatismo obreirista, quer se trate do ressentimento que se satisfaz na visão estaliniana – no sentido histórico – quer dizer, policial, das «fracções» e na propensão para pensar a história em termos de lógica da cons-

---

[44] D. Lacorne, *op. cit*, p. 114.

piração, quer se trate ainda da culpabilidade que, inscrita na posição de equilíbrio instável do intelectual, atinge a sua intensidade máxima no intelectual saído das classes dominadas, trânsfuga frequentemente filho de trânsfuga que Sartre evocou de forma magnífica no prefácio a *Aden Arabie*. E não se compreenderiam certos «êxitos» extremos da manipulação do aparelho se se não visse até que ponto estas atitudes são objectivamente orquestradas, vindo as diferentes formas de miserabilismo, que predispõem os intelectuais ao obreirismo, por exemplo, ajustar-se ao idanovismo espontâneo para favorecerem a instauração de relações sociais nas quais o perseguido se torna cúmplice do perseguidor.

Não deixa contudo de ser verdade que o modelo organizacional de tipo bolchevique, o qual se impôs à maior parte dos partidos comunistas, permite que se realizem até às suas últimas consequências as tendências inscritas na relação entre as classes populares e os partidos. O partido comunista, aparelho (ou instituição total) ordenado com vista à luta, real ou representada, e firmado na *disciplina* que permite fazer agir um conjunto de agentes (neste caso militantes) «como um só homem» com vista a uma causa comum, encontra as condições do seu funcionamento na luta permanente que tem lugar no campo político e que pode ser reactivada ou intensificada sem restrições. Com efeito, já que a disciplina, como observa Weber, «garante a uniformidade racional da obediência de uma pluralidade de homens» ([45]) e tem a sua justificação, se não o seu fundamento, na luta, basta invocar a luta real ou potencial, e até mesmo reavivá-la de modo mais ou menos artificial, para restaurar a legitimidade da disciplina ([46]).

([45]) Max Weber, *op. cit.*, tomo II, p. 867.

([46]) Robert Michels, que assinala a estreita correspondência entre a organização do «partido democrático de combate» e a organização militar e os vocábulos sem número (em especial em Engels e Bebel) da terminologia socialista retirados da gíria militar, observa que os dirigentes, que, como ele lembra, têm que ver com a disciplina e a centralização (R. Michels, *op. cit.*, pp. 129 e 144), não deixam de apelar à magia do interesse comum e aos «argumentos de ordem militar» sempre que a sua posição está ameaçada: «Sustenta-se sobretudo que, quando só por

A REPRESENTAÇÃO POLÍTICA | 207

Segue-se daqui que, como diz pouco mais ou menos Weber, a situação de luta reforça a posição dos dominantes no seio do aparelho de luta e faz passar os militantes do papel de tribunos, encarregados de exprimir a vontade da base que eles podem reivindicar por vezes em nome da definição oficial da sua função, para a função de simples «quadros» encarregados de fazer *executar* as ordens e as palavras de ordem da direcção central, condenados pelos «camaradas competentes» à «democracia da ratificação» ([47]). E nada exprime melhor a lógica desta organização de combate do que o processo do «Quem é contra?» como o descreve Bukarine: convocam-se os membros da organização, explica ele, e pergunta-se-lhes «Quem é contra?»; e como eles têm todos mais ou menos medo de ser contra, o indivíduo designado é nomeado secretário, a resolu-

---

razões de ordem táctica e a fim de manter a coesão necessária frente ao inimigo, os aderentes do partido não deverão em caso algum recusar a sua confiança aos chefes que livremente *escolheram*» (R. Michels, *op. cit.*, p. 163). Mas, é sem dúvida com Estaline que a estratégia da militarização – a qual, como nota Stephen Cohen, é decerto a única contribuição original de Estaline para o pensamento bolchevique, portanto, a característica principal do estalinismo – tem a sua realização: os sectores de intervenção tornam-se em «frentes» (frente do grão, frente da filosofia, frente da literatura, etc.); os objectivos ou os problemas são «fortalezas» que as «brigadas teóricas» devem «tomar de assalto», etc. Este pensamento «militar» é evidentemente maniqueu, pois que celebra um grupo, uma escola de pensamento ou uma concepção constituída em ortodoxia para melhor aniquilar todos os outros (cf. S. Cohen, *op. cit.*, pp. 367-368 e 388).

([47]) Vê-se que as lutas conduzidas no interior do partido comunista contra o autoritarismo dos dirigentes e contra a prioridade que eles dão aos interesses de aparelho em relação aos interesses dos mandantes nada mais fazem do que reforçar as próprias tendências por elas combatidas: basta efectivamente que os dirigentes invoquem, ou mesmo suscitem, a luta política, em especial contra os concorrentes mais imediatos, para permitir o chamamento à disciplina, quer dizer, à submissão aos dirigentes, que se impõe em tempo de luta. (Neste sentido, a denúncia do anticomunismo é uma arma absoluta nas mãos dos que dominam o aparelho, pois que ela desqualifica a crítica, e até mesmo a objectivação, e impõe a unidade contra o exterior.)

208 | O PODER SIMBÓLICO

ção proposta é adoptada, e sempre por unanimidade [48]. O processo a que se chama «militarização» consiste em basear a autoridade na situação de «guerra» com que se defronta a organização e que pode ser produzida por um trabalho sobre a *representação* da situação, a fim de produzir e de reproduzir continuamente o *medo de ser contra*, fundamento último de todas as disciplinas militantes ou militares. Se o anticomunismo não existisse, o «comunismo de guerra» não deixaria de o inventar. Toda a oposição do interior, dado que está condenada a aparecer como conluio com o inimigo, reforça a militarização por ela combatida ao reforçar a unanimidade do «nós» ameaçado que predispõe à obediência militar: a dinâmica histórica do campo de lutas entre ortodoxos e heréticos, defensores do *por* e defendentes do *contra*, dá o lugar à mecânica do aparelho que anula qualquer possibilidade prática de ser contra por meio de uma exploração semi-racional dos efeitos psicossomáticos da exaltação da unanimidade das adesões e das aversões ou, inversamente, da angústia da exclusão e da excomunhão, fazendo do «espírito de partido» um verdadeiro *espírito de corpo*.

Assim, a própria ambiguidade da luta política, esse combate por «ideias» e «ideais» que é ao mesmo tempo um combate por poderes e, quer se queira quer não, por privilégios, está na origem da contradição que obsidia todos os empreendimentos políticos ordenados com vista à subversão da ordem estabelecida: todas as necessidades que pesam sobre o mundo social concorrem para fazer com que a função de mobilização, que necessita da lógica mecânica do aparelho, tenda a preceder a função de expressão e de representação, que todas as ideologias profissionais dos homens de aparelho reivindicam (a do «intelectual orgânico» como a do partido «parteiro» da

---

[48] Cf. S. Cohen, *op. cit.*, p. 185. Uma etnografia das práticas de assembleia forneceria inúmeras ilustrações dos processos de imposição autoritária que se apoiam na impossibilidade prática de romper, *sem inconveniência*, a unanimidade unanimemente cultivada (abstenção num voto de braço levantado, eliminação de um nome numa lista pré-estabelecida, etc.).

A REPRESENTAÇÃO POLÍTICA | 209

classe) e que só pode ser realmente assegurada pela lógica dialéctica do campo. A «revolução por cima», projecto de aparelho que supõe e produz o aparelho, tem o efeito de interromper esta dialéctica, a qual é a própria história, primeiro no campo político – esse campo de lutas a respeito de um campo de lutas e da representação legítima dessas lutas –, depois no próprio seio do empreendimento político, partido, sindicato, associação, que só pode funcionar como um só homem se sacrificar os interesses de uma parte, quando não da totalidade, dos seus mandantes.

Apêndice

Um descuido interessado

A candidatura de Coluche à Presidência da República foi, logo de início, condenada pela quase totalidade dos profissionais da política com a acusação de *poujadismo*. No entanto, em vão se procuraria na temática do cómico parisiense os tópicos mais típicos do livreiro de Saint-Céré tal como os arrola o estudo clássico de Stanley Hoffman ([49]): nacionalismo, anti-intelectualismo, antiparisianismo, xenofobia racista e fascizante, exaltação das classes médias, moralismo, etc. E custa a compreender como «observadores avisados» puderam confundir o «candidato das minorias», de todos os «que nunca são representados pelos partidos políticos», «pederastas, aprendizes, Negros, Árabes», etc. com o defensor dos pequenos comerciantes em luta contra «os metecos» e «a máfia apátrida de traficantes e de pederastas» ([50]).

Embora se conheçam mal as bases sociais do movimento poujadista, é incontestável que ele achou as suas primeiras tropas e os seus mais fiéis apoios na pequena burguesia dos artífices e dos comerciantes de província, mais idosos e amea-

---

([49]) S. Hoffmann, *Le mouvement Poujade*, Cahiers de la Fondation Nationale des Sciences Politiques, Paris, A. Colin, 1956, pp. 209-260.

([50]) Ibidem, *id.*, p. 246.

A REPRESENTAÇÃO POLÍTICA | 211

çados pelas transformações económicas e sociais. Ora, dois inquéritos, perfeitamente convergentes, um do IFRES, outro do IFOP, estabelecem que os que deram a sua simpatia à candidatura de Coluche apresentam características em todos os pontos opostas. A propensão para aprovar a candidatura de Coluche varia na razão inversa da idade: ela atinge a sua intensidade máxima entre os jovens (e, entre estes, sobretudo nos homens), e é somente aos olhos de uma parte (um terço aproximadamente) das pessoas de mais de 65 anos que ela parece escândalo. Do mesmo modo, ela tende a aumentar com a dimensão da terra de residência: muito fraca nas comunas rurais e nas pequenas cidades, ela culmina nas grandes cidades e na aglomeração parisiense. Se bem que as categorias utilizadas pelos dois institutos de sondagem sejam igualmente imprecisas e pouco comparáveis, tudo parece indicar serem os operários e os empregados e também os intelectuais e os artistas, que se declaram mais claramente a favor do candidato anómico enquanto que as rejeições mais marcadas se encontram entre os patrões da indústria e do comércio. O que se compreende facilmente se se souber que os votos assim desviados são retirados principalmente à esquerda (claramente mais ao PS que ao PC) e também ganhos aos ecologistas e aos abstencionistas. A parte das pessoas interrogadas que, na ausência de uma candidatura de Coluche, votariam pela direita é fraca (muito especialmente entre os operários) e é sobretudo para o partido socialista que iriam os votos (sendo a parte daqueles que optariam pela abstenção certamente muito forte em todas as categorias). O facto de a parte dos partidários de Coluche ser claramente mais elevada entre os homens do que entre as mulheres permite a suposição de que esta escolha é a expressão de um abstencionismo activo, muito diferente da simples indiferença ligada à incompetência estatutária.

Assim, os profissionais, homens políticos e jornalistas, tentam recusar ao «furador do jogo» o direito de entrada que os profanos lhe concedem maciçamente (eles são favoráveis, em dois terços, ao *princípio* da sua candidatura). Sem dúvida porque ao entrar no jogo sem o levar a sério, sem se tomar a sério, este jogador *extra-ordinário* ameaça o fundamento mesmo

212   O PODER SIMBÓLICO

do jogo, quer dizer, a crença e a credibilidade dos jogadores *ordinários*. Os procuradores são apanhados em flagrante delito de abuso de poder: ainda que, como de costume, eles se apresentem como porta-voz da «opinião pública», caução de todas as palavras autorizadas, eles fornecem não a verdade do mundo social, mas sim a verdade da sua relação com esse mundo, obrigando a que se pergunte se não é assim das outras vezes.

«Para mim, é-se comunista ou não se é»

«Quando me dizem: A gente não vos compreende, entre vocês, os comunistas, não há tendências: não há comunistas de direita, não há comunistas de esquerda, não há centristas, então a liberdade, não existe! A esses, respondo: A que é que você chama um comunista de direita, a que é que você chama um comunista de esquerda, a que é que você chama um comunista centrista? Para mim, é-se comunista ou não se é, e no seio da organização comunista, quando se discute, cada um dá o seu ponto de vista sobre a ordem do dia, e depois, quando é importante, há um voto. É a maioria que decide. A que é que você chama a democracia? Para mim, a democracia é cinquenta vozes mais uma, é compreensível! É a maioria que decide. Se você vem ao partido comunista para combater as directivas que foram livremente discutidas e debatidas numa sessão de congresso, para fazer predominar o seu ponto de vista reformista sem reformas, porque isso corresponde naturalmente ao seu estado de espírito (você tem as nádegas sensíveis, necessita de uma poltrona bem estofada para não aquecê-las) então uma vez na sua poltrona, você dirá: Ah! não estou de acordo com a direcção do partido, eu cá sou um comunista à direita, eu estou... ao centro. Se você é um eleitoralista, digo de imediato: Vá para outro lado, aqui não temos necessidade de si, porque você tem talvez uma grande cabeça, você é talvez muito inteligente, mas você tem uma má argumentação possui sobretudo uma má documentação. Então apesar de toda essa inteligência e essa 'garganta', pode ser que os operários que estão na sua secção não o designem nunca, para levar a ban-

A REPRESENTAÇÃO POLÍTICA | 213

deira da organização. Eles preferem naturalmente um operário que deu provas, eles preferem um comunista, mesmo que seja um intelectual, porque os há bons e maus... Como na classe operária há os bons e os maus, isso é facto certo!»

> (Ferreiro-ajudante, mineiro e depois operário em correntes de ferro, nascido em 1892 em Saint-Amand-les-Eaux, foi secretário da secção de Saint-Nazaire du PCF em 1928, responsável da CGTU da região de Saint-Nazaire).
>
> Autobiografias de militantes CGTU-CGT, apresentadas por Jean Penef, *Les Cahiers du LERSCO*, 1, Dez. 1979, p. 28-29.

A visão da união e da divisão

A luta entre os aparelhos de produção e de imposição dos princípios da di-visão do mundo social implica a luta pela imposição da visão dos aparelhos (concorrentes) de produção dos princípios de di-visão, quer dizer, no caso particular, pela imposição da visão das responsabilidades que incumbem a estes aparelhos na divisão. Dando-se por entendido que os aparelhos divididos acerca das razões da divisão se aliarão certamente para combaterem a visão segundo a qual o princípio da divisão poderia residir nos interesses dos aparelhos divididos os quais, sem prejuízo de anexar o seu concorrente ou a sua clientela – por uma estratégia de «união na base» –, têm de comum só poderem reproduzir-se *sem mudança* reproduzindo a divisão.

«O Bureau político do PCF adoptou ontem a seguinte declaração:

Está actualmente em curso uma campanha conduzida por diferentes organizações *trotskistas* – entre as quais a OCI, estreitamente ligada ao Partido Socialista – e também pelo grupo abusivamente designado «União nas Lutas» a favor de

214 | O PODER SIMBÓLICO

um acordo imediato PC-PS com vista à segunda volta das eleições presidenciais, e mesmo à designação de um candidato único.

Especulando acerca da legítima aspiração à união de milhões de francesas e de franceses, esta campanha, abertamente apoiada e directamente organizada pelos dirigentes socialistas, tem em vista, de facto, enganar os trabalhadores e voltar as costas aos interesses reais da união e da mudança que eles esperam.

A sua característica principal é, com efeito, a de escamotear completamente a inteira responsabilidade de François Mitterrand e dos outros dirigentes socialistas na ruptura da união e da derrota de 1978, e de passar em silêncio total a sua política actual.

Falar de um acordo imediato sem dizer uma palavra acerca do abandono pelo Partido Socialista da defesa das reivindicações dos trabalhadores, das justificações da austeridade e do encerramento de empresas em nome da crise, do petróleo e da Europa, da sua aprovação ao alargamento do Mercado Comum, dos seus apelos ao reforço da Aliança Atlântica sob o comando americano, do seu apoio a uma aceleração da corrida às armas nucleares, é muito simplesmente querer levar os trabalhadores a reboque de uma política de gestão da crise em proveito do capital.

Falar de união nas lutas sem notar que François Mitterrand condena as lutas, que as considera ultrapassadas e prejudiciais e que os responsáveis socialistas – incluindo os que dirigem certas centrais sindicais – tudo farão para as impedir, é cobrir com belas palavras o apelo a uma combinação eleitoralista sem conteúdo e sem princípio [...]»

L'Humanité, 18 de Dezembro de 1980, p. 5.

A REPRESENTAÇÃO POLÍTICA

«O Senhor Marchais lança um apelo aos eleitores socialistas para 'unirem as suas forças' com os comunistas

O senhor Georges Marchais declarou, na quinta-feira 10 de Dezembro, no decurso de uma reunião pública em Chelles (Seine-et-Marne) que "só há uma força política que luta com lealdade, coragem e lucidez pela realização das esperanças de mudança dos trabalhadores: é o Partido Comunista Francês."

Dirigindo "em especial àqueles que votaram ou votam no socialismo tendo no coração a vontade de ver as coisas mudar", o secretário-geral do PCF declarou: "Alguns de vós pensaram que o congresso de Épinay e a assinatura do Programa Comum tinha mudado o Partido Socialista. Ora, há que aceitar hoje que a vossa vontade foi desviada da sua intenção. François Mitterrand meteu-se pelos trilhos da velha SEIO. Ele consagra os seus discursos à exaltação de Léon Blum. Ele volta à peregrinação a Washington. Ele manobra com a direita como no tempo da Frente Revolucionária de 1956. Ele ataca-nos, prosseguindo no seu objectivo fundamental: enfraquecer o Partido Comunista. Vós que quereis sinceramente a união e a mudança, não podeis aprovar e apoiar esta orientação. Ela é perigosa. Digo-vos com toda a franqueza: muita coisa depende daquilo que decidirdes. Unamos as nossas forças, mesmo que não tenhamos a mesma opinião sobre todas as questões, e poderemos afastar o regresso a um passado detestável."

O senhor Marchais afirmou que "um elo se estabeleceu [...] que vai do Partido Socialista ao RPR e dos dois à UDF" enquanto que o Partido Comunista quer 'a união'. "Nós queremos – disse – construir um grande reagrupamento maioritário, realizar a união de todas as forças populares, a união da esquerda para a mudança, e torná-la irreversível. O que nós queremos é a mudança. Queremos vencer a direita, vencer Giscard d'Estaing. Queremos pôr em prática as grandes reformas anticapitalistas e democráticas sem as quais não pode haver mudança real. Nós queremos tomar todas as nossas responsabilidades neste esforço de renovação. Até à governação. Estamos prontos."

Le Monde, 20 de Dezembro de 1980, p. 10.

VIII

A Força do Direito.
Elementos para uma sociologia
do campo jurídico

Da mihi factum, dabo tibi jus

Uma ciência rigorosa do direito distingue-se daquilo a que se chama geralmente «a ciência jurídica» pela razão de tomar esta última como objecto. Ao fazê-lo, ela evita, desde logo, a alternativa que domina o debate científico a respeito do direito, a do *formalismo*, que afirma a autonomia absoluta da forma jurídica em relação ao mundo social, e do *instrumentalismo*, que concebe o direito como um *reflexo* ou um *utensílio* ao serviço dos dominantes. A «ciência jurídica» tal como a concebem os juristas e, sobretudo, os historiadores do direito, que identificam a história do direito com a história do desenvolvimento interno dos seus conceitos e dos seus métodos, apreende o direito como um sistema fechado e autónomo, cujo desenvolvimento só pode ser compreendido segundo a sua «dinâmica interna» [1]. A rei-

---

[1] Cf., por exemplo, J. Bonnecase, *La pensée juridique française, de 1804 à l'heure présente, les variations et les traits essentiels*, 2 vols., Bordéus, Delmas, 1933.

218 | O PODER SIMBÓLICO

vindicação da autonomia absoluta do pensamento e da acção jurídicos afirma-se na constituição em teoria de um modo de pensamento específico, totalmente liberto do peso social, e a tentativa de Kelsen para criar uma «teoria pura do direito» não passa do limite ultra-consequente do esforço de todo o corpo dos juristas para construir um corpo de doutrinas e de regras completamente independentes dos constrangimentos e das pressões sociais, tendo nele mesmo o seu próprio fundamento ([2]).

Quando se toma a direcção oposta a este espécie de ideologia profissional do corpo dos doutores constituída em corpo de «doutrina», é para se ver no direito e na jurisprudência um *reflexo directo* das relações de força existentes, em que se exprimem as determinações económicas e, em particular, os interesses dos dominantes, ou então, um instrumento de dominação, como bem o diz a linguagem do *Aparelho*, reactivada por Louis Althusser ([3]). Vítimas de uma tradição que julga ter explicado as «ideologias» pela designação das suas funções («o ópio do povo»), os marxistas ditos estruturalistas ignoraram paradoxalmente a *estrutura* dos sistemas simbólicos e, neste caso particular, a *forma* específica do discurso jurídico. Isto porque, tendo reiterado a afirmação ritual da autonomia relativa das «ideologias», eles passaram em claro a questão dos fundamentos sociais desta autonomia, quer dizer, mais precisamente, a questão das condições históricas que se devem

---

([2]) A tentativa de Kelsen, firmada no postulado da autolimitação da pesquisa tão-só no enunciado das normas jurídicas, com exclusão de qualquer dado histórico, psicológico ou social e de qualquer referência às funções sociais que a aplicação prática destas normas pode garantir, é perfeitamente semelhante à de Saussure que fundamenta a sua teoria pura da língua na distinção entre a linguística interna e a linguística externa, quer dizer, na exclusão de qualquer referência às condições históricas, geográficas e sociológicas do funcionamento da língua ou das suas transformações.

([3]) Encontra-se uma visão de conjunto dos trabalhos marxistas em matéria de sociologia do direito e uma excelente bibliografia in S. Spitzer, «Marxist Perspectives in the Sociology of Law», *Annual Review of Sociology*, 9, 1983, pp. 103-124.

A FORÇA DO DIREITO | 219

verificar para poder emergir, mediante lutas no seio do campo do poder, um universo social autónomo, capaz de produzir e de reproduzir, pela lógica do seu funcionamento específico, um *corpus* jurídico relativamente independente dos constrangimentos externos. Deste modo, abstiveram-se de determinar a contribuição específica que, pela própria eficácia da sua forma, o direito pode dar ao cumprimento das suas presumidas funções. E a metáfora arquitectural da infra-estrutura e da superstrutura, que sustenta os usos comuns da noção de autonomia relativa, continua a guiar os que, como Edward P. Thompson, julgam romper com o economismo quando, para restituírem ao direito toda a sua eficácia histórica, se contentam com afirmar que ele está «profundamente imbricado na própria base das relações produtivas» ([4]): a preocupação de situar o direito no lugar profundo das forças históricas impede, mais uma vez, que se apreenda na sua especificidade o universo social específico em que ele se produz e se exerce.

Para romper com a ideologia da independência do direito e do corpo judicial, sem se cair na visão oposta, é preciso levar em linha de conta aquilo que as duas visões antagonistas, internalista e externalista, ignoram uma e outra, quer dizer, a existência de um universo social relativamente independente em relação às pressões externas, no interior do qual se produz e se exerce a autoridade jurídica, forma por excelência da violência simbólica legítima cujo monopólio pertence ao Estado e que se pode combinar com o exercício da força física. As práticas e os discursos jurídicos são, com efeito, produto do funcionamento de um campo cuja lógica específica está duplamente determinada: por um lado, pelas relações de força específicas que lhe conferem a sua estrutura e que orientam as lutas de concorrência ou, mais precisamente, os conflitos de competência que nele têm lugar e, por outro lado, pela lógica interna dos obras jurídicas que delimitam em cada momento o espaço dos possíveis e, deste modo, o universo das soluções propriamente jurídicas.

([4]) E.P. Thompson, *Whigs and Hunters, The Origin of the Black Act,* Nova Iorque, 1975, p. 261.

220 | O PODER SIMBÓLICO

Seria preciso examinar aqui tudo o que separa a noção de campo jurídico como espaço social da noção de *sistema* tal como a desenvolve Luhmann, por exemplo: em nome da recusa, perfeitamente legítima, do reducionismo, a teoria dos sistemas põe «a auto-referência» das «estruturas legais», confundindo neste conceito as estruturas simbólicas (o direito propriamente dito) e as instituições sociais que as produzem; compreende-se que, na medida em que a teoria dos sistemas apresenta com um nome novo a velha teoria do sistema jurídico que se transforma segundo as suas próprias leis, ela forneça hoje um quadro ideal à representação formal e abstracta do sistema jurídico ([5]). Por se não distinguir a ordem propriamente simbólica das normas e das doutrinas – (quer dizer, o campo das tomadas de posição ou espaço dos possíveis), a qual, como sugerem Nonet e Selznick, encerra potencialidades objectivas de desenvolvimento e até mesmo de direcções de mudança, mas que não contém nela mesma o princípio da sua própria dinâmica – e a ordem das relações objectivas entre os agentes e as instituições em concorrência pelo monopólio do direito de dizer o direito, não se pode compreender que o campo jurídico, embora receba do espaço das tomadas de posição a linguagem em que os seus conflitos se exprimem, encontre nele mesmo, quer dizer, nas lutas ligadas aos interesses associados às diferentes posições, o princípio da sua transformação.

A divisão do trabalho jurídico

O campo jurídico é o lugar de concorrência pelo monopólio do direito de dizer o direito, quer dizer, a boa distribuição (*nomos*) ou a boa ordem, na qual se defrontam agentes investidos de competência ao mesmo tempo social e técnica que consiste essencialmente na capacidade reconhecida de

---

([5]) N. Luhmann, *Soziale Systeme, Grundriss einer allgemeinen Theorie*, Francforte, 1984; «Die Einheit des Rechtssystems» in *Rechtstheorie*, 14, 1983, pp. 129-154.

A FORÇA DO DIREITO | 221

interpretar (de maneira mais ou menos livre ou autorizada) um *corpus* de textos que consagram a visão legítima, justa (*), do mundo social. E com esta condição que se podem dar as razões quer da autonomia relativa do direito, quer do efeito propriamente simbólico de desconhecimento (**), que resulta da ilusão da sua autonomia absoluta em relação às pressões externas.

A concorrência pelo monopólio do acesso aos meios jurídicos herdados do passado contribui para fundamentar a cisão social entre os profanos e os profissionais favorecendo um trabalho contínuo de racionalização próprio para aumentar cada vez mais o desvio entre os veredictos armados do direito e as intuições ingénuas da equidade e para fazer com que o sistema das normas jurídicas apareça aos que o impõem e mesmo, em maior ou menor medida, aos que a ele estão sujeitos, como *totalmente independente* das relações de força que ele sanciona e consagra.

É claro que, como mostra bem a história do direito social, o *corpus* jurídico regista em cada momento um estado de relação de forças, e sanciona as conquistas dos dominados convertidas deste modo em saber adquirido e reconhecido (o que tem o efeito de inscrever na sua estrutura uma ambiguidade que contribui sem dúvida para a sua eficácia simbólica). Já se mostrou, por exemplo, como os sindicatos americanos têm visto o seu estatuto legal evoluir à medida que ganham em poder: enquanto que, em começos do século XIX, a acção colectiva dos assalariados era condenada como *«criminal conspiracy»* em nome da protecção do mercado livre, os sindicatos foram pouco a pouco tendo acesso ao reconhecimento legal ([6]).

(*)   *«droite»* (recta, justa) no texto; parece haver jogo de palavras com «droit» (direito). (*N.T.*)

(**) *«méconnaissance»* (ignorância, não reconhecimento), no texto original. (*N.T.*)

([6])   A.W. Blumrosen, «Legal Process and Labor Law», in W.M. Evan, ed., *Law and Sociology*, New York, The Free Press of Glencoe, 1962, pp. 185-225.

222 | O PODER SIMBÓLICO

A lógica paradoxal de uma divisão do trabalho que se determina, fora de qualquer concertação consciente, na concorrência estruturalmente regulada entre os agentes e as instituições envolvidas no campo, constitui o verdadeiro princípio de um sistema de normas e de práticas que aparece como fundamento *a priori* na equidade dos seus princípios, na coerência das suas formulações e no rigor das suas aplicações, quer dizer, como participando ao mesmo tempo da lógica positiva da ciência e da lógica normativa da moral, portanto, como podendo impor-se universalmente ao reconhecimento por uma necessidade simultaneamente lógica e ética.

De modo diferente da hermenêutica literária ou filosófica, a prática teórica de interpretação de textos jurídicos não tem nela própria a sua finalidade; directamente orientada para fins práticos, e adequada à determinação de efeitos práticos, ela mantém a sua eficácia à custa de uma restrição da sua autonomia. Assim as divergências entre os «intérpretes autorizados» são necessariamente limitadas e a coexistência de uma pluralidade de normas jurídicas concorrentes está excluída por definição da ordem jurídica ([7]). Como no texto religioso, filosófico ou literário, no texto jurídico estão em jogo lutas, pois a leitura é uma maneira de apropriação da força simbólica que nele se encontra em estado potencial. Mas, por mais que os juristas possam opor-se a respeito de textos cujo sentido nunca se impõe de maneira absolutamente imperativa, eles permanecem inseridos num corpo fortemente integrado de instâncias hierarquizadas que estão à altura de resolver os conflitos entre os intérpretes e as interpretações. E a concorrência entre os intérpretes está limitada pelo facto de as decisões judiciais só poderem distinguir-se de simples actos de força políticos na medida em que se apresentem como resultado necessário de uma interpretação regulada de textos unanimemente reconhecidos: como a Igreja e a Escola, a Justiça orga-

---

([7]) A.J. Arnaud, *Critique de la raison juridique*, Paris, LGDJ, 1981, pp. 28-29; e J.-M. Scholz, «La raison juridique à l'oeuvre: les krausistes espagnols», *Historische Soziologie der Rechtswissenschaft*, hrsg. von Erk Volkmar Heyen, Frankfurt, Klosterman, 1986, pp. 37-77.

A FORÇA DO DIREITO | 223

niza segundo uma estrita hierarquia não só as instâncias judiciais e os seus poderes, portanto, as suas decisões e as interpretações em que elas se apoiam, mas também as normas e as fontes que conferem a sua autoridade a essas decisões[8]. É pois um campo que, pelo menos em período de equilíbrio, tende a funcionar como um aparelho na medida em que a coesão dos *habitus* espontaneamente orquestrados dos intérpretes é aumentada pela disciplina de um corpo hierarquizado o qual põe em prática procedimentos codificados de resolução de conflitos entre os profissionais da resolução regulada dos conflitos. É tanto menos difícil ao corpo de juristas convencer-se de que o direito tem o seu fundamento nele próprio, quer dizer, numa norma fundamental tal como a Constituição como *norma normarum* de que se deduzem todas as normas de ordem inferior, quanto a *communis opinio doctorum*, com raízes na coesão social do corpo dos intérpretes, tenda a conferir a aparência de um fundamento transcendental às formas históricas da razão jurídica e à crença na visão ordenada da ordem social por eles produzida [9].

A tendência para apreender como experiência universal de um sujeito transcendental a visão comum de uma comunidade histórica observa-se em todos os campos de produção cultural, que são assim postos à prova como lugar de actualização de uma razão universal que nada deve às condições sociais em que se manifesta. Mas, no caso das «faculdades superiores», teologia, direito ou medicina que, como nota Kant em *O Conflito das Faculdades*, estão claramente investidas de uma função social, é preciso uma crise relativamente grave deste contrato de *delegação* para que a questão do *fundamento*, que

---

[8] A autoridade neste domínio reconhece-se, entre outras coisas, pela arte de respeitar a ordem reconhecida como legítima na enumeração das autoridades (cf. J.M. Scholz, *loc. cit.*).

[9] Segundo Andrew Fraser, a moralidade cívica do corpo judicial assentava não em um código de regras expressas mas sim num «sentido da honra tradicional», quer dizer num sistema de atitudes para o qual o essencial daquilo que contava na aquisição das virtudes associadas ao exercício da profissão era tido como evidente. (A. Fraser, *Telos*, 60, Verão, 1984, pp. 15-52).

224 | O PODER SIMBÓLICO

certos autores, como Kelsen, transferindo para o direito, uma questão tradicional da filosofia, tinham posto, mas de maneira muito teórica, venha a tomar a forma de uma questão real da prática social, como é hoje o caso. Pelo contrário, a questão do fundamento do conhecimento científico acha-se posta, na própria realidade da existência social, a partir do momento em que a «faculdade inferior» (filosofia, matemática, história, etc.) se constitui como tal, sem outro suporte que não seja «a razão do povo instruído» [*peuple savant*]; e é a recusa em aceitar (com Wittgenstein ou Bachelard, por exemplo) que a *constituição* do «povo instruído», quer dizer, a estrutura histórica do campo científico, constitua o único fundamento possível da razão científica, que condena tantos filósofos a estratégias autofundadoras dignas do Barão de Münchhausen ou a contestações niilistas da ciência inspiradas numa nostalgia propriamente metafísica do «fundamento», princípio não desconstruído da «des-construção».

O efeito de *apriorização*, que está inscrito na lógica do funcionamento do campo jurídico, revela-se com toda a clareza na língua jurídica que, combinando elementos directamente retirados da língua comum e elementos estranhos ao seu sistema, acusa todos os sinais de uma retórica da impersonalidade e da neutralidade. A maior parte dos processos linguísticos característicos da linguagem jurídica concorrem com efeito para produzir dois efeitos maiores. O efeito de *neutralização* é obtido por um conjunto de características sintácticas tais como o predomínio das construções passivas e das frases impessoais, próprias para marcar a impersonalidade do enunciado normativo e para constituir o enunciador em sujeito universal, ao mesmo tempo imparcial e objectivo. O efeito de *universalização* é obtido por meio de vários processos convergentes: o recurso sistemático ao indicativo para enunciar normas ([10]), o emprego, próprio da retórica da atestação oficial e

---

([10]) Os filósofos do direito da tendência jusnaturalista apoiaram-se nesta característica há muito observada para sustentarem que os textos jurídicos não enunciam normas, mas sim «atestações», e que o legislador é alguém que enuncia o ser e não o dever-ser, que diz o justo ou a justa

A FORÇA DO DIREITO | 225

do auto, de verbos atestivos na terceira pessoa do singular do presente ou do passado composto que exprimem o aspecto realizado («aceita», «confessa», «compromete-se», «declarou», etc.); o uso de indefinidos («todo o condenado») e do presente intemporal – ou do futuro jurídico – próprios para exprimirem a generalidade e a omnitemporalidade da regra do direito: a referência a valores trans-subjectivos que pressupõem a existência de um consenso ético (por exemplo, «como bom pai de família»); o recurso a fórmulas lapidares e a formas fixas, deixando pouco lugar às variações individuais ([11]).

Esta retórica da autonomia, da neutralidade e da universalidade, que pode ser o princípio de uma autonomia real dos pensamentos e das práticas, está longe de ser uma simples máscara ideológica. Ela é a própria expressão de todo o funcionamento do campo jurídico e, em especial, do trabalho de racionalização, no duplo sentido de Freud e de Weber, a que o sistema das normas jurídicas está continuamente sujeito, e isto desde há séculos. Com efeito, aquilo a que se chama «o espírito jurídico» ou «o sentido jurídico» e que constitui o verdadeiro direito de entrada no campo (evidentemente, com uma mestria mínima dos meios jurídicos acumulados pelas sucessivas gerações, quer dizer, do *corpus* de textos canónicos e do modo de pensamento, de expressão e de acção, em que ele se reproduz e que o reproduz) consiste precisamente nesta *postura universalizante*. Esta pretensão estatutária a uma forma específica de juízo, irredutível às intuições frequentemente inconstantes do sentido da equidade, pois que se baseia na dedução consequente a partir de um corpo de regras sustentado pela sua coerência interna, é um dos fundamentos da cumplicidade, geradora de convergência e de cumulatividade, que une, na concorrência pelas coisas em jogo e por meio dessa concorrência, o conjunto, todavia muito diferenciado,

---

proporção inscrita nas próprias coisas a título de propriedade objectiva: «O legislador prefere descrever as instituições jurídicas do que pôr directamente as regras» (G. Kalinowski, *Introduction à la logique juridique*, Paris, LGDJ, 1964, p. 55).

([11]) Cf. J.L. Souriaux e P. Lerat, *Le langage du droit*, Paris, PUF, 1975.

dos agentes que vivem da produção e da venda de bens e de serviços jurídicos.

A elaboração de um corpo de regras e de procedimentos com pretensão universal é produto de uma divisão do trabalho que resulta da lógica espontânea da concorrência entre diferentes formas de competência ao mesmo tempo antagonistas e complementares que funcionam como outras tantas espécies de capital específico e que estão associadas a posições diferentes no campo. Não há dúvida de que a história comparada do direito permite observar que, conforme as tradições jurídicas e conforme as conjunturas no seio da mesma tradição, as hierarquias variam entre as grandes classes de agentes jurídicos – as quais variam elas próprias consideravelmente segundo as épocas e as tradições nacionais e ainda segundo a especialidade: direito público ou direito privado, por exemplo. Mas não é menos certo que o antagonismo estrutural que, nos mais diferentes sistemas, opõe as posições de «teórico» condenadas à pura construção doutrinal, e as posições de «prático», limitadas à aplicação, está na origem de uma luta simbólica permanente na qual se defrontam definições diferentes do trabalho jurídico enquanto interpretação autorizada dos textos canónicos. As diferentes categorias de intérpretes autorizados tendem sempre a distribuir-se entre dois pólos extremos: de um lado, a interpretação voltada para a elaboração puramente teórica da doutrina, monopólio dos professores que estão encarregados de ensinar, em forma normalizada e formalizada, as regras em vigor; do outro lado, a interpretação voltada para a avaliação prática de um caso particular, apanágio de magistrados que realizam actos de jurisprudência e que podem, deste modo, – pelo menos alguns deles – contribuir também para a construção jurídica. De facto, os produtores de leis, de regras e de regulamentos devem contar sempre com as reacções e, por vezes, com as resistências, de toda a corporação jurídica e, sobretudo, de todos os peritos judiciais (advogados, notários, etc.) os quais, como bem se vê, por exemplo, no caso do direito das sucessões, podem pôr a sua competência jurídica ao serviço dos interesses de algumas categorias da sua clientela e tecer as inúmeras estratégias graças às quais

A FORÇA DO DIREITO | 227

as famílias ou as empresas podem anular os efeitos da lei. A significação prática da lei não se determina realmente senão na confrontação entre diferentes corpos animados de interesses específicos divergentes (magistrados, advogados, notários, etc.), eles próprios divididos em grupos diferentes animados de interesses divergentes, e até mesmo opostos, em função sobretudo da sua posição na hierarquia interna do corpo, que corresponde sempre de maneira bastante estrita à posição da sua clientela na hierarquia social.

Segue-se daqui que uma história social comparada da produção jurídica e do discurso jurídico sobre esta produção deveria esforçar-se por pôr metodicamente em relação as tomadas de posição nesta luta simbólica e as posições na divisão do trabalho jurídico: tudo leva a supor que a tendência para insistir na sintaxe do direito é mais própria dos teóricos e dos professores, enquanto que a atenção à pragmática é, pelo contrário, mais provável entre os juízes. Tal história deveria também considerar a relação entre as variações, segundo o lugar e o momento, da força relativa das tomadas de posição a favor de uma ou outra das orientações do trabalho jurídico e as variações da força relativa dos dois campos nas relações de força que constituem a estrutura do campo.

A própria forma do *corpus* jurídico, sobretudo o seu grau de formalização e de normalização, depende sem dúvida muito estreitamente da força relativa dos «teóricos» e dos «práticos», dos professores e dos juízes, dos exegetas e dos peritos, nas relações de força características de um estado do campo (em dado momento numa tradição determinada) e da capacidade respectiva de imporem a sua visão do direito e da sua interpretação. Podem-se compreender assim as diferenças sistemáticas que separam as tradições nacionais e, sobretudo, a grande divisão entre a tradição dita romano-germânica e a tradição anglo-americana. Na tradição alemã e francesa, o direito (sobretudo o privado), verdadeiro «direito de professores» (*Professorenrecht*), ligado ao primado da *Wissenschaft*, da doutrina, sobre o procedimento e tudo o que diz respeito à prova ou à execução da decisão, retraduz e reforça o domínio da alta magistratura, intimamente ligada aos professores, sobre os

228 | O PODER SIMBÓLICO

juízes que, por terem passado pela universidade, são mais dados a reconhecer a legitimidade das suas construções do que os *lawyers* formados de certo modo na «tarimba». Na tradição anglo-americana, pelo contrário, o direito é um direito jurisprudencial (*case-law*), assente quase exclusivamente nos acórdãos dos tribunais e na regra do precedente e fracamente codificado; ele dá o primado aos procedimentos, que devem ser leais (*fair trial*) e cuja mestria se adquire sobretudo pela prática ou por técnicas pedagógicas que têm em vista aproximarem-se ao máximo da prática profissional – por exemplo, com o «método dos casos» em uso nessas verdadeiras escolas profissionais que são as escolas de direito: o estatuto da regra de direito, que não se afirma fundado numa teoria moral ou numa ciência racional e que, tendo em mira apenas dar uma solução a um litígio, se situa deliberadamente ao nível da casuística das aplicações particulares, compreende-se se se souber que neste caso o grande jurista é o juiz saído da fila dos práticos.

De facto, a força relativa das diferentes espécies de capital jurídico nas diferentes tradições tem, sem dúvida, que ser posta em relação com a posição global do campo jurídico no campo do poder que, por meio do peso relativo que cabe ao «reino da lei» (*the rule of law*) ou à regulamentação burocrática, determina os seus limites estruturais pela eficácia da acção propriamente jurídica. No caso da França, a acção jurídica acha-se hoje limitada pela dominação que o Estado e os tecnocratas saídos da Escola Nacional de Administração exercem em vastos sectores da administração pública e privada. Nos EUA, pelo contrário, os *lawyers* saídos das escolas superiores de direito (Harvard, Yale, Chicago, Stanford) podem ocupar posições para além dos limites do campo propriamente dito, na política, na administração, na finança ou na indústria. Daqui resultam diferenças sistemáticas, frequentemente evocadas depois de Tocqueville, nos usos sociais do direito e, mais precisamente, no lugar que cabe ao recurso jurídico no universo das acções possíveis, sobretudo em matéria de lutas reivindicativas.

O antagonismo entre os detentores de espécies diferentes de capital jurídico, que investem interesses e visões do mundo

A FORÇA DO DIREITO | 229

muito diferentes no seu trabalho específico de interpretação, não exclui a complementaridade das funções e serve, de facto, de base a uma forma subtil de *divisão do trabalho de dominação simbólica* na qual os adversários, objectivamente cúmplices, se servem uns aos outros. O cânone jurídico é como que o reservatório de autoridade que garante, à maneira de um banco central, a autoridade dos actos jurídicos singulares. É isto que explica a fraca inclinação do *habitus* jurídico para as posturas proféticas e, pelo contrário, a propensão, visível sobretudo nos juízes, para o papel de *lector*, de intérprete que se refugia na aparência ao menos de uma simples aplicação da lei e que, quando faz obra de criação jurídica, tende a dissimulá-la ([12]). Da mesma forma que o economista mais directamente envolvido nos problemas práticos de gestão, permanece ligado, como numa «grande cadeia do Ser» à Lovejoy, ao teórico puro que produz alguns teoremas matemáticos pouco mais ou menos desprovidos de referente no mundo económico real mas que se distingue ele mesmo de um puro matemático pelo reconhecimento que economistas mais impuros são obrigados a conceder às suas construções, também o simples juiz de instância (ou, para ir até aos últimos elos da corrente, o polícia ou o guarda prisional) está ligado ao teórico do direito puro e ao especialista do direito constitucional por uma *cadeia de legitimidade* que subtrai os seus actos ao estatuto de violência arbitrária ([13]).

É difícil, com efeito, não ver o princípio de uma complementaridade funcional dinâmica no conflito permanente entre as pretensões concorrentes ao monopólio do exercício legítimo da competência jurídica: os juristas e outros teóricos do direito tendem a puxar o direito no sentido da teoria pura, quer dizer, ordenada em sistema autónomo e auto-suficiente,

---

([12]) Cf. *Travaux de l'Association Henri Capitant*, tomo V, 1949, pp. 74--76, citado por R. David, *Les grands courants du droit contemporain*, 5.ª ed., Paris, Dalloz, 1973, pp. 124-132.

([13]) Achar-se-ia uma cadeia da mesma forma, entre os teóricos e os «homens do terreno», nos aparelhos políticos ou, pelo menos, nos que por tradição invocam a caução de uma teoria económica ou política.

230 | O PODER SIMBÓLICO

e expurgado, por uma reflexão firmada em considerações de coerência e de justiça, de todas as incertezas ou lacunas ligadas à sua génese prática; os juízes ordinários e outros práticos, mais atentos às aplicações que dele podem ser feitas em situações concretas, orientam-no para uma espécie de casuística das situações concretas e opõem, aos tratados teóricos do direito puro instrumentos de trabalho adaptados às exigências e à *urgência* da prática, repertórios de jurisprudência, formulários de actos, dicionários de direito (e amanhã, bancos de dados) ([14]). É claro que os magistrados, por meio da sua prática, que os põe directamente perante a gestão dos conflitos e uma procura jurídica incessantemente renovada, tendem a assegurar a função de adaptação ao real num sistema que, entregue só a professores, correria o risco de se fechar na rigidez de um rigorismo racional: por meio da liberdade maior ou menor de apreciação que lhes é permitida na aplicação das regras, eles introduzem as mudanças e as inovações indispensáveis à sobrevivência do sistema que os teóricos deverão integrar no sistema. Por seu lado, os juristas, pelo trabalho de racionalização e de formalização a que submetem o corpo de regras, representam a função de assimilação, própria para assegurar a coerência e a constância ao longo do tempo de um conjunto sistemático de princípios e de regras irredutíveis à série por vezes contraditória, complexa e, a longo prazo, impossível de dominar dos actos de jurisprudência sucessivos; e ao mesmo tempo, oferecem aos juízes – sempre inclinados, pela sua posição e pelas suas atitudes, a confiar apenas no seu sentido jurídico – o meio de subtraírem os seus veredictos ao arbitrário demasiado visível de uma *Kadijustiz*. Pertence aos juristas, pelo menos na tradição dita romano-germânica, não o

---

([14]) É um belo exemplo de trabalho jurídico de codificação que produz o jurídico a partir do judicial, a edição das decisões da «Cour de Cassation» e o processo de selecção, de normalização e de difusão que, a partir de um conjunto de decisões seleccionadas pelos Presidentes de Câmara pelo seu interesse jurídico, produz um corpo de regras racionalizadas e normalizadas (cf. E. Serverin, «Une production communautaire de la jurisprudence: l'édition juridique des arrêts», *Annales de Vaucresson*, 23, 2.º semestre, 1985, pp. 73-89.

A FORÇA DO DIREITO | 231

descrever das prática existentes ou das condições de aplicação prática das regras declaradas conformes, mas sim o *pôr-em-forma* dos princípios e das regras envolvidas nessas práticas, elaborando um corpo sistemático de regras assente em princípios racionais e destinado a ter uma aplicação universal. Participando ao mesmo tempo de um modo de pensamento teológico – pois procuram a revelação do justo na letra da lei, e do modo de pensamento lógico pois pretendem pôr em prática o método dedutivo para produzirem as aplicações da lei ao caso particular –, eles desejam criar uma «ciência nomológica» que enuncie o dever-ser cientificamente; como se quisessem reunir os dois sentidos separados da ideia de «lei natural», eles praticam uma exegese que tem por fim racionalizar o direito positivo por meio de trabalho de controle lógico necessário para garantir a coerência do corpo jurídico e para deduzir dos textos e das suas combinações consequências não previstas, preenchendo assim as famosas «lacunas» do direito.

Se é preciso evidentemente ter cuidado em não subestimar a eficácia histórica deste trabalho de codificação que, ao incorporar-se no seu objecto, se torna num dos factores principais da sua transformação, é preciso também não se deixar levar pela representação exaltada da actividade jurídica que os teóricos nativos [*indigènes*] propõem – como Motulsky que procura mostrar ser a «ciência jurídica» definida por um método próprio e propriamente dedutivo de tratamento dos dados, o «silogismo jurídico», que permite subsumir o caso particular numa regra geral ([15]). Para quem não participe da adesão imediata aos pressupostos inscritos no próprio fundamento do funcionamento do campo que a pertença ao campo implica

---

([15]) H. Motulsky, *Principes d'une réalisation méthodique du droit privé, La théorie des éléments générateurs de droits subjectifs*, tese, Paris, Sirey, 1948, sobretudo pp. 47-48, à maneira destes epistemólogos que dão para a prática real do investigador uma reconstrução *ex post* do procedimento científico tal como ele deveria ser, Motulsky reconstrói o que seria (ou deveria ser) o «método de realização» conveniente do direito, distinguindo uma fase de pesquisa da «regra possível»; espécie de exploração metódica do universo das regras do direito, e uma fase de aplicação, com a passagem à regra directamente aplicada ao caso considerado.

232 | O PODER SIMBÓLICO

(*illusio*), é difícil crer que as construções mais puras do jurista, sem mesmo falar dos actos de jurisprudência do juiz ordinário, obedeçam à lógica dedutivista que é o «ponto de honra espiritualista» do jurista profissional. Como os «realistas» bem mostraram, é completamente vão procurar isolar uma metodologia jurídica perfeitamente racional: a aplicação necessária de uma regra de direito a um caso particular é na realidade uma confrontação de direitos antagonistas entre os quais o Tribunal deve escolher; a «regra» tirada de um caso precedente nunca pode ser pura e simplesmente aplicada a um novo caso, porque não há nunca dois casos perfeitamente idênticos, devendo o juiz determinar se a regra aplicada ao primeiro caso pode ou não ser estendida de maneira a incluir o novo caso ([16]). Em resumo, o juiz, ao invés de ser sempre um simples executante que deduzisse da lei as conclusões directamente aplicáveis ao caso particular, dispõe antes de uma parte de autonomia que constitui sem dúvida a melhor medida da sua posição na estrutura da distribuição do capital específico de autoridade jurídica ([17]); os seus juízos, que se inspiram

---

([16]) F. Cohen, «Transcendental Nonsense and the Functional Approach», *Columbia Law Review*, vol. 35, 1935, pp. 808-819.

([17]) A liberdade de interpretação varia consideravelmente quando se passa da «Cour de Cassation» (que pode anular a «força da lei», por exemplo ao propor uma interpretação estreita dela – como foi o caso com a lei de 5 de Abril de 1910 sobre «as reformas de operários e camponeses») aos juízes dos tribunais de instância, os quais, pela sua formação escolar e pela sua «deformação» profissional, são dados a abdicar da liberdade de interpretação de que dispõem teoricamente e a aplicar a situações codificadas, interpretações codificadas (exposições dos motivos da lei, doutrina e comentários dos juristas, professores ou juízes doutos, e decisões da «Cour de Cassation»). Pode-se citar, a partir das observações de Rémi Lenoir, o exemplo de um tribunal de um bairro de Paris onde, todas as sextas-feiras de manhã, a sessão é especialmente consagrada a um contencioso, sempre o mesmo, sobre a ruptura de contratos de venda ou aluguer, que é designado pelo nome de uma empresa de aluguer e de venda a crédito de aparelhos domésticos e de televisão: os julgamentos, completamente predeterminados, são muito breves, e nem mesmo os advogados, quando os há – o que é raro – neles tomam a palavra. (Se a presença de um advogado se mostra útil, provando deste

A FORÇA DO DIREITO | 233

numa lógica e em valores muito próximos dos que estão nos textos submetidos à sua interpretação, têm uma verdadeira função de *invenção*. Se a existência de regras escritas tende sem qualquer dúvida a reduzir a variabilidade comportamental, não há dúvida também de que as condutas dos agentes jurídicos podem referir-se e sujeitar-se mais ou menos estritamente às exigências da lei, ficando sempre uma parte de arbitrário, imputável a variáveis organizacionais como a composição do grupo de decisão ou os atributos dos que estão sujeitos a uma jurisdição, nas decisões judiciais – há também uma parte de arbitrário no conjunto dos actos que os precedem e os predeterminam, caso das decisões da política que dizem respeito à prisão.

A interpretação opera a *historicização da norma*, adaptando as fontes a circunstâncias novas, descobrindo nelas possibilidades inéditas, deixando de lado o que está ultrapassado ou o que é caduco. Dada a extraordinária elasticidade dos textos, que vão por vezes até à indeterminação ou ao equívoco, a operação hermenêutica de *declaratio* dispõe de uma imensa liberdade. Não é raro, decerto, que o direito, instrumento dócil, adaptável, flexível, polimorfo, seja de facto chamado a contribuir para racionalizar *ex post* decisões em que não teve qualquer participação. Os juristas e os juízes dispõem todos, embora em graus muito diferentes, do poder de explorar a polissemia ou a anfibologia das fórmulas jurídicas recorrendo quer à *restrictio*, processo necessário para se não aplicar uma lei que, entendida literalmente, o deveria ser, quer à *extensio*, processo que permite que se aplique uma lei que, tomada à letra, não o deveria ser, quer ainda a todas as técnicas que, como a analogia, tendem a tirar o máximo partido da elasticidade da lei e mesmo das suas contradições, das suas ambiguidades ou

---

modo que há, mesmo a este nível, um poder de interpretação, é sem dúvida porque é percebida como uma manifestação de reverência para com o juiz e a instituição que, a este título, merece alguma consideração – a lei não é aplicada com todo o seu rigor –; e é também porque ela constitui uma indicação acerca da importância dada ao julgamento e sobre a possibilidade de apelação).

234 | O PODER SIMBÓLICO

das suas lacunas ([18]). De facto, a interpretação da lei nunca é o acto solitário de um magistrado ocupado em fundamentar na razão jurídica uma decisão mais ou menos estranha, pelo menos na sua génese, à razão e ao direito, e que agiria como hermeneuta preocupado em produzir uma aplicação fiel da regra, como julga Gadamer, ou que actuaria como lógico agarrado ao rigor dedutivo do seu «método de realização», como queria Motulsky. Com efeito, o conteúdo prático da lei que se revela no veredicto é o resultado de uma luta simbólica entre profissionais dotados de competências técnicas e sociais desiguais, portanto, capazes de mobilizar, embora de modo desigual, os meios ou recursos jurídicos disponíveis, pela exploração das «regras possíveis», e de os utilizar eficazmente, quer dizer, como armas simbólicas, para fazerem triunfar a sua causa; o efeito jurídico da regra, quer dizer, a sua *significação* real, determina-se na relação de força específica entre os profissionais, podendo-se pensar que essa relação tende a corresponder (tudo o mais sendo igual do ponto de vista do valor na equidade pura das causas em questão) à relação de força entre os que estão sujeitos à jurisdição respectiva.

O trabalho de racionalização, ao fazer aceder ao estatuto de veredicto uma decisão judicial que deve, sem dúvida, mais às atitudes éticas dos agentes do que às normas puras do direito, confere-lhe a *eficácia simbólica* exercida por toda a acção quando, ignorada no que têm de arbitrário, é reconhecida como legítima. O princípio desta eficácia reside, pelo

---

([18]) Mario Sbriccoli propõe um inventário dos processos codificados que permitiam aos juristas (advogados, magistrados, peritos, conselheiros políticos, etc.) das pequenas comunidades italianas da Idade Média «manipularem» o *corpus* jurídico: por exemplo, a *declaratio* pode apoiar-se na rubrica, na matéria da norma, no uso e na significação corrente dos termos, na sua etimologia, instrumentos que por sua vez se subdividem, e pode jogar com as contradições entre a rubrica e o texto, partindo de uma para compreender o outro ou vice-versa (cf. M. Sbriccoli, *L'interpretazzione dello statuto, Contributo alto studio della funzione dei giuristi nell'età communale*, Milão, A. Giuffrè, 1969, e «Politique et interprétation juridiques dans les villes italiennes du Moyen-Âge», *Archives de Philosophie du Droit*, XVII, 1972, pp. 99-113).

A FORÇA DO DIREITO | 235

menos em parte, em que, salvo vigilância especial, a impressão de necessidade lógica sugerida pela forma tende a contaminar o conteúdo. O formalismo racional ou racionalizante do direito racional, que se tende a opor, com Weber, ao formalismo mágico dos rituais e dos procedimentos arcaicos de julgamento (como o juramento individual ou colectivo), participa na eficácia simbólica do direito mais racional ([19]). E o ritual destinado a enaltecer a autoridade do acto de interpretação – leitura dos textos, análise e proclamação das conclusões, etc. – ao qual, desde Pascal, a análise se agarra, não faz mais do que acompanhar todo o trabalho colectivo de sublimação destinado a atestar que a decisão exprime não a vontade e a visão do mundo do juiz mas sim a *voluntas legis* ou *legislatoris*.

A instituição do monopólio

Na realidade, a instituição de um «espaço judicial» implica a imposição de uma fronteira entre os que estão preparados para entrar no jogo e os que, quando nele se acham lançados, permanecem de facto dele excluídos, por não poderem operar a conversão de todo o espaço mental – e, em particular, de toda a postura linguística – que supõe a entrada neste espaço social. A constituição de uma competência propriamente jurídica, mestria técnica de um saber científico frequentemente antinómico das simples recomendações do senso comum, leva à desqualificação do sentido de equidade dos não-especialistas e à revogação da sua construção espontânea dos factos, da sua «visão do caso». O desvio entre a visão vulgar daquele que se vai tornar num *«justiciável»*, quer dizer, num cliente, e a visão científica do perito, juiz, advogado, conselheiro jurídico, etc., nada tem de acidental; ele é constitutivo de uma relação de poder, que fundamenta dois sistemas diferentes de pressupostos, de intenções expressivas, numa palavra, duas visões do

---

([19]) Cf. P. Bourdieu, *Ce que parler veut dire*, Paris, Fayard, 1982, sobre o efeito de «pôr-em-forma», pp. 20-21, e sobre o efeito de instituição, pp. 125ss.

236 | O PODER SIMBÓLICO

mundo. Este desvio, que é o fundamento de um desapossamento, resulta do facto de, através da própria estrutura do campo e do sistema de princípios de visão e de divisão que está inscrito na sua lei fundamental, na sua *constituição*, se impor um sistema de exigências cujo coração é a adopção de uma postura global, visível sobretudo em matéria de linguagem.

Se há acordo para notar que, como toda a linguagem douta (a linguagem filosófica por exemplo), a linguagem jurídica consiste num uso particular da linguagem vulgar, os analistas têm muita dificuldade em descobrir o verdadeiro princípio desta «mistura de dependência e de independência» [20]. É possível, com efeito, contentar-se com invocar o efeito de contexto ou de «rede», no sentido de Wittgenstein, que subtrai as palavras e as locuções vulgares ao seu sentido corrente. A transmutação que afecta o conjunto das características linguísticas está ligada à adopção de uma postura global que não passa da forma incorporada do sistema de princípios de visão e de divisão, constitutivo de um campo ele próprio caracterizado pela independência na dependência e por ela. Austin admirava-se de que nunca se tenha seriamente perguntado por que razão nós «nomeamos coisas diferentes com o mesmo nome»; e por que razão, poderíamos nós acrescentar, não há grande inconveniente em fazê-lo. Se a linguagem jurídica pode consentir a si mesma o emprego de uma palavra para nomear coisas completamente diferentes daquilo por si designado no uso vulgar, é que os dois usos estão associados a posturas linguísticas que são tão radicalmente exclusivas uma da outra como a consciência perceptiva e a consciência imaginária segundo a fenomenologia, de tal modo que a «colisão homonímica» (ou o mal-entendido) resultante do encontro no mesmo espaço dos dois significados é perfeitamente improvável. O princípio do desvio entre os dois significados, que é geralmente procurado num efeito de contexto, não é mais do que a dualidade dos espaços mentais, solidários de espaços sociais diferentes, que os sustentam. Esta *discordância*

---

[20] Ph. Vissert Hooft, «La philosophie du langage ordinaire et le droit», *Archives de Philosophie du Droit*, XVII, 1972, pp. 261-284.

A FORÇA DO DIREITO | 237

postural é o fundamento *estrutural* de todos os mal-entendidos que podem produzir-se entre os utilizadores de um código erudito (médicos, juízes, etc.) e os simples profanos, tanto ao nível sintáctico como ao nível lexicológico, sendo os mais significativos os que surgem quando as palavras da linguagem vulgar, desviadas do seu sentido comum pelo uso erudito, funcionam para o profano como «falsos amigos» ([21]).

A situação judicial funciona como *lugar neutro*, que opera uma verdadeira *neutralização* das coisas em jogo por meio da «des-realização» e da distanciação implicadas na transforma-ção da defrontação directa dos interessados em diálogo entre mediadores. Os agentes especializados, enquanto terceiros – indiferentes ao que está directamente em jogo (o que não quer dizer desinteressados) e preparados para apreenderem as realidades escaldantes do presente atendo-se a textos anti-gos e a precedentes confirmados – introduzem, mesmo sem querer nem saber, uma distância neutralizante a qual, no caso dos magistrados pelo menos, é uma espécie de imperativo da função que está inscrita no âmago dos *habitus*: as atitudes ao mesmo tempo ascéticas e aristocráticas que são a realização incorporada do dever de reserva são constantemente lembra-das e reforçadas pelo grupo dos pares, sempre pronto a con-denar e a censurar os que se comprometeriam de modo dema-siado aberto com questões de dinheiro ou de política. Em resumo, a transformação dos conflitos inconciliáveis de inte-resses em permutas reguladas de argumentos racionais entre sujeitos iguais está inscrita na própria existência de um pessoal especializado, independente dos grupos sociais em conflito e encarregado de organizar, segundo formas codificadas, a *manifestação pública* dos conflitos sociais e de lhes dar soluções socialmente reconhecidas como imparciais, pois que são defi-nidas segundo as regras formais e logicamente coerentes de uma doutrina percebida como independente dos antagonis-

---

([21]) É o caso, por exemplo, da palavra *causa* que não tem, de forma alguma, no uso comum, o sentido que lhe dá o direito (cf. Ph. Vissert Hooft, *art. cit.*).

238 | O PODER SIMBÓLICO

mos imediatos ([22]). Neste sentido, a representação nativa [*indigènes*] que descreve o tribunal como um espaço separado e delimitado em que o conflito se converte em diálogo de peritos e o processo, como um progresso ordenado com vista à verdade ([23]), é uma boa evocação de uma das dimensões do efeito simbólico do acto jurídico como aplicação prática, livre e racional de uma norma universal e cientificamente fundamentada ([24]). O veredicto judicial, compromisso político entre exigências inconciliáveis que se apresenta como uma síntese lógica entre teses antagonistas, condensa toda a ambiguidade do campo jurídico. Ele deve a sua eficácia específica ao facto de participar ao mesmo tempo da lógica do campo político, que se organiza em torno da oposição entre os amigos ou os aliados e os inimigos e que tende a excluir a intervenção arbitral de um terceiro, e da lógica do campo científico que, logo que chega a um alto grau de autonomia, tende a conferir um primado prático à oposição entre o verdadeiro e o falso, conferindo um poder arbitral de facto à concorrência entre os pares ([25]).

([22]) O recurso legal implica, em muitos casos, o reconhecimento de uma definição das formas de reivindicação ou de luta que privilegia lutas individuais (e legais) em detrimento de outras formas de luta.

([23]) «Assim, o direito nasce do processo, diálogo regulado cujo método é a dialéctica» (M. Villey, *Philosophie du Droit*, 11, Paris, Dalloz, 1979, p. 53.)

([24]) Tudo nas representações da prática jurídica (concebida como decisão racional ou como aplicação dedutiva de uma regra de direito) e na própria doutrina jurídica que tende a conceber o mundo social como simples agregado de acções realizadas por *sujeitos de direito* racionais, iguais e livres, predispunha os juristas, em outros tempos fascinados por Kant ou Gadamer, a procurarem na Rational Action Theory os instrumentos de um *aggiornamento* das justificações tradicionais do direito (eterna renovação das técnicas de eternização...).

([25]) A tradição filosófica – e sobretudo Aristóteles nos *Tópicos* – evoca de maneira quase explícita a constituição do campo social que é o princípio da constituição da permuta verbal como *discussão heurística* explicitamente orientada, em oposição ao *debate erístico*, para a procura de proposições válidas para um auditório universal.

A FORÇA DO DIREITO | 239

O campo judicial é o espaço social organizado no qual e pelo qual se opera a transmutação de um conflito directo entre partes directamente interessadas no debate juridicamente regulado entre profissionais que actuam por procuração e que têm de comum o conhecer e o reconhecer da regra do jogo jurídico, quer dizer, as leis escritas e não escritas do campo – mesmo quando se trata daquelas que é preciso conhecer para vencer a letra da lei (em Kafka, o advogado é tão inquietante como o juiz). Na definição que frequentemente tem sido dada, de Aristóteles a Kojève, do jurista como «terceiro mediador», o essencial está na ideia de *mediação* (e não de arbitragem) e no que ela implica, quer dizer, a perda da relação de apropriação directa e imediata da sua própria causa: perante o pleiteante ergue-se um poder transcendente, irredutível à defrontação das visões do mundo privadas, que não é outra coisa senão a estrutura e o funcionamento do espaço socialmente instituído desta defrontação.

A entrada no universo jurídico, por implicar a aceitação tácita da lei fundamental do campo jurídico, tautologia constitutiva que quer que os conflitos só possam nele ser resolvidos juridicamente – quer dizer, segundo as regras e as convenções do campo jurídico –, é acompanhada de uma redefinição completa da experiência corrente e da própria situação que está em jogo no litígio. A constituição do campo jurídico é um princípio de constituição da realidade (isto é, verdadeiro em relação a todo o campo). Entrar no jogo, conformar-se com o direito para resolver o conflito, é aceitar tacitamente a adopção de um modo de expressão e de discussão que implica a renúncia à violência física e às formas elementares da violência simbólica, como a injúria. É também, e sobretudo, reconhecer as exigências específicas da construção jurídica do objecto: dado que os factos jurídicos são produto da construção jurídica (e não o inverso), uma verdadeira retradução de todos os aspectos do «caso» é necessária para *ponere causam*, como diziam os Romanos, para constituir o objecto de controvérsia enquanto causa, quer dizer, enquanto problema jurídico próprio para ser objecto de debates juridicamente regulados e para reter tudo o que, do ponto de vista de um princípio

240 | O PODER SIMBÓLICO

de pertinência jurídica, mereça ser formulado, e apenas isso, como tudo o que pode valer como facto, como argumento favorável ou desfavorável, etc.

Entre as exigências que estão implicitamente inscritas no contrato que define a entrada no campo jurídico, podem-se, seguindo Austin, mencionar três: a primeira, é o facto de se dever chegar a uma decisão, e a uma decisão «relativamente branca ou preta, culpado ou não culpado, para o queixoso ou para o acusado [*défenseur*]»; a segunda, é o facto de a acusação e a defesa deverem ordenar-se numa das categorias reconhecidas do procedimento que se impuseram no decurso da história e que, não obstante o seu número, permanecem muito limitadas e muito estereotipadas em relação às acusações e às defesas da vida quotidiana – o que faz com que conflitos e argumentos de toda a espécie permaneçam aquém da lei como demasiado triviais, ou fora da lei como exclusivamente morais –; a terceira, é o facto de se dever recorrer a precedentes e de se conformar com eles, o que pode levar a distorções das crenças e das expressões correntes ([26]).

A regra que impede ir-se para além das decisões jurídicas anteriores, *stare decisis*, para se decidir juridicamente é para o pensamento jurídico o que o preceito durkheimiano de «explicar o social pelo social» é para o pensamento sociológico: apenas um modo diferente de afirmar a autonomia e a especificidade do raciocínio e do juízo jurídicos. A referência a um *corpus* de precedentes reconhecidos, que funcionam como um espaço de possíveis em cujo interior a solução pode ser procurada, é o que fundamenta racionalmente uma decisão que pode inspirar-se, na realidade, em princípios diversos, mas que ela faz aparecer como produto de uma aplicação neutra e objectiva de uma competência especificamente jurídica.

([26]) Deste conjunto de exigências constitutivas da visão do mundo jurídico deriva, segundo Austin, o facto de os juristas não darem às expressões correntes o seu sentido corrente e de, além de inventarem termos técnicos ou sentidos técnicos para termos correntes, manterem uma relação especial com a linguagem que os leva a procederem a extensões e restrições de sentido insólitas (cf. J.-L. Austin, *Philosophical Papers*, Oxford, Clarendon Press, 1961, p. 136.)

A FORÇA DO DIREITO | 241

Todavia, porque, entre outras coisas, os precedentes são, pelo menos, utilizados ora como instrumentos de racionalização ora como razões determinantes e porque o mesmo precedente, construído de maneiras diferentes, pode ser invocado para justificar teses opostas e ainda porque a tradição jurídica oferece uma grande diversidade de precedentes e de interpretações em que se pode escolher os que mais bem se adaptam ao caso em questão ([27]), é preciso evidentemente ter cuidado em não fazer do *stare decisis* uma espécie de postulado racional próprio para garantir a constância e a previsibilidade, e ainda a objectividade das decisões judiciais (enquanto limitação posta ao arbitrário das decisões subjectivas). A previsibilidade e a calculabilidade que Weber empresta ao «direito racional» assentam, sem dúvida, antes de mais, na constância e na homogeneidade dos *habitus* jurídicos: as atitudes comuns, afeiçoadas, na base de experiências familiares semelhantes, por meio de estudos de direito e da prática das profissões jurídicas, funcionam como categorias de percepção e de apreciação que estruturam a percepção e a apreciação dos conflitos correntes e que orientam o trabalho destinado a transformá-los em confrontações jurídicas ([28]).

Podemos apoiar-nos na tradição dita da *«dispute theory»* (sem lhe aceitar todos os pressupostos) para fazermos uma descrição do trabalho colectivo de «categorização» que tende a transformar um agravo percebido, e até mesmo despercebido, em agravo explicitamente imputado, e a transformar uma simples disputa em processo. Nada é menos natural do que a «necessidade jurídica» ou, o que significa o mesmo, o sentimento de injustiça que pode levar a recorrer aos serviços de um profissional: é sabido, com efeito, que a sensibilidade à injustiça ou a capacidade de perceber uma experiência como injusta não está uniformemente espalhada e que depende

---

([27]) Cf. D. Kayris, «Legal Reasoning» *in* D. Kayris (ed.), *The Politics of Law*, Nova Iorque, Pantheon Books, 1982, pp. 11-17.

([28]) Alguns *legal realists*, recusando à regra toda a eficácia específica, chegaram a reduzir o direito à simples regularidade estatística, garante da previsibilidade do funcionamento das instâncias jurídicas.

242 | O PODER SIMBÓLICO

estreitamente da posição ocupada no espaço social. Quer isto dizer que a passagem do agravo despercebido ao agravo percebido e nomeado, e sobretudo imputado, supõe um trabalho de construção da realidade social que incumbe, em grande parte, aos profissionais: a descoberta da injustiça como tal assenta no sentimento de ter direitos (*entitlement*) e o poder específico dos profissionais consiste na capacidade de *revelar* os direitos e, simultaneamente, as injustiças ou, pelo contrário, de condenar o sentimento de injustiça firmado apenas no sentido da equidade e, deste modo, de dissuadir da defesa judicial dos direitos subjectivos, em resumo, de manipular as aspirações jurídicas, de as criar em certos casos, de as aumentar ou de as deduzir em outros casos. (Um dos poderes mais significativos dos *lawyers* é constituído pelo trabalho de *expansão*, de amplificação das *disputas:* este trabalho propriamente político consiste em transformar as definições admitidas transformando as palavras ou os rótulos atribuídos às pessoas ou às coisas, quer dizer, frequentemente, recorrendo às categorias da linguagem legal, para fazer entrar a pessoa, a acção, a relação de que se trata numa classe mais larga.) [29] São também os profissionais quem produz a necessidade dos seus próprios serviços ao constituírem em problemas jurídicos, traduzindo-os na linguagem do direito, problemas que se exprimem na linguagem vulgar e ao proporem uma avaliação antecipada das probabilidades de êxito e das consequências das diferentes estratégias; e não há dúvida de que eles são guiados no seu trabalho de construção das *disputas* pelos seus interesses financeiros, e também pelas suas atitudes éticas ou políticas, princípio de afinidades socialmente fundamentadas com os seus clientes (sabe-se, por exemplo, que inúmeros *lawyers* desaconselham as reivindicações legítimas dos clientes contra as grandes empresas, principalmente em matéria de consumo) e, enfim e sobretudo, pelos seus interesses mais específicos, aqueles que se definem nas suas relações objectivas com os

---

[29] Sobre este trabalho de *expansão* ver L. Mather e B. Yngvesson, «Language, Audience and the Transformation of Disputes», *Law and Society Review*, 15, 3-4, 1980-81, pp. 776-821.

A FORÇA DO DIREITO | 243

outros especialistas e que se actualizam, por exemplo, no próprio recinto do tribunal (dando lugar a negociações explícitas ou implícitas). O efeito de hermetismo [*l'effet de fermeture*] que o próprio funcionamento do campo tende a exercer manifesta-se no facto de as instituições judiciais tenderem a produzir verdadeiras tradições específicas e, em particular, categorias de percepção e de apreciação perfeitamente irredutíveis às dos não-especialistas, gerando os seus problemas e as suas soluções segundo uma lógica totalmente hermética e inacessível aos profanos ([30]).

A mudança de espaço mental que está lógica e praticamente associada à mudança de espaço social garante o *domínio da situação* aos detentores da competência jurídica, os únicos capazes de adoptar a postura que permite constituir esta situação em conformidade com a lei fundamental do campo. O campo jurídico reduz aqueles que, ao aceitarem entrar nele, renunciam tacitamente a gerir eles próprios o seu conflito (pelo recurso à força ou a um árbitro não oficial ou pela procura directa de uma solução amigável), ao estado de clientes dos profissionais; ele constitui os interesses pré-jurídicos dos agentes em causas judiciais e transforma em capital a competência que garante o domínio dos meios e recursos jurídicos exigidos pela lógica do campo.

A constituição do campo jurídico é inseparável da instauração do monopólio dos profissionais sobre a produção e a comercialização desta categoria particular de produtos que são os serviços jurídicos. A competência jurídica é um poder específico que permite que se controle o acesso ao campo jurídico, determinando os conflitos que merecem entrar nele e a *forma* específica de que se devem revestir para se constituírem em debates propriamente jurídicos: só ela pode fornecer os recursos necessários para fazer o trabalho de construção que,

---

([30]) Cf. sobre todos estes pontos, W.L. Felstiner, R.L. Abel, A. Sarat, «The Emergence and Transformation of Disputes: Names, Blaming, Claiming», *Law and Society Review*, vol. 15, 3-4, 1980-81, pp. 631-654; D. Coates, S. Penrod, «Social Psychology and the Emergence of Disputes», *id.*, pp 654-680; L. Mather, B. Yngvesson, artigo citado.

244 | O PODER SIMBÓLICO

mediante uma selecção das propriedades pertinentes, permite reduzir a realidade à sua definição jurídica, essa ficção eficaz. O corpo dos profissionais define-se pelo monopólio dos instrumentos necessários à construção jurídica que é, por si, apropriação; a importância dos ganhos que o monopólio do mercado dos serviços jurídicos assegura a cada um dos seus membros depende do grau em que ele pode controlar a produção dos produtores, quer dizer, a formação e, sobretudo, a consagração pela instituição escolar dos agentes juridicamente autorizados a vender serviços jurídicos e, deste modo, a oferta dos serviços jurídicos.

A melhor verificação destas proposições é constituída pelos efeitos determinados, tanto na Europa como nos Estados Unidos, pela crise do modo de acesso tradicional às profissões judiciais – assim como aos corpos de médicos, de arquitectos e de outros detentores de diferentes espécies de capital cultural. Tais efeitos são, por exemplo, os esforços para limitar a oferta e os efeitos da intensificação da concorrência (a baixa nos rendimentos, por exemplo) por medidas que têm em vista reforçar as barreiras postas à entrada na profissão (*numerus clausus*); ou ainda os esforços para aumentar a procura, pelas vias mais diversas, que vão da publicidade – mais frequente nos EUA – até às acções militantes que têm o efeito (o que não quer dizer o fim) de abrir aos serviços jurídicos novos mercados, promovendo os direitos das minorias desfavorecidas ou incitando as minorias a fazerem valer os seus direitos e, de modo mais lato, procurando levar os poderes públicos a contribuírem de maneira directa ou indirecta para sustentar a procura jurídica [31]. É assim que a evolução recente do campo jurídico permite que se observe directamente o *processo* de constituição apropriativa – acompanhado do desapossamento correlativo dos simples profanos – que tende a criar uma procura ao fazer entrar na ordem jurídica um domínio da prática até então deixado a formas pré-jurídicas de solução

---

[31] Sobre os efeitos do aumento da população dos *lawyers* nos EUA, ver R.L. Abel, «Toward a Political Economy of Lawyers», *Wisconsin Law Review*, vol. 5, 1981, pp. 1117-1187.

A FORÇA DO DIREITO | 245

dos conflitos: a justiça «*prud'homale*» (*) que oferecia até então
um asilo a uma espécie de arbitragem firmada no sentido da
equidade e exercida por homens de experiência, segundo
procedimentos simples, foi objecto de tal processo de anexação ([32]). Como efeito de uma cumplicidade objectiva entre
representantes sindicais culturalmente mais providos e certos
juristas que, graças a uma solicitude generosa pelos interesses
dos mais desfavorecidos, alargam o mercado que se abre ao
serviço deles, esta ilhota de autoconsumo jurídico achou-se
pouco a pouco integrada no mercado controlado pelos profissionais: os conselheiros são cada vez mais obrigados a apelar
ao direito para produzirem e para justificarem as suas decisões, sobretudo porque os litigantes e os demandados tendem
cada vez mais a colocar-se no terreno jurídico e a recorrer aos
serviços de advogados, e também porque a multiplicação das
apelações obriga os «*prud'hommes*» a recorrerem às decisões do
Tribunal de Alta Justiça – efeito de que tiram proveito as revistas de jurisprudência e os profissionais que são cada vez mais
consultados pelos patrões ou pelos sindicatos ([33]). Em resumo,
à medida que um campo (neste caso, um subcampo) se constitui, um processo de *reforço circular* põe-se em movimento:
cada «progresso» no sentido da «jurisdicização» de uma dimensão da prática gera novas «necessidades jurídicas», portanto,
novos interesses jurídicos entre aqueles que, estando de posse
da competência especificamente exigida (na ocorrência, o
direito do trabalho), encontram aí um novo mercado; estes,
pela sua intervenção, determinam um aumento do formalismo jurídico dos procedimentos e contribuem assim para
reforçar a necessidade dos seus próprios serviços e dos seus

(*) Cf. *supra* nota (*) da p. 103. (*N.T.*)

([32]) Cf. P. Cam, «Juges rouges et droit du travail», *Actes de la recherche
en sciences sociales*, 19, Janeiro 1978, pp. 2-27; e *Les Prud'hommes, juges et
arbitres*, Paris, FNSP, 1981; e sobretudo, J.-P. Bonafé-Schmitt, «Pour une
sociologie du juge prud'homal», *Annales de Vaucresson*, n.º 23, 2.º semestre de 1985, pp. 27-50.

([33]) Cf. Y. Dezalay, «De la médiation au droit pur: pratiques et
représentations savantes dans le champ du droit», *Annales de Vaucresson*,
n.º 21, Outubro de 1984, pp. 118-148.

246 | O PODER SIMBÓLICO

próprios produtos e para determinar a exclusão de facto dos simples profanos, forçados a recorrer aos conselhos de profissionais, que acabarão pouco a pouco por tomar o lugar dos litigantes e dos demandados, convertidos deste modo em simples *«justiciáveis»* ([34])

Dentro da mesma lógica, já se pôde mostrar que a vulgarização militante do direito do trabalho, que assegura a um número importante de não-profissionais um bom conhecimento das regras e dos procedimentos jurídicos, não produz o efeito de garantir uma reapropriação do direito pelos utilizadores em detrimento do monopólio dos profissionais, nem tão-pouco o efeito de determinar uma deslocação da fronteira entre os profanos e os profissionais os quais, impelidos pela lógica da concorrência no seio do campo, têm de aumentar em cientificidade para conservarem o monopólio da interpretação legítima e escaparem à desvalorização associada a uma disciplina que ocupa uma posição inferior no campo jurídico ([35]). Observam-se muitas outras manifestações desta tensão entre a procura do alargamento do mercado pela conquista de um sector entregue ao autoconsumo jurídico (procura que pode ser talvez tanto mais eficaz, como no caso dos «prud'hommes», quanto mais inconsciente ou inocente é) e o reforço da autonomia, quer dizer, a separação entre os profissionais e os profanos: no quadro, por exemplo, do funcionamento das jurisdições disciplinares no seio das empresas privadas, a preocupação de manter, em relação aos profanos, a distância que define a pertença ao campo e que impede uma

---

([34]) Temos aí um exemplo típico de um desses processos que, quando não são descritos na linguagem ingénua da «recuperação», são feitos para predispor ao funcionalismo de má qualidade, incitando a pensar que toda a forma de oposição aos interesses preenche uma função útil para a perpetuação da ordem constitutiva do campo, e que a heresia tende a reforçar a própria ordem que, ao combatê-la, a acolhe e a absorve, saindo reforçada desta confrontação.

([35]) Cf. R. Dhoquois, «La vulgarisation du droit du travail. Réappropriation par les intéressés ou développement d'un nouveau marché pour les professionels?», *Annales de Vaucresson*, n.º 23, 2.º semestre, 1985, pp. 15-26.

A FORÇA DO DIREITO | 247

defesa demasiado directa dos interesses dos mandantes leva os mediadores semi-profissionais a aumentar a tecnicidade das suas intervenções para mais bem marcarem a separação daqueles cujos interesses eles defendem e darem assim mais autoridade e neutralidade à sua defesa, embora com o perigo de desmentirem com isso aquilo que constitui a própria lógica da situação de negociação amigável ([36]).

O poder de nomeação

Confrontação de pontos de vista singulares, ao mesmo tempo cognitivos e avaliativos, que é resolvida pelo veredicto solenemente enunciado de uma «autoridade» socialmente mandatada, o pleito representa uma encenação paradigmática da luta simbólica que tem lugar no mundo social: nesta luta em que se defrontam visões do mundo diferentes, e até mesmo antagonistas, que, à medida da sua autoridade, pretendem impor-se ao reconhecimento e, deste modo, realizar-se, está em jogo o monopólio do poder de impor o princípio universalmente reconhecido de conhecimento do mundo social, o *nomos* como princípio universal de visão e de divisão (*nemo* significa separar, dividir, distribuir), portanto, de *distribuição* legítima ([37]). Nesta luta, o poder judicial, por meio dos veredictos acompanhados de sanções que podem consistir em actos de coerção física, tais como retirar a vida, a liberdade ou a propriedade, manifesta esse ponto de vista transcendente às perspectivas particulares que é a visão soberana do Estado, detentor do monopólio da violência simbólica legítima.

O veredicto do, juiz, que resolve os conflitos ou as negociações a respeito de coisas ou de pessoas ao proclamar publi-

---

([36]) Cf. Y. Dezaley, «Des affaires disciplinaires au droit disciplinaire: la juridictionalisation des affaires disciplinaires comme enjeu social et professionnel», *Annales de Vaucresson*, ib., *id.*, pp. 51-71.

([37]) O *rex arcaico* detém o poder de marcar os limites (*regere fines*), de «fixar as regras, de determinar, no sentido próprio, o que é direito» (E. Benveniste, *Le vocabulaire des institutions indo-européennes*, II, Paris, Minuit, 1969, p. 15).

248 | O PODER SIMBÓLICO

camente o que elas são na verdade, em última instância, pertence à classe dos *actos de nomeação* ou de *instituição*, diferindo assim do insulto lançado por um simples particular que, enquanto discurso privado – *idios logos* –, que só compromete o seu autor, não tem qualquer eficácia simbólica; ele representa a forma por excelência da palavra autorizada, palavra pública, oficial, enunciada em nome de todos e perante todos: estes enunciados performativos, enquanto juízos de atribuição formulados publicamente por agentes que actuam como mandatários autorizados de uma colectividade e constituídos assim em modelos de todos os actos de categorização (*katègorein* como se sabe, significa acusar publicamente) (*), são actos mágicos que são bem sucedidos porque estão à altura de se fazerem reconhecer universalmente, portanto, de conseguir que ninguém possa recusar ou ignorar o ponto de vista, a visão, que eles impõem.

O direito consagra a ordem estabelecida ao consagrar uma visão desta ordem que é uma visão do Estado, garantida pelo Estado. Ele atribui aos agentes uma identidade garantida, um estado civil, e sobretudo poderes (ou capacidades) socialmente reconhecidos, portanto, produtivos, mediante a distribuição dos direitos de utilizar esses poderes, títulos (escolares, profissionais, etc.), certificados (de aptidão, de doença, de invalidez, etc.), e sanciona todos os processos ligados à aquisição, ao aumento, à transferência ou à retirada desses poderes. Os veredictos por meio dos quais ele distribui diferentes volumes de diferentes espécies de capital aos diferentes agentes (ou instituições) põem um termo ou, pelo menos, um limite à luta, ao regateio ou à negociação acerca das qualidades das pessoas ou dos grupos, acerca da pertença das pessoas aos grupos, portanto, acerca da justa atribuição dos nomes, próprios ou comuns, como os títulos, acerca da união ou da separação, em resumo, sobre todo o trabalho prático de *worldmaking*, casamentos, divórcios, cooptações, associações, dissoluções, etc., que está na origem da constituição dos grupos. O direito é, sem dúvida, a forma por excelência do poder

---

(*) Cf. *supra*, p. 145. *(N.T.)*

A FORÇA DO DIREITO | 249

simbólico de nomeação que cria as coisas nomeadas e, em particular, os grupos; ele confere a estas realidades surgidas das suas operações de classificação toda a permanência, a das coisas, que uma instituição histórica é capaz de conferir a instituições históricas.

O direito é a forma por excelência do discurso actuante, capaz, por sua própria força, de produzir efeitos. Não é demais dizer que ele *faz* o mundo social, mas com a condição de se não esquecer que ele é feito por este. Convém, com efeito, que nos interroguemos acerca das condições sociais – e dos limites – desta eficácia quase mágica, sob pena de cairmos no nominalismo radical (que certas análises de Michel Foucault sugerem) e de estabelecermos que produzimos as categorias segundo as quais construímos o mundo social e que estas categorias produzem este mundo. De facto, os esquemas de percepção e de apreciação que estão na origem da nossa construção do mundo social são produzidos por um trabalho histórico colectivo, mas a partir das próprias estruturas deste mundo: estruturas estruturadas, historicamente construídas, as nossas categorias de pensamento *contribuem* para produzir o mundo, mas dentro dos limites da sua correspondência com estruturas preexistentes. É na medida e só na medida em que os actos simbólicos de nomeação propõem princípios de visão e de divisão objectivamente ajustados às divisões preexistentes de que são produto, que tais actos têm toda a sua eficácia de enunciação criadora que, ao consagrar aquilo que enuncia, o coloca num grau de existência superior, plenamente realizado, que é o da instituição instituída. Por outras palavras, o efeito próprio, quer dizer, propriamente simbólico, das representações geradas segundo esquemas adequados às estruturas do mundo de que são produto, é o de consagrar a ordem estabelecida: a representação justa [*droite*] sanciona e santifica a visão dóxica das divisões, manifestando-a na objectividade de uma ortodoxia por um verdadeiro acto de criação que, proclamando-a à vista de todos e em nome de todos, lhe confere a universalidade prática do oficial.

O imperativo do ajustamento realista às estruturas objectivas não se impõe menos ao poder simbólico na sua forma profética, herética, anti-institucional, subversiva. Se o poder criador da representação nunca se manifesta tão claramente, em ciência, em arte ou em política, como nos períodos de crise revolucionária, e não é menos verdade que a vontade de transformar o mundo transformando as palavras para o nomear, ao produzir novas categorias de percepção e de apreciação e ao impor uma nova visão das divisões e das distribuições, só tem probabilidades de êxito se as profecias, evocações criadoras, forem também, pelo menos em parte, previsões bem fundamentadas, descrições antecipadas: elas só fazem advir aquilo que anunciam, novas práticas, novos costumes e, sobretudo, novos grupos, porque elas anunciam aquilo que está em vias de advir, o que se anuncia; elas são mais oficiais do registo civil do que parteiras da história. Ao concederem às realidades e às virtualidades históricas o pleno reconhecimento que a proclamação profética encerra, oferecem-lhes, pelo efeito de licitação, e até mesmo de consagração, associado à publicação e à oficialização, a possibilidade real de aceder à existência plena, quer dizer, conhecida e reconhecida, oficial – por oposição à existência ignominiosa, bastarda, oficiosa. Assim, só um nominalismo realista (ou firmado na realidade) permite explicar o efeito mágico da nomeação, acto de força simbólico que só é bem sucedido porque está bem fundado na realidade. A eficácia de todos os actos da magia social cuja forma canónica está representada pela sanção jurídica só pode operar na medida em que a força propriamente simbólica de legitimação ou, melhor, de naturalização (o natural é o que não põe a questão da sua legitimidade) recobre e aumenta a força histórica imanente que a sua autoridade e a sua autorização reforçam ou libertam.

Estas análises, que podem parecer muito afastadas da realidade da prática jurídica, são indispensáveis para se compreender de maneira exacta o princípio deste poder simbólico. Se está na própria vocação da sociologia lembrar que, segundo o dito de Montesquieu, não se transforma a sociedade por decreto, também é verdade que a consciência das condições sociais da eficácia dos actos jurídicos não deve levar a ignorar ou negar aquilo que faz a eficácia própria da regra, do regu-

A FORÇA DO DIREITO | 251

lamento e da lei: a justa reacção contra o juridismo, que leva a restituir ao seu lugar, na explicação das práticas, as disposições constitutivas do *habitus*, não implica de forma alguma pôr entre parênteses o efeito próprio da regra explicitamente enunciada, sobretudo quando, como é o caso da regra jurídica, ela está associada a sanções. E inversamente, se não há dúvida de que o direito exerce uma eficácia específica, imputável sobretudo ao trabalho de *codificação*, de pôr em forma e em fórmula, de neutralização e de sistematização, que os profissionais do trabalho simbólico realizam segundo as leis próprias do seu universo, também não há dúvida de que esta eficácia, definida pela oposição à inaplicação pura e simples ou à aplicação firmada no constrangimento puro, se exerce na medida e só na medida em que o direito é socialmente reconhecido e depara com um acordo, mesmo tácito e parcial, porque responde, pelo menos na aparência, a necessidades e interesses reais ([38]).

A força da forma

Como a prática religiosa, a prática jurídica define-se na relação entre o campo jurídico, princípio da oferta jurídica que se gera na concorrência entre os profissionais, e a procura dos profanos que são sempre em parte determinados pelo efeito da oferta. Há confrontação constante entre as normas jurídicas oferecidas, as quais, pelo menos na sua forma, têm a aparência da universalidade e a procura social, necessariamente diversa, e até mesmo conflitual e contraditória, que está objectivamente inscrita nas próprias práticas, em estado actual ou em estado potencial (em forma de transgressão ou de ino-

---

([38]) A relação dos *habitus* com a regra ou a doutrina é a mesma no caso da religião em que é tão falso imputar as práticas ao efeito da liturgia ou do dogma (por meio de sobreavaliação do juridismo) como ignorar este efeito imputando-as completamente ao efeito das atitudes e ignorando ao mesmo tempo a eficácia própria da acção do corpo de clérigos.

252 | O PODER SIMBÓLICO

vação da vanguarda ética ou política). A legitimidade, que se acha praticamente conferida ao direito e aos agentes jurídicos pela rotina dos usos que dela se fazem, não pode ser compreendida nem como efeito do reconhecimento universalmente concedido pelos «justiciáveis» a uma jurisdição que, como quer a ideologia profissional do corpo dos juristas, seria o enunciado de valores universais e eternos, portanto, transcendentes aos interesses particulares, nem, pelo contrário, como efeito da adesão inevitavelmente obtida por aquilo que não passaria de um registo do estado dos costumes, das relações de força ou, mais precisamente, dos interesses dos dominantes ([39]). Deixando de se perguntar se o poder vem de cima ou de baixo, se a elaboração do direito e a sua transformação são produto de um «movimento» dos costumes em direcção à regra, das práticas colectivas em direcção às codificações jurídicas ou, inversamente, das formas e das fórmulas jurídicas em direcção às práticas que elas informam, é preciso ter em linha de conta *o conjunto das relações objectivas* entre o campo jurídico, lugar de relações complexas que obedece a uma lógica relativamente autónoma, e o campo do poder e, por meio dele, o campo social no seu conjunto. É no interior deste universo de relações que se definem os meios, os fins e os efeitos específicos que são atribuídos à acção jurídica.

Para explicar o que é o direito, na sua estrutura e no seu efeito social, será preciso retomar, além do estado da procura social, actual ou potencial, e das condições sociais de possibili-

---

([39]) A propensão para apreender sistemas de relações complexas de maneira unilateral (à maneira dos linguistas que procuram neste ou naquele sector do espaço social o princípio da mudança linguística) conduz alguns a inverterem pura e simplesmente, em nome da sociologia, o velho modelo idealista da criação jurídica pura (que pôde ser, simultânea ou sucessivamente situada, no decurso das lutas no interior do campo, na acção dos legisladores ou dos juristas ou, com os publicistas e os civilistas, nas decisões da jurisprudência): «O centro de gravidade do desenvolvimento do direito, na nossa época [...], como em todo o tempo, não deve ser procurado nem na legislação, nem na doutrina, nem na jurisprudência, mas sim na sociedade ela própria» (Eugen Ehrlich), citado por J. Carbonnier, *Flexible droit, Textes pour une sociologie du droit sans rigueur*, 5.ª edição, Paris, LGDJ, 1983, p. 21.

A FORÇA DO DIREITO | 253

dade – essencialmente negativas – que ela oferece à «criação jurídica», a lógica própria do trabalho jurídico no que ele tem de mais específico, quer dizer, a actividade de formalização, e os interesses sociais dos agentes formalizadores, tal como se definem na concorrência no seio do campo jurídico e na relação entre este campo e o campo do poder no seu conjunto ([40]).

É certo que a prática dos agentes encarregados de produzir o direito ou de o aplicar deve muito às afinidades que unem os detentores por excelência da forma do poder simbólico aos detentores do poder temporal, político ou económico, e isto não obstante os conflitos de competência que os podem opor. A proximidade dos interesses e, sobretudo, a afinidade dos *habitus*, ligada a formações familiares e escolares semelhantes, favorecem o parentesco das visões do mundo. Segue-se daqui que as escolhas que o corpo deve fazer, em cada momento, entre interesses, valores e visões do mundo diferentes ou antagonistas têm poucas probabilidades de desfavorecer os dominantes, de tal modo o *etos* dos agentes jurídicos que está na sua origem e a lógica imanente dos textos jurídicos que são invocados tanto para os justificar como para os inspirar estão adequados aos interesses, aos valores e à visão do mundo dos dominantes.

A pertença dos magistrados à classe dominante está atestada em toda a parte. Assim, Mario Sbriccoli mostra que nas pequenas comunidades da Itália da Idade Média, a posse desta espécie particularmente rara de capital cultural que é o capital jurídico bastava para garantir posições de poder. Do mesmo modo, em França, durante o Antigo Regime, a nobreza de toga, embora menos prestigiosa do que a nobreza de espada,

---

([40]) Max Weber, que via nas propriedades de lógica *formal* do direito racional o verdadeiro fundamento da sua *eficácia* (por meio sobretudo da sua capacidade de generalização, princípio da sua aplicabilidade universal), ligava ao desenvolvimento das burocracias e das relações impessoais que elas favorecem o desenvolvimento de corpos de especialistas do direito e de uma pesquisa jurídica própria para fazer do direito um discurso abstracto e logicamente coerente.

254 | O PODER SIMBÓLICO

pertencia, frequentemente por nascimento, à aristocracia. Do mesmo modo ainda, o inquérito de Sauvageot sobre a origem social dos magistrados que entraram para o corpo antes de 1959 estabelece que os magistrados, em forte proporção, saíram das profissões judiciais e, de modo mais lato, da burguesia [41]. Como mostra bem Jean-Pierre Mounier [42], o facto de, pelo menos até um período recente, a fortuna garantida por uma origem rica ser a condição da independência económica e mesmo do *etos* ascético que são constituídos, de certo modo, pelos atributos estatutários de uma profissão consagrada ao serviço do Estado, contribui para explicar, com os efeitos próprios da formação profissional, que a neutralidade proclamada e a aversão altamente professada a respeito da política não excluam, pelo contrário, a adesão à ordem estabelecida. (Pode-se ver um bom índice dos valores do corpo de magistrados no facto de terem sido eles, ainda que pouco inclinados a intervir nos negócios políticos, entre todas as profissões jurídicas – e sobretudo os advogados –, os mais numerosos, relativamente, a assinarem as petições contra a lei de liberalização do aborto.) Mas nunca se mede, sem dúvida, melhor a amplitude e os efeitos desta unanimidade na cumplicidade tácita, do que quando, através de uma crise económica e social do corpo, ligada à redefinição do modo de reprodução das posições dominantes, ela chega a romper-se. As lutas travadas por alguns dos recém-chegados, cuja posição e cujas atitudes não lhes permitem aceitar os pressupostos da definição tradicional do posto, fazem vir à luz do dia uma parte do fundamento recalcado do corpo, quer dizer, o pacto de não-agressão que unia o corpo aos dominantes. A diferenciação interna que conduz um corpo, até então integrado numa hierarquização e por uma hierarquização de todos

---

[41] Estas afinidades foram sem dúvida reforçadas, no caso da França, com a criação da ENA, que assegura um mínimo de formação jurídica aos altos funcionários e a uma boa parte dos dirigentes das empresas públicas ou privadas.

[42] Jean-Pierre Mounier, *La définition judiciaire de la politique*, tese, Paris I, 1975.

A FORÇA DO DIREITO | 255

aceite e num consenso total sobre a missão, a funcionar como campo de lutas, leva alguns a enunciarem este pacto, atacando mais ou menos abertamente aqueles que continuam a tê-lo por norma absoluta da sua prática ([43]).

Mas a eficácia do direito tem a particularidade de se exercer para além do círculo daqueles que estão antecipadamente convertidos, em consequência da afinidade prática que os liga aos interesses e aos valores inscritos nos textos jurídicos e nas atitudes éticas e políticas dos que estão encarregados de os aplicar. E não há dúvida de que a pretensão da doutrina jurídica e do procedimento judicial à universalidade, que se realiza no trabalho de formalização, contribui para fundamentar a sua «universalidade» prática. É próprio da eficácia simbólica, como se sabe, não poder exercer-se senão com a cumplicidade – tanto mais certa quanto mais inconsciente, e até mesmo mais subtilmente extorquida – daqueles que a suportam. Forma por excelência do discurso legítimo, o direito só pode exercer a sua eficácia específica na medida em que obtém o reconhecimento, quer dizer, na medida em que permanece desconhecida ([*]) a parte maior ou menor de arbitrário que está na origem do seu funcionamento. A crença que é tacitamente concedida à ordem jurídica deve ser reproduzida sem interrupção e uma das funções do trabalho propriamente jurídico de codificação das representações e das práticas éticas é a de contribuir para fundamentar a adesão dos profanos aos próprios fundamentos da ideologia profissional do corpo dos juristas, a saber, a crença na neutralidade e na autonomia do direito e

---

([43]) O resultado das eleições profissionais (realizadas por correspondência de 12 a 21 de Maio de 1986) mostra uma polarização política muito marcada do corpo dos magistrados que, até o aparecimento do Sindicato da Magistratura, em 1968, estavam todos reunidos (pelo menos, quando sindicalizados) numa única associação – a Union Fédérale des Magistrats, antepassado da USM: Union Syndicale des Magistrats, moderada, que declina de maneira acentuada, enquanto que o Syndicat de la Magistrature, mais propriamente à esquerda, progride e a Association Professionnelle des Magistrats, mais à direita e recentemente constituída, afirma a sua existência (mais de 10% dos votos).

([*]) «méconnue», (ignorada, não reconhecida). (N.T.)

256 | O PODER SIMBÓLICO

dos juristas ([44]). «A emergência do direito, escreve Jacques Ellul, situa-se no ponto em que o imperativo formulado por um dos grupos que compõem a sociedade global tende a tomar um valor universal pela sua formalização jurídica» ([45]). É preciso com efeito ligar a universalização e a prática de pôr em forma e em fórmula.

Se a regra de direito supõe a conjunção da adesão a valores comuns (marcada, ao nível do costume, pela presença de sanções espontâneas colectivas como a reprovação moral) e da existência de regras e de sanções explícitas e de procedimentos regularizados, é certo que este último factor, inseparável da escrita, desempenha um papel decisivo: com o escrito aparece a possibilidade do comentário universalizante que põe em evidência as regras e sobretudo os princípios «universais», da transmissão objectiva (por meio de uma aprendizagem metódica) e generalizada, para além das fronteiras espaciais (entre os territórios) e temporais (entre as gerações) ([46]). Enquanto a tradição oral impede a elaboração científica, na medida em que se prende à experiência singular de um lugar e de um meio, o direito escrito favorece a autonomização do texto, que se comenta e que se interpõe entre os comentadores e a realidade; desde logo, torna-se possível aquilo que a ideologia nativa [*indigène*] descreve como «ciência jurídica», quer dizer, uma forma particular de conhecimento científico, dotada das suas normas e da sua lógica próprias, e que pode produzir todos os sinais exteriores da coerência racional, essa racionali-

---

([44]) Alain Bancaud e Yves Dezaly mostram bem que mesmo os mais heréticos dos juristas críticos, que invocam a caução da sociologia e do marxismo para fazerem avançar os direitos dos detentores de formas dominadas da competência jurídica, como o direito social, continuam a reivindicar o monopólio da «ciência jurídica» (cf. A. Bancaud e Y. Dezalay, *L'économie du droit. Impérialisme der économistes et résurgence d'un juridisme*, Comunicação ao «Colloque sur le Modèle Économique dans les Sciences», Dezembro de 1980, p. 19 em especial).

([45]) J. Ellul, «Le problème de l'émergence du droit», *Annales de Bordeaux*, 1, 1, 1976, pp. 6-15.

([46]) Cf. J. Ellul, «Deux Problèmes Préalables», *Annales de Bordeaux*, 1, 2, 1978, pp. 61-70.

A FORÇA DO DIREITO | 257

dade «formal» que Weber tem o cuidado de distinguir sempre da racionalidade «substancial», e que diz respeito aos próprios fins da prática deste modo formalmente racionalizada.

O trabalho jurídico exerce efeitos múltiplos: pela própria força da codificação, que subtrai as normas à contingência de uma ocasião particular, ao fixar uma decisão exemplar (um decreto, por exemplo) numa forma destinada, ela própria, a servir de modelo a decisões ulteriores, e que autoriza e favorece ao mesmo tempo a lógica do precedente, fundamento do modo de pensamento e de acção propriamente jurídico, ele liga continuamente o presente ao passado e dá a garantia de que, salvo revolução capaz de pôr em causa os próprios fundamentos da ordem jurídica, o porvir será à imagem do passado e de que as transformações e as adaptações inevitáveis serão pensadas e ditas na linguagem da conformidade com o passado. O trabalho jurídico, assim inscrito na lógica da conservação, constitui um dos fundamentos maiores da manutenção da ordem simbólica também por outra característica do seu funcionamento ([47]): pela sistematização e pela racionalização a que ele submete as decisões jurídicas e as regras invocadas para as fundamentar ou as justificar, ele confere o *selo da universalidade*, factor por excelência da eficácia simbólica, a um ponto de vista sobre o mundo social que, como se viu, em nada de decisivo se opõe ao ponto de vista dos dominantes. E, deste modo, ele pode conduzir à *universalização prática*, quer dizer, à generalização nas práticas, de um modo de acção e de expressão até então próprio de uma região do espaço geográfico ou do espaço social. É certo com efeito que, como indica Jacques Ellul, «as leis, inicialmente alheias e aplicadas do exterior, podem, pouco a pouco, ser reconhecidas como úteis pelo uso e, a longo prazo, acabam por fazer parte do património da colectividade: esta foi progressivamente informada pelo direito e aquelas só se tornaram verdadeiramente em 'direito'

([47]) Compreende-se assim que o liame entre a pertença às faculdades de Direito e a orientação política para a direita, verificado empiricamente, nada tem de acidental. Cf. P. Bourdieu, *Homo academicus*, Paris, Minuit, 1984, pp. 93-96.

258 | O PODER SIMBÓLICO

quando a sociedade consentiu em deixar-se informar [...].
Mesmo um conjunto de regras aplicadas por coerção um certo
tempo nunca deixa o corpo social intacto, pois que criou um
certo número de hábitos jurídicos ou morais» (48).

Compreende-se que, numa sociedade diferenciada, o efeito
de universalização é um dos mecanismos, e sem dúvida dos
mais poderosos, por meio dos quais se exerce a dominação
simbólica ou, se se prefere, a imposição da legitimidade de
uma ordem social. A norma jurídica, quando consagra em
forma de um conjunto formalmente coerente regras oficiais e,
por definição, sociais, «universais», os princípios práticos do
estilo de vida simbolicamente dominante, tende a *informar*
realmente as práticas do conjunto dos agentes, para além das
diferenças de condição e de estilo de vida: o *efeito de universa-*
lização, a que se poderia também chamar efeito de normalização, vem aumentar o efeito da autoridade social que a cultura
legítima e os seus detentores já exercem para dar toda a sua
eficácia prática à coerção jurídica (49). Pela promoção onto-

---

(48) J. Ellul, «Le Problème de l'Émergence du Droit», *art. cit.*

(49) Entre os efeitos propriamente simbólicos do direito, há que
dar um lugar especial ao efeito de oficialização como reconhecimento
público de normalidade que torna dizível, pensável, confessável, uma
conduta até então considerada tabu (é o caso, por exemplo, das medidas
que dizem respeito à homossexualidade). E também ao efeito de imposição simbólica que a regra explicitamente publicada e as possibilidades
que ela designa, pode exercer, ao abrir o espaço dos possíveis (ou, mais
simplesmente, ao «dar ideias»). É assim que os camponeses mais agarra-
dos ao morgadio, na longa resistência que opuseram ao Código Civil,
adquiriram o conhecimento dos procedimentos, violentamente recusados, que a imaginação jurídica lhes oferecia. E se muitas destas medidas
(frequentemente registadas nas escrituras dos tabeliães em que os
historiadores do Direito se apoiam para reconstituírem o «costume») são
totalmente desprovidas de realidade, como a restituição do dote em caso
de divórcio – quando, de facto, o divórcio está excluído – não é menos
verdade que a oferta jurídica não deixa de exercer efeitos reais sobre as
representações e, neste universo como em outros (em matéria de direito
do trabalho, por exemplo), as representações constitutivas daquilo a que
se poderia chamar o «direito vivido» devem muito ao efeito, mais ou
menos deformado, do direito codificado: o universo dos possíveis que
este faz existir, no próprio trabalho que é necessário para os neutralizar,

A FORÇA DO DIREITO | 259

lógica que ela opera ao transformar a regularidade (aquilo
que se faz regularmente) em regra (aquilo que é de regra
fazer), a normalidade de facto em normalidade de direito, a
simples *fides* familiar, que assenta em todo um trabalho de
manutenção do reconhecimento e do sentimento, em direito
da família, provido de um arsenal de instituições e de constrangimentos, segurança social, abonos de família, etc., a instituição jurídica contribui, sem dúvida, *universalmente* para impor
uma representação da normalidade em relação à qual todas as
práticas *diferentes* tendem a aparecer como *desviantes*, anómi-
cas, e até mesmo anormais, patológicas (especialmente quando
a «medicalização» vem justificar a « jurisdicização»). É assim
que o direito de família – ao ratificar e ao canonizar em forma
de normas «universais» as práticas familiares que pouco a
pouco se foram inventando, sob o impulso da vanguarda ética
da classe dominante, no seio de um conjunto de instituições
socialmente mandatadas para gerirem as relações sociais no
interior da unidade doméstica, e em particular as relações
entre as gerações – contribuiu sem dúvida muito, como mostrou Remi Lenoir, para fazer avançar a generalização de um
modelo da unidade familiar e da sua reprodução que, em
certas regiões do espaço social – e geográfico – e, em particular, entre os camponeses e os artífices, esbarrava em obstáculos económicos e sociais ligados sobretudo à lógica específica da pequena empresa e da sua reprodução ([50]).

Vê-se que a tendência para universalizar o seu próprio
estilo de vida, vivido e largamente reconhecido como exemplar, o qual é um dos efeitos do etnocentrismo dos dominantes, fundamentador da crença na universalidade do direito,

---

tende, verosimilmente, a preparar os espíritos para as mudanças aparentemente brutais que surgirão quando forem dadas as condições de realização desses possíveis teóricos (pode-se supor que há aí um efeito muito
geral da imaginação jurídica, o qual, por exemplo, ao prever, por uma
espécie de pessimismo metódico, todos os casos de transgressão à regra,
contribui para os fazer existir, numa fracção maior ou menor do espaço
social).

([50]) R. Lenoir, *La Securité Sociale et l'Evolution des Formes de Codifica-
tion des Structures familiales*, tese, Paris, 1985.

260 | O PODER SIMBÓLICO

está também na origem da ideologia que tende a fazer do direito um instrumento de transformação das relações sociais e de que as análises precedentes permitem compreender que ela encontre a aparência de um fundamento na realidade: não é em qualquer região do espaço social que emergem os princípios práticos ou as reivindicações éticas submetidas pelos juristas à formalização e à generalização. Do mesmo modo que o verdadeiro responsável pela aplicação do direito não é este ou aquele magistrado singular, mas todo o conjunto dos agentes, frequentemente postos em concorrência que procedem à detecção e à marcação do delinquente e do delito, assim também o verdadeiro legislador não é o redactor da lei mas sim o conjunto dos agentes que, determinados pelos interesses e os constrangimentos específicos associados às suas posições em campos diferentes (campo jurídico, e também campo religioso, campo político, etc.), elaboram aspirações ou reivindicações privadas e oficiosas, as fazem aceder ao estado de «problemas sociais», organizam as expressões (artigos de imprensa, obras, plataformas de associações ou de partidos, etc.) e as pressões (manifestações, petições, diligências etc.) destinadas a «fazê--las avançar». É todo este trabalho de construção e de formulação das representações que o trabalho jurídico consagra, juntando-lhe o efeito de generalização e de universalização contido na técnica jurídica e nos meios de coerção cuja mobilização esta permite.

Há pois um efeito próprio da oferta jurídica, quer dizer, da «criação jurídica», relativamente autónomo que torna possível a existência de um campo de produção especializado e que consagra o esforço dos grupos dominantes ou em ascensão para imporem, sobretudo graças a situações críticas ou revolucionárias, uma *representação oficial* do mundo social que esteja em conformidade com a sua visão do mundo e seja favorável aos seus interesses ([51]). E é de surpreender que a reflexão

---

([51]) A análise dos «livros de costumes» e dos registos de deliberação comunais de um certo número de «comunidades» bearnesas (Arudy, Bescat, Denguin, Lacommande, Lasseube) permitiu-me ver como normas «universais» respeitantes aos procedimentos de tomadas de decisão

A FORÇA DO DIREITO | 261

acerca das relações entre o normal e o patológico dê tão escasso lugar ao efeito próprio do direito: instrumento de normalização por excelência, o direito, enquanto discurso intrinsecamente poderoso e provido dos meios físicos com que se faz respeitar, acha-se em condições de passar, *com o tempo,* do estado de ortodoxia, crença correcta [*droite*] explicitamente enunciada como deve-ser, ao estado de doxa, adesão imediata ao que é evidente, ao normal, como realização da norma que se anula enquanto tal na sua realização.

Mas não se explicaria completamente este efeito de *naturalização* se se não levasse a análise por diante até ao efeito mais específico do acto de pôr em forma jurídica, essa *vis formae,* força da forma, de que falavam os antigos. Com efeito, se é verdade que a informação das práticas pelo acto de pôr em forma jurídica só pode ser bem sucedida na medida em que a organização jurídica dê uma forma explícita a uma

---

colectivas, como o voto em maioria, se puderam impor, durante a Revolução, em detrimento do costume antigo que exigia a unanimidade dos «chefes de família», em virtude da autoridade que lhes conferia o próprio facto da sua objectivação, próprio para dissipar, como a luz dissipa as trevas, as obscuridades do «isso é evidente» (é sabido, com efeito, que uma das propriedades essenciais dos «costumes», na Cabila como no Béarn, e em muitas outras partes, está em que os princípios mais fundamentais nunca são enunciados e que a análise deve destacar estas «leis não escritas» da enumeração das sanções associadas aos casos de transgressão prática desses princípios). Tudo permite, efectivamente, supor que a regra explícita, escrita, codificada, dotada de evidência social que a sua aplicação translocal lhe confere, venceu pouco a pouco as resistências, porque ela apareceu, por um efeito de alodoxia, como a justa formulação, ainda mais económica e rigorosa, dos princípios que regulavam na prática as condutas – e isto, quando era, sem dúvida, a negação destas: com efeito, um princípio como o da unanimidade das decisões tendia a excluir o reconhecimento institucional da possibilidade da divisão (sobretudo duradoira) em campos antagonistas e também, mais profundamente, a delegação da decisão num corpo de eleitos. (É, de resto, de notar que a instituição de um «conselho municipal» é acompanhado do desaparecimento de toda a participação do conjunto dos agentes interessados na elaboração das decisões e que o papel dos próprios eleitos se limita, durante todo o século XIX, a ratificar propostas das autoridades prefeitorais.)

tendência imanente das práticas e que as regras bem sucedidas sejam aquelas que, como se diz, *regularizam* situações de facto conformes com a regra, a passagem da regularidade estatística à regra jurídica representa uma verdadeira mudança de natureza social: ao fazer desaparecer as excepções e o carácter vago dos conjuntos nebulosos, ao impor descontinuidades nítidas e fronteiras estreitas no *continuum* dos limites estatísticos, a codificação introduz nas relações sociais uma nitidez, uma previsibilidade e, por este modo, uma racionalidade que nunca é completamente garantida pelos princípios práticos do *habitus* ou pelas sanções do costume que são produto da aplicação directa ao caso particular desses princípios não formulados.

Há que conceder uma realidade social à eficácia simbólica que o direito «formalmente racional», para falar como Weber, deve ao efeito próprio da formalização – sem por isso cairmos na concessão à ideia verdadeira da «força intrínseca» que lhe conferia o filósofo. A codificação – ao instituir na objectividade de uma regra ou de um regulamento escrito, expressamente apresentado, os esquemas que governavam as condutas no estado prático e aquém do discurso – permite que se exerça aquilo a que se pode chamar um efeito de *homologação* (*homologein* significa dizer a mesma coisa ou falar a mesma linguagem): à maneira da objectivação em forma de um *código explícito* do código prático que permite aos diferentes locutores associar o mesmo sentido ao mesmo som percebido e o mesmo som ao mesmo sentido concebido, a explicitação dos princípios torna possível a verificação explícita do consenso acerca dos princípios do consenso (ou do «dissenso»). Embora o trabalho de codificação não possa ser assimilado a uma axiomatização por o direito encerrar zonas de obscuridade que dão a sua razão de ser ao comentário jurídico, a homologação torna possível uma forma de racionalização, entendida, segundo Max Weber, como previsibilidade e calculabilidade: de modo diferente do de dois jogadores que, por não terem discutido a regra do jogo, estão condenados a acusarem-se reciprocamente de batota sempre que uma discordância surgir na ideia que dela fazem, os agentes envolvidos num tra-

A FORÇA DO DIREITO | 263

balho codificado sabem que podem *contar com* uma norma coerente e sem escapatória, logo que podem calcular e prever tanto as consequências da obediência à regra como os efeitos da transgressão. Mas os poderes da homologação só são exercidos plenamente por aqueles que estão ao mesmo nível no universo regulado do formalismo jurídico: as lutas altamente racionalizadas que ela consente estão reservadas, de facto, aos detentores de uma forte competência jurídica, à qual está associada – sobretudo entre os advogados – uma competência específica de profissionais da luta jurídica, exercitados na utilização das formas e das fórmulas como armas. Quanto aos outros, estão condenados a suportar a força da forma, quer dizer, a violência simbólica que conseguem exercer aqueles que – graças à sua arte de pôr em forma e de pôr formas – sabem, como se diz, pôr o direito do seu lado e, dado o caso, pôr o mais completo rigor formal, *summum jus,* ao serviço dos fins menos irrepreensíveis, *summa injuria.*

Os efeitos da homologia

Mas não se poderia explicar completamente a eficácia simbólica do direito sem tomar em linha de conta os efeitos do ajustamento da oferta jurídica à procura jurídica que deve ser imputada menos a transacções conscientes do que a mecanismos estruturais tais como a homologia entre as diferentes categorias de produtores ou de vendedores de serviços jurídicos e as diferentes categorias de clientes: os ocupantes das posições dominadas no campo (como o direito social) tendem a ser mais propriamente destinados às clientelas de dominados que contribuem para aumentar a inferioridade dessas posições (o que explica terem os seus manejos subversivos menos probabilidades de inverter as relações de força no seio do campo do que de contribuir para a adaptação do *corpus* jurídico e, deste modo, para a perpetuação da estrutura do campo).

O campo jurídico, em consequência do papel determinante que desempenha na reprodução social, dispõe de uma autonomia menor do que certos campos que, como o campo artístico ou literário ou mesmo o campo científico, contribuem também para a manutenção da ordem simbólica e, deste modo, para a manutenção da ordem social. Quer isto dizer que as mudanças externas nele se retraduzem mais directamente e que os conflitos internos nele são mais directamente resolvidos pelas forças externas. Assim, a hierarquia na divisão do trabalho jurídico tal como se apresenta mediante a hierarquia dos especialistas varia no decurso do tempo, ainda que em medida muito limitada (como é disso testemunho o estatuto de excelência que é sempre dado ao direito civil), em função sobretudo das variações das relações de força no seio do campo social, como se a posição dos diferentes especialistas nas relações de força internas do campo dependesse do lugar ocupado no campo político pelos grupos cujos interesses estão mais directamente ligados às formas de direito correspondentes.

É claro, por exemplo, que, à medida que aumenta a força dos dominados no campo social e a dos seus representantes (partidos ou sindicatos) no campo jurídico, a diferenciação do campo jurídico tende a aumentar, como sucedeu, por exemplo, na segunda metade do século XIX, com o desenvolvimento do direito comercial, e também com o do direito do trabalho e, mais geralmente, com o do direito social. As lutas internas, entre os privatistas e os publicistas sobretudo, devem a sua ambiguidade ao facto de ser como guardiães do direito de propriedade e do respeito pela liberdade das convenções que os primeiros se tornam os defensores da autonomia do direito e dos juristas contra todas as intrusões do político e dos grupos de pressão económicos e sociais e, em particular, contra o desenvolvimento do direito administrativo, contra as reformas penais e contra todas as inovações em matéria social, comercial ou na legislação do trabalho. Estas lutas, nas quais estão frequentemente em jogo coisas bem definidas nos próprios limites do campo jurídico – e universitário –, como a definição dos programas, a abertura de títulos nas revistas especializadas ou a criação de cadeiras e, deste modo, o poder sobre o corpo de especialistas e sobre a sua reprodução, respeitantes a todos

A FORÇA DO DIREITO | 265

os aspectos da prática jurídica, são ao mesmo tempo sobre-determinadas e ambíguas na medida em que os defensores da autonomia e da lei como entidade abstracta e transcendente são, de facto, os defensores de uma *ortodoxia:* o culto do texto, o primado da doutrina e da exegese, quer dizer, ao mesmo tempo da teoria e do passado, caminham a par da recusa em reconhecer à jurisprudência o menor valor criador, portanto, a par de uma denegação prática da realidade económica e social e de uma recusa de toda a apreensão científica desta realidade.

Compreende-se que, segundo uma lógica observada em todos os campos, os dominados só possam encontrar no exterior, nos campos científico e político, os princípios de uma argumentação crítica que tem em vista fazer do direito uma «ciência» dotada da sua metodologia própria e firmada na realidade histórica, por intermédio, entre outras coisas, da análise da jurisprudência. Assim, segundo uma divisão que se encontra em todos os debates teológicos, filosóficos ou literários a respeito da interpretação dos textos sagrados, os partidários da mudança situam-se do lado da ciência, da historicização da leitura (segundo o modelo desenvolvido algures por Schleiermacher) e da atenção à jurisprudência, quer dizer, aos novos problemas e às novas formas do direito que estes problemas exigem (direito comercial, direito do trabalho, direito penal). Quanto à sociologia, indissoluvelmente ligada, na percepção dos guardiães da ordem jurídica, ao socialismo, ela encarna a reconciliação maléfica da ciência e da realidade social contra a qual a exegese da teoria pura representava a melhor protecção.

Paradoxalmente, neste caso, a autonomização passa, não por um reforço do fechar-se em si de um corpo exclusivamente devotado à leitura interna dos textos sagrados, mas sim por uma intensificação da confrontação dos textos e dos procedimentos com as realidades sociais de que tais procedimentos são tidos por expressão e regulação. É o regresso às realidades que favorecem o aumento da diferenciação do campo e a intensificação da concorrência interna ao mesmo tempo que o reforço dos dominados no seio do campo jurídico, em ligação com o reforço dos seus homólogos no seio do campo social (ou dos seus representantes). Não é por acaso que as tomadas de posição acerca da exegese e da jurisprudência, acerca da fidelidade à doutrina e acerca da adaptação necessária às realidades, parecem corresponder de maneira bastante estrita às posições ocupadas no campo, tendo, de um lado, actualmente, o direito privado e, especialmente, o direito civil, que a tradição neoliberal, apoiada na economia, vem reactivar e, do outro lado, disciplinas como o direito público ou o direito do trabalho, que se constituíram contra o direito civil, por meio do desenvolvimento das burocracias e do reforço dos movimentos de emancipação política, ou ainda o direito social, definido pelos seus defensores como a «ciência» que, ao apoiar-se na sociologia, permite adaptar o direito à evolução social.

O facto de a produção jurídica, como as outras formas de produção cultural, se realizar num campo está na origem de um efeito ideológico de desconhecimento que os analistas em geral, ao relacionarem directamente as «ideologias» com funções colectivas, e até mesmo com intenções individuais, deixam inevitavelmente escapar. Os efeitos que se geram no seio dos campos não são nem a soma puramente aditiva de acções anárquicas, nem o produto integrado de um plano concreto. A concorrência de que eles são produto exerce-se no seio de um espaço que pode imprimir-lhe tendências gerais, ligadas aos pressupostos inscritos na própria estrutura do jogo de que eles constituem a lei fundamental, como, neste caso particular, a relação entre o campo jurídico e o campo do poder. A função de manutenção da ordem simbólica que é assegurada pela contribuição do campo jurídico é – como a função de reprodução do próprio campo jurídico, das suas divisões e das suas hierarquias, e do princípio de visão e de divisão que está no seu fundamento – produto de inúmeras acções que não têm como fim a realização desta função e que podem mesmo inspirar-se em intenções opostas, como os trabalhos subversivos das vanguardas, os quais contribuem, definitivamente, para determinar a adaptação do direito e do campo jurídico ao novo estado das relações sociais e para garantir assim a legitimação da forma estabelecida dessas relações. É a *estrutura* do jogo e não um simples efeito de *agregação* mecânica, que está na origem da transcendência, revelada pelos casos de inversão das instituições, do efeito objectivo e colectivo das acções acumuladas.

IX

A Institucionalização da Anomia

Só se pode compreender a pintura moderna que nasce em França à volta dos anos 1870-1880, se se analisar a situação na qual e contra a qual ela se realizou, quer dizer, a instituição académica e a pintura convencional [*peinture pompier*] que é a expressão dela – e isto, evitando decididamente a alternativa da depreciação ou da reabilitação que comanda a maior parte das discussões actuais.

O texto que aqui se propõe representa o primeiro momento de uma análise da revolução simbólica operada por Manet e, depois dele, pelos Impressionistas: o desabamento das estruturas sociais do aparelho académico ('*ateliers*', '*Salons*', etc.) e das estruturas mentais que lhe estavam associadas encontrou condições favoráveis nas contradições introduzidas pelo aumento numérico da população dos pintores oficiais. Esta explosão morfológica favoreceu a emergência de um meio artístico e literário fortemente diferenciado e preparado para estimular o trabalho de subversão ética e estética que Manet teve de operar.

Para compreender a conversão colectiva dos modos de pensamento que levou à invenção do escritor e do artista por meio da constituição de universos relativamente autónomos, em que as necessidades económicas se acham (parcialmente) suspensas, é preciso sair dos limites que a divisão das especialidades e das competências impõe: o essencial permanece ininteligível enquanto se ficar circunscrito aos limites de uma única tradição, literária ou artística. Dado que os avanços em direcção à autonomia se fizeram em momentos diferentes nos dois universos, em ligação com mudanças económicas ou morfológicas diferentes e em referência a poderes diferentes – como a Academia ou o mercado – os escritores puderam tirar partido das conquistas dos artistas, e reciprocamente, para aumentarem a sua independência.

O obstáculo maior à compreensão está em que se trata de compreender uma revolução simbólica, revolução análoga na sua ordem às grandes revoluções religiosas, e também uma revolução simbólica bem sucedida: desta revolução da visão do mundo saíram as nossas próprias categorias de percepção e de apreciação, aquelas precisamente que empregamos geralmente para produzirmos e compreendermos as representações. A ilusão que faz aparecer a representação do mundo saída desta revolução simbólica como evidente – tão evidente que, por uma inversão surpreendente, é o escândalo suscitado pelas obras de Manet que se tornou em objecto de surpresa – impede que se veja e se compreenda o trabalho de *conversão colectiva* que foi necessário para criar o mundo novo de que o nosso próprio *olhar* é produto. A construção social de um campo de produção autónomo, quer dizer, de um universo social capaz de definir e de impor os princípios específicos de percepção e de apreciação do mundo natural e social e das representações literárias ou artísticas desse mundo, caminha a par da construção de um modo de percepção propriamente estético que situa o princípio da «criação» artística na representação e não na coisa representada e que nunca se afirma tão plenamente como na sua capacidade de constituir esteticamente os objectos baixos ou vulgares do mundo moderno. A história social da génese deste mundo social, tão particular, no qual se produzem e se reproduzem estas duas «realidades» que se sustêm uma à outra na existência – a obra de arte como objecto de crença e o discurso crítico sobre a obra de arte –

A INSTITUCIONALIZAÇÃO DA ANOMIA | 271

permite que se dê aos conceitos comummente usados para discernir ou designar géneros, escolas, estilos, e que certa estética teórica tenta desesperadamente constituir em essências an-históricas ou trans-históricas, o único fundamento possível: a historicidade historicamente necessitada sem ser historicamente necessária de uma estrutura histórica.

O olhar académico

Pode-se, para se explicar a arte académica adoptar como se faz geralmente, uma perspectiva histórica e ligar as suas características maiores às condições da sua génese. A arte académica, nascida durante a Revolução, com David – que a aprendera na Academia de Roma ([1]) – e adequada ao gosto das novas camadas de notáveis saídas da Revolução e do Império, definiu-se pela recusa à arte aristocrática do século suspeita por razões a maior parte das vezes «morais», pela reacção contra o Romantismo, quer dizer, contra as primeiras afirmações da autonomia da arte e sobretudo do enaltecimento da pessoa do artista e da absolutização do seu ponto de vista.

A pintura do século XVIII, cujo gosto se tinha espalhado durante a Revolução por razões tanto históricas como estéticas, só é procurada, em começos do século, após a restauração das normas clássicas durante a Revolução e o Império, por alguns coleccionadores excêntricos (entre os quais se conta o

---

([1]) Sobre a génese do estilo de David, poderá ler-se R. Rosenblum, «La peinture sous le Consulat et l'Empire», in *De David à Delacroix, la Peinture française de 1774 a 1830*, Paris, Musées Nationaux, 1974, p. 165. Pode-se também citar Frederick Cummings que evoca deste modo o magistério de David: «Ele recomendava aos seus discípulos que utilizassem de preferência uma *larga* composição em que as figuras em tamanho natural fossem modeladas em relevo e agrupadas em *um mesmo plano;* estas composições *simplificadas* só deveriam conservar os *elementos essenciais;* cada objecto devia ser definido por um *domínio colorido que lhe fosse apropriado* [...] devendo os seus *contornos* ser respeitados na sua integralidade. A busca da *exactidão* histórica era também tida por necessidade primordial» (*De David à Delacroix, op. cit.*, p. 41, sublinhados nossos).

272 | O PODER SIMBÓLICO

Primo Pons cujo presente, um leque pintado por Watteau, é aceite com indiferença por burgueses que até nem sabem o nome do pintor). Como mostra Francis Haskell, a cota de Watteau sobe durante a Monarquia de Julho, aparecendo este suposto antepassado de Delacroix e dos Românticos aos olhos dos guardiães da ordem académica como uma ameaça aos princípios de David e à ordem religiosa e política. O renascimento paradoxal do gosto pela Escola Francesa do século XVIII durante a Segunda República só pode ser compreendido na sua relação com o nacionalismo dos republicanos, preocupados em restaurar o prestígio da tradição francesa. Parece, contudo, que estes gostos heterodoxos eram mais frequentes entre os aristocratas do que entre os novos-ricos, como os irmãos Pereire que tinham sido aconselhados para a composição da sua colecção por Théodore Thoré, um dos primeiros historiadores-comerciantes (o que permite notar, de passagem, que o poder dos banqueiros e dos homens de negócio como o das altas personagens do Estado se exercia sobre o Salão, onde os seus gostos eram conhecidos – os quadros por eles adquiridos eram nele expostos com os seus próprios nomes – e antecipadamente reconhecidos pela própria orientação dos expositores e pelas escolhas do júri). Mas, de modo geral, os cânones clássicos eram tão poderosos que mesmo a arte holandesa que gozava de grande prestígio continuava a ser vista através das normas de percepção académica que impediam que se apreendesse a continuidade entre Ruysdael e Théodore Rousseau ou Corot ([2]). E como não ver que nada se opõe mais radicalmente ao olhar interior de que fala Michael Fried a respeito da pintura do século XVIII ([3]) do que a exterioridade enfática dos quadros históricos do século XIX? Além disso, é bastante claro que a valorização da arte académica se inscreve na obra de restauração cultural pela qual, após as crises da Revolução e do Império, regimes políticos em

---

([2]) Cf. F. Haskell, *Rediscoveries in Art, Some Aspects of Taste Fashion and Collections in England and France*, Londres, Phaidon Press, 1976, pp. 61-83.

([3]) Cf. M. Fried, *Absorption and Theatricality, Painting and Beholder in the Ages of Diderot*, Berkeley, University of California Press, 1980.

A INSTITUCIONALIZAÇÃO DA ANOMIA | 273

busca de legitimidade têm em mira refazer o consenso em torno de uma cultura ecléctica de «justa medida». Mas também se pode explicar esta arte, ligando-a às condições institucionais da sua produção, sem que esta explicação estrutural em nada exclua a precedente: a sua estética está inscrita na lógica do funcionamento de uma instituição académica paralisada – e de tal modo nela inscrita que se pode praticamente deduzir dela.

Todo o funcionamento do sistema está dominado pela existência de uma sequência ininterrupta de *concursos* coroados por recompensas honoríficas, entre os quais o mais importante o concurso anual do Grande Prémio, que garante ao laureado uma estada na Villa Médicis. Nada há de surpreendente, pois, quando se encontram no sistema todas as características das instituições sujeitas a esta lógica, como as classes preparatórias para as escolas superiores ([4]): a docilidade extraordinária que ele supõe e reforça entre os alunos, mantidos por longo tempo numa dependência infantilizante pela lógica da competição e as expectativas insensatas que ela suscita (a abertura do Salão dava azo a cenas patéticas); a normalização operada pela formação colectiva em *atelier*, por meio dos seus ritos de iniciação, das suas hierarquias ligadas tanto à antiguidade como à competência, os seus cursos por etapas e por programas estritamente definidos.

Foi para mim motivo de regozijo ter voltado a ver a analogia entre os *ateliers* e as classes preparatórias em escrito de um especialista tão avisado como Jacques Thuillier: «E essas espécies de *'cagnes'* ([*]) artísticas que foram os *ateliers* de Léon Cogniet, de Ingres ou de Gleyre, simples classes preparatórias sem liame administrativo com a Escola, tiveram talvez mais importância no destino da arte francesa do que o ensino da

---

([4]) Cf. P. Bourdieu, «Épreuve scolaire et consécration sociale, les classes préparatoires aux grandes écoles», in *Actes de la recherche en sciences sociales*, n.º 39, Setembro de 1981, pp. 3-70.

([*]) Classes que preparam nos liceus franceses para a entrada na Escola Normal Superior; o termo é usado por antífrase, pois que etimologicamente se liga a «preguiça», quando em tais classes o trabalho é intenso. (*N. T.*)

274 | O PODER SIMBÓLICO

própria Escola, e os laureados do Grande Prémio» (⁵). Não posso, no entanto, aceitar que Jacques Thuillier, por não ter submetido à análise a sua representação das classes preparatórias, lhe faça desempenhar certa função no *processo de reabilitação* pelo qual ele tem em vista anular a inversão da tábua de valores operada por Manet e pelo Impressionismo. O ponto de vista «compreensivo», que convém quando se trata de *defender* uma instituição, mesmo que tenha o mérito de conceder uma *razão* de ser em lugar de condenar sem exame, não vale mais, quando se trata de *compreender*, do que o olhar hostil ou polémico: a relação não analisada com o objecto de análise (estou a falar da homologia de posição entre o analisante e o analisado, o mestre académico) está na origem de uma compreensão essencialmente anacrónica deste objecto que tem todas as probabilidades de reter apenas as características da instituição mais directamente opostas à representação recusada – por exemplo, o recrutamento relativamente democrático da Escola de Belas-Artes ou o interesse dos pintores convencionais pelos problemas sociais – e de, pelo contrário, deixar escapar todas as características que permitiriam compreender as obras na verdade da sua génese social.

Puros produtos da Escola, os pintores saídos desta formação não são nem artífices, como em outros tempos, nem artistas, como os que tentam impor-se contra aqueles: são, em sentido lato, *mestres*. A diferença maior em relação ao artista no sentido moderno do termo está em que eles não têm uma «vida» digna de ser contada e celebrada, mas sim uma *carreira*, uma sucessão bem definida de honras, da Escola de Belas-Artes ao Instituto, passando pela hierarquia de recompensas atribuídas na época das exposições no Salão. Como todo o concurso que forma os candidatos pelo revés, de preferência repetido, tanto como pelo sucesso, o Prémio de Roma era por

---

(⁵) Cf. J. Thuillier, «L'artiste et l'institution: l'École des Beaux-Arts et le Prix de Rome», in Philippe Grundrec, *Le Grand Prix de Peinture, les Concours du Prix de Rome de 1797 à 1863*, Paris, École Nationale Supérieure des Beaux-Arts, 1983, pp. 55-85; «Peut-on parler d'une peinture pompier?», Paris, PUF, *Essais et conférences du Collège de France*, 1984.

A INSTITUCIONALIZAÇÃO DA ANOMIA | 275

si mesmo uma conquista progressiva: alcançava-se o 2.º prémio, depois, um ano mais tarde (como Alexandre-Charles Guillemot em 1808, Alexandre-Denis-Joseph Abel em 1811, etc.) e até mesmo dois (como François-Edouard Picot em 1813) ou mesmo três (como L.V.L. Pallière em 1812), o 1.º prémio. E o mesmo se passava com as recompensas atribuídas na época do Salão: assim Meissonier obteve uma medalha de terceira classe em 1840, no ano seguinte uma medalha de segunda classe, dois anos mais tarde uma medalha de primeira classe, em 1855 a grande medalha, em 1867, a medalha de honra [6]. Compreende-se assim o dito de Degas diante de um quadro de Meissonier que representa um soldado a apontar uma espingarda: «Adivinhai o que ele tem na mira: a medalha do Salão» E ver-se-á mais bem tudo o que está implicado na participação contínua na corrida escolar se se souber que mesmo um pintor tão consagrado como Ingres foi severamente julgado quando se recusou a expor obras no Salão, depois de 1834, porque um dos seus quadros tinha sido recusado.

Os pintores académicos, frequentemente originários (muito mais, em todo o caso, do que os Impressionistas) de famílias ligadas a profissões artísticas, têm assim de suportar e de vencer toda a longa sequência de provas preparadas pela Escola, *ateliers* de preparação para concursos [7], concursos, Escola das Belas-Artes, Escola de Roma. Os mais consagrados passaram toda a sua vida a concorrer aos louros da Escola para cuja atribuição, aliás, eles próprios contribuíram com a sua actividade de professores e a sua participação em júris: Delaroche manteve durante toda a sua vida um dos *ateliers* mais importantes da época; Gérôme teve *atelier*, desde 1865 na Escola de

---

[6] J. Lethève, *La vie quotidienne des artistes français au XIXᵉ siècle*, Paris, Hachette, 1968, p. 132.

[7] Os *ateliers* como instituições totais que impõem disciplinas, provas e mesmo «partidas» vulgares e brutais segundo todos os testemunhos, exigem dos recém-chegados atitudes particulares e, em especial, uma forma particular de docilidade. Isto contribui sem dúvida para explicar que, como já foi por várias vezes assinalado, os filhos de família evitam a carreira académica, como Géricault, Delacroix, Degas, Gustave Moreau ou Manet.

Belas-Artes, durante mais de trinta e nova anos e nele ensinou, sem se desmentir, a tradição académica (8). Formados na imitação dos seus mestres e ocupados em formar mestres à sua própria imagem (9), eles jamais escaparam completamente à dominação da Escola, cuja necessidade interiorizaram profundamente por meio de disciplinas na aparência puramente técnicas ou estéticas, mas tendo todas por princípio a submissão à instituição escolar.

A Escola, quer dizer, o Estado, garante o valor desses pintores, garantindo – como em relação a uma moeda fiduciária – o valor dos seus títulos e dos títulos que eles concedem. E ela garante também o valor dos seus produtos, assegurando-lhes o quase-monopólio do único mercado existente, o Salão – e de tal modo que a revolução simbólica, que quebra esta relação privilegiada com o mercado, terá efeitos muito reais, determinando a derrocada dos cursos. É neste sentido que se pode dizer, com Eugenio d'Ors, que a arte clássica ou, pelo menos, a arte académica, é uma arte estatal (10). Há inteira coincidên-

---

(8) É digno de nota que Courbet, pelo contrário, tenha tentado durante dois meses manter um *atelier*, ainda que recusando-se a dar cursos, e que o tenha depois abandonado, como também é de assinalar que nenhum dos Impressionistas tenha sido professor (cf. J. Harding, *Les peintres pompiers. La peinture académique en France de 1830 à 1880*, Paris, Flammarion, 1980, p. 22).

(9) «Cada envio ao Salão de 1842 [...] deve ser acompanhado de um boletim com o nome, apelido, morada, lugar e data de nascimento do artista, indicando também quem é ou foi o seu mestre» (J. Lethève, *op. cit.*, p. 54).

(10) A verdade desta arte de escola, que é também uma arte de Estado, exprime-se plenamente no domínio da arquitectura: a arquitectura pública é considerada como a mais nobre e a mais universal, e os programas do Grande Prémio dizem sempre respeito a edifícios para a administração pública – como se os edifícios privados não tivessem envergadura suficiente para pôr à prova as aptidões dos candidatos. Os Académicos são assalariados do estado que assumem a responsabilidade da concepção dos edifícios públicos. «Os membros da Academia, sobretudo através da sua influência na Escola das Belas-Artes e a sua intervenção no concurso do Grande Prémio, procuram garantir o monopólio sobre toda a arquitectura nacional e pública em França, para além da sua prática privada» (D.D. Egbert, *The Beaux-Arts. Tradition in French Architec-*

A INSTITUCIONALIZAÇÃO DA ANOMIA | 277

cia entre o sucesso oficial e a consagração específica, entre as hierarquias temporais e as hierarquias artísticas e, por esta razão, a sanção das instâncias oficiais, em que as mais altas autoridades artísticas vão lado a lado com os representantes do poder político, é a medida exclusiva do valor. O pintor é formado para a sentir como tal por meio de toda a sua aprendizagem e ele apreende a admissão ao salão, os prémios, a entrada na Academia, as encomendas oficiais não como simples meios de «se dar a conhecer», mas como atestações do seu valor, verdadeiros certificados de qualidade artística. É assim que Ingres, acabado de ser eleito para a Academia, «quer tornar-se digno da sua alta e nova carreira de artista, indo para além das suas antigas obras, superando-se a si mesmo. Ele procura o tema que personalizasse os princípios, a seus olhos indissolúveis, do Verdadeiro, do Belo, do Bem. Uma composição que retraçasse, ilustrasse, divinizasse a grandeza humana» [11]. O artista é um alto funcionário da Arte que troca muito naturalmente a sua acção de consagração simbólica por um reconhecimento temporal sem equivalente (pois que, pela primeira vez, a arte do tempo está em paridade com as obras mais consagradas do passado: 57% das pinturas francesas vendidas entre 1838 e 1857 estavam assinadas por artistas vivos, contra 11% entre 1737 e 1756 [12]. Como nota Sloane, «a ideia da grandeza moral que está associada ao governo monárquico desde o século XVII estende-se à arte que o celebra. O nacionalismo e o respeito à autoridade, o desejo de enraizar a arte na grandeza de um passado glorioso não são estranhos à vitalidade do sistema académico» [13].

---

ture, illustrated by the Grand Prix de Rome, Princeton, Princeton University Press, 1980, p. 140).

[11] P. Angrand, *Monsieur Ingres et son époque*, Paris, La Bibliothèque des Arts, 1967 p. 69.

[12] H.C. and C.A. White, *Canvases and Careers, Institutional Change in the French Painting World*, New York/Sydney, John Wiley and Sons, 1965, p. 43.

[13] J. C. Sloane, *French Painting between the Past and the Present, Artists, Critics and Traditions, from 1848 to 1870*, Princeton, Princeton University Press, 1951, p. 43. Ainda que a instituição académica esteja dotada

278 | O PODER SIMBÓLICO

Das características da instituição académica, detentora do monopólio da produção dos pintores e da avaliação dos seus produtos, podem deduzir-se as propriedades da pintura académica: a arte convencional é uma arte de escola, que representa sem dúvida a quinta-essência histórica das produções típicas do *homo academicus* ([14]). Esta arte de professores que, enquanto tais, são os detentores de uma autoridade estatutária garantida pela instituição (à maneira do sacerdócio numa outra ordem), é, antes de mais, uma arte de execução que – na medida em que põe em prática um modelo de realização estabelecido antecipadamente a partir de uma análise das obras-primas do passado – só pode e deve manifestar a sua

---

de uma autonomia relativa perante o governo, ela é vista como parte da autoridade das instâncias oficiais. Assim, todos (à excepção de Louis Peisse, da *Revue des deux mondes*) estão de acordo em censurar Ingres quando, em 1841, ele se recusou a expor no Salão: «Recusar-se a expor entre os seus contemporâneos, é separar-se da arte nacional» (A. Tabarant, *La vie artistique au temps de Baudelaire*, Paris, Mercure de France, 1963, p. 55).

([14]) A procura das invariantes estilísticas associadas ao modo de produção académico, que poderia ser aplicado também aos escritores, historiadores ou filósofos mais marcados pela Escola (penso, por exemplo, ao «escrever bem» um pouco ostentatório dos Giraudoux, Alain ou Lucien Febvre de ontem e de hoje) não teria dificuldade em encontrar perfeitos equivalentes dos Gérôme e dos Bouguereau nesses músicos insignificantes de carreira sem história, Hérold ou Ambroise Thomas: sobre este, «aluno de Lesueur, sucessor de A. Adam no Instituto, poder-se-ia dizer que foi um *sábio*, aplicando-lhe tudo o que a palavra comporta de *grande prudência*, de *autoridade*, de *saber útil* e de *moderação*. Ainda vivo, era já homem do passado, enquanto que em volta dele, a arte se renovava com belos arrojos [...]. Acerca dos seus envios de Roma, o Instituto formulou um juízo ao qual nada haveria a mudar se fosse aplicado ao conjunto da sua obra: uma melodia *nova sem extravagância*, e *expressiva sem exagero;* uma harmonia *sempre correcta*, uma instrumentação escrita com *elegância* e pureza» (J. Combarieu e R. Dumesnil, *Histoire de la Musique*, tomo III, Paris, A. Colin, 1955, pp. 467-468). Não se pode conceber mais bela definição da *academica mediocritas*. E deve-se ler, na mesma obra (pp. 244-245) a descrição das cantatas coroadas nos concursos de composição musical que são brilhantes sobretudo pela sua extraordinária discrição.

A INSTITUCIONALIZAÇÃO DA ANOMIA | 279

virtuosidade no terreno da técnica e da cultura histórica mobilizada. Os pintores académicos – formados na escola da cópia, instruídos no respeito pelos mestres do presente e do passado, convencidos de que a arte nasce da obediência a cânones, às regras que definem os objectos legítimos e a maneira legítima de os tratar – fazem incidir o seu trabalho sobre o conteúdo literário, quando a escolha lhes é permitida, mais do que sobre o terreno da invenção propriamente pictórica.

É significativo que eles próprios produzam cópias ou variantes pouco diferentes das suas obras mais bem sucedidas (trinta e duas no caso da *Femme fellah* de Landelle, que tivera grande sucesso no Salão de 1866) ([15]), e as boas cópias são quase tão apreciadas como o original ([16]), *como testemunha o lugar* importante que elas ocupam nas colecções particulares, nos museus e nas igrejas de província. O papel de executantes que lhes cabe vê-se pelo carácter de precisão das encomendas que lhes são feitas. Horace Vernet, ainda que cumulado de favores régios, teve de aceitar, a cada passo, exigências minuciosas.

Couder, encarregado de representar a Festa da Federação, foi obrigado a refazer completamente o seu quadro para ter em conta os reparos de Luís Filipe, testemunha do acontecimento e preocupado com a verdade histórica ([17]). E Jacques Lethève reproduz o programa extraordinariamente preciso de uma estátua que devia ser erigida em Toulon para celebrar o *Génio da Navegação*: «Ela tem a mão direita na cana do leme que dirige a concha marítima sobre a qual a estátua está colocada. O braço esquerdo dobrado para diante segura um sextante, etc.». Do mesmo modo, Landelle, um dos pintores mais famosos e mais venerados do século XIX, encarregado em 1859 de representar a visita da Imperatriz à Manufactura de Saint-Gobain, não conseguiu que a maior parte das pessoas aceitasse ser modelo e, por fim, teve de se sujeitar às alterações que a Imperatriz lhe impôs ([18]).

([15]) Cf. J. Harding, *op. cit.*, p. 9.
([16]) J. Lethève, *op. cit.*, p. 184.
([17]) Ibid., *id.*, p. 145.
([18]) Ibid., *id.*, pp. 146-149.

280 | O PODER SIMBÓLICO

O culto da técnica tratada como fim em si está inscrito no exercício escolar como resolução de um problema de escola ou de um tema imposto que, criado inteiramente a partir de uma cultura de escola, apenas existe para ser resolvido, frequentemente mediante um enorme trabalho (Bouguereau era apelidado de Sísifo). Ele é responsável por aquilo a que Gombrich chama «o erro do demasiado bem feito»: a perfeição glacial e a irrealidade indiferente de obras demasiado hábeis, ao mesmo tempo brilhantes e insignificantes à força de serem impessoais ([19]), caracterizam essas pinturas acabadas de concurso, as quais procuram menos dizer alguma coisa do que mostrar o bem dizer, conduzindo assim a uma espécie de «expressionismo da execução», como diz Joseph Levenson a respeito da pintura chinesa ([20]). O cunho da instituição está inscrito em todas as obras, mesmo naquelas que podem aparecer como as mais bem sucedidas (como o *Thésée reconnu par son père*, de Flandrin ou a *Reconnaissance d'Ulysses par Eryclée*, de Boulanger) em forma de concessões ou de proezas conseguidas pela preocupação de agradar a um júri conhecido pela sua hostilidade a toda a originalidade e desejoso de achar provas visíveis da mestria das técnicas ensinadas pela Escola. Mas a técnica, mesmo que seja valorizada como proeza, permanece sempre subordinada à intenção expressiva e àquilo a que se chama o efeito. A própria dignidade do mestre, termo de um longo esforço da Academia para promover o estatuto social dos pintores fazendo deles homens instruídos, humanistas, é identificada com o momento intelectual do trabalho: «Ver a natureza é uma fórmula que o mais pequeno exame reduz

---

([19]) Estas características encontram-se no campo da decoração ou do mobiliário, por exemplo, com todos os objectos apresentados ao Crystal Palace em 1851, um tapete, sobretudo, que combinava o ilusionismo do modelado, feito para criar a profundidade, e a estilização, em vez de respeitar o plano liso da superfície (N. Pevsner, *Pioneers of Modern Design, from William Morris to Walter Gropius*, Harmondsworth, Middlesex, Penguin Books, 1960; 1.ª ed. Londres, Faber and Faber, 1936).

([20]) Cf. J.R. Levenson, *Modern China and its Confucean Past*, Nova Iorque, Doubleday, 1964 (1.ª ed., Berkeley, University of California Press, 1958).

A INSTITUCIONALIZAÇÃO DA ANOMIA | 281

quase às proporções de uma ninharia. Se se trata apenas de abrir os olhos, qualquer recém-chegado pode fazê-lo: também os cães vêem. Os olhos são sem dúvida o alambique cujo recipiente é o cérebro, mas é preciso sabermos servir-nos deles [...]. É preciso aprender a ver» ([21]). Este primado dado ao conteúdo e à exibição de uma cultura letrada, adequa-se perfeitamente à estética do conteúdo, logo, da *lisibilidade*, que confere ao quadro uma função transitiva, puramente referencial, a de «um enunciado histórico que exige uma exposição clara» ([22]), como diz Boime. A obra deve comunicar qualquer coisa, um sentido transcendente ao jogo puro das formas e das cores que têm em si mesmas o seu significado, e deve dizê-lo claramente: a invenção expressiva orienta-se para a procura dos gestos mais significativos, apropriados à valorização dos sentimentos das personagens e para a produção dos efeitos que melhor podem prender o olhar. Para os pintores como para os críticos conservadores, «os valores literários são um elemento essencial da grande arte e a função principal do estilo é a de tornar estes valores claros e actuantes para o espectador» ([23]). Consequência estilística do primado conferido deste modo ao «tema», privilegiam-se, tanto na execução como na leitura, as regiões mais «falantes» do quadro, onde se concentra o interesse dramático, deixando de lado «essas regiões sombrias» onde, como dizia Fénéon, «o tédio (do pintor) teria feito mais bem em não se demorar» – mas que Manet reabilitará.

Em resumo, esta pintura de *lector* é feita para ser *lida* mais propriamente do que para ser vista ([24]). Ela exige uma deci-

---

([21]) Decamps, citado por G. Cougny, «Le dessin à l'école maternelle», n.º 1, pp. 30-31.

([22]) A. Boime, *The Academy and French painting in the Nineteenth Century*, Londres, Phaidon, 1971.

([23]) J. C. Sloane, *op. cit.*, p. 4.

([24]) A metáfora da leitura, que voltou a estar em moda no mundo universitário com a semiologia, corresponde perfeitamente à visão académica do professor como *lector*. Ela representa a antítese absoluta do ponto de vista dos Impressionistas e, em especial, de Monet, para quem a percepção artística é sensação e emoção.

fração erudita, armada de uma cultura literária, precisamente aquela que, antes da Revolução, se ensinava nos colégios dos jesuítas, e depois, nos liceus, e que era dominada pelas línguas e pelas literaturas antigas ([25]). Deste modo se acha minimizada a distância que a pintura pura cavará entre o artista e o «burguês que, em relação ao conteúdo, pode apoiar-se nas humanidades, e em relação à técnica, na familiaridade adquirida nos Salões sucessivos desde 1816. Esta leitura letrada, atenta às alusões históricas e literárias e nisso muito chegada às interpretações escolares de textos clássicos, procura a história na obra mas sem procurar re-situar a própria obra na história, à maneira da percepção que a pintura moderna exige. Ela arma-se de uma cultura histórica para ler a obra como uma história historicamente situada, mas desconhece a percepção que se arma de um conhecimento específico da história dos estilos e dos processos para situar cada pintura, pelo jogo das comparações e das distinções propriamente pictóricas, na história específica da pintura. A eternidade em que se move o humanismo académico, consagrado ao culto de objectos e de géneros intemporais, faz com que a ideia de raridade ligada à antiguidade esteja ausente do universo académico, podendo um quadro de Horace Vernet atingir um valor superior ao de um Ticiano.

A história é um dos meios mais eficazes para pôr a realidade à distância e para produzir um efeito de idealização e de espiritualização e, deste modo, paradoxalmente, de eternização ([26]). A historicização que sacraliza e des-realiza contribui,

---

([25]) Os «*ateliers*» recomendavam a prática do livro clássico de Pierre Chompré, *Dictionnaire abrégé de la fable pour l'intelligence des poètes et la connaissance des tableaux et des statues dont les sujeis sont tirés de la fable*, reeditado 28 vezes entre 1727 e 1855; o pintor não podia trabalhar sem reunir previamente uma verdadeira documentação, rivalizando em precisão e em escrúpulo, como Paul Baudry ou Meissonier, com os historiadores (J. Lethève, *op. cit.* p. 20).

([26]) A respeito de um quadro de Robert Fleury, «*Varsovie, 18 avril 1861*», episódio dos massacres dos Polacos pelos Russos, Théophile Gautier objecta: «Trata-se de um tema difícil de tratar pela sua actualidade. É preciso que os acontecimentos tenham o recuo da história para entrarem facilmente na esfera da arte» (A. Tabarant, *op. cit.*, p. 380).

A INSTITUCIONALIZAÇÃO DA ANOMIA | 283

com o formalismo técnico que impõe as gradações entre as cores e o modelo contínuo das formas, para produzir a impressão de *exterioridade* fria que as pinturas académicas dão: ela está, com efeito, associada, por um lado, àquilo a que Schlegel chamava a «pantomima», quer dizer, o carácter teatral das personagens ligado à preocupação de representar o irrepresentável, «a alma», os sentimentos nobres e tudo o que entra na «moral» e, por outro lado, àquilo a que o mesmo Schlegel chamava «a capelista», quer dizer, a reconstrução desajeitada e demasiado visível do trajo e dos acessórios da época ([27]). Os cenários irreais das civilizações antigas podem deste modo consentir, pelos poderes combinados do exotismo e da consagração cultural, numa forma de erotismo tipicamente académica (uma cena de bordel de Gérôme torna-se, pela força da neutralização estilística e do título, num *Interior grego*) ([28]). O Oriente: que desconhece as formas mais agressivas da civilização urbana, permite que se descubra o passado no presente – e além disso, fornece um meio de evitar o tabu do vestuário moderno, como aliás o mundo camponês tradicional com os seus trajos tão intemporais como os seus costumes ([29]). Vê-se, de passagem, que a afinidade ou a cumplicidade entre esta pintura de ordem, hierática, calma, serena, de cores modestas e doces, de nobres contornos e de figuras hirtas e idealizadas, e a ordem moral e social que se trata de manter ou de restaurar, está longe de ser produto de uma dependência e de uma submissão directas, nascendo, antes, da lógica específica da ordem académica e da relação de

---

([27]) M. Baxandall, *Jacques-Louis David et les Romantiques allemands*, comunicação inédita, Paris, 1985.

([28]) Acerca da perversão erudita do *eros* académico, ver a análise de Luc Boltanski, «Pouvoir et impuissance: project intellectuel et sexualité dans le journal d'Amiel», *Actes de la recherche en sciences sociales*, n.º 5-6, Novembro de 1975, pp. 80-108 (sobretudo pp. 97ss).

([29]) O orientalismo aparece assim não só como uma solução estética de um problema estético mas também como produto de um interesse específico pelos países orientais (interesse que em todo o caso muito deve à tradição literária da viagem pelo Oriente).

284 | O PODER SIMBÓLICO

dependência na independência – e por meio desta – que a liga
à ordem política [30].

A preocupação da lisibilidade e a busca da virtuosidade
técnica conjugam-se para favorecerem a estética do «acabado»
que, como atestação de probidade e de discrição, preenche
ainda todas as exigências e todas as expectativas éticas inscritas
na posição académica. Este gosto do acabado nunca se
exprime tão claramente como em presença de obras que, por
não respeitarem o imperativo maior do rigor académico,
como *La Liberté* de Delacroix, *Les Baigneuses* de Courbet ou a
Olympia de Manet, têm de comum parecerem imundas fisica-
mente ou moralmente, quer dizer, ao mesmo tempo, sujas e
impúdicas, mas também fáceis, portanto, pouco honestas na
sua intenção – pois que probidade e limpeza são uma e a
mesma coisa –, por uma espécie de contaminação, no seu
tema. Assim, Delécluze, lamentando que o nível da arte tenha
descido, escreve: «A substituição do desenho pelo colorido
tornou a carreira mais fácil de percorrer» [31]. Propriedades
propriamente estilísticas (o acabado, o limpo, o primado do
desenho e da linha) carregam-se de implicações éticas por
intermédio sobretudo do esquema da *facilidade* que leva a
apreender certos estilos pictóricos como inspirados pela busca
do sucesso rápido e com o menor custo, propendendo assim a
que se projecte na própria coisa pintada as conotações sexuais
de todas as condenações estéticas do «fácil». E é, sem dúvida,
esta atitude ética que faz com que se ultrapasse ou se ignore a
antinomia desta estética. Com efeito, a virtuosidade técnica que
é, com a exibição de cultura, a única manifestação admitida da
mestria, só pode realizar-se negando-se: o acabado é o que faz
desaparecer todo o vestígio do trabalho, da *manifattura* (como
a pincelada que, segundo Ingres, não deve ser visível, ou o
toque, «qualquer que seja a maneira como é dirigido ou
empregado, é sempre um sinal de inferioridade em pintura»,

---

[30] Os ingristas serão os grandes beneficiários do maná que cai a
partir de 1841 sobre a pintura «santa», votada à glorificação da casa rei-
nante e das virtudes cristãs (P. Angrand, *op. cit.*, p. 201).

[31] Citado por A. Tabarant, *op. cit.*, pp. 145-302.

A INSTITUCIONALIZAÇÃO DA ANOMIA | 285

como escreve Delécluze em *Les Débats*), ou mesmo da matéria pictória (é conhecido o privilégio conferido à linha em relação à cor que se torna suspeita pela sua sedução quase carnal), em suma, de todas as manifestações da especificidade do ofício; é ele que faz com que, no termo desta espécie de realização autodestrutiva, a pintura seja uma obra letrada como as outras (*ut pictura poesis*), passível da mesma decifração que a de uma poesia.

Podemos, para aprofundar esta análise dos princípios fundamentais da arte académica, valermo-nos das primeiras críticas suscitadas pela obra de Manet que, na sua novidade revolucionária, funciona como um analisador, obrigando os críticos a explicitar as exigências e os pressupostos, quase sempre tácitos, da visão académica. Há, em primeiro lugar, tudo o que diz respeito à técnica: os críticos, convencidos de que Manet ignora tudo da arte de pintar, comprazem-se em realçar as falhas, falando por exemplo de «ignorância infantil das bases do desenho» ([32]); eles percebem como *sem vida* uma pintura que elimina os valores intermédios (o que valeu ao autor do *Balcon* o ser comparado com um pintor de paredes) ([33]) e, sobretudo, eles lamentam incansavelmente que nela falte o acabado. Manet julga fazer pinturas, quando o que ele faz é pincelar esboços, diz Albert Wolff em 1869 ([34]); Manet, diz um outro crítico em 1875, zomba do júri enviando esboços mal delineados ([35]); segundo um outro, em 1876, por

---

([32]) G. H. Hamilton, *Manet and his Critics*, New Haven, Yale University Press, 1954, p. 72. Não se têm aqui em linha de conta as diferenças entre as reacções dos críticos, que haveria que relacionar com as diferenças nas posições ocupadas no seio do campo da crítica (como se mostram por meio das características dos lugares de publicação – jornais ou hebdomadários – e dos próprios críticos). Tudo leva a pensar e, em particular, a composição dos grupos que reunem artistas e críticos com as mesmas convicções, que a homologia é quase perfeita entre o espaço dos críticos e o espaço dos artistas (cf. J.C. Sloane, *op. cit.*).

([33]) J. Lethève, *Impressionistes et Symbolistes devant la presse*, Paris, A. Colin, 1959, p. 53.

([34]) G.H. Hamilton, *op. cit.*, p. 139.

([35]) Ibid, *id.*, p. 191 – Cf. também J. Lethève, *Impressionistes...*, p. 73.

286 | O PODER SIMBÓLICO

simples incompetência, Manet não acaba o que começou ([36]); um outro ainda, no mesmo ano, exproba-o por nada acabar ([37]) – e Mallarmé, em 1874, defende-o desta acusação indefinidamente repetida ([38]). Se não se pode estar de acordo com Albert Boime quando, ao retomar o argumento dos críticos do Salão, formula a hipótese (já sugerida por Sloane) ([39]) que tem em vista negar a revolução impressionista mostrando que ela teria essencialmente consistido em constituir como obras acabadas os esboços dos pintores académicos ([40]), pode-se no entanto tomar por base as suas análises para descrever a significação de que, aos olhos dos críticos do tempo, a mudança operada se pôde revestir. Para a tradição académica, o esboço distinguia-se do quadro como *a impressão* que convém à fase primeira, privada, do trabalho artístico, se distingue da *invenção*, trabalho de reflexão e de inteligência feito na obediência às regras e apoiado na busca erudita, sobretudo histórica. Conhecendo-se todos os valores morais que se prendiam ao ensino do desenho, e sobretudo o apreço em que era tido o trabalho paciente e minucioso que conduzia a «uma exposição pictórica de aplicação laboriosa e diligente» ([41]) – «Ensinavam-nos a acabar, diz Charles Blanc, antes de nos ensinarem a construir» ([42]) – compreende-se que os membros da Academia não possam ter visto no estilo mais directo e mais imediato dos artistas independentes mais do que o sinal de uma educação inacabada, um subterfúgio para se darem ares de originalidade poupando-se à longa aprendizagem dada e sancionada pela Academia ([43]). De facto, a liberdade de exprimir na

---

([36]) G.H. Hamilton, *op. cit.*, p. 196.

([37]) Ibid., *id.*, p. 198.

([38]) S. Mallarmé, «Le jury de peinture pour 1874 et M. Manet», *Oeuvres Complètes*, Paris, Gallimard, (La Pléiade), 1974, p. 698.

([39]) J. C. Sloane, *op. cit.*, p. 103.

([40]) A. Boime, *op. cit.*, pp. 166ss («The Aesthetics of the Sketch»).

([41]) Ibid., *id.*, p. 24.

([42]) C. Blanc, «Les artistes de mon temps», p. 108, citado por J. Lethève, *La Vie...* p. 20.

([43]) Couture, que pela sua relativa liberdade em relação à Academia era levado frequentemente a pesquisas próximas das dos artistas

A INSTITUCIONALIZAÇÃO DA ANOMIA | 287

obra final, pública, a impressão directa, até então reservada ao esboço, momento privado, e até mesmo íntimo, aparece como uma transgressão ética, uma forma de facilidade e de deixar-passar, uma falta à discrição e à atitude de reserva que se impõem ao mestre académico. O acabado é com efeito aquilo que, ao idealizar, torna impessoal e universal, quer dizer, universalmente apresentável – assim, a orgia dos *Romains de la Décadence*, pintura austera e muito censurada, condenada a suscitar o deleite ascético da decifração erudita e cuja forma, por força da frieza técnica, anula de certo modo a substância. A ruptura com o estilo académico implica a ruptura com o *estilo de vida* que ele supõe e exprime. Compreende-se o dito de Couture a Manet, a respeito do *Buveur d'Absinthe* que este último queria apresentar no Salão de 1851, onde foi recusado: «Um bebedor de absinto! Pode-se acaso fazer tal horror? Mas, meu pobre amigo, o bebedor de absinto é você. Foi você quem perdeu o senso moral!» ([44])

Manet, ao impor à sua obra uma construção cuja intenção não é a de ajudar à «leitura» de um sentido, condena a uma segunda decepção, sem dúvida mais fundamental, um olhar

---

independentes, sobretudo no que diz respeito à atenção conferida à impressão – especialmente em matéria de paisagem ou de retrato – nunca foi capaz de «se entregar inteiramente à improvisação nas suas obras definitivas, tendo sido sempre retido por uma necessidade de moralizar» (A. Boime, *Thomas Couture and Me Eclectic Vision*, New Have – Londres, Yale University Press, 1980, p. 76). Prisioneiro da estética do acabado que se lhe impunha quando chegava à fase final do seu trabalho «ele identificava a liberdade com o primeiro esboço, mas ficava desorientado quando era preciso projectá-lo em grande escala para fazer dele a obra pública, oficial» (A. Boime, *op. cit.*, p. 277); e a atenção prestada aos pormenores realistas que se vê nos retratos pitorescos dos esboços, muito próximos de Courbet, apaga-se nos quadros diante da preocupação de elevação e de idealização pela alegoria que convém aos «grandes temas».

([44]) J. Lethève, *La vie quotidienne...*, p. 66. Duranty começava o seu artigo de 5 de Maio de 1870 no *Paris-Journal* contando que, enquanto estava parado diante do quadro *La Leçon de musique*, um outro visitante que também olhava para o mesmo quadro, abriu o catálogo, viu o nome de Manet, encolheu os ombros e foi-se embora, murmurando: «Que grande pouca-vergonha!» (G.H. Hamilton, *op. cit.*, p. 148).

288 | O PODER SIMBÓLICO

académico acostumado a perceber a pintura como uma narrativa, uma representação dramática de uma «história» (^{45}). Assim, para o crítico da *Gazeta des Beaux-Arts* de Julho de 1869, Paul Mantz, Manet tem indiscutivelmente qualquer coisa para dizer, mas, como se quisesse deixar o espectador na expectativa, ele recusa-se ainda a dizê-la (^{46}). A censura que foi feita tanta vez a Manet (como a Courbet), de apresentar temas «baixos» e, sobretudo, de os tratar de maneira objectiva, fria, sem fazer com que signifiquem alguma coisa, revela que se espera que o pintor exprima senão uma mensagem, pelo menos um sentimento, elevado de preferência, e que a decência estética participe numa espécie de decência moral, pois que a hierarquia dos temas, como bem mostrou Joseph Sloane, assenta numa avaliação da sua importância moral e espiritual «para a humanidade em geral» («um herói era superior a um banqueiro ou a um varredor, e tal facto supunha-se que o artista devia tê-lo pesente no seu espírito durante o trabalho»).

Ora, encontra-se aqui a terceira censura, que faz ver o liame entre a abolição das hierarquias e a atenção dispensada à forma: a origem de todos os erros de Manet, diz Thoré em 1868, está numa espécie de panteísmo que não estabelece diferença entre uma cabeça e uma chinela e que dá por vezes mais importância a um ramo de flores do que a um rosto de mulher (como Degas, em *La Femme et le Bouquet*), Todas as «falhas» realçadas pelos críticos têm por princípio a diferença entre o olhar académico, atento às significações, e a pintura pura, atenta às formas. Assim, Thoré observava que, no retrato de Zola, a cabeça atraía pouco a atenção, perdida como estava nas modulações coloridas (^{47}). Da mesma forma, Odilon Redon

---

(^{45}) Esta função de comunicação ou de narração pode ser posta ao serviço das significações políticas ou morais mais variadas. Compreende-se assim que os vencedores do concurso aberto em 1848 para fazer a estátua da República tenham sido artistas académicos, preparados para produzirem obras portadoras de um sentido, qualquer que ele fosse (cf. T. J. Clark, *The Absolute Bourgeois, Artists and Politics in France, 1848-1851*, Londres, Thames and Hudson, 1973, p. 67).

(^{46}) G.H. Hamilton, *op. cit.*, p. 135.

(^{47}) Ibid., *id.*, 124.

A INSTITUCIONALIZAÇÃO DA ANOMIA | 289

censura Manet, em 1869, por renunciar ao homem e às ideias em proveito da técnica pura: uma vez que ele só se interessa pelo jogo das cores, as suas personagens são desprovidas de «vitalidade moral» e o retrato de Zola é mais uma natureza morta do que a expressão de um ser humano. A perturbação chega ao auge perante quadros que, como *L'Exécution de Maximilien*, suprimem toda a forma de drama e fazem desaparecer toda a espécie de relação narrativa, psicológica ou histórica, entre os objectos e, sobretudo, as personagens, ligados assim apenas por relações de cores e de valores. A insuportável insignificância conduz quer à condenação indignada, quando é percebida como produto de uma intenção, quer à projecção arbitrária de um sentido diferente [48]. Assim, Castagnary, não obstante ser conhecido pela sua acção em prol das obras novas e dos jovens artistas, quis ver em *La Dame Blanche* de Whistler «o amanhecer da noiva», «o momento perturbante em que a jovem se interroga e se admira por já não reconhecer em si mesma a virgindade da noite precedente», acabando por comparar esta obra a *La Cruche Cassée* de Greuze e interpretando-a como uma alegoria – e tudo isto por não querer acreditar no pintor, que lhe dissera ter querido fazer «uma *proeza* com a sua arte de pintor, pincelando brancos sobre brancos» [49]. Do mesmo modo, a respeito do *Balcon* de Manet, o mesmo crítico pergunta se as duas mulheres representadas são duas irmãs, ou se se trata da mãe e da filha, achando que é uma contradição que uma esteja sentada a olhar para a rua enquanto a outra enfia as luvas como se estivesse para sair [50]. E vemos assim os críticos e os escritores mais abertos à nova pintura teimarem em julgá-la como literatos atentos ao tema.

---

[48] Estas duas reacções podem ser observadas quando se apresentam a pessoas pouco cultas fotografias que reunem personagens sem ligação social declarada ou que figuram objectos insignificantes.

[49] Castagnary, *Salons 1857-1870*, Paris, Bibliothèque Charpentier, 1892, p. 179.

[50] Ibid., *id.*, p. 365.

O modelo: do nomos à institucionalização da anomia

Assim, a arte académica, essa arte de professores acostumados a associar a sua dignidade e a sua actividade tanto à afirmação da sua cultura histórica e literária como à manifestação da sua virtuosidade técnica, está inteiramente organizada tendo em vista a comunicação de um sentido, e de um sentido moralmente, isto é, socialmente edificante, portanto, hierárquico; ela está sujeita a regras explícitas, a princípios codificados que foram retirados *ex post*, pelo ensino e para o ensino, de um *corpus* academicamente definido de obras do passado (as que o famoso quadro de Delaroche destinado ao Hemiciclo da Escola de Belas-Artes de Paris arrola e enaltece). Preocupada acima de tudo com a legibilidade, ela institui como *língua oficial* o código ao mesmo tempo jurídico e comunicativo que se impõe tanto à concepção como à recepção. Gestos codificados: braços levantados, mão aberta com os dedos crispados para exprimir o desespero, o dedo indicador ameaçando para significar a condenação, a palma da mão aberta para dizer a surpresa ou a admiração, etc. Símbolos convencionais: o céu é azul, as estradas cinzentas, os campos verdes, a pele cor de «carne», etc. Composição de uma rígida perspectiva. Definição estereotipada da beleza, através do ideal da regularidade das feições, por exemplo.

Através da Academia e dos seus mestres, o Estado impõe o princípio de visão e de divisão legítimo em matéria de representação figurada do mundo, o *nomos* artístico que rege a produção das imagens legítimas (por meio da produção de produtores legitimados para produzirem estas figurações). Este princípio é, ele próprio, uma dimensão do princípio fundamental de visão e de divisão legítimo que o Estado, detentor do monopólio da violência simbólica legítima, tem o poder de impor universalmente nos limites da sua alçada. O monopólio da *nomeação* – acto de designação criadora que faz existir aquilo que ela designa em conformidade com a sua designação – toma, ao aplicar-se ao universo da arte, a forma do monopólio estatal da produção dos produtores e das obras legítimas ou, se se quiser, do poder de dizer quem é pintor e quem o

A INSTITUCIONALIZAÇÃO DA ANOMIA | 291

não é, o que é pintura e o que a não é. Concretamente, a produção dos produtores de que o Estado, por meio das instituições encarregadas de controlar o acesso ao corpo, detém o monopólio, toma a forma de um processo de certificação ou, se se prefere, de consagração pelo qual os produtores são instruídos, aos seus próprios olhos e aos olhos de todos os consumidores legítimos, como produtores legítimos, conhecidos e reconhecidos por todos. Deste modo, o Estado, à maneira de um banco central, cria os criadores garantindo o crédito ou a moeda fiduciária que representa o título do pintor autorizado.

No trabalho simbólico, que a Academia deve realizar de modo contínuo para impor o reconhecimento do seu próprio valor e do valor simbólico e económico dos produtos que ela garante e para instaurar a crença de que a grande pintura é a do presente, ela dispõe de uma vantagem considerável em relação a instituições como o *Art Journal* em Inglaterra. Com efeito, a Academia pode – quando se trata de conjurar a ameaça que faria pesar sobre o seu monopólio (e, por este meio, sobre os preços extraordinários atingidos pelos pintores académicos) toda a espécie de arte ou de cânone artístico diferentes e sobretudo a pintura romântica a qual, como nota Francis Haskell, retoma um certo estilo do século XVIII, Watteau sobretudo, e professa a mesma indiferença pela Antiguidade – controlar a produção dos produtores legítimos e excluir os modelos heréticos, por meio da Escola de Belas-Artes, onde os seus membros ensinam, e dos concursos como o Prémio de Roma, por ela organizados; ela pode em qualquer caso impedir-lhes o acesso ao mercado, por meio do júri por ela designado, visto que tem o poder de decidir sobre a admissão ao Salão que torna o pintor acreditado e lhe assegura uma clientela. Esta lógica da defesa do corpo é a de todos os corpos (juristas, médicos, professores de ensino superior, etc.) cuja permanência no privilégio depende da sua capacidade de manter o controlo sobre os mecanismos apropriados a assumir a sua reprodução, quer dizer, a reconhecer, no duplo sentido de marcar e de consagrar, os membros legítimos do corpo.

Para tais corpos, cujo capital simbólico e, em consequência, cujo capital económico não podem acomodar-se a uma

292 | O PODER SIMBÓLICO

grande afluência e a uma grande dispersão, a ameaça vem do número – quer o *numerus clausus* de direito ou de facto venha a desaparecer, substituindo a concorrência limitada a um pequeno número de eleitos (por exemplo, as encomendas do Estado vão para uma escassa minoria de pintores) por uma concorrência sem limites; quer os produtores em excesso – quer dizer, todos aqueles que as instâncias que controlam a entrada no corpo (por meio do concurso) excluem do estatuto de produtor e, por este meio, da produção – consigam produzir o seu próprio mercado e, pouco a pouco, as suas próprias instâncias de consagração.

De facto, o monopólio académico assenta em toda uma rede de crenças que se reforçam mutuamente: crença dos pintores na legitimidade do júri e dos seus veredictos, crença do Estado na eficácia do júri, crença do público no valor da marca académica (análoga, na sua ordem, ao efeito da chancela do costureiro) para cujos efeitos ela contribui (sobretudo em matéria de preços). São crenças cruzadas que se desmoronam pouco a pouco, arrastando para a ruína o capital simbólico que elas fundamentam. Não é fácil determinar quais foram os mecanismos decisivos que levaram a esta espécie de bancarrota do banco central do capital simbólico em matéria de arte. Pode-se suspeitar que as exposições isoladas ou colectivas, as críticas incansáveis dos artistas e dos críticos contra o júri ou as modificações da sua composição tenham dado, como diz Jacques Lethève, «golpes sem remédio na confiança da opinião». Tratando-se de uma instituição que, em última instância, retira a sua autoridade da garantia do Estado, o «golpe» fatal é, em todo o caso, aquele que lhe é dado pelo Estado: a criação, em 1863, do Salão dos recusados que surgiu como uma desaprovação do júri de admissão e da Academia de Belas-Artes, «ferida na sua dignidade de guardiã dos verdadeiros, dos únicos princípios do belo» [51] e, em Junho do mesmo ano, a concentração nas mãos da administração (quer dizer, do Ministério da Casa do Imperador e das Belas-Artes) de todos os poderes sobre a organização da vida artística, e,

---

[51] J. Lethève, *Impressionistes...*, p. 29.

A INSTITUCIONALIZAÇÃO DA ANOMIA | 293

enfim, em Novembro de 1884, o decreto que retirou à Academia o poder de dirigir o ensino na Escola de Belas-Artes e na Villa Médicis.

Sabendo-se que toda a lógica da instituição académica supunha a organização da concorrência, compreende-se que o afluxo dos pretendentes cada vez mais numerosos – que o seu próprio sucesso tinha contribuído para atrair a ela entre os produtos de um ensino secundário em rápida expansão –, tenha criado as condições próprias para favorecer o sucesso de uma contestação [*mise en question*] revolucionária ([52]): a proliferação dos produtores em excesso favorece o desenvolvimento, fora da instituição, depois contra ela, de um meio artístico negativamente livre – a boémia –, que será ao mesmo tempo o laboratório social do modo de pensamento e do estilo de vida característicos do artista moderno e o mercado em que as audácias inovadoras em matéria de arte e arte de viver encontrarão o mínimo indispensável de gratificações simbólicas. Este processo, cujo ponto de partida está sem dúvida no efeito numérico, conduz à instauração de um estado crítico da instituição favorável à ruptura crítica com a instituição e, sobretudo, com a institucionalização bem sucedida desta ruptura. O universo de produtores de obras de arte, deixando de funcionar como *aparelho* hierarquizado controlado por um corpo, institui-se pouco a pouco como *campo* de concorrência pelo monopólio da legitimidade artística: ninguém pode, para o futuro, arvorar-se em detentor absoluto do *nomos*, mesmo que todos tenham pretensões a tal título. A constituição de um campo é, no verdadeiro sentido, uma *institucionalização da anomia*. Revolução de grande alcance que, pelo menos na ordem da arte que se vai fazendo, elimina

---

([52]) É preciso ter cuidado em não esquecer, como frequentemente acontece, que a eficácia real dos factores morfológicos só se define em relação com os constrangimentos específicos de um universo social determinado, e que, por consequência, sob pena de se constituírem estes factores (como em outros casos os factores técnicos ou económicos) em causas quase naturais, na sua génese e na sua operação estranhas à história, é preciso em cada caso proceder, como se faz aqui, à análise prévia do espaço social no qual eles intervêm.

294 | O PODER SIMBÓLICO

qualquer referência a uma autoridade suprema, capaz de resolver em última instância: o monoteísmo do nomoteta central cede o lugar à pluralidade dos cultos concorrentes dos múltiplos deuses incertos ([53]).

Para aproximar da intuição este modelo muito geral e para fazer sentir quanta dificuldade podia apresentar a conversão colectiva que esta revolução simbólica supunha, bastará lembrar o discurso pronunciado pelo Conde Walewski, ministro de Estado, na cerimónia da distribuição dos prémios do Salão de 1861:

«Ouvi invocar as liberdades da arte, os direitos da invenção e do génio desconhecidos. A exposição, tal como é, não é bastante importante? Escrevamos, por um momento, por cima da porta deste Palácio da Indústria: Todo o pintor, todo o escultor, todo o gravador, tem o direito de ser admitido... Mas, onde começa o pintor, o gravador, o estatuário? Se cada um for livre de o decidir à sua vontade, todas as falsas vocações a si mesmas passarão, de imediato, diploma, todos os erros do novato e do homem experiente virão a público... É um dever daqueles que têm por missão velar pelo movimento das letras e das artes lutar contra os falsos deuses, mesmo quando estão apoiados numa popularidade efémera e são adulados por um público enganado...» ([54])

([53]) A abolição de todo o lugar central de certificação torna, em certo sentido, mais difícil o trabalho revolucionário e a tomada do Hotel Massa, em Maio de 1968, por um grupo de escritores, foi vista, de imediato, como ridícula ou patética, como manifestação deslocada de uma intenção «revolucionária» capaz de trilhar as vias específicas da sua realização.

([54]) A. Tabarant, *op. cit.* p. 285.

X

Génese Histórica de uma Estética Pura

Comecemos com um paradoxo: acontece que alguns filósofos se interrogam sobre aquilo que permite distinguir as obras de arte das simples coisas (penso em Arthur Danto) e não hesitam em sugerir, com uma audácia sociologista que nunca permitiriam a um sociólogo, que o princípio dessa diferença ontológica deve ser procurado na instituição ou, por outras palavras, que o objecto de arte é um artefacto cujo fundamento só pode ser achado num *artworld*, quer dizer, num universo social que lhe confere o estatuto de candidato à apreciação estética [1]. Mas nunca aconteceu (embora um ou outro dos nossos pós-modernos não tardará a fazê-lo) que um filósofo verdadeiramente «digno desse nome» se interrogue sobre aquilo que permite distinguir um discurso filosófico de um discurso vulgar. Esta questão surge com particular acuidade quando, como neste caso, o filósofo, ou seja, aquele que certo *philosophical world* designa e reconhece como tal, concede a si próprio um discurso que ele recusaria, pondo-lhe o rótulo de sociologismo, a todo aquele que, tal como o soció-

---

[1] A. Danto, «The Artworld», *Journal of Philosophy*, vol. 61, 1964, pp. 571-584; G. Dickie, *Art and the Aesthetic*, Ithaca, 1974.

296 | O PODER SIMBÓLICO

logo, não faz parte da instituição filosófica (²). A dissimetria radical que a filosofia institui assim na sua relação com as ciências do homem fornece-lhe, entre outras coisas, um meio infalível de disfarçar aquilo que ela lhes vai pedir. Com efeito, penso que a filosofia dita pós-moderna (por um efeito de rotulagem até agora reservado ao *artworld*), não faz mais que retomar em forma de negação (refiro-me à maneira da *Verneinung* freudiana) não só certos saberes adquiridos das ciências sociais, mas também a filosofia historicista inscrita na prática dessas ciências. A apropriação disfarçada pela negação do que se retira às ciências sociais é uma das mais poderosas estratégias que a filosofia jamais utilizou contra aquelas ciências e contra a ameaça de relativização que impendia sobre ela. O modelo dessa apropriação é indiscutivelmente a ontologização do historicismo que Heidegger efectuou (³). É esta mesma estratégia de jogo duplo que permite a Derrida ir buscar à ciência social, contra a qual ele se insurge, alguns dos seus instrumentos mais típicos de des-construção. Assim, ao mesmo tempo que opõe ao estruturalismo, e à noção «estática» de estrutura, uma variante «pós-modernizada» da crítica bergsoniana dos efeitos redutores da inteligência científica, Derrida pode dar-se ares de radicalismo ao virar contra a crítica literária tradicional uma crítica das oposições binárias que, através de Levi-Strauss, remonta à mais clássica análise das «formas de classificação» caras a Durkheim e Mauss (⁴). Mas não se pode verdadeiramente ganhar em todas as frentes e a sociologia da instituição artística, que o «des-construtor»

(²) Cf. P. Bourdieu, *The Philosophical Establishement, in: Philosophy in France Today*, A. Montefiore, ed., Cambridge, Cambridge University Press, 1983, pp. 1-8.

(³) Cf. P. Bourdieu, «L'ontologie politique de Martin Heidegger», *Actes de la recherche en sciences sociales*, 5-6, Novembro 1975, pp. 183-190 e *Die politische Ontologie Martin Heideggers*, Frankfurt, Syndikat, 1976.

(⁴) Seria necessário mostrar, pela mesma lógica, como Nietzsche forneceu a Foucault os conceitos-chave (estou a pensar por exemplo na noção de genealogia funcionando como substituto eufemístico da história social) que permitiram que ele aceitasse e fizesse aceitar em forma de negação modos de pensamento típicos de uma sociologia genética, e, portanto, sacrificasse sem infringir as práticas das ciências sociais.

GÉNESE HISTÓRICA DE UMA ESTÉTICA PURA | 297

pode realizar unicamente em forma de negação, nunca vai até ao termo da sua lógica: a crítica da instituição que essa sociologia implica é uma meia-crítica, própria para provocar as deliciosas comoções de uma revolução em branco (⁵). Além disso, ao fazer crer numa ruptura radical com a ambição de apreender essências a-históricas e ontologicamente fundamentadas, essa crítica pode levar a que se desanime de procurar o fundamento da atitude estética e da obra de arte onde ele realmente se encontra, quer dizer, na história da instituição artística.

A análise da essência e a ilusão do absoluto

O que é digno de nota na diversidade das respostas que os filósofos têm dado à questão da especificidade da obra de arte, é mais a ambição que lhes é comum (à excepção talvez de Wittgenstein) de apreender uma essência trans-histórica ou an-histórica, do que estarem de acordo quase sempre em insistirem na ausência de função, no desapego, na gratuidade, etc. (⁶). O pensador puro de uma experiência pura da obra de

---

(⁵) Já mostrei anteriormente, a propósito da análise que Derrida consagra à crítica da faculdade de julgar, como e porquê a «des-construção» fica a meio caminho (cf. P. Bourdieu, «Elements pour une critique 'vulgaire' des critiques 'pures'», in *La distinction*, Paris, Minuit, 1979, espec. pp. 578-583).

(⁶) Sem evocar todas as definições que são apenas variantes da análise kantiana (como a que Strawson propõe – a obra de arte tem como função o não ter função. – cf. «Aesthetic Appraisal and Works of Art» in *Freedom and Resentment*, Londres, 1974, pp. 178-188), podemos contentar-nos com relembrar um exemplo de *idealtipus* da constituição em essência, por meio de uma enumeração das suas características, de uma experiência da obra de arte situada de forma muito evidente no espaço social e no tempo histórico: segundo Harold Osborne, a atitude estética caracteriza-se pela concentração da atenção (ela separa – *frames apart* – o objecto percebido do seu meio envolvente), pelo pôr em suspenso as actividades discursivas e analíticas (ela ignora o contexto sociológico e histórico), pelo desinteresse e desapego (ela põe de parte as preocupações passadas e futuras), pela indiferença para com a existência do objecto (cf. H. Osborne, *The art of Appreciation*, Londres, Oxford University Press, 1970).

298 | O PODER SIMBÓLICO

arte – ao tomar como objecto de reflexão a sua própria experiência, que é a de um homem culto de uma determinada
sociedade, sem tomar como objecto a historicidade da sua
reflexão e a do objecto a que ela se aplica – constitui, sem
saber, uma experiência particular em norma trans-histórica de
qualquer percepção artística. Ora, esta experiência, no que
ela tem aparentemente de mais singular (e esse sentimento de
unicidade contribui, sem dúvida, em muito para lhe dar
valor), é uma instituição que é produto da invenção histórica
e cuja necessidade e razão de ser só podem ser realmente
apreendidas mediante uma análise propriamente histórica, a
única capaz de explicar ao mesmo tempo a sua natureza e a
aparência de universalidade que ela dá àqueles que a vivem
ingenuamente, a começar pelos filósofos que a submetem à
sua reflexão, ignorando as suas *condições sociais de possibilidade*.

A compreensão desta forma especial de relação com a
obra de arte que é a compreensão imediata da familiaridade
implica uma compreensão do analista por ele próprio: este
não pode consagrar-se nem à simples análise fenomenológica
da experiência vivida da obra – na medida em que esta experiência assenta no esquecimento activo da história que a produz –, nem à análise da linguagem correntemente utilizada
para a exprimir – na medida em que essa linguagem também é produto da des-historicização. Onde Durkheim dizia
«o inconsciente é a história», poder-se-ia escrever «o *a priori* é
a história». Só mobilizando todos os recursos das ciências
sociais se pode levar a bom termo esta espécie de realização
historicista do projecto transcendental que consiste na reapropriação, por meio da anamnese histórica, do produto de todo
o trabalho histórico cuja consciência ele produz a cada passo,
quer dizer, neste caso especial, as atitudes e os esquemas classificatórios que são a condição da experiência estética tal como
é descrita ingenuamente pela análise de essência.

Com efeito, o que a análise reflexiva esquece é que o olhar
do amador de arte do século xx é um produto da história,
embora surja a si próprio sobre a aparência de dom da natureza. Assim, pelo lado da filogénese, o olhar puro, capaz de
apreender a obra de arte como ela exige que seja apreendida,

GÉNESE HISTÓRICA DE UMA ESTÉTICA PURA | 299

em si mesma e por si mesma, enquanto forma e não enquanto função, é inseparável do aparecimento de produtores animados de uma intenção artística pura, ela própria indissociável da emergência de um campo artístico autónomo, capaz de pôr e de impor os seus próprios fins contra as exigências externas. Mas, pelo lado da ontogénese, esse olhar está associado às condições de aquisição extremamente particulares, como a frequentação desde cedo dos museus e a exposição aberta ao ensino escolar e à *skolé* que ela implica – o que significa, diga-se de passagem, que a análise de essência quando omite essas condições, universalizando dessa forma o caso particular, institui tacitamente em norma universal de qualquer prática que pretende ser estética as propriedades bem específicas de uma experiência que é produto do privilégio, quer dizer, de condições de aquisição excepcionais.

Aquilo que a análise an-histórica da obra de arte e da experiência estética apreende na realidade é uma instituição que, como tal, existe por assim dizer duas vezes, nas coisas e nos cérebros. Nas coisas, em forma de um campo artístico, universo social relativamente autónomo que é produto de um lento processo de constituição; nos cérebros, em forma de atitudes que se foram inventando no próprio movimento pelo qual se inventou o campo a que elas imediatamente se ajustaram. Quando as coisas e os cérebros (ou as consciências) são concordantes, quer dizer, quando o olhar é produto do campo a que ele se refere, este, com todos os produtos que propõe, aparece-lhe de imediato dotado de sentido e de valor. De tal modo que, para que venha a ser posta a questão absolutamente extraordinária do fundamento do valor da obra de arte, geralmente admitida como evidente *(taken for granted)*, é necessária uma experiência, a qual, para um homem culto, é absolutamente excepcional, embora seja, pelo contrário, absolutamente vulgar, como prova a investigação empírica (7),

---

(7) Acerca do desconcerto, do embaraço até, que a falta do mínimo domínio dos instrumentos de percepção e de apreciação, e em particular dos rótulos e das referências como nomes de géneros, de escolas, de épocas, de artistas, etc., provoca nos visitantes de museus cultural-

300 | O PODER SIMBÓLICO

para todos aqueles que não tiveram o ensejo nem a oportunidade de adquirir as atitudes objectivamente exigidas pela obra de arte. Está neste caso Danto, ao descobrir, após a visita à exposição das caixas *Brillo* de Warhol na Stable Gallery, o carácter arbitrário, *ex instituto*, como diria Leibniz, da imposição do valor feita pelo campo por meio da exposição num local consagrado e consagrante.

A experiência da obra de arte como imediatamente dotada de sentido e de valor é um efeito da concordância entre as duas faces da mesma instituição histórica, o *habitus* culto e o campo artístico, que se fundem mutuamente: dado que a obra de arte só existe enquanto tal, quer dizer, enquanto objecto simbólico dotado de sentido e de valor, se for apreendida por espectadores dotados da atitude e da competência estéticas tacitamente exigidas, pode dizer-se que é o olhar do esteta que constitui a obra de arte como tal, mas com a condição de ter de imediato presente no espírito que só pode fazê-lo na medida em que é ele próprio o produto de uma longa convivência com a obra de arte ([8]). Este círculo, que é o círculo da crença e do sagrado, é também o de qualquer instituição que só pode funcionar se for instituída ao mesmo tempo na objectividade de um jogo social e nas atitudes que levam a entrar no jogo, a interessar-se por ele. Os museus poderiam escrever no seu frontão – mas não há que o fazer de tal forma isso é evidente: «Que ninguém entre aqui se não for amador de arte». O jogo cria a *illusio*, o investimento no jogo do jogador avisado,

---

mente mais desprovidos, poderá consultar-se P. Bourdieu e A. Darbel, *L'Amour de l'art, Les musées d'art européens et leur public*, Paris, Minuit, 1966; P. Bourdieu, «Elements d'une théorie sociologique de la perception artistique», *Revue internationale des sciences sociales*, XX, 4, 1968, pp. 640-664.

([8]) A análise sociológica permite escapar à alternativa do subjectivismo e do objectivismo, rejeitar o subjectivismo das teorias de consciência estética (*äesthetisches Bewusstsein*) que reduzem a qualidade estética de uma coisa natural ou de uma obra humana a um simples correlato de uma atitude deliberada da consciência, que se coloca diante da coisa numa atitude que não é teórica nem prática, mas puramente contemplativa sem cair, como o Gadamer de *Wahrheit und Methode*, numa ontologia da obra de arte.

GÉNESE HISTÓRICA DE UMA ESTÉTICA PURA

dotado do sentido do jogo, que habituado ao jogo, pois que é feito pelo jogo, joga o jogo e, por esse meio, o faz existir. O campo artístico, pelo seu próprio funcionamento, cria a atitude estética sem a qual o campo não poderia funcionar. Em especial, por meio sobretudo da concorrência que opõe todos os agentes investidos no jogo, ele reproduz incessantemente o interesse pelo jogo, a crença no valor daquilo que está em jogo. Para dar uma ideia desse trabalho colectivo e dos inúmeros actos de delegação de poder simbólico, de reconhecimento voluntário ou forçado através dos quais se gera esse reservatório de crédito onde bebem os criadores de feitiços, bastará evocar a relação entre os diferentes críticos de vanguarda que se consagram como tais consagrando obras cujo valor sagrado é dificilmente apreendido pelos amadores cultos ou até pelos seus concorrentes mais avançados. Em suma, a questão do sentido e do valor da obra de arte, tal como a questão da especificidade do juízo estético e todos os grandes problemas da estética filosófica só podem achar a sua solução numa história social do campo associada a uma sociologia das condições da constituição da atitude estética especial que o campo exige em cada um dos seus estados.

A génese do campo artístico e a invenção do olhar puro

O que é que faz com que a obra de arte seja uma obra de arte e não uma coisa do mundo ou um simples utensílio? O que é que faz de um artista um artista, em oposição a um artífice ou a um pintor de domingo? O que é que faz com que um bacio ou uma garrafeira expostos num museu sejam obras de arte? Será o facto de estarem assinados por Duchamp, artista reconhecido (e antes de mais como artista), e não por um comerciante de vinhos ou um latoeiro? Ora não será simplesmente passar da obra de arte como feitiço para o «feitiço do nome do mestre», como dizia Benjamin? Por outras palavras, quem criou o «criador» como produtor reconhecido de feitiços? E o que é que confere a sua eficácia mágica ou, se se preferir, ontológica, ao seu nome, cuja celebridade está na

302 | O PODER SIMBÓLICO

medida da sua pretensão em existir como artista, e à imposição desse nome o qual, como a marca do grande costureiro, multiplica o valor do objecto em que está posto (que é tudo o que está em jogo nas querelas de atribuição e faz o poder dos peritos)? Onde reside o princípio último do efeito de rótulo, ou de nomeação, ou de teoria – palavra esta particularmente adequada visto que se trata de ver, *theorein*, e de fazer crer – que, ao introduzir a diferença, a divisão, a separação, produz o sagrado?

Estas questões são absolutamente análogas, na sua ordem, às que Mauss punha quando, no seu *Essai sur la magie*, ao interrogar-se acerca do princípio da eficácia mágica, se viu obrigado a passar dos instrumentos utilizados pelo feiticeiro para o próprio feiticeiro, e deste para a crença dos seus clientes e, gradualmente, para todo o universo social no interior do qual se elabora e se exerce a magia. Deste modo, nessa regressão para a causa primeira e para o fundamento último do valor da obra de arte, é necessário parar. E, para explicar esta espécie de milagre da transubstanciação que está na origem da existência da obra de arte e que, comummente esquecido, é brutalmente trazido à mente pelas manifestações de força à maneira de Duchamp, é necessário substituir a questão ontológica pela questão histórica da génese do universo em cujo seio se produz e se reproduz incessantemente, numa verdadeira criação contínua, o valor da obra de arte, quer dizer, o campo artístico.

A análise de essência do filósofo apenas regista o produto da análise de essência real que a própria história realiza na objectividade, através do processo de autonomização no qual – e, também, pelo qual – se institui progressivamente o campo artístico e se criam os agentes (artistas, críticos, historiógrafos, conservadores, etc.), os técnicos, as categorias e os conceitos (géneros, maneiras, épocas, estilos, etc.) característicos desse universo. Noções que se tornaram tão evidentes e tão banais como as de artista e de «criador», assim como as próprias palavras que as designam e as constituem são produto de um longo e lento trabalho histórico. É isto que, muitas vezes, os próprios historiadores da arte esquecem quando se interrogam acerca

GÉNESE HISTÓRICA DE UMA ESTÉTICA PURA | 303

da emergência do artista no sentido moderno do termo, sem por isso escaparem à armadilha do «pensamento essencial» inscrita no uso, constantemente ameaçado pelo anacronismo, de palavras historicamente inventadas, por conseguinte datadas. Por não se pôr em causa tudo aquilo que se encontra tacitamente envolvido na noção moderna de artista, particularmente a ideologia profissional do «criador» incriado que se foi elaborando ao longo do século XIX, e por não se romper com o objecto aparente, quer dizer, o artista (ou, por outro lado, o escritor, o filósofo, o letrado), para considerar o campo de produção de que é produto o artista, socialmente instituído como «criador», os historiadores da arte não podem substituir a interrogação ritual acerca do local e do momento do aparecimento da personagem do artista (em oposição ao artífice) pela questão das condições económicas e sociais da constituição de um campo artístico baseado na crença nos poderes quase mágicos reconhecidos ao artista moderno nos estados mais avançados do campo.

Não se trata apenas de exorcizar aquilo a que Benjamin chamava o «feitiço do nome do mestre» por meio de uma simples inversão sacrílega e um tanto pueril – quer se queira quer não, o nome do mestre é bem um feitiço. Trata-se, sobretudo, de descrever a emergência progressiva do conjunto das condições sociais que possibilitam a personagem do artista como produtor desse feitiço que é a obra de arte, isto é, descrever a constituição do campo artístico (no qual estão incluídos os analistas, a começar pelos historiadores da arte, mesmo os mais críticos) como o lugar em que se produz e se reproduz incessantemente a crença no valor da arte e no poder de criação do valor que é próprio do artista. O que leva a arrolar não só os índices de autonomia do artista (aqueles que a análise dos contratos revela, como o aparecimento da assinatura, da competência específica do artista ou do recurso, em caso de conflito, à arbitragem dos pares, etc.), mas também os índices de autonomia do campo tais como a emergência do conjunto das instituições específicas que condicionam o funcionamento da economia dos bens culturais: locais de exposição (galerias, museus, etc.), instâncias de consagração (academias, salões, etc.), instâncias de reprodução dos produtores e dos consumidores (escolas de Belas-Artes, etc.), agentes especializados (comerciantes, críticos, historiadores da arte, coleccionadores, etc.), dotados das atitudes objectivamente exigidas pelo campo e de categorias de percepção e da apreciação específicas, irredutíveis às que têm curso normal na existência corrente e que são capazes de impor uma medida específica do valor do artista e dos seus produtos. Enquanto a pintura for medida em unidades de superfície ou em campos de trabalho, ou pela quantidade e pelo preço dos materiais utilizados, ouro ou silicato, o artista pintor não difere radicalmente de um pintor de paredes. Por isso, entre todas as invenções que acompanham a emergência do campo de produção, uma das mais importantes é, sem dúvida, a elaboração de uma linguagem artística: antes de mais, uma maneira de nomear o pintor, de falar dele, da natureza do seu trabalho e do modo de remuneração desse trabalho, através da qual se elabora uma definição autónoma do valor propriamente artístico, irredutível, enquanto tal, ao valor estritamente económico; e também, pela mesma lógica, uma maneira de falar da própria pintura, da técnica pictórica, com palavras apropriadas, muitas vezes pares de adjectivos, que permitem que se exprima a arte pictórica, a *manifattura*, e até mesmo o cunho próprio de um pintor, para cuja existência social ela contribui ao nomeá-la. Nesta lógica, o discurso de celebração, nomeadamente a biografia, desempenha um papel determinante, menos, sem dúvida, pelo que ela diz acerca do pintor e da sua obra, do que pelo facto de o constituir em personagem memorável, digna do relato histórico, à maneira dos homens de Estado e dos poetas (é sabido que a analogia nobilitante – *ut pictura poesis* – contribui, pelo menos algum tempo, e até se tornar um obstáculo, para a afirmação da irredutibilidade, da arte pictórica). Uma sociologia genética deveria também introduzir no seu modelo a acção dos próprios produtores, a sua reivindicação do direito de serem os únicos juízes da produção pictórica, de produzirem eles próprios os critérios de percepção e de apreciação dos seus produtos; ela deveria igualmente levar em linha de conta o efeito que pode produzir neles e na imagem que têm

GÉNESE HISTÓRICA DE UMA ESTÉTICA PURA | 305

de si próprios e da sua produção e, deste modo, sobre a sua própria produção, a imagem que têm deles e da sua produção os outros agentes envolvidos no campo, os outros artistas e também os críticos, os clientes, os coleccionadores, etc. (Podemos, pois, supor que o interesse manifestado, desde o *Quattrocento*, por certos coleccionadores em relação aos esboços e aos desenhos, tenha contribuído para elevar o sentimento que o artista podia ter da sua dignidade.)

Deste modo, à medida que o campo se vai constituindo como tal, o «sujeito» da produção da obra de arte, do seu valor e também do seu sentido, não é o produtor do objecto na sua materialidade, mas sim o conjunto dos agentes, produtores de obras classificadas como artísticas, grandes ou pequenos, célebres, quer dizer, celebrados, ou desconhecidos, críticos de todas as bandas, eles próprios organizados em campo, coleccionadores, intermediários, conservadores, etc., que têm interesses na arte, que vivem para a arte e também da arte (em graus diferentes), que se opõem em lutas nas quais está em jogo a imposição de uma visão do mundo, e também do mundo da arte, e que colaboram por meio dessas lutas na produção do valor da arte e do artista.

Se é esta a lógica do campo, então compreende-se que os conceitos utilizados para pensar as obras de arte e, em particular, para as classificar, se caracterizem, como observava Wittgenstein, por uma extrema indeterminação, quer se trate de géneros (tragédia, comédia, drama ou romance), de formas (balada, rondó, soneto ou sonata), de períodos ou de estilos (gótico, barroco ou clássico) ou de movimentos (impressionista, simbolista, realista, naturalista). Compreende-se igualmente que não seja menor a confusão entre os conceitos utilizados para caracterizar a própria obra de arte, para a perceber e a apreciar, como os pares de adjectivos, por exemplo: belo ou feio, requintado ou grosseiro, leve ou pesado, etc., que estruturam a expressão e a experiência da obra de arte. Se estas categorias do juízo do gosto, por estarem inscritas na língua comum e serem utilizadas, na sua maior parte, para além da esfera propriamente estética, são comuns a todos os locutores de uma mesma língua e permitem, pois, uma forma aparente

306 | O PODER SIMBÓLICO

de comunicação, elas permanecem sempre marcadas, mesmo no uso que delas fazem os profissionais, por uma incerteza e uma flexibilidade extremas que, como observa ainda Wittgenstein, as torna totalmente refractárias à definição essencial ([9]). Isto acontece, sem dúvida, porque a utilização que se faz dessas categorias e o sentido que se lhes dá dependem dos pontos de vista individuais, situados social e historicamente e, muitas vezes, perfeitamente irreconciliáveis, dos seus utilizadores ([10]). Em suma, embora se possa sempre discutir a propósito dos gostos – e, como se sabe, a confrontação das preferências ocupa efectivamente um lugar importante nas conversas quotidianas –, o certo é que a comunicação nestas matérias só se realiza com um elevado grau de equívoco, porque os lugares comuns que a tornam possível são também aquilo que praticamente a torna ineficaz, quando os utilizadores desses tópicos dão aos termos que eles opõem sentidos diferentes, por vezes estritamente inversos. Assim, indivíduos

---

([9]) Cf. R. Shusterman, «Wittgenstein and Critical Reasoning», *Philosophy Phenomenological Research*, 47, 1986, pp. 91-110.

([10]) Uma consciência aguda da situação em que está colocado o analista pode conduzi-lo a aporias quase insuportáveis. Isto nomeadamente porque a linguagem mais neutra está destinada a aparecer, assim que a leitura ingénua o leva a entrar no jogo social, como uma tomada de posição no próprio debate que ele tenta apenas objectivar. Assim por exemplo, mesmo quando se substitui um conceito mais neutro, o de periferia, por uma palavra nativa como «província», demasiado carregada de conotações pejorativas, a verdade é que a oposição do centro e da periferia que utilizamos para analisar efeitos de dominação simbólica está em jogo na luta dentro do campo analisado; por exemplo, com a vontade dos «centrais» quer dizer dos dominantes, de descrever as tomadas de posição dos ocupantes de posições periféricas como um efeito do atraso e do outro lado a resistência dos «periféricos» contra a desclassificação implicada nesta classificação, e o seu esforço para converter uma posição periférica em posição central ou, pelo menos, em afastamento electivo: o exemplo de Avignon ilustra o facto de o artista só poder-se produzir como tal – neste caso como alternativa adequada a uma concorrência eficaz à posição dominante –, na relação com os clientes (cf. E. Castelnuovo e C. Ginsburg, «Domination symbolique et géographie artistique dans l'histoire de l'art italien», *Actes de la recherche en sciences sociales*, 40, Novembro, 1981, pp. 51-73).

GÉNESE HISTÓRICA DE UMA ESTÉTICA PURA | 307

que ocupam posições opostas no espaço social podem dar sentidos a valores totalmente opostos aos adjectivos vulgarmente utilizados para caracterizar as obras de arte ou os objectos da existência quotidiana (estou a pensar, por exemplo, no adjectivo «cuidado», frequentemente excluído do gosto «burguês» sem dúvida por encarnar o gosto pequeno-burguês) ([11]). E não ficaria por aqui o arrolamento, numa dimensão histórica, das noções que, a começar pela ideia de beleza, tomaram, em épocas diferentes, sentidos diferentes, até radicalmente opostos, na sequência de revoluções artísticas, como, por exemplo, a noção de «acabado» que, após ter condensado ao mesmo tempo o ideal ético e estético do pintor académico, viu-se excluída da arte por Manet e os impressionistas.

Desta forma, as categorias utilizadas para perceber e apreciar a obra de arte estão duplamente ligadas ao contexto histórico: associadas a um universo social situado e datado, elas são objecto de usos também eles marcados socialmente pela posição social dos utilizadores que envolvem, nas opções estéticas por elas permitidas, as atitudes constitutivas do seu *habitus*.

A maior parte das noções que os artistas e os críticos empregam para se definirem ou para definirem os seus adversários são armas e objectivos de lutas e muitas das categorias que os historiadores da arte utilizam para pensar o seu objecto são apenas categorias nativas [*indigènes*] (mais ou menos sabiamente disfarçadas ou transfiguradas. Estes conceitos de combate, inicialmente concebidos, a maior parte das vezes, como insultos ou condenações (as nossas categorias vêm do grego *katègorein*, acusar publicamente), tornam-se pouco a pouco em categorias técnicas a que, graças à amnésia da génese, as dissecações da crítica e as dissertações ou as teses académicas conferem um ar de eternidade. Entre todas as maneiras de entrar em lutas que devem ser apreendidas como lutas, do exterior, para serem objectivadas, a mais tentadora e irrepreensível é, sem dúvida, a que consiste em se arvorar em árbitro ou juiz, em resolver conflitos que não estão resolvidos na realidade, em ter, por exemplo, a satisfação de anunciar veredictos,

---

([11]) Cf. P. Bourdieu, *La distinction*, *op. cit.*, p. 216.

308 | O PODER SIMBÓLICO

de dizer o que é verdadeiramente o realismo, ou ainda, muito simplesmente, de decretar – e por actos aparentemente tão inocentes como o de incluir ou não este ou aquele produtor na amostra ou no *corpus* – quem é artista e quem o não é... (decisão ainda mais grave, sob a aparência da inocência positivista, pois o que mais está em jogo nas lutas artísticas é sempre e em toda a parte a questão dos limites do mundo da arte, e porque a validade das inferências, nomeadamente estatísticas, que se podem tirar a respeito de um universo, depende da validade da classe acerca da qual elas foram estabelecidas).

Se há uma verdade é que a verdade está em jogo nas lutas; embora as classificações ou os juízos divergentes ou antagonistas dos agentes envolvidos no campo artístico sejam indiscutivelmente determinados ou orientados pelas atitudes e pelos interesses específicos associados a uma posição no campo, a um ponto de vista, o certo é que eles são formulados em nome de uma pretensão à universalidade, ao juízo absoluto, que é a própria negação da relatividade dos pontos de vista [12]. O «pensamento essencial» opera em todos os universos sociais e, muito especialmente, nos campos de produção cultural, campo religioso, campo científico, campo jurídico, etc., onde se jogam jogos em que está em jogo o universal. Mas, nesse caso, é evidente que as «essências» são normas. Era o que relembrava Austin, quando analisava as implicações do adjectivo «verdadeiro» em expressões como um «verdadeiro» homem, uma «verdadeira» coragem ou, como neste caso, um «verdadeiro» artista ou uma «verdadeira» obra-prima: em todos os exemplos, a palavra «verdadeiro» opõe tacitamente o caso considerado a todos os casos da mesma classe a que os outros locutores atribuem também, indevidamente, quer dizer, de uma maneira que não está «verdadeiramente» justificada, este predicado, simbolicamente muito poderoso, como qualquer reivindicação do universal.

---

[12] Quer dizer, quando o filósofo propõe uma definição de essência do juízo de gosto ou concede a uma definição que, como a de Kant, se aplica às suas atitudes éticas, a universalidade que ela reivindica, ele afasta-se menos do que pensa do modo de pensamento comum e da propensão para a absolutização do relativo que a caracteriza.

GÉNESE HISTÓRICA DE UMA ESTÉTICA PURA | 309

A ciência nada mais pode fazer senão tentar estabelecer a verdade dessas lutas pela verdade, apreender a lógica objectiva segundo a qual se determinam as coisas em jogo e os campos, as estratégias e as vitórias, produzir representações e instrumentos de pensamento que, com desiguais probabilidades de êxito, aspiram à universalidade, às condições sociais da sua produção e da sua utilização, quer dizer, à estrutura histórica do campo em que se geram e funcionam. Em conformidade com o postulado metodológico, constantemente validado pela análise empírica da homologia entre o espaço das tomadas de posição (formas literárias ou artísticas, conceitos e instrumentos de análise, etc.) e o espaço das posições ocupadas no campo, somos levados a historicizar esses produtos culturais que têm de comum a aspiração à universalidade. Mas historicizá-los não é somente, como se pensa, relativizá-los tendo em conta que eles apenas têm sentido quando referidos a um determinado estado do campo de lutas; é também restituir-lhes a sua necessidade, subtraindo-os à indeterminação resultante de uma falsa eternização, para os pôr em relação com as condições sociais da sua génese, verdadeira definição geradora ([13]). Em vez de conduzir a um relativismo historicista, a historicização das formas do pensamento que nós aplicamos ao objecto histórico, as quais podem ser produto desse objecto, oferece a única oportunidade real de escapar um pouco à história.

Da mesma forma que as oposições que estruturam a percepção estética não são dadas *a priori* mas sim historicamente

---

([13]) Contrariamente à representação dominante a qual pretende que a análise sociológica, relacionando cada forma de gosto com as suas condições sociais de produção, reduza e relativize as práticas e as representações a que diz respeito, podemos considerar que ela as subtrai ao arbitrário e as absolutiza, tornando-as ao mesmo tempo necessárias e incomparáveis, justificadas, pois, para existirem como existem. Com efeito, podemos admitir que duas pessoas dotadas de *habitus* diferentes que não estão expostas à mesma situação nem aos mesmos estímulos, porque os constroem de outra maneira, não ouvem as mesmas músicas nem vêem os mesmos quadros e, por esse facto, não podem formar o mesmo juízo de valor.

310 | O PODER SIMBÓLICO

produzidas e reproduzidas e são indissociáveis das condições históricas da sua aplicação, assim também a atitude estética – que constitui em obra de arte os objectos socialmente designados para a sua aplicação, estabelecendo ao mesmo tempo que é da sua alçada a competência estética, com as suas categorias, os seus conceitos, as suas taxinomias – é um produto de toda a história do campo que deve ser reproduzido, em cada potencial consumidor da obra de arte, por uma aprendizagem específica. Basta observar a sua distribuição quer ao longo da história (com esses críticos que, até aos finais do século XIX, defenderam uma arte subordinada aos valores morais e às funções didácticas) quer, hoje, no seio de uma mesma sociedade, para nos convencermos que não há nada menos natural que a atitude a adoptar perante uma obra de arte e, mais ainda, perante um objecto, qualquer que seja a postura estética tal como ela é descrita pela análise de essência.

A invenção do olhar puro produz-se no próprio movimento do campo para a autonomia. De facto, não podendo relembrar aqui a demonstração, podemos dizer que a afirmação da autonomia dos princípios de produção e de avaliação da obra de arte é inseparável da afirmação da autonomia do produtor, quer dizer, do campo de produção. Tal como a pintura pura de que o olhar puro é o correlato obrigatório – feita, como escreveu Zola a propósito de Manet, para ser olhada em si mesma e por si mesma, enquanto pintura, enquanto jogo de formas, de valores e de cores e não como um discurso *(ut poesis)*, quer dizer, independentemente de qualquer referência a significações transcendentes –, o olhar puro é o resultado de um processo de depuração, verdadeira análise de essência operada pela história, ao longo das sucessivas revoluções que, tal como no campo religioso, conduzem de cada vez a nova vanguarda a opor em nome do regresso ao rigor das origens, à ortodoxia, uma definição mais pura do género. Vimos desta forma a poesia depurar-se de todas as propriedades acessórias – formas a destruir: o soneto, o alexandrino; figuras de retórica a demolir: a comparação, a metáfora; conteúdos e sentimentos a banir: o lirismo, a efusão, a psicologia –, para se reduzir pouco a pouco, no termo de uma espécie de análise

GÉNESE HISTÓRICA DE UMA ESTÉTICA PURA | 311

histórica, aos efeitos mais especificamente poéticos, como a ruptura do paralelismo fono-semântico.

De uma maneira mais geral, a evolução dos diferentes campos de produção cultural para uma maior autonomia é acompanhada por uma espécie de retorno reflexivo e crítico dos produtores sobre a sua própria produção, que os leva a retirar dela o princípio próprio e os pressupostos específicos. E isto, primeiro, porque o artista, doravante em condições de recusar qualquer constrangimento ou exigência externa, pode afirmar a sua mestria sobre aquilo que o define e que lhe pertence em particular, quer dizer, a forma, a técnica, a arte, em suma, instituída desta forma como fim exclusivo da arte. Flaubert, no domínio da escrita, Manet, no domínio da pintura, foram, sem dúvida, os primeiros a tentar impor, à custa de extraordinárias dificuldades subjectivas e objectivas, a afirmação consciente e radical da omnipotência do olhar criador, capaz de se aplicar não só, por simples inversão, aos objectos baixos e vulgares, como pretendia o realismo de Champfleury e Courbet, mas também aos objectos insignificantes, perante os quais o «criador» pode afirmar o seu poder quase divino de transmutação. «Escrever bem o medíocre»: esta fórmula de Flaubert, que também é válida para Manet, afirma a autonomia da forma em relação ao tema, conferindo ao mesmo tempo à percepção culta a sua norma fundamental. Como podemos verificar empiricamente, não existe homem culto (quero dizer, segundo os cânones da escola, com títulos de ensino superior) que não saiba hoje que uma realidade, qualquer que ela seja, uma corda, uma pedra, um mendigo esfarrapado, pode ser objecto de uma obra de arte, como pretende a definição do juízo estético geralmente mais aceite entre os filósofos ([14]); e que não saiba, pelo menos, que é bom dizer que assim é, como nos dizia um pintor de vanguarda, especialista na arte de confundir a nova doxa estética. (Com efeito, para despertar este esteta de limitada boa vontade e ressuscitar nele a admiração artística, e até filosófica, é necessário aplicar-lhe um tratamento de choque à maneira de Duchamp ou de

---

([14]) Cf. P. Bourdieu, *La distinction*, op. cit., pp. 45 ss.

312 | O PODER SIMBÓLICO

Warhol que, ao exporem tal qual objectos do mundo, de certo modo fazem ver claramente ao artista, tal como é definido desde Manet, a omnipotência criadora que a atitude pura concede sem pensar.

A segunda razão desse retorno reflexivo e crítico da arte sobre si própria está em que, à medida que o campo se fecha sobre si, o domínio prático dos conhecimentos específicos inscritos nas obras passadas e registadas, codificadas, canonizadas por um corpo de profissionais da conservação e da celebração, historiadores da arte e da literatura, exegetas, analistas, faz parte das condições do acesso ao campo de protecção. Daí resulta que, contrariamente àquilo que um relativismo ingénuo ensina, o tempo da história da arte é realmente irreversível e que ela apresenta uma forma de *cumulatividade*. Ninguém está mais ligado ao passado específico do campo, mesmo até na intenção subversiva, ela própria também ligada a um estado do campo, do que os artistas de vanguarda que, sob pena de surgirem como «naifs» (à maneira de Rousseau Douanier ou de Brisset), têm inevitavelmente de se situar em relação a todas as tentativas anteriores de ir mais além das que se efectuaram na história do campo e no espaço dos possíveis que o mesmo campo impõe aos recém-chegados. O que acontece no campo está cada vez mais ligado à história específica do campo, e só a ela, e é, pois, cada vez mais difícil de deduzir a partir do estado do mundo social no momento considerado (como pretende fazer certa «sociologia» que ignora a lógica específica do campo). A percepção adequada de obras que, como as caixas *Brillo* de Warhol ou as pinturas monócromas de Klein, devem as suas propriedades formais e o seu valor unicamente à estrutura do campo, à sua história portanto, é uma percepção diferencial, diacrítica, quer dizer, atenta aos desvios em relação a outras obras contemporâneas e também do passado. De tal modo que, como a produção, o consumo de obras provenientes de uma longa história de rupturas com a história, com a tradição, tende a tornar-se de parte a parte histórica, e, não obstante, cada vez mais totalmente des-historicizado; com efeito, a história que a decifração e a apreciação praticamente põem em jogo reduz-se cada vez mais à história

GÉNESE HISTÓRICA DE UMA ESTÉTICA PURA | 313

pura das formas, ocultando completamente a história social das lutas a respeito das formas, história essa que faz a vida e o movimento do campo artístico.

Desta forma fica também resolvido o problema aparentemente insolúvel que a estética formalista, que só quer conhecer a forma, tanto na recepção como na produção, opõe à análise sociológica como um verdadeiro desafio: com efeito, as obras provenientes de uma preocupação pura pela forma parecem feitas para consagrar a validade exclusiva da leitura interna, atenta unicamente às propriedades formais, e para frustrar ou desrespeitar todos os esforços que têm em vista reduzi-las a um contexto social contra o qual elas se constituíram. E, no entanto, para inverter a situação, basta observar que a recusa que a ambição formalista opõe a qualquer espécie de historicização assenta na ignorância das suas próprias condições sociais de possibilidade, exactamente como a estética filosófica que regista e ratifica esta ambição... Em ambos os casos, é esquecido o processo histórico no decurso do qual se estabeleceram as condições sociais de liberdade em relação às determinações externas, quer dizer, o campo de produção relativamente autónomo e a estética ou o pensamento puro que ele torna possível.

Apêndices

Appendices

I

Pessoas com História, Pessoas sem História

Diálogo entre Pierre Bourdieu e Roger Chartier

Este debate é a versão transcrita – revista e corrigida pelos autores – das entrevistas difundidas pela rádio France Culture nos dias 3 e 4 de Fevereiro de 1988 no programa *A voix nue* consagrado a Pierre Bourdieu. Roger Chartier é director de estudos na École des Hautes Études en Sciences Sociales (EHESS); historiador da educação e do impresso, interessado nas práticas culturais do Antigo Regime; é autor, nomeadamente, de *Lectures et lecteurs dans la France de l'Ancien Régime* (Paris, Seuil, 1987) e publicou *Les usages de l'imprimé* (Paris, Fayard, 1987), assim como o terceiro volume de *Histoire de la vie privée* (Paris, Seuil, 1986). Pierre Bourdieu é professor no Collège de France; acaba de publicar *La noblesse d'Etat* (Paris, Minuit, 1989).

Roger Chartier: Parece-me – tu me dirás se tens a mesma opinião – que as ciências sociais (a sociologia, a história, a antropologia) enfrentam, no momento actual, um dilema possível, em grande medida, talvez, um falso problema, entre aquilo que as dominou na década de 60, ou seja, as abordagens em termos de estruturas, de hierarquias, de posições, de relações objectivas, por um lado; e, por outro lado, todas as tentativas que, em cada disciplina, podem assumir formas diversas e estar relacionadas com objectos diferentes, mas que têm em comum o projecto de reabilitar o agente social, o indivíduo, a relação interpessoal. É muito claro que, em história, depois do domínio da história social, que pretendia reconstituir as hierarquias objectivas de uma sociedade, identificando-as a partir dos dados fiscais e notariais, subsumidas em categorias globais, estamos a voltar-nos agora para as abordagens que tentam pensar em termos do «papel do sujeito» (o mesmo se passando com o regresso à biografia e à intencionalidade), ou que recorrem a noções como «comunidade», que se tornou sobretudo importante para os historiadores que deixaram de reflectir em termos de categorias socioprofissionais ou de classes. Esta tensão, que existe em história, parece-me estar também presente na sociologia.

No último livro que publicaste (*Choses dites*), uma das entrevistas revela esta oposição, que tu consideras falsa, entre as abordagens estruturalistas e todas aquelas que têm algo que ver com a fenomenologia, independentemente de lhes chamarmos interaccionismo, etnometodologia, etc. Parece-me que, para ti – e esta poderia ser uma pista de reflexão a seguir no decurso desta conversa –, existem falsos problemas, ligados à constituição de efeitos de campo nas ciências sociais, em parte herdados da história, que levam ao estabelecimento de distinções simplistas e a conclusões fáceis: consoante o pólo em que nos colocarmos e desqualificando o outro, podemos reivindicar facilmente uma espécie de originalidade ou de inovação, ao mesmo tempo que qualificamos os outros de tradicionais. É por esta razão que tu consideras que estas oposições, na sua base, não têm pertinência?

Pierre Bourdieu: O que tu acabas de dizer levanta toda uma série de problemas. Para começar, a ideia de falsa revolução: se esses falsos problemas científicos se perpetuam é porque se apoiam, não raro, em problemas sociais que são verdadeiros ou em interesses sociais igualmente verdadeiros;

PESSOAS COM HISTÓRIA, PESSOAS SEM HISTÓRIA | 319

porque, como tu sugeriste, todas estas oposições entre macro e micro, objectivo e subjectivo, ou actualmente, em particular nos historiadores, entre a análise económica e a análise política, etc., são oposições artificiais que não resistem a três segundos de análise teórica mas que desempenham funções sociais para aqueles que as utilizam. O campo científico, infelizmente, obedece a leis de mudança muito parecidas às da alta-costura ou do campo religioso: os jovens, os recém-chegados, fazem as revoluções, verdadeiras ou falsas, cometem heresias, dizendo: «Estamos fartos de todos aqueles velhos que durante trinta anos nos moeram o juízo com a história económica à Labrousse, à Braudel, que nos obrigaram a contar os tonéis no porto de Lisboa. Basta! Agora precisamos de contar outras coisas, livros em vez de tonéis.» Ou então dizemos: «O económico acabou, é paleo, é paleo-marxista, a política está em tudo, etc.» Tudo isso não é muito diferente daquilo que se passa no mundo da moda, em que os vestidos ora são mais compridos e ora mais curtos consoante o momento. O interessante nos falsos problemas é o facto de eles serem eternos. Falsos do ponto de vista da ciência, esses problemas estão na raiz dos verdadeiros problemas políticos. É o caso, por exemplo, da oposição, claramente fictícia em termos científicos, entre indivíduo e sociedade, que tem origem na oposição, muito real em termos sociais, entre individualismo e socialismo ou colectivismo. Através destas adesões subterrâneas, torna-se possível reintroduzir as lutas políticas no campo científico. Deste modo, uma posição cientificamente bastante frágil pode ser reforçada, na aparência, se tiver por trás forças políticas. Num período de liberalismo avançado, as acções de todos aqueles que são adeptos de uma teoria absurda do *homo oeconomicus* racional podem medrar no campo universitário.

Dito isto, uma das maiores oposições que se estabeleceu foi entre o objectivismo e o subjectivismo. Os grandes fundadores das ciências sociais, essencialmente Marx e Durkheim, insistiram no facto de que (era a ideia de Durkheim) a sociologia é difícil porque todos julgamos que somos sociólogos. A dificuldade particular reside no facto de julgarmos que temos a ciência infundida em nós. Um dos obstáculos à

320 | O PODER SIMBÓLICO

compreensão é esta ilusão da compreensão imediata e uma das maneiras de romper com essa ilusão é objectivar. É como a célebre frase que caiu como uma bomba nos meios científicos: «Devemos tratar os factos sociais como coisas», fazer como se, quando se trata de Roger Chartier ou quando se trata de Pierre Bourdieu, eles não possuíssem subjectividade; estudá-los sem dar importância àquilo que eles dizem, à sua experiência de vida, àquilo que eles dizem dessa mesma experiência, às suas experiências mentais, às suas representações. Durkheim chamar-lhes-ia «pré-noções», Marx «ideologia», «sociologia espontânea», tanto faz. Essa é a posição objectivista...

Roger Chartier: ... que visa reconstruir as propriedades objectivas dos indivíduos.

Pierre Bourdieu: Exactamente. É aí que a estatística pode ser útil. Diremos: vou contar o número de vezes que Roger Chartier disse a palavra «vamos», porque isso revelar-nos-á algo que ele próprio não sabe mas que é muito mais importante do que tudo aquilo que ele já disse. Vou medir a altura da posição da sua voz; são coisas que foram feitas e que permitirão saber, prever a classe social de uma pessoa, a posição da voz na garganta. Isso é o objectivismo.

Face a isto, outros dirão: o que é interessante é aquilo que os sujeitos pensam, as suas representações, os seus discursos, as suas imagens mentais, tudo o que têm dentro da cabeça a propósito do mundo social, logo, devemos fazer um esforço quer para nos auto-analisarmos – e será então uma forma de fenomenologia –, quer para ajudar os outros a auto-analisarem-se, recolhendo as suas representações, os seus discursos...

Perante uma oposição como esta, tão furiosamente estúpida (poderíamos dizer a mesma coisa em relação à oposição sociedade/indivíduo), evocarei uma palavra de Pascal, que cito de forma um pouco simplificada (poderia citá-la de forma mais exacta, mas isso teria apenas um valor fetichista): «O mundo compreende-me, mas eu compreendo-o.» Ele joga com a palavra «compreender»: o mundo compreende-me e aniquila-me como uma coisa do mundo, na medida em que

PESSOAS COM HISTÓRIA, PESSOAS SEM HISTÓRIA | 321

tenho um corpo, na medida em que estou situado, etc., etc. E eu compreendo-o: possuo sobre ele representações, não sou redutível à posição que ocupo nesse mundo. Quer isto dizer que quando se toma como objecto esta realidade completamente singular que é um ser humano, devemos concebê-lo como algo que existe na objectividade – é uma coisa que pode ser pesada, medida etc.; podemos contar as suas propriedades – o que, aliás, também faz parte da sua objectividade, em tudo isso ele está representado. Ele tem um ponto de vista: cada um de nós tem um ponto de vista, ou seja, está situado no espaço social e, a partir desse ponto no espaço social, vislumbra o espaço social. Visto isto, percebe-se bem que a alternativa do subjectivismo e do objectivismo é idiota: trata-se de compreender o ponto de vista de Roger Chartier sobre a história, mas para isso é necessário saber o ponto do espaço dos historiadores em que se situa Roger Chartier, que é, ao mesmo tempo, a verdade objectiva de Chartier e um dos princípios da sua representação subjectiva. O trabalho do sociólogo consiste em englobar estes dois momentos. Quando era jovem, tive a oportunidade de fazer a minha formação simultaneamente com Sartre e Lévi-Strauss e contra Sartre e Lévi-Strauss: um encarnava a posição subjectivista da forma mais radical possível, e o outro a posição objectivista.

Roger Chartier: Não te parece que, em cada trajectória biográfica, há um momento ou um lugar que permite não necessariamente tomar uma consciência clara do absurdo dessa oposição mas levar à utilização de um certo número de instrumentos que a superam? Poderíamos talvez falar um pouco acerca disso. A sensação que eu tenho é que, no teu caso, foi o trabalho etnográfico, em particular sobre o Béarn, isto é, sobre a tua própria identidade, sobre a tua própria comunidade de origem, que te fez chegar a essa conclusão, ainda que provisória e sempre difícil e sempre instável, pois no campo da própria investigação as fontes e os instrumentos utilizados não são necessariamente os mesmos, estando dependentes do «ponto de vista» que se adopta. Ou talvez seja porque, em dado momento, ocorre uma situação que desen-

322 | O PODER SIMBÓLICO

cadeia isso, uma situação que não corresponde ao normal da pesquisa «fria» e que tem implicações directas na sociedade que é também a sua. Os textos onde demonstras com mais veemência o absurdo dessa oposição são os trabalhos que fizeste sobre a Cabília e mais ainda sobre o Béarn, esse foi aliás um dos aspectos que mais me impressionou quando os li. Quando nós próprios nos vemos enredados numa situação de experimentação epistemológica (creio que podemos arriscar a palavra) não seremos levados, mais do que o comum, a articular objectivismo e subjectivismo?

Pierre Bourdieu: A maior ou menor propensão para o subjectivismo ou para o objectivismo depende, julgo eu, do objecto e da relação entre o sujeito que conhece e o objecto em vias de ser conhecido. Penso, por exemplo, que a situação do etnólogo conduz ao objectivismo. O facto de ser estrangeiro – isto já foi sobejamente analisado, a fenomenologia já reflectiu muito sobre a condição do estrangeiro que está fora do jogo, que não tem interesses em jogo nos jogos que observa – leva a uma visão objectivista. O mesmo se passa, em menor grau, com o sociólogo que estuda um sistema de educação e que não se comporta, de todo, como um pai de família que procura o melhor estabelecimento de ensino para o seu filho. Quando trabalho sobre as *grandes écoles,* tento objectivar ou tornar visíveis os mecanismos totalmente inconscientes que escapam à consciência dos alunos, dos estudantes que estão e que correm como num labirinto, as lógicas que escapam à consciência daqueles que os aconselham – os próprios conselheiros não sabem o que é que aconselham, o que não quer dizer que os conselhos não sejam bons –, tento fazer algo totalmente objectivista. As situações impossíveis de experimentação epistemológica em que por duas vezes me envolvi, em ambos os casos deliberada e conscientemente, foram por um lado o estudo do lugar onde passei toda a minha infância e, por outro lado, o estudo da universidade. Nos dois casos, mesmo que tivesse podido deixar-me levar pela tentação objectivista, num momento ou noutro, forçosamente, o próprio objecto ter-me-ia atirado à cara os meus interesses subjectivos. Por exemplo,

PESSOAS COM HISTÓRIA, PESSOAS SEM HISTÓRIA | 323

quando analisamos o sistema académico o que nos aparece é um mundo universitário dividido por lutas travadas em torno de dois princípios de hierarquização social: de um lado o poder, poder sobre os instrumentos de reprodução – ser presidente do júri de agregação, ser presidente do comité consultivo das universidades, ser capaz de se reproduzir, logo de controlar, de impedir a reprodução dos outros, etc. –; de outro lado, aquilo a que chamaremos prestígio mas que não é uma boa palavra, a reputação, a circunstância de ser convidado para ir ao estrangeiro, o facto de ser traduzido, de ser citado, de ganhar o prémio Nobel, por exemplo. Estes dois princípios de hierarquização existem e entram em concorrência. O mais interessante é que quando o sociólogo objectiva as coisas, sem fazer referência à opinião das pessoas, sem lhes perguntar quem é, segundo elas, o mais importante, etc., ele produz hierarquias que, uma vez produzidas, parecem evidentes. Dir-se-á: sabemos isso, é evidente; e, no entanto, para pôr no papel essa hierarquia objectiva, é preciso fazer um trabalho formidável contra todas as ideias feitas. Sabemos bem que existe um desfasamento, e dizemos: sim, enquanto indígena consigo observar uma série de práticas que têm na base um trabalho colectivo que visa esconder estas evidências, que visa negar estas hierarquias que todos conhecem. As hierarquias existem e ninguém as quer ver; há mecanismos colectivos socialmente instituídos, socialmente organizados, que, funcionando como sistemas de defesa no sentido freudiano, permitem negar e não ver essas hierarquias. Porquê? Talvez porque o mundo universitário e científico passasse a ser inabitável caso a verdade objectiva se transformasse também em verdade subjectiva. Este tipo de questões, julgo, não se me teria colocado de maneira tão dramática caso eu tivesse estudo apenas o patronato ou o episcopado, onde o problema também se coloca.

Roger Chartier: Daí subentendes, talvez, que os historiadores raramente se encontram em situação de experimentação epistemológica, já que, por definição, excepto naqueles que trabalham sobre o tempo presente, o seu objecto está sempre distante e os interesses próprios do sujeito não estão

324 | O PODER SIMBÓLICO

directamente implicados. Se seguirmos este raciocínio, isso explica porque é que, globalmente, a reflexão dos historiadores sobre as suas próprias práticas é sem dúvida menos habitual e menos «trágica» que a reflexão dos sociólogos, particularmente aquela que tu realizaste através do estudo das instituições. Portanto, haveria aí uma espécie de protecção do meio dos historiadores, para o melhor, porque estão menos divididos, e também, diria, para o pior. Seja como for, há uma implicação menor relativamente ao objecto que estamos a tentar construir. Daí que seja infundado o funcionamento desses dois pólos opostos, um do lado das estruturas, o outro do lado das intenções, que dividem o ofício dos historiadores e que coexistem sem conflito num campo que está pouco unificado, que é como um mosaico definido pela multiplicidade dos temas em análise e que torna muito menos presente a tensão que deu início a esta conversa.

Pierre Bourdieu: Tudo o que acabas de dizer deixa-me muito satisfeito; é uma descrição bastante justa da diferença entre a sociologia e a ciência histórica. Por vezes sinto alguma nostalgia do mundo histórico. Digo a mim próprio: meu Deus, seria tudo muito mais tranquilo se eu estivesse num universo onde os *Lundis de l'histoire* (*) continuam a existir, onde toda a gente pode discutir com toda a gente e onde tudo corre bem no melhor dos mundos, em torno de personagens totalmente ecuménicas que asseguram a ligação entre as diferentes posições.

Roger Chartier: Além disso, o historiador compraz-se na escrita, dando à história essa função que ela assume voluntariamente, que é a de dar raízes, referências, identidades àqueles que não as têm. O discurso histórico é, nesse sentido, um discurso que conforta, que tranquiliza.

(*) «Segundas-feiras da história», programa de rádio semanal onde são debatidos temas da História e que goza de grande audiência em França. *(N.T.)*

PESSOAS COM HISTÓRIA, PESSOAS SEM HISTÓRIA | 325

Pierre Bourdieu: Sim, penso que tudo o que acaba de ser dito explica muito bem a diferença de tratamento social de que são objecto os escritos das duas disciplinas – mesmo que fosse apenas em termos das vendas nas livrarias. Ninguém se lembraria de publicar livros de sociologia para oferecer como presente de Natal. Seria totalmente impensável. E digo-o com toda a cordialidade, sem qualquer agressividade. Se eu fosse historiador, muito provavelmente também participaria na produção de presentes de Natal. Mas isso coloca de forma muito concreta a questão da diferença entre a sociologia e a história. A mim parece-me que, se tivessem consciência dessa diferença estrutural ligada, por um lado, aos objectos e, por outro, às propriedades das pessoas atraídas por cada um dos dois objectos, os historiadores seriam muito mais indulgentes em relação aos sociólogos, que vêem como pessoas agressivas, conflituosas, pessoas cheias de histórias, enquanto os historiadores são pessoas sem histórias. Indivíduos que trabalham sobre coisas passadas e que, de tempos a tempos, retomam um debate sobre a Revolução Francesa...

Roger Chartier: ... porque as coisas aparentemente mortas estão sempre presentes...

Pierre Bourdieu: Ora aí está, é evidente que eles falam, efectivamente, de coisas do presente, o que faz com que habitualmente falem muito mal da Revolução Francesa, mas... não vou dar um exemplo tão mau. A história é uma disciplina muito mais estruturada, muito mais convivial, muito mais conforme ao ideal de comunidade científica – isto se a comunidade científica for uma comunidade e a integração da dita «comunidade científica» for um ideal científico. Esta integração é necessariamente fictícia. A «comunidade científica» é um lugar onde lutamos pela verdade (entre outras coisas) e a sociologia, na minha maneira ver, por ser mais conflituosa, é mais integrada. O que entra em total contradição com as ideias feitas. Diz-se: «Reparem como os historiadores são capazes de conversar entre eles», etc. Contrariamente àquilo em que acreditamos, penso que é em nome de uma filosofia totalmente arcaica e simplista da «comunidade científica» que se pode atribuir um certo privilégio à história. E em nome, uma vez mais, de uma dessas dicotomias débeis, que opõem consenso e conflito. Na verdade, quem é que não consegue ver que há uma forma de consenso no e pelo conflito? Primeiro, porque para discutir é preciso haver um acordo sobre os termos do desacordo e, de seguida, porque através do conflito nos integramos, ou pelo menos instituímos uma problemática comum, princípios de visão e de divisão comuns que foram explicitados, objectivados, tornados públicos. Em história, integra-se diferentemente, no compromisso ou na evitação. Cada um tem o seu pequeno império, o seu pequeno feudo. A história da Idade Média não se confunde nunca com a história moderna. Além disso, penso que a grande desvantagem da história – todos os meus amigos são historiadores, e mesmo tendo em conta que nem todos os historiadores são meus amigos, não me podem acusar de estar a ser maledicente – é ela não estar submetida a esta prova permanente a que está sujeito o sociólogo. A história – é isso que faz a sua força social, mas que constitui uma ameaça permanente à sua autonomia científica – tem uma função social quase universalmente conhecida e reconhecida. Já o sociólogo tem constantemente de justificar a sua existência; jamais pode considerar a sua existência como um dado adquirido. Assim – eis um exemplo concreto –, já me aconteceu muitas vezes, para conseguir realizar um inquérito ou um questionário, ter de me apresentar como historiador. O facto de ela ser uma ciência cheia de histórias, que cria problemas, cuja existência é questionada, obriga a sociologia – ou pelo menos certos sociólogos – a proceder a uma reflexão permanente sobre a sua própria existência, cria-lhe uma certa ansiedade em relação aos seus fundamentos, o que, na minha opinião, faz com que ela seja cientificamente mais progressista.

Roger Chartier: Podemos também atribuir uma dimensão histórica a esta diferença, porque o que caracteriza, talvez, a especificidade francesa em relação a outros contextos foi o facto de a sociologia, no início do século, com uma força inte-

PESSOAS COM HISTÓRIA, PESSOAS SEM HISTÓRIA | 327

lectual que não era necessariamente acompanhada de uma força institucional equivalente – nos trabalhos de Durkheim e daqueles que descrevemos como durkheimianos – ter forjado a ideia de que poderia vir a tornar-se uma ciência das ciências, uma ciência que englobaria todas as outras. Há seguramente vestígios desta ambição na tua prática, pois certamente não estarias de acordo em definir a sociologia a partir do facto dela se centrar no que é contemporâneo. A noção de contemporaneidade, que poderia ser o princípio de uma divisão cómoda entre os sociólogos e os historiadores, é totalmente rejeitada. Basta ler os teus livros e a revista que tu diriges – *Actes de la Recherche en Sciences Sociales* – para perceber que tu «anexas» períodos que tradicionalmente não fazem parte da investigação sociológica e que relevam do património do historiador. Não se poderá vislumbrar aí uma herança do projecto durkheimiano, que foi objecto de debates bem acesos entre a escola sociológica francesa e, constituída quase ao mesmo tempo, com uma ligeira diferença de tempo, a dos *Annales* em torno de Marc Bloch e de Lucien Febvre? O que é que resta dessa pretensão capaz ainda de inquietar os historiadores que se sentem despojados do seu território?

Pierre Bourdieu: No que me diz respeito, penso já ter abdicado completamente da ambição de uma disciplina «real»(*), que era muito claramente constitutiva da sociologia nos seus primórdios, como podemos ver na classificação das ciências tal como a apresentava Auguste Comte (nas rivalidades entre filósofos e sociólogos das ciências paira sempre a sombra de Auguste Comte, da sua ambição...). É uma ambição que, quanto a mim, não tem sentido prático; não mais que uma outra ambição que foi formulada por Durkheim e que me é estranha. Aquela a que poderíamos chamar de spinozista e que consiste em produzir uma verdade transcendente aos interesses particulares. Os indivíduos particulares têm visões particulares e parciais do universo económico e não conse-

---

(*) No original «royale», ou seja, com o sentido de «rei». *(N.T.)*

guem totalizar essas visões antagónicas, incompatíveis, não cumulativas, ao passo que o sábio, como o entendia Leibnitz – referindo-se a propósito de Deus, mas o sociólogo frequentemente toma-se por Deus –, possui o «geometral de todas as perspectivas», ou seja, o lugar geométrico de todos os pontos de vista. Tendo um conhecimento do todo, o sociólogo pode dizer aos indivíduos particulares, melhor que eles, o que é bom para eles: o erro é privação, o erro é mutilação, é o facto de se ver apenas um pequeno pedaço do universo, enquanto a sociologia vê o todo. Esta ambição, a que poderíamos chamar tecnocrática, parece-me também absolutamente monstruosa e deslocada; na minha opinião, a sociologia não tem que aceitar estes papéis «reais» (*) A sociologia deve debruçar-se sobre temas particulares, mas sem limitações temporais: tanto podemos fazer uma sociologia dos sofistas como uma sociologia dos intelectuais parisienses ou dos intelectuais japoneses. A pretensão da sociologia é atingir esquemas de interrogação e de explicação universais.

Roger Chartier: Sim, e é isso que dá sentido à nossa conversa. Para um certo número de historiadores, esses esquemas de interrogação e de explicação podem alimentar a reavaliação de uma herança que em dado momento ficou paralisada e se estancou. O próprio sentido da nossa discussão provém, não já de uma divisão das áreas de investigação e dos objectos em si, uma vez que são partilhadas – com isto quero dizer que são comummente utilizados por uns e por outros –, de um questionamento comum aplicado a locais e situações diferentes, a partir de heranças e de referências que podem ser diferentes mas que são habitadas pelos mesmos problemas e, em particular, por este que serviu de ponto de partida para a nossa conversa.

Pierre Bourdieu: A análise estatística das propriedades sociais dos alunos das diferentes *grandes écoles* mostra que, se eu for filho de um industrial ou de um grande comerciante, tenho

---

(*) Veja-se nota anterior. *(N.T.)*

PESSOAS COM HISTÓRIA, PESSOAS SEM HISTÓRIA | 329

todas as hipóteses de me orientar para a HEC (*); se eu for filho de um professor, para a *rue d'Ulm* (**). Eis um exemplo de caso onde uma estrutura objectiva, a estrutura do espaço das *grandes écoles*, se torna uma estrutura subjectiva, uma categoria de percepção e de apreciação, um sistema de preferências. Resta estabelecer através de que mediações e a partir de que procedimentos se institui esse *habitus*, que funciona aqui como um sentido de orientação. É todo um trabalho que precisa de ser feito.

Roger Chartier: Sim, é aí que pode entrar o ponto de vista do historiador. Trabalhando com a noção de *habitus*, há uma primeira questão que pode ser colocada, aquela que Panofsky colocou quando estudava as homologias que existem, num dado momento, entre as formas da arquitectura gótica e as formas do pensamento escolástico: qual é o lugar institucional onde a matriz social permite inculcar disposições suficientemente estáveis de modo a funcionarem em campos de aplicação muito diversos? Deveremos ler aquilo que escreveste como dirigindo-se sobretudo para a ideia de uma incorporação «original» (em alguns dos teus textos, particularmente em *Le sens pratique*, fica-se com a ideia de que as coisas ocorrem muito cedo e que a primeira infância é o momento decisivo da transmissão da estrutura social no interior dos indivíduos, antes mesmo da utilização da linguagem, antes mesmo do pensamento racional e disciplinado)? Ou será que, na tua opinião, os dispositivos institucionais – por exemplo, a escola, à qual dedicaste tanto tempo e tanta investigação – vêm acres-

---

(*) *École Superieure des Hautes Études Commerciales*, fundada em Paris em 1881. *(N.T.)*

(**) Referência à *École Normale Supérieure* de Paris situada na rua d'Ulm – daí que também seja conhecida apenas por *Ulm* –, uma das mais prestigiadas *grandes écoles* francesas de ciências e humanidades, responsável pela formação de várias gerações de intelectuais e de académicos franceses como Hippolyte Taine, Émile Durkheim, Jean-Paul Sartre, Raymond Aron, Louis Althusser, Étienne Balibar, Michel Foucault, Jacques Derrida, Raymond Boudon, Paul Bénichou, Julien Gracq, Paul Nizan, Marc Bloch, Lucien Febvre, e o próprio Pierre Bourdieu, entre muitos outros. *(N.T.)*

centar, reforçar, corrigir uma primeira incorporação operada por gestos, comportamentos imediatos? Julgo que há aí um grande debate a fazer, visto que coloca, por um lado, a questão da importância relativa da instituição e, por outro lado, de tudo isso que ocorre através desse «ver fazer» e desse «ouvir dizer» que constituem uma espécie de matriz dos comportamentos no seio das relações nas mais pequenas células sociais, como por exemplo na família reduzida.

Pierre Bourdieu: Um ponto prévio antes de responder a isso. Gostaria de aproveitar esta ocasião para mostrar até que ponto a oposição indivíduo/sociedade, que deu origem a toda uma série de discussões, é absurda na medida em que, para dizê-lo de forma simples, a sociedade – uma dessas palavras teológicas: fazer uma frase cujo sujeito é a sociedade é expor-se ao *non sens*, mas, dito isto, sou obrigado a falar assim para não perder muito tempo –, a sociedade, dizia, existe de duas formas: existe na objectividade, sob a forma de estruturas sociais, de mecanismos sociais – por exemplo, os mecanismos de recrutamento das *grandes écoles* ou os mecanismos do mercado –, e existe também nos cérebros, nos indivíduos, existe no estado individual, no estado incorporado. O indivíduo biológico socializado é o social individual. E voltamos assim ao problema que colocaste, da génese do indivíduo socializado, de como aquilo que eu chamo *habitus* ganha corpo, das condições sociais de aquisição dessas estruturas de preferência. É um problema extremamente complicado. Julgo que há aí uma irreversibilidade relativa, por razões lógicas muito simples: todos os estímulos externos, todas as experiências serão a cada momento percebidos através de categorias já construídas a partir de experiências anteriores. Nesse sentido, há uma prioridade inevitável das experiências originárias e, consequentemente, um fechamento relativo do sistema de disposições, do *habitus*. Penso, por exemplo, que o envelhecimento pode ser definido como um fechamento progressivo destas estruturas. A pessoa que envelhece possui estruturas mentais cada vez mais rígidas, cada vez menos elásticas face às solicitações… Porém, tudo me leva a crer que certas estruturas fundamentais

PESSOAS COM HISTÓRIA, PESSOAS SEM HISTÓRIA | 331

são accionadas desde muito cedo: por exemplo, a oposição entre masculino/feminino. Alguns trabalhos de psicologia mostram que, nos infantários, os rapazes e as raparigas aprendem, antes dos três anos, como é que se devem comportar com um rapaz ou com uma rapariga, quais as expectativas em relação àquilo que poderão receber em troca, por exemplo em termos de agressões ou de gentilezas, de uns e de outros. Se consideramos que os princípios da divisão sexual do trabalho são fundamentais para a política, por exemplo, e que todas as oposições políticas têm conotações sexuais – submissão, dominação, por cima/por baixo... –, se consideramos que os esquemas corporais da percepção da divisão do trabalho sexual e da divisão sexual do trabalho são constitutivas da percepção do social, a nossa tendência é para pensarmos que em certa medida as primeiras experiências têm um peso muito grande. Dito isto, um psico-sociólogo russo muito importante, Vygotsky([1]), que inspirando-se em Piaget introduziu uma dimensão sócio-genética que Piaget deixara em segundo plano, tentou analisar o efeito específico da educação escolar e defendia coisas realmente apaixonantes. Apenas a título de exemplo, examinou o caso da aquisição da linguagem, que pode ser generalizado: as crianças quando vão à escola já conhecem a sua língua e, no entanto, aprendem a gramática, pelo que um dos efeitos mais importantes da escola seria o de autorizar o acesso a uma prática que é, na verdade, uma meta-prática. Mais genericamente, penso que a Escola dá acesso a uma postura ligada à situação de *skholé*, de lazer, que é constitutiva da situação escolar e que poderíamos chamar de postura escolástica, ou a disposição para o *meta*. O *habitus* não é esse destino, esse «carácter inteligível» com que frequentemente o tomamos. É um sistema de disposições aberto que vai sendo constantemente submetido a experiências e, ao mesmo momento, transformado pelas experiências. Dito isto, é neces-

---

([1]) Lev Semenovich Vygotsky (1896-1934) é um semiótico e psicólogo russo que estudou o desenvolvimento da criança e o papel da aquisição da linguagem na construção do pensamento (uma das suas obras mais importantes apareceu em inglês com o título *Language and Thought*).

sário fazer imediatamente uma correcção: há a probabilidade, que está inscrita no destino social associado a uma certa condição social, de as experiências confirmarem o *habitus*; dito de outro modo, de as pessoas terem experiências que vão de encontro às que formaram o seu *habitus*. Gostaria agora de dissipar uma outra dificuldade. Serei um pouco longo, mas parece-me importante porque permite desfazer uma série de mal-entendidos: o *habitus* revela-se apenas – é um sistema de disposições, ou seja, de potencialidades, de virtualidades – em referência a uma situação e, ao contrário daquilo que frequentemente põem na minha boca, é apenas na relação com certas estruturas que o *habitus* produz práticas e discursos. É como um mecanismo, mas precisa de um dispositivo que o active e, consoante a situação, o *habitus* pode produzir coisas opostas. Tomo de empréstimo um exemplo retirado do meu trabalho sobre os bispos e que interessa particularmente os historiadores. Os bispos são pessoas que vivem quase todos até uma idade avançada e, na sincronia, eu tinha lado a lado pessoas de 35 e outras de 80 anos, ou seja, pessoas que se constituíram em etapas muito diferentes do campo religioso, que se tinham tornado bispos em 1936, em 1945 e em 1980. Os filhos de nobres que, na década de 30, teriam sido bispos de Meaux, que teriam, nas paróquias, estendido a mão para que os fiéis lhes beijassem o anel, etc., numa tradição aristocrática quase feudal, são hoje bispos de Saint-Denis, quer dizer, bispos vermelhos, radicais. Perceberemos melhor o que é um *habitus* se percebermos que o mesmo *habitus* aristocrático de grandeza, de distância, de afastamento em relação ao «médio», às classes médias, ao pequeno-burguês e, através disso, ao banal, ao trivial, pode dar origem a condutas diferentes em relações diferentes. É o *habitus* que constitui a situação que, num outro momento, constitui o *habitus*. Trata-se de uma relação extremamente complexa. Consoante o *habitus* que eu possuir, verei ou não verei certas coisas na mesma situação. Vendo ou não vendo estas coisas, serei incitado a fazer ou a não fazer certas coisas. Dito de outro modo, é uma relação extremamente complexa mas que, julgo eu, todas as concepções correntes de sujeito, de consciência, etc., nos impedem de pensar.

PESSOAS COM HISTÓRIA, PESSOAS SEM HISTÓRIA | 333

Roger Chartier: Não achas que há um uso histórico possível desta noção? São impressionantes as semelhanças e as diferenças entre a tua obra e a de um outro dos autores que utilizam bastante a noção de *habitus*: Norbert Elias. Há vários historiadores, entre os quais me incluo, que tentam prolongar ou utilizar a reflexão de Elias para compreender como é que, num processo de muito longa duração, as categorias do mental, mas, ainda mais profundamente que as categorias do mental, toda a economia psicológica dos indivíduos foi passível de ser modificada. Pensas que esta será uma perspectiva que introduz uma perspectiva de transformação histórica com a qual normalmente não trabalhas, já que o teu trabalho está geralmente centrado nos *habitus* que engendram apreciações, percepções e acções num determinado momento, num determinado campo? Quer isso dizer que recusas como teleológica, excessivamente macroscópica, uma perspectiva como essa, que supostamente é capaz de eliminar a complexidade da realidade, ou será que não a utilizas apenas porque os objectos sobre os quais trabalhas, ainda que possuindo uma dimensão histórica, não aspiram a uma longa duração, uma vez que, por definição, se situam em campos cuja constituição foi unificada pela acção dos *enjeux*, das posições e dos lugares?

Pierre Bourdieu: É uma questão extremamente difícil; e é verdade que suspeito, que sinto uma espécie de desconfiança metodológica em relação às grandes leis tendenciais que floresceram no marxismo e no pós-marxismo e que são sempre uma das tentações da história e de certos sociólogos. Por exemplo, um dos reflexos profissionais que tento inculcar é a desconfiança em relação a comparações globais entre dois estados de um sistema social, comparações frequentemente normativas (era melhor em 1940 que em 1945). Exemplo típico: a democratização do sistema escolar. As pessoas divergem a partir de falsos problemas, sem perceberem que se está diante de estruturas completamente diferentes, estruturas nas quais, por exemplo, os índices de representação dos filhos de operários não possuem todos o mesmo sentido. Eu apelo à desconfiança em relação às comparações e, *a fortiori*, em relação às grandes leis tendenciais, o processo de racionalização em Weber, por exemplo, ou este processo do qual Elias desenvolveu certos aspectos, de monopolização da violência física por parte do Estado. Além do perigo teleológico, há também a tendência para transformar o descritivo em explicativo. Há todo um conjunto de questões que me provocam mal-estar. Tendo dito isto, eu diria que a problemática de Elias é, no fundo, aquela que me é mais simpática, porque, efectivamente, ele toma por base uma psico-sociologia histórica evolutiva, um grande processo real, a constituição de um Estado que monopoliza primeiro a violência física e, também, acrescento eu, a violência simbólica, todas as formas de autoridade (o sistema escolar é um enorme progresso no sentido da monopolização do direito de dizer quem é nobre, forte e inteligente). Este processo produziu necessariamente efeitos sobre aquilo que eu chamo *habitus*, sobre o que os historiadores, utilizando uma palavra um pouco frouxa e perigosa, chamam de mentalidades. Agora, de forma mais precisa, há uma outra questão, que é a das condições históricas da constituição do *habitus*. Seria necessário examinar o que o *habitus* deve à época, às condições históricas gerais que caracterizam uma época. Um programa de investigação – e mais uma vez Elias o esboça magnificamente bem a propósito do exemplo do desporto – seria o de analisar, a partir de indicadores indirectos como o desporto, o estado de licitude da violência numa determinada sociedade. A mim parece-me um programa excelente, desde que a violência seja entendida sob todas as suas formas, além da violência física também a violência simbólica – o insulto: aí teríamos trabalhos como os de Claverie e Lamaison, que mostram que, nas sociedades camponesas, um certo tipo de violência estava sempre presente e que não se pode compreender um certo número de mecanismos característicos dessa sociedade sem ter em conta a violência física e simbólica. O mesmo se aplica aos Cabila; não é possível compreender, de modo nenhum, as civilizações da honra se não soubermos que, com o insulto, se está a arriscar a vida. Na minha opinião, a vida dos intelectuais seria completamente diferente se eles arriscassem a vida sempre que insultam alguém.

PESSOAS COM HISTÓRIA, PESSOAS SEM HISTÓRIA | 335

Roger Chartier: Talvez pudéssemos concentrar-nos momentaneamente no exemplo do desporto, que em tempos nos juntou, porque penso que se trata de um exemplo que permite compreender quais são as estruturas de *habitus* que tornam possível uma confrontação sem barbárie, que tornam possível o conflito sem que a vida esteja em jogo e, ao mesmo tempo, permite pôr em prática adequadamente a própria noção de campo, posto que no início disseste que o funcionamento de um *habitus* não depende apenas da sua estrutura intrínseca, mas também do campo no qual ele é exercido, pois em campos diferentes o mesmo *habitus* produz efeitos diferentes. A noção de campo, parece-me, é também uma noção que permite pensar a descontinuidade. É necessário que existam na linguagem científica palavras estáveis para designar espaços, lugares e formas, embora por trás dessa estabilidade o mais importante são as configurações específicas que elas visam. Pode-se perceber isso em relação à política demonstrando que sempre houve política, mas que a política tal como nós a entendemos remete para a constituição, num certo momento, de um certo tipo de *enjeux*, tal como no caso do desporto se pode dizer que desde os Maias até hoje sempre houve exercícios físicos, mas que aquilo que se pode definir como o espaço, o campo próprio do desporto, não existe desde os Maias. Parece-me que é aí que as problemáticas históricas e sociológicas se misturam completamente, na análise das condições de emergência destes espaços que, porque estão suficientemente unificados, nos permitem falar de campo.

Pierre Bourdieu: Sim, e aí está outra coisa que me separa também de Elias. Na minha perspectiva, Elias é mais sensível do que eu à continuidade: por exemplo, no caso que lembraste do desporto, parece-me perigoso fazer, como fazem tantos historiadores do desporto, uma genealogia contínua desde os jogos olímpicos da Antiguidade até aos jogos olímpicos actuais. Há ali uma continuidade aparente que mascara rupturas formidáveis com, entre outras coisas, a emergência do sistema escolar, dos *colleges* ingleses e dos *boarding schools* e a constituição de um espaço desportivo. Dito de outro modo,

não há nada em comum entre os jogos rituais como a *soule* (*)
e o futebol. É um corte total. Dito isto, o problema é o mesmo
– e é aí que isso se torna mais surpreendente – se falarmos dos
artistas: utiliza-se o mesmo termo «artista», o mesmo léxico da
arte, da criação, do criador, etc., para falar de Piero della Fran-
cesca ou de Pissaro. A mesma coisa se poderia dizer a propósito da palavra *intelectual*: só caindo num grave anacronismo é
que se pode falar de «intelectuais na Idade Média». De facto,
há descontinuidades incríveis e há uma génese contínua da
descontinuidade. No caso do desporto, a descontinuidade é
brutal. Vemos surgir o desporto moderno fortemente associados aos internatos...

Roger Chartier: ...na transição dos séculos XVIII ao XIX em
Inglaterra...

Pierre Bourdieu: É isso: para o campo artístico tem-se a
impressão que se trata de um universo que não acaba nunca
de se constituir, a partir do *quattrocento*, progressivamente, através de retoques sucessivos. É um anacronismo dizer que
Michelangelo é um artista. Na minha opinião, os historiadores
colocam o problema em termos ingénuos quando se pergun-
tam em que momento se passa de artesão a artista. Passa-se de
facto (mas isso leva séculos) de um universo no qual há pessoas que produzem segundo as normas da produção ordinária
para um universo isolado no interior do universo económico,
um mundo económico de pernas para o ar, onde se produz o
seu próprio mercado; onde, para produzir, é preciso possuir
capital suficiente para se manter, sabendo que não se venderá
um único produto em toda a sua vida, como foi o caso da
maioria dos poetas desde Mallarmé e de pintores como Manet
(que vendeu muito pouco e muito mal). Seria necessário

(*) Jogo muito viril e violento que se praticava nos prados, nos bos-
ques ou em povoações e que tinha como objectivo conseguir levar a bola
até um determinado local, ou seja, tratava-se apenas de uma longa corrida entrecortada de lutas e amontoamentos (como no *rugby*). Aparentemente, começou a ser praticado no século XII e foi entretanto extinto.
É considerado um antepassado do rugby. *(N.T.)*

PESSOAS COM HISTÓRIA, PESSOAS SEM HISTÓRIA | 337

desenvolver longamente a análise, mas, quando projectamos retrospectivamente o conceito de artista ou de escritor para períodos anteriores a 1880, cometemos anacronismos absolutamente fantásticos. Logo, ignoramos o problema da génese não de uma personagem como o escritor ou o artista, mas de um espaço no qual essa personagem pode existir enquanto tal. E a mesma coisa se aplica ao caso da política. Expomo-nos a incríveis erros históricos quando, como certos historiadores que actualmente se auto-intitulam especialistas em «filosofia política», deixamos de colocar a questão da génese do campo político e das próprias noções que a filosofia política eterniza, tratando-as como essências trans-históricas. Poder-se-ia dizer de termos como «democracia» ou «opinião pública» o que eu disse há pouco em relação a noções como arte ou artista. Paradoxalmente, os historiadores condenam-se ao anacronismo porque fazem um uso anti-histórico ou des-historicizado dos conceitos de que deitam mão para pensar as sociedades do passado e porque eles próprios são produto de uma construção histórica: a própria história à qual aplicam estes conceitos os construiu, os inventou, os criou, com frequência ao preço de um imenso trabalho histórico.

Roger Chartier: Elias coloca, tanto a ti como a mim, ao sociólogo como ao historiador, uma grande questão, que é a do lugar que se atribui às formas de exercício do poder e ao Estado na constituição dos campos, lugar que uma certa história, seja social, seja das mentalidades, mas talvez também uma certa sociologia ligada à descrição de cada um dos campos – separados do conjunto social global no qual estão inscritos –, talvez tenham esquecido. Parece-me que é aí que a pertinência do seu pensamento é mais forte. Ela lembra que, seja por subtracção seja por imposição, esses campos constituem-se na sua relação com o Estado. Em certos casos, são mesmo suscitados pela política deste campo, o qual não poderia ser chamado de artístico na época do mecenato e num período em que os artistas trabalhavam para uma economia que não era uma economia de mercado, mas numa economia controlada, pelo Estado, antes que emergisse, no século XIX, um espaço autónomo fora da esfera da política e da economia e qualificável de artístico.

Pierre Bourdieu: Também sobre esse ponto não concordo com Elias, porque ele é weberiano e aquilo que tu lhe atribuis é essencialmente weberiano – isto não é dito para diminuir os seus méritos, porque fazer funcionar um esquema que foi inventado por um grande pensador é já realizar um acto científico formidável, e se todos os pensadores estivessem à altura do passado científico da sua disciplina, a ciência social estaria em melhor estado. De facto, penso que, partindo do Estado, não podemos definir o verdadeiro papel do Estado. Por exemplo, no campo artístico que tentei estudar, a revolução impressionista foi realizada contra o Estado – quer dizer, contra a academia – e com o Estado. Por outras palavras, o problema do Estado só pode ser colocado quando se sabe como funcionam os campos e, em particular, como se constituem estes universos relativamente independentes em relação ao campo económico. Percebe-se, então, que o Estado é, de alguma maneira, o lugar de uma metaluta, de uma luta em relação ao poder sobre os campos. Isto pode parecer abstracto, mas eu poderia argumentar, por exemplo, mencionando o caso de uma luta por uma lei que irá mudar o preço dos imóveis, ou que irá mudar a idade da reforma... É, portanto, uma luta exterior aos campos, mas que vai afectar as relações de força nos campos. No estado actual da minha reflexão, o Estado aparece, para mim, como local destas lutas transcendentes às lutas sociais. A burocracia de Estado e os detentores do monopólio da violência legítima, ao mesmo tempo física e simbólica, detêm um poder muito grande, e que pode ser muito perigoso, sobre todos os campos. O exemplo é um pouco grosseiro, mas o Estado soviético reduz os campos a aparelhos, e este caso ilustra, pela passagem ao extremo, o que lhe confere uma imagem aumentada, a ameaça que os poderes de Estado sempre representam para a autonomia dos campos. Autonomia que, no caso do campo científico, por exemplo, pode ser conquistada ao mesmo tempo com a ajuda do Estado e contra o Estado e deve constantemente ser defendida com o Estado e contra o Estado.

II

Diálogo a Propósito da História Cultural

O livro de Robert Darnton inclui seis capítulos ([1]). No primeiro, o objecto tratado são os contos populares franceses tal como foram recolhidos pelos folcloristas entre 1870 e 1914 e dos quais podemos deduzir que se trata das versões que eram contadas nos séculos XVII e XVIII, logo anteriores e independentes daqueles que foram fixados pela escrita erudita de Perrault, de madame d'Aulnoy ou da condessa de Murat. Para compreender esses contos, que surpreendem pela sua crueza e crueldade, é necessário relacioná-los com as experiências sociais, com as práticas quotidianas do mundo onde eles circulavam, ou seja, a sociedade camponesa de Antigo Regime, actualmente bem conhecida graças às monografias regionais e às análises que nos últimos 25 anos lhe têm sido dedicadas. Daí a interpretação: os contos franceses revelam, de maneira específica, nacional, um saber sobre o mundo social e, também, as precauções a ter ou as regras a seguir para um indiví-

---

([1]) Robert Darnton, *The Great Cat Massacre and other Episods in French Cultural History*, Nova Iorque, Basic Books, 1984 (tradução francesa: *Le grand massacre des chats; attitudes et croyances dans l'ancienne France*, Paris, R. Laffont, 1985).

340   O PODER SIMBÓLICO

duo se poder orientar na vida. «*Frenchness exists*»: consiste numa moral da astúcia, numa celebração das artimanhas, únicos recursos face a uma sociedade dura, injusta, brutal. Através dos contos, é a visão camponesa sobre o mundo, portanto, que se exprime.

«The Great Cat Massacre», que dá o título ao livro, é a narrativa de um massacre de gatos levado a cabo pelos aprendizes e pelos colegas tipógrafos da rua Saint-Séverin em Paris, na década de 30 do século XVIII. O episódio é contado por um dos autores do massacre, Contat, que se tornou revisor tipográfico e depois gravador, num texto manuscrito intitulado *Anecdotes typographiques* e datado de 1762. Mal pagos pelo seu patrão, acordados pelos gatos da vizinhança, os aprendizes e colegas de profissão decidem vingar-se: primeiro, importunando o patrão e a sua mulher com as miadelas nocturnas perto da janela deles, depois empreendendo, a pedido do próprio patrão, uma verdadeira caça aos gatos que não poupa sequer a vida da *Cinzenta*, a gata adorada da esposa dele, esmagada com golpes de barra de ferro. A matança acaba em paródia, com algumas das vítimas felinas condenadas a ser enforcadas na sequência de um processo de brincadeira. A cena enfurece o patrão e desespera a patroa, quando percebe que a *Cinzenta* morreu, provocando as gargalhadas dos operários. A reacção da mulher do patrão parece-lhes tão cómica que muito tempo depois ainda continuam a rir-se, em particular graças aos talentos de imitador de um deles, que volta a representar o acontecimento imitando a cólera do patrão e a comoção da patroa.

Porque é que aquele horrível massacre dava tanta vontade de rir? Para o sabermos, é preciso ir ao contexto, que, neste caso, tem três dimensões: social, pelas tensões que existem entre patrões e colegas de trabalho na tipografia parisiense; festiva, pelo recurso aos rituais carnavalescos e de companheirismo; simbólico, pelos múltiplos significados associados ao gato, podendo ser uma encarnação do diabo, um representante da maçonaria, um símbolo do sexo da mulher. Jogando com estes sentidos plurais, os colegas tipógrafos conseguem agredir aquele *burguês* e a sua mulher sem violência física.

DIÁLOGO A PROPÓSITO DA HISTÓRIA CULTURAL | 341

Na verdade, a patroa é chamada de bruxa sem que a palavra seja pronunciada e ofendida na sua honra de mulher sem que seja necessário fazer qualquer gesto. A agressão metonímica, que obriga os gatos a sofrer realmente as violências que atingem simbolicamente os patrões, sem que estes possam responder, é tão subtil, tão bem conduzida que só pode dar vontade de rir. Muito e durante bastante tempo.

Os quatro outros ensaios pertencem a um registo cultural diferente dos contos camponeses ou da narrativa de um tipógrafo: trata-se, na verdade, de uma descrição anónima da cidade de Montpellier, feita por um burguês dessa cidade em 1768, dos relatórios escritos pelo censor Joseph d'Hémery sobre os homens de letras do seu tempo (501 entre 1748 e 1753), do *Système figure des connaissances humaines* da *Encyclopédie*, por fim, das cartas dirigidas por um negociante de La Rochelle, Jean Ranson, ao director da Sociedade Tipográfica de Neuchâtel, Ostervald, nas quais encomenda livros e comenta as suas leituras.

Pierre Bourdieu: A intenção desta discussão é fazer uma coisa parecida a uma recensão, com aquilo que ela geralmente implica, mas evitando as imposições um pouco terroristas deste género académico. Aqui, a propósito de um livro que coloca problemas importantes aos historiadores e aos sociólogos, gostaria de inaugurar um género novo, uma confrontação científica livre: depois de termos avançado com algumas objecções, o autor aceitou responder-lhes. Mas talvez seja necessário começar por lembrar rapidamente o projecto metodológico tal como ele é anunciado na introdução e reafirmado na conclusão.

Robert Darnton: Tentei penetrar nos mundos simbólicos do Antigo Regime, isto é, fazer uma espécie de história que fosse antropológica mas que também pode ser denominada, simplesmente, história cultural. Em vez de realizar um inventário e de estabelecer uma distinção entre cultura popular e cultura de elite, como normalmente se faz, preferi seguir todo um conjunto de pistas que pertencem a um mesmo terreno definido por um problema comum: como pensar o mundo

342 | O PODER SIMBÓLICO

simbólico do outro? O meu ponto de partida foi um grupo de textos, o relato de um massacre de gatos ou uma versão «antropófaga» do «capuchinho vermelho», que me fascinaram pela sua opacidade. Enfrentar a alteridade em que assenta essa opacidade, eis o objectivo do livro.

Roger Chartier: Para um historiador francês, o teu livro obriga à reflexão. Para começar, porque associa dois propósitos geralmente pensados como incompatíveis: por um lado, compreender a estranheza radical das condutas ou dos pensamentos dos seres humanos de há três séculos; por outro lado, caracterizar a partir dessa própria estranheza uma identidade francesa que atravessa os tempos. «A *frenchness* existe», escreves tu, uma *frenchness* que pode ser reconhecida nos contos camponeses do século XVIII (ou anteriores), que foi transportada pelos heróis da literatura nacional e que está presente na sabedoria popular dos dias de hoje. Mas como podemos nós identificar essa continuidade nos textos ou nos gestos que para o leitor actual são opacos? Essa é a primeira questão que o livro coloca. Além disso, esta obra lança uma crítica severa à história francesa – em particular a história dita «das mentalidades». Contra ela, tanto neste livro como noutros textos, apresentas duas objecções, que não podiam deixar de nos inquietar. Em primeiro lugar, consideras que a própria noção de mentalidade é opaca, imprecisa, indecisa. Em segundo lugar, rejeitas vivamente o programa e a prática da história das mentalidades na sua forma serial e quantitativa, tal como foi definida por Pierre Chaunu utilizando o conceito de «história serial de terceiro nível» – este «terceiro nível» é o da cultura, estabelecida sobre os da economia e da sociedade. Nesta perspectiva, a história das mentalidades deve basear-se na recolha de dados maciços, homogéneos, repetidos, tratados segundo procedimentos semelhantes àqueles que são utilizados para analisar as séries económicas, demográficas ou sociais. Contra essa maneira de fazer as coisas, a tua crítica é dupla: por um lado, a natureza dos objectos culturais não é a mesma dos dados construídos em séries pela história económica ou pela demografia histórica, e, por outro lado, a cultura não pode ser considerada como um «nível» de uma totalidade social estruturada como uma casa de três pisos, porque todas as relações entre os seres humanos são de ordem cultural – mesmo aquelas que qualificamos como «económicas» ou «sociais». Tanto querem quantificar, que os historiadores franceses acabaram por perder o essencial, consequência da «subestimação do elemento simbólico» A crítica é forte, mas será ela verdadeiramente pertinente para dar conta da realidade da história cultural francesa? O programa definido há cerca de 12 anos por Pierre Chaunu, depois de ter lido a tese de Michel Vovelle sobre os testamentos provençais, é a expressão daquilo que os historiadores franceses fazem hoje em dia?

Por último, o teu livro assume-se como um ensaio de antropologia histórica ou, melhor, como um *anthropological mode of history* capaz de superar as aporias em que se encerrou a história das mentalidades «à francesa». Ao historiador a antropologia tem, na verdade, muito a oferecer: um procedimento (entrar noutra cultura a partir da opacidade incompreensível de um ritual, de um texto, de um gesto), um projecto (tentar ver as coisas do ponto de vista indígena), um conceito, mesmo aquele que define a cultura como um universo simbólico ou de símbolos partilhados, «como o ar que respiramos», servem para pensar e agir, para classificar e julgar, para se defender ou para acusar. Compreender uma cultura é, portanto, antes do mais, encontrar os significados investidos nas formas simbólicas com que manejamos. Para o fazer, um único método: ir «do texto para o contexto» e vice-versa, ou seja, relacionar cada utilização individualizada e localizada deste ou daquele símbolo com «o universo de significados» que lhe dá sentido. Na tua opinião, a perspectiva antropológica fornece ao historiador uma «concepção coerente» da cultura, a defendida por Clifford Geertz, com o qual deste um seminário durante dez anos em Princeton sobre o tema «História e antropologia», de onde aliás nasceu o teu próprio livro. No entanto, em que condições uma tal definição pode ser legitimamente manejada pelo historiador? Que atitude implica ela face aos textos que dão acesso às formas simbólicas manipuladas nas sociedades antigas? Bastará criar uma maneira de

344 | O PODER SIMBÓLICO

fazer a história cultural desvinculada das grandes incertezas da história das mentalidades? Outras tantas questões que o livro permite formular com toda a clareza.

Robert Darnton: Quando lancei essa palavra fatal, não pensava que *frenchness* pudesse ferir assim tanto os ouvidos franceses. Não a utilizei como uma injúria – bem pelo contrário –, mas depois daquilo que me estás a dizer, vejo que se arrisca a desencadear contra mim «o canto do galo» francês: esse americano atentou contra o espírito nacional; pior ainda, contra a historiografia francesa! Gostaria de insistir em duas coisas: a minha reflexão nunca é feita a partir de uma ideia de «carácter nacional» e a minha intenção não é escrever uma história americana contra uma outra, francesa. A minha crítica não me parece «severa». Ela é, acima de tudo, generosa: abarca tanto os «Anglo-Saxónicos» como os Franceses. Também isso corre o risco de ser tomado como selvagem em França, já que nós, os «Anglo-Saxónicos», na nossa tribo, praticamos uma crítica franca e nomeamos os nossos adversários. Pela minha parte, não tinha em vista nenhuma escola nacional, muito menos ainda a Escola dos Annales, que me acolheu com uma hospitalidade de que estou muito reconhecido. Limito-me a responder a um «discurso sobre o método» (a expressão é de Pierre Chaunu), que consiste em tratar a história cultural como a história económica, em distinguir níveis (infra-estrutura e super-estrutura) e em privilegiar a elaboração de estatísticas nos estudos do nível cultural. Essa forma de conceber a história parece-me estar bastante generalizada desde há muitos anos, quando escrevi o meu livro. Hoje percebo que não tinha razão e que a história antropológica tem florescido um pouco por todos os lados, nomeadamente no Boulevard Raspail (*). Aceito por isso a tua crítica, que me parece tão franca como a minha.

Porém, não consigo ver a contradição de que me acusas. O argumento central do livro não gira em torno da *frenchness*.

(*) Referência ao nº 54 do Boulevard Raspail, em Paris, onde se situa a École des Hautes Études en Sciences Sociales. *(N.T.)*

DIÁLOGO A PROPÓSITO DA HISTÓRIA CULTURAL | 345

Cheguei a essa noção, em relação à qual não sinto qualquer apego, depois de pensar em todas as artimanhas e perfídias – Scapin, Figaro, Robert Macaire – da literatura que me pareciam ligadas aos heróis dos contos populares. É certo que encontramos todos esses *tricksters* (*) nos contos de todos os países, no entanto, a verdade é que têm um estilo particular nos contos franceses. Se compararmos sistematicamente esses contos com os seus análogos alemães, italianos e ingleses, as diferenças saltam à vista. Além disso, as minhas conclusões não andam muito longe das avançadas por especialistas franceses, como Paul Delarue. Mas passar do folclore ao *Volk* parece-me arriscado, e eu não pretendo ter captado o essencial do francês actual nem de uma *francité* que existiria desde sempre. Utilizei o termo *frenchness* como uma brincadeira, uma provocação e uma interrogação: será que existe uma longa duração cultural? Poderemos nós traçar essas grandes tendências graças à comparação entre folclores? Isso é algo que me parece possível e compatível com a noção de opacidade e alteridade. Não se poderá conceber a persistência de um certo estilo para além de certos usos que até há pouco tempo os acompanhavam? Ainda hoje podemos apreciar Scapin e rir das suas patifarias sem que isso queira dizer que a tortura dos animais nos diverte. Não me parece que a cultura mude a um ritmo igual e de uma maneira coerente em todas as suas frentes. Parece-me normal que essas mudanças comportem contradições, assim como continuidades. Tomemos o caso de Jacques-Louis Ménétra que Daniel Roche estudou com todo o cuidado. Podemos apreciar as patifarias de boccacianas do seu relato; mas que ele viole uma rapariga juntamente com outro companheiro e que considere essa «façanha» divertida, isso já nos ultrapassa. Sofremos o mesmo choque nas *Confissões* de

---

(*) Em inglês no original. Alguém que engana, ilude, ludibria. Personagem do domínio do mito e com representação nas lendas e na religião, o *trickster* pode ser um deus/deusa, um espírito, um herói ou um animal antropomorfizado, que quebra as regras naturais ou impostas (pelos deuses, por exemplo). Por vezes fá-lo de forma maliciosa e astuta, e daí a designação *(N.T.)*

346 | O PODER SIMBÓLICO

Rousseau. Jean-Jacques conta-nos o desabrochar da sua sensibilidade e pelo meio refere que ele e um amigo alugaram uma virgem à sua mãe para a partilharem à maneira de Ménétra. Cotejar estas contradições não é uma questão de definições nem de um simples vaivém entre texto e contexto. Exige um esforço para pensar o outro, para nos transportarmos para um sistema cultural onde o sentido das palavras e das coisas nos escapa constantemente.

Pierre Bourdieu: Quando criticas a história dos Annales por frequentemente ignorar tanto a autonomia como a especificidade do simbólico (a autonomia, no sentido em que operamos sempre uma redução do nível supostamente superior para o nível inferior, e a especificidade, no sentido em que a estudamos com os mesmos métodos), estamos totalmente de acordo e julgo que podemos encerrar este debate.

História das mentalidades ou história antropológica?

Roger Chartier: Sim, todos estamos de acordo a esse respeito. Porém, não podemos caracterizar a história cultural francesa como estando unificada em torno desse projecto de história serial, na medida em que as discussões críticas sobre os postulados dessa história serial da cultura são conduzidas tanto pelos historiadores franceses como pelos historiadores norte-americanos. A prática da história cultural nestes últimos anos tem-se caracterizado, sobretudo, por uma outra problemática, a dos usos, das utilizações plurais dos objectos culturais. Isso não quer dizer que exista necessariamente uma renúncia ao serial, já que a constituição de estatísticas ou de séries pode ser uma primeira forma de ajustar a distribuição do material. Na minha opinião, não é possível construir uma sociologia dos usos sociais dos bens culturais sem previamente assinalarmos a distribuição desigual desses bens culturais. E tu próprio, nos teus trabalhos sobre o livro, tens feito história serial. Também a mim o processo me parece injusto e ganho à partida, já que toda a gente está de acordo. Mas é injusto, também, porque

DIÁLOGO A PROPÓSITO DA HISTÓRIA CULTURAL | 347

classifica todo um conjunto de trabalhos muito diferentes numa denominação única, inadequada ou simplificadora, e que, por outro lado, parece dar boa conta de uma dimensão fundamental da sociologia ou da história das produções culturais que deve ser tomada em consideração e que tu próprio tens em consideração nos teus trabalhos sobre o livro.

Robert Darnton: Isso exige um esclarecimento da minha parte, porque eu não rejeito todo o trabalho quantitativo, eu próprio o tenho feito bastante; por outro lado, reconheço que as minhas críticas se dirigem, sem dúvida, a uma história cultural já ultrapassada em França, da dos anos de 60 e 70, e não aquela que se pratica actualmente. Dito isto, parece-me que esta visão da história cultural está muito difundida em França e merece ser criticada de forma directa. Falar de «história quantitativa no terceiro nível» é pressupor que existem níveis, que um nível deriva de outro, que ele pode ser estudado da mesma maneira, etc.

Roger Chartier: Eu diria que isso pode também resultar de um esquecimento das primeiras raízes daquilo que era a história cultural.

Robert Darnton: Sim, regressamos a Lucien Febvre e a Marc Bloch.

Roger Chartier: Uma noção como a de representação colectiva, tal como a entendiam Durkheim e Mauss, coloca os problemas de uma maneira muito pertinente tendo em conta o teu objectivo, que acabaste de lembrar agora: tentar criar as condições de compreensão das maneiras de pensar distantes, opacas, irredutíveis a outras (e às nossas). Julgo que a base original dos Annales, com uma noção como a de utensilagem mental, apesar dos seus limites, tentava colocar como problema essencial o mesmo que tu colocas.

Robert Darnton: Sempre gostei muito das metáforas de utensilagem mental e de bagagem mental utilizadas por Lucien

Febvre, mas quanto mais penso nelas, mais me parecem insatisfatórias. Implicam uma concepção da cultura como uma coisa inerte. É como se pudéssemos subir a um sótão e inspeccionar as bagagens e os caixotes deixados pelos nossos antepassados. A cultura parece, assim, como um *stock* de ideias e de atitudes que é necessário desempacotar e inventariar. No que me diz respeito, prefiro olhar para a cultura como uma actividade – o esforço por nos explicarmos e por fabricarmos um sentido apropriando-nos dos signos e dos símbolos deixados à nossa disposição pela sociedade. Isso pode-se fazer através dos gatos, que são «bons para pensar», ou através das proposições filosóficas.

Pierre Bourdieu: Na minha opinião, mas isso exige muito tempo, que seria importante recordar a genealogia histórica de todos esses conceitos que os historiadores, sobretudo franceses, parecem ter esquecido. Essa genealogia faria ver imediatamente que as linhas conceptuais que foram desenvolvidas nos Estados Unidos e em França remontam aos mesmos antepassados. Por um lado, uma linha: Kant, Durkheim, sobretudo o artigo sobre as formas primitivas de classificação, e ainda a noção de mentalidade; por outro lado, uma outra linha: Kant, Cassirer, Suzanne Langer, alguns antropólogos norte-americanos contemporâneos, etc. Vemos que, ao opormos a antropologia cultural americana à história das mentalidades, estamos a introduzir uma diferença onde ela não existe; e se isso é assim, é talvez porque temos interesse em estabelecer essa diferença, porque há interesses estratégicos, imperialismos culturais, passados e presentes, que se enfrentam, lutas entre escolas pela dominação. Na realidade, do ponto de vista da história das ideias, a diferença parece-me mínima, ou nula. Por exemplo, um dos elos desta corrente é Cassirer e Durkheim; ora, numa nota de *The Myth of the State* (New Haven, Yale University Press, 1946, p. 16), Cassirer diz que utiliza «forma simbólica» como um equivalente daquilo a que Durkheim chamava «forma primitiva de classificação». Assim, vinculando explicitamente a história do simbolismo às suas fontes antropológicas, como tu fazes, damos à história cultural o seu ver-

DIÁLOGO A PROPÓSITO DA HISTÓRIA CULTURAL | 349

dadeiro fundamento, e isso parece-me bem. Mas ao situar esse fundamento *numa* tradição cultural nacional, criamos uma falsa diferença com a tradição francesa, a qual podemos censurar, somente, por se ter esquecido das suas origens, ou por as ter repudiado.

Roger Chartier: Da mesma maneira que essa tradição, não mais que a americana, não é uniforme, e a mesma noção – a de mentalidade – acabou por dar origem, na prática da análise histórica, a abordagens muito diferentes e, como sabemos, a belos resultados.

Pierre Bourdieu: Dito isto, penso que o fluxo dos conceitos específicos dos historiadores, «mentalidade», «utensilagem mental», etc., está ligado, tal como o êxito social desses conceitos e a história em que eles se inspiram, à rejeição da herança durkheimiana. Esse êxito social teve como contrapartida, julgo, certos efeitos cientificamente funestos. Por essa razão me parece importante reafirmar explicitamente as ligações com a antropologia.

Roger Chartier: Em todo o caso, parece-me difícil postular uma unidade conceptual ou metodológica capaz de definir a «história em França» ou a «Escola dos Annales». Mesmo se a afirmação de uma identidade comum foi (e ainda é) estrategicamente rendosa, creio que a diversidade, ou mesmo a oposição das práticas mostra que ela não passa de reverência ou de um embuste. E as revisões actuais têm o grande mérito de o enunciar de forma muito clara.

Robert Darnton: Essa reflexão parece-me bastante justa. Não vejo qualquer oposição entre escolas nacionais, antes um debate em que participam todos os membros da República das letras. Nos sectores «anglo-saxónicos», temos antropólogos durkheimianos como Mary Douglas que se opõem aos weberianos como Clifford Geertz. Existe, portanto, uma ruptura na genealogia que Pierre Bourdieu traçou. Os weberianos censuram os durkheimianos por tratarem a cultura como uma

350 | O PODER SIMBÓLICO

função do sistema social, de a reduzirem a um funcionalismo. Os durkheimianos respondem dizendo que os weberianos separam a cultura da sua base social e pecam de intelectualismo.

Pierre Bourdieu: É isso que me leva a dizer que por um lado temos o problema da especificidade dos métodos para estudar a cultura e, por outro lado, o problema da dependência da cultura em relação a tudo o resto. É verdade que a metáfora arquitectónica dos níveis, tão do agrado da Escola dos Annales, me incomoda bastante.

Robert Darnton: Isso está inscrito mesmo no título da revista, *Annales: economias, sociedades, civilizações.*

Unidade cultural e diferenciação social

Pierre Bourdieu: Não basta afirmar a autonomia da cultura e tratá-la como um sistema que possui a sua coerência; é necessário colocar o problema da relação entre esse sistema e o mundo social em que ele foi produzido. Esta questão levanta-se, sobretudo, quando se trata dos sistemas simbólicos concebidos como as religiões: existem os agentes religiosos que produzem e fazem funcionar o sistema, e existem os profetas, os clérigos, os sacerdotes, etc. A questão é portanto a da relação entre o sistema cultural e o sistema dos agentes de produção. A partir do momento em que passámos das religiões que a etnologia conhece, ou seja, religiões sem profissionais da produção, a religiões dotadas de um aparelho específico, deixámos de poder estudar a mensagem, ou pelo menos compreendê-la, sem analisar sociologicamente o campo de produção. O que não quer dizer que não seja necessário estudá-lo como sistema. Geertz tem razão quando diz, com muitos outros, sobretudo os estruturalistas, que não compreenderemos nada se não estudarmos a mensagem religiosa como sistema, por analogia com a linguagem, etc., mas é necessário estabelecer uma relação entre esse sistema simbólico e o sistema de produção de que ele é o produto. É por essa razão

DIÁLOGO A PROPÓSITO DA HISTÓRIA CULTURAL | 351

que a distinção entre o estudo do massacre dos gatos e o estudo da *Enclyclopédie* ou de Rousseau me parece indispensável. Num caso trata-se, como na língua corrente, de uma criação sem agentes especializados. No outro caso, existe um corpo de profissionais onde é preciso ter em conta as propriedades sociais se quisermos compreender verdadeiramente aquilo que eles estão a contar.

Robert Darnton: Para retomar essa objecção, eu diria, em primeiro lugar, que se lermos o último livro de Geertz veremos que ele fala bastante do sistema de produção económica...

Pierre Bourdieu: Mas não é de produção económica que eu estou a falar. Eu estou a falar da produção específica, religiosa, realizada por um corpo de agentes especializados, segundo uma divisão do trabalho particular, com sacerdotes, profetas, magos, etc., ou intelectual.

Robert Darnton: Sim, compreendo. Tento abordar a questão do campo de produção cultural no quarto capítulo, onde estudo a sociologia dos escritores em Paris a partir dos relatórios da polícia secreta de Luís XV. As noções de campo e de pólos – a oposição entre «o mundo» parisiense e o *bas-fonds* de «Grub Street», o *habitus* de Voltaire contra o de Rousseau – parecem-me válidas. Mas aí estamos muito longe de uma história dividida por níveis. Além disso, o próprio Geertz liga o cultural, o social e o económico quando analisa o sistema político de Bali no seu último livro, que é também uma obra histórica: *Negara: The Theatre State in Nineteenth-Century Bali* (*). Pela minha parte, situo o massacre dos gatos num conjunto de relações sociais e económicas que opõe trabalhadores e patrões na Paris do século XVIII. Mas feita essa reflexão, talvez me tenha equivocado ao tratar o massacre, as relações da polícia e o «Discurso preliminar» da *Encyclopédie* no mesmo registo. Fi-lo conscientemente. Pareceu-me que o massacre

---

(*) Existe tradução portuguesa: *Negara. O Estado Teatro no século XIX,* Lisboa, Difel, 1991. *(N. T.)*

era tão complexo como um poema e exigia ser estudado da mesma forma. Contudo, aceito que o poeta difere do artesão no sentido em que ele ocupa uma posição num outro campo de produção. Talvez tenha saltado as barreiras que circunscrevem o mundo intelectual, já que me movia uma vontade, mal aplicada, de demonstrar que toda a gente, intelectuais e trabalhadores, enfrentavam os mesmos problemas – como encontrar um sentido na vida? – e que o trabalhador podia responder de uma maneira igualmente profunda, dentro do seu género, como o escritor.

Pierre Bourdieu: Compreendo perfeitamente essa intenção de «reabilitação». Porém, não será que ela acaba por simplificar um pouco – sobretudo no caso das produções eruditas – a relação entre o produto cultural e o mundo social?

Robert Darnton: Aquilo a que me nego é a dizer que a cultura é a expressão do social.

Pierre Bourdieu: Queres dizer o reflexo…

Robert Darnton: Sim, o reflexo.

Pierre Bourdieu: Receio bem que, como acontece frequentemente, acabes por criar um adversário, por amálgama… e que tendas assim a aumentar a distância entre aquilo que tu fazes e aquilo que fazem alguns – os melhores – historiadores franceses. Se fiz uma história selvagem das ideias, evocando Durkheim, Cassirer, etc. – na realidade, uma sociologia diferencial da utilização teórica e prática dos conceitos importados daria cabo, completamente, da representação de uma «tradição francesa» e, ao mesmo tempo, do mito, útil a toda a gente, da Escola dos Annales –, é porque é importante lembrar que, finalmente, houve uma adopção das mesmas fontes e, depois, divergências ligadas aos efeitos de contexto. Noutros casos, pode ter havido invenção simultânea. E há também, muito simplesmente, o facto de as pessoas não lerem. Houve um tempo em que os franceses não liam os norte-americanos,

DIÁLOGO A PROPÓSITO DA HISTÓRIA CULTURAL | 353

agora estamos numa época em que os norte-americanos não lêem os franceses. Há assim obstáculos objectivos à unificação do campo científico, mas há também interesses nacionais; e também interesses particulares. Weber dizia-o com todas as letras, embora ninguém tenha reparado nisso, que aquilo que ele denominava por carisma correspondia exactamente àquilo que os durkheimianos designavam com a palavra *maná*. Com isto percebemos imediatamente as consequências imensas dessa aparência de diferença e as vantagens que a reunificação traria... No fundo, isto era tudo o que tinha a dizer neste debate.

Robert Darnton: Sim, agrada-me muito a ideia de participar numa República das letras internacional, porque me parece que a investigação é internacional. Podemos perfeitamente ir mais além das fronteiras políticas e étnicas. Por outro lado, no entanto, pergunto-me se não haverá uma tradição que é própria dos Estados Unidos, um país onde a antropologia nasceu em contacto permanente, violento, com uma civilização antiga, a Índia, suprimida pela nova nação. Talvez se encontrem aí as raízes de uma tradição científica diferente à dos antropólogos europeus. Os norte-americanos aventuraram-se em direcção ao Oeste, ao Sul, tentaram dominar as línguas dos índios, e isso deve ter influenciado bastante a escola de Boas e de todos aqueles que estudam as questões da língua, da linguística, dos contos populares, dos mitos. Os estudantes que apanhavam o autocarro para Nova Iorque para assistir aos seminários de Boas, de Benedict e de Mead atravessavam uma cidade que dava que pensar. Quando olhavam para além dos livros – e eles liam os clássicos de Durkheim e de Mauss –, eles viam um mundo um mundo bem diferente do mundo do intelectual europeu. E também aí havia um problema de contexto e de apropriação.

Roger Chartier: Parece-me que a metáfora dos «níveis» que estruturavam a totalidade social não pode ser considerada como característica de uma «maneira francesa» de escrever a história. Por um lado, facilitou certamente a redacção de teses

354 | O PODER SIMBÓLICO

universitárias (tu lembravas numa nota como muitas das teses francesas estavam organizadas segundo esse plano canónico que fornecia uma forma muito cómoda de organizar os materiais recolhidos). Por outro lado, foi uma expressão da conceptualização marxista na sua forma mais vulgar. Porém, gostaria de dizer que, por um lado, não podemos identificar absolutamente tudo aquilo que se faz hoje com essa maneira de pensar e que, por outro lado, criticá-la não resolve o problema de articular os fenómenos que continuamos a designar como «sociais» com outros que designamos como «culturais». Tu próprio utilizas esta distinção quando evitas confundir, para o século XVIII, as relações sociais e as suas manifestações culturais.

Pierre Bourdieu: A mim parece-me injusto reduzir a Escola dos Annales a essa tripartição, a qual, ao mesmo tempo, está justificada, porque ela existe como facto social: para fazer a psicanálise social do espírito científico à maneira de Bachelard, poderíamos dizer que o inconsciente cultural do historiador se exprime nesses planos de dissertações ou de teses que, na sua aparente insignificância – automáticos, nem sequer reflectimos sobre eles –, contêm teses epistemológicas que não foram analisadas.

Roger Chartier: Isso é verdade, mas neste momento não creio que se trate apenas da intitulada «Escola dos Annales»...

Pierre Bourdieu: Sim, é muito mais geral... Os automatismos classificatórios afectam os próprios princípios da construção da realidade social e não há nada mais importante. Porém, para desenvolver um pouco mais esta questão, gostaria de retroceder à discussão iniciada a propósito de Weber. Todos concordam (o culturalismo americano, o estruturalismo, etc.) em dizer que os fenómenos culturais, a língua, os mitos, a religião, devem ser compreendidos na sua coerência e que se não os compreendermos como sistema, não compreenderemos nada. Mas será que compreendemos tudo quando os compreendemos como sistemas? É um debate da maior importância: na história da arte e da literatura, é a oposição entre a

DIÁLOGO A PROPÓSITO DA HISTÓRIA CULTURAL | 355

leitura interna, estruturalista, semiológica, e a leitura externa. A meu ver, essa oposição é totalmente fictícia e devemos relacionar o sistema das obras culturais com o sistema das relações sociais em que ele é produzido e em que funciona. Dito isto, será que este sistema de posições sociais é o espaço social no seu conjunto, como defende a maior parte dos sociólogos da arte, da literatura ou das obras culturais, da mesma maneira que os etnólogos, habituados a sociedades relativamente pouco diferenciadas, ou será antes o subespaço dos produtores profissionais de obras culturais? Em sociedades como a francesa do século XVIII, o processo de diferenciação estava já muito adiantado, a economia constituiu-se então como tal, possuindo as suas regras próprias, o campo religioso há muito que estava constituído, o campo intelectual começava a constituir-se, etc. Neste caso, será que podemos estabelecer uma relação global entre o sistema simbólico e o conjunto da sociedade? Ou será que já não é preciso ter em conta o mundo relativamente autónomo dos profissionais? É aqui que Weber se revela bastante útil, já que ele nos lembra que, para compreender a religião, o judaísmo antigo, por exemplo, é preciso estudar os agentes religiosos, os profetas, os padres que competem entre si...

Robert Darnton: Sim, eu inclusivamente tentei seguir essa estratégia. Talvez não seja muito evidente no meu livro, mas foi por isso que comecei por um mundo mais impreciso, que é mais ou menos comum a todos os franceses, sobretudo aos camponeses. Depois, tentei entrar nos campos de produção específicos e, no final, deparamos com o mundo dos intelectuais, em Paris, que são espiados pelos agentes da polícia: podemos situá-los, podemos saber quantos eram advogados, quantos eram bibliotecários, nobres, etc., e o que é que produziram. Em vez de contar simplesmente os autores, esforço-me por explicar o que significavam as ideias de autor e de perigo para a polícia. É interessante, por exemplo, que o inspector não utilize nunca a palavra filósofo, nem iluministas: ele não espia «os iluministas», esse movimento que nós, hoje, «depois da batalha», identificamos facilmente. Pelo contrário, ele segue de perto, indistintamente, todos os autores. Mas ele sabe escolher bem os seus alvos. Constata que, passo a citar, «Diderot é um rapaz cheio de espírito mas extremamente perigoso». Porquê perigoso? Aquele «rapaz» não tinha ameaçado o trono, mas tinha tocado no sagrado: é isso que ressalta de uma comparação da sua relação com outros em que a polícia identificava toda a espécie de «más intenções» e que via como factores de «perturbação pública». No capítulo seguinte, procurei definir o perigo no mundo enciclopedista. A coisa não é evidente, porque, no fundo, a *Encyclopédie* era um dicionário de 17 tomos in-fólio cheios de informações sobre a forma de fabricar alfinetes e de moer os cereais. Onde é que estava o perigo? Julgo que estava incorporado na árvore dos conhecimentos humanos e no «Discurso preliminar», ou seja, e parto de Foucault, a *Encyclopédie* representava uma nova grelha de organização do saber. Excluindo certas coisas para englobar outras, colocava a ortodoxia cristã fora da razão, tornando-a impensável. Era uma espécie de golpe...

Pierre Bourdieu: Uma revolução cultural...

Robert Darnton: Sim, que ultrapassava, creio, a visão do agente da polícia secreta, mas de que ele estava mais ou menos consciente. Além disso, há uma outra ruptura, esta representada por Rousseau e pela ligação afectiva que o unia aos seus leitores burgueses na província. Daí que o procedimento esteja completamente enraizado no social e eu não recusar de todo...

Pierre Bourdieu: Tu associas o surgimento de uma nova razão ao surgimento de um novo mundo social.

Robert Darnton: Sim, sobretudo o mundo dos intelectuais.

Pierre Bourdieu: São pessoas que possuem uma nova forma de autoridade, que assenta noutras bases, e que introduz uma nova razão, logo uma nova forma de poder.

Robert Darnton: E é o surgimento dos conhecimentos como poder que me parece importante.

DIÁLOGO A PROPÓSITO DA HISTÓRIA CULTURAL | 357

Culturas e sociedades

Roger Chartier: Gostaria de regressar à definição de cultura como um «universo simbólico». A noção de símbolo é tomada numa acepção maximalista, fiel ao sentido que Geertz lhe dá: «todo o objecto, acto, acontecimento, qualidade ou relação que serve de suporte a uma representação». Será esta uma definição verdadeiramente operatória? Vejam as coisas «do ponto de vista indígena». Nos dicionários antigos, o *símbolo* é definido como um sinal particular, um tipo de emblema que assegura a representação de qualquer coisa moral através de imagens ou de coisas naturais. Fica claro aí que o símbolo é um signo, mas um signo específico que implica uma relação de representação – por exemplo de uma abstracção por uma figura. Para ser qualificada de «simbólica», a relação entre um signo e aquilo que ele faz conhecer, que não é visível, supõe que esse signo é apresentado no lugar da coisa representada. Assim, se os símbolos são signos, nem todos os signos são símbolos na medida em que a relação que os une à coisa de que eles são «o índice», «a marca», não é necessariamente uma relação de representação. Evidentemente, o historiador ou o antropólogo não têm de ficar prisioneiros das categorias de pensamento daqueles que eles estudam, e têm todo o direito de constituir o seu próprio léxico de análise. Recordar o sentido antigo do símbolo tem aqui, pois, um objectivo muito particular: mostrar que se tivermos a preocupação de reconstituir a maneira como as pessoas do século XVIII concebiam e exprimiam as suas relações com o mundo, isso implica estar muito atento às definições que eles dão do próprio termo que designa o modo tido como essencial dessa forma de pensar e de ler. E mostrar também, contra uma concepção muito descuidada de símbolo, **que limita a compreensão da noção naquilo que ela lhe atribui em extensão**, que as definições antigas permitem construir melhor um sentido operatório ao assentá-lo num tipo particular de relação entre os signos e os significados: a saber, a relação de representação.

Pierre Bourdieu: E não é preciso estabelecer uma distinção entre as «formas simbólicas», as estruturas mentais, os sis-

358 | O PODER SIMBÓLICO

temas de classificação interiorizados, por um lado, e os símbolos objectivados, sob a forma de práticas, sobretudo rituais, ou de objectos, religiosos, artísticos, etc.? Os segundos não poderão ser o produto do trabalho de profissionais da objectivação, da «criação»?

Roger Chartier: Sem dúvida. E talvez seja essa distinção que distingue os quatro últimos ensaios do livro dos dois primeiros. Nesses quatro estudos, o texto é sempre tomado em si próprio, analisado segundo as suas intenções e funcionamentos. A atenção centra-se, prioritariamente, nas categorias e representações que fundam as descrições, nas estratégias retóricas que visam impor uma ordem inédita (em benefício dos burgueses de Antigo Regime no texto de Montpellier, ou dos filósofos no *Discurso preliminar* de d'Alembert), nas maneiras de construir e pensar a sua própria existência através da escrita, lida ou produzida. Poderemos realmente qualificar de «simbólicas» as formas intelectuais e afectivas assim consideradas, e de «antropológico» o procedimento que visa reconstruir as categorias e as classificações em causa nos textos que descrevem, apreciam, hierarquizam os indivíduos ou os saberes? Podemos duvidar, a não ser que aceitemos uma definição muito ampla das formas simbólicas, tão ampla que o seu conteúdo perde rigor, passando tudo a ser considerado como fazendo parte da ordem do símbolo.

Robert Darnton: Embora utilize normalmente os dicionários do Antigo Regime, nunca pensei encontrar uma definição de símbolo que servisse de base a toda a análise cultural. Não acredito muito nas definições; mas a ter de fazer uma que faça justiça ao domínio simbólico em toda a sua extensão, não a reduziria à noção de um laço que vincula a representação, por um lado, ao objecto representado, por outro. Esta noção será válida em certos casos, mas retirará à comunicação grande parte da sua força. A título de exemplo, podemos retomar a célebre questão de Gilbert Ryle: qual é a diferença entre um *wink* (piscadela) e um *blink* (pestanejo)? Este último é um mero movimento das pálpebras, ao passo que o outro trans-

DIÁLOGO A PROPÓSITO DA HISTÓRIA CULTURAL | 359

mite um sentido. Um sentido que pode variar enormemente. Não se trata de uma relação directa e sem ambiguidade entre um símbolo e uma coisa, mas estabelece uma certa cumplicidade entre aquele que emite o sinal e aquele que o regista. Julgo que a maior parte das trocas humanas implicam relações desse género. A ironia, o amor, o recolhimento perante o sagrado, todos os tipos de disposições afectivas exprimem-se através de gestos e de palavras que ultrapassam aquilo que tu chamas «a relação de representação». Diria mesmo que, sem com isso me estar a refugiar na categoria *frenchness*, que vocês franceses têm um talento excepcional para essas trocas. Sabem deixar-se ficar em silêncios expressivos, abrir muito os olhos em sinal de surpresa, lançar olhares muito apaixonados, vocês movimentam-se através de florestas de símbolos. Se tivesse que me restringir ao mundo «anglo-saxónico» e citar exemplos parecidos aos dos pobres gatos da rua Saint-Séverin, nomearia o célebre pangolim de Mary Douglas, o coelho de Edmund Leach, o casuar de Ralph Bulmer, a lontra de S. J. Tambiah: todos eles animais «bons para reflectir» como os meus gatos. Serão eles símbolos? Certamente, mas a sua força não releva de uma relação de representação. Ocupam uma posição ambígua no sistema de categorias em que assenta a organização conceptual do mundo em certos povos. Creio que o historiador-antropólogo deve estudar a engrenagem dessas categorias no pensamento de Diderot, no agente da polícia que o espia e no trabalhador da tipografia que imprimia os seus livros. O procedimento inicial é aí sempre o mesmo, embora num caso recorramos à filosofia de Bacon e noutro ao folclore. Se quisermos, podemos rejeitar a etiqueta de «antropológico» nesta história. É-me indiferente. Mas não a podemos submeter a uma concepção estreita do simbólico sem lhe cortarmos as asas e a impedirmos de voar.

Roger Chartier: Não vejo razões para se qualificar de antropológico um procedimento como esse, onde, de resto, a opacidade de partida que frequentemente ligas à abordagem antropológica não existe, ou pelo menos não existe da mesma maneira que no massacre dos gatos que fazia rir os artesãos.

360 | O PODER SIMBÓLICO

Robert Darnton: Bom, pode ser que a árvore dos conhecimentos na *Encyclopédie* seja evidente para toda a gente, mas para mim ela não é nada evidente. É um pouco o nosso mundo, mas se remontarmos às suas raízes e observarmos o desenho que foi colocado no início da *Encyclopédie* parece-nos, no mínimo, bizarro: quando vemos, por exemplo, a teologia ao lado da magia negra, etc. É uma forma de expressão que nos é bastante estranha, mas que, por outro lado, fundou a nossa forma de organizar o nosso mundo simbólico. De modo que me parece que existe uma certa opacidade, mesmo no mundo dos Enciclopedistas, que nos são mais estranhos do que aquilo que pensamos.

Roger Chartier: Certo, mas todos os objectos de conhecimento, históricos ou sociológicos, são opacos: quais são agora os critérios de discriminação no interior dessa opacidade comum?

Pierre Bourdieu: A mim parece-me que aquilo que Robert Darnton quer dizer é que a opacidade pode ser um indicador útil desde que sirva para chamar a atenção do investigador para o facto de que no objecto ou na prática observados podem estar activas estruturas simbólicas que ele não possui; que as estruturas mentais segundo as quais o objecto foi construído não são as dele.

Robert Darnton: Sim.

Roger Chartier: Sim, mas podemos dizer também o contrário: é também quando julgamos compreender que é necessário estar vigilante. Vocês próprios me chamaram a atenção para isso quando falei da *Encyclopédie*.

Pierre Bourdieu: Com efeito. Esse é sem dúvida um aspecto a discutir, mas talvez seja um pouco secundário, embora possa ser central na etnologia: haverá alguma vantagem em ser estrangeiro ou, pelo contrário, em não o ser? Terás por vezes a sensação de opacidade em momentos que para nós são evi-

DIÁLOGO A PROPÓSITO DA HISTÓRIA CULTURAL | 361

dentes e isso pode ser, no teu caso, uma vantagem. Ao mesmo tempo, porém, tu estás exposto ao perigo de *chercher Midi à quatorze heures* (*) como nós dizemos, e isso, por vezes, é como se quando ouvisses dizer «tomo-o ao pé da letra» pensasses num pé e numa letra.

Robert Darnton: Aceito-o como uma crítica.

Pierre Bourdieu: Não é uma crítica, é universal. Existe também o inverso. O problema, porém, é saber se, quando estamos perante um sistema simbólico, o tratamos como auto-suficiente, se o estudamos em si próprio, ou se o relacionamos com outra coisa. Podemos dizer que a cultura é um texto, que tudo é um texto, numa espécie de pansimbolismo, onde todos os símbolos simbolizam tudo, como diz Leibniz, de maneira que podemos começar indistintamente por estudar da casa para chegarmos ao estudo da cozinha, passando pelo estudo das estruturas sociais, das relações de parentesco, etc. No outro extremo, podemos dizer que as estruturas mentais que estão na origem do consenso sobre o sentido do mundo provêm de outro sítio, das estruturas económicas ou das estruturas sociais. A minha tendência é para pensar que se trata de uma falsa alternativa, e que, na verdade, as duas coisas não são exclusivas: podemos realizar uma espécie de análise materialista do simbólico tratado como sistema. Isso pressupõe empreender uma ruptura, simultaneamente, com a teoria do reflexo, para se conseguir ver nos sistemas simbólicos as expressões transfiguradas das realidades económicas ou sociais, e com a pan-semiologia (estou a pensar em certas formulações típicas de Geertz, que por vezes fala um pouco como se, na realidade social, tudo fosse texto, como se o mundo social fosse um texto destinado a ser decifrado...).

(*) Expressão idiomática francesa que quer dizer «tornar as coisas mais complicadas e mais difíceis» ou «ver um problema onde ele não existe». *(N.T.)*

362 | O PODER SIMBÓLICO

Roger Chartier: «Considerar a cultura como um conjunto de textos que são eles próprios conjuntos.»

Pierre Bourdieu: Esta pansemiologia está muito presente em toda a tradição americana. No limite, todas as relações sociais são relações de comunicação. Porém, na medida em que essa tradição «semiológica» se tornou dominante em França, na década de 60, através do estruturalismo, e na medida em que hoje se tornou dominante entre os historiadores, deparamos actualmente com os mesmos pressupostos em muitos dos trabalhos publicados em França nos *Annales* ou em torno dos *Annales.*

Robert Darnton: Concordo que é necessário rejeitar uma semiologia avassaladora que invade tudo e que se reduz a uma espécie de idealismo. Dito isto, não creio que esse seja verdadeiramente o objectivo de Geertz, nem mesmo de Leach ou de outros antropólogos que conheço nos Estados Unidos. Não se trata de pensar os sistemas de comunicação, a cultura e o mundo simbólico como algo que se basta a si mesmo, mas como uma língua, através da qual o poder, as relações sociais e a economia se expressam. É uma forma de pensar a cultura, não como distanciada e diferenciada dessas outras coisas, mas antes pelo contrário, como profundamente integrada no social.

Roger Chartier: Esse semiologismo nunca foi tão visível como quando se trata de um texto – que pode ser um texto literário ou filosófico – como um dado de observação etnológica, um protocolo de pesquisa sobre o terreno. Nos teus dois primeiros ensaios, segues de perto o modelo da *thick description* (*). O massacre dos gatos parisienses é como o combate dos galos balineses (**): uma porta de entrada que permite

_____

(*) Em inglês no original, significa «descrição densa», conceito utilizado por Clifford Geertz, por exemplo em *The Interpretation of Cultures* (1973). *(N.T.)*

(**) Sobre a luta de galos no Bali a que Darnton se refere, veja-se Clifford Geertz, *Negara. O Estado Teatro no século XIX,* Lisboa, Difel, 1991 (ed. original de 1980).

DIÁLOGO A PROPÓSITO DA HISTÓRIA CULTURAL | 363

aceder à compreensão de uma cultura na sua totalidade; é um «texto» inscrito no resto dos textos que constituem essa cultura e revela uma das interpretações que ela dá de si própria. Este procedimento leva-nos naturalmente a esta questão: será legítimo considerar como «textos» os gestos feitos ou os contos relatados? Certamente, os contos antigos só são passíveis de ser conhecidos através da sua fixação escrita que devemos aos folcloristas e o massacre dos gatos seria totalmente desconhecido se Nicolas Contat, o autor das *Anecdotes typographiques*, não o tivesse escrito 30 anos depois do acontecimento. Mas poderemos nós qualificar igualmente como texto tanto aquele documento escrito que é o único traço de uma prática antiga como essa própria prática? Não correremos o risco de confundir duas lógicas, aquela que regula as expressões escritas e a que articula as produções do «sentido prático»? Sempre arriscado, o uso metafórico de termos como «texto» ou «leitura» é-o ainda mais no caso em que só um texto *escrito* dá acesso ao próprio objecto da investigação antropológica. Não apenas não conseguimos aceder aí às maneiras de dizer ou de fazer que dão sentido ao conto ou ao ritual, como, mais ainda, à sua própria letra, sobretudo, existe entre o observador e esse suposto «texto», oral ou festivo, um «verdadeiro» texto que possui o seu próprio estatuto. Neste sentido, o massacre dos gatos não é o combate de galos: ao contá-lo e ao interpretá-lo, o historiador é tributário de um relato já feito, de um texto preexistente, dotado de finalidades específicas e que, ao exibir o acontecimento, o constitui como efeito da escrita.

Robert Darnton: Não creio ter subscrito a fórmula «tudo é um texto», que me parece aliás provir de Paris, ou de *maîtres à penser* como Roland Barthes, Paul Ricoeur e Louis Marin, que a utilizaram com muito talento. No que me diz respeito, não sou capaz de os acompanhar quando eles escalam os píncaros da filosofia. Enquanto historiador, tropeço com problemas concretos, numa altitude baixa, nos arquivos. Aí em baixo só dispomos de documentos, de «textos». Como interpretá-los? Como lhes dar um sentido? Seria verdadeiramente ingénuo se não fosse capaz de distinguir entre o relato de Contat e o massacre dos gatos que ocorreu realmente mas que nós só conhecemos através do relato. Da mesma forma, não trato o relato como uma espécie de janela, que nos permite ver as coisas exactamente como elas se desenrolaram. Pelo contrário, tenho em conta o género, a sua estrutura narrativa, a sua retórica, etc. São, sobretudo, elementos que dão um sentido ao acontecimento ao contá-lo. Mas é um sentido retrospectivo e sem dúvida pobre em comparação com as miadelas dos gatos, os gritos dos burgueses, o riso selvagem dos trabalhadores da tipografia. A maior parte das palavras e dos gestos desaparecem no passado. De modo que só conseguimos captar alguns fragmentos – se é que podemos, quando se trata de pessoas desconhecidas, dar as costas a esse género de documento e abdicar do esforço de penetrar numa cultura que ultrapassa as potencialidades da investigação tradicional. Quanto a mim, prefiro aceitar o desafio e aventurar-me no estudo dos contos e dos rituais artesãos como se os camponeses e os operários conseguissem manipular um mundo simbólico tão bem como os intelectuais. Para o fazer, não possuo nenhuma metodologia geral. A ideia de opacidade não é uma chave-mestra que sirva para abrir todas as mentalidades. É apenas uma porta de entrada, em que o historiador se pode posicionar antes de mergulhar a fundo nos arquivos. É somente um convite para a viagem. Mergulhando nos documentos, o investigador talvez diga a si próprio: «tudo é um texto». Só nesse sentido é que aceito essa fórmula. De resto, ao escrever o meu próprio texto, a minha intenção não era tornar mais pesado ainda o relato de um discurso grandiloquente sobre o método. Não rejeito a reflexão teórica, porém, a verdade é que eu não sou filósofo. Sou um historiador de ofício, e tenho mais confiança nos capítulos onde abordo o objecto de estudo que na introdução e na conclusão, onde tento explicar o meu método de trabalho.

Pierre Bourdieu: Assim sendo, o teu livro comporta duas partes, uma que é mais etnológica, quando falas dos camponeses, ou seja, de um universo relativamente menos diferenciado, onde podemos pensar que há esquemas culturais comuns, e

DIÁLOGO A PROPÓSITO DA HISTÓRIA CULTURAL | 365

outra, a dos profissionais da cultura, onde podemos distinguir universos sociais que têm leis de funcionamento diferentes. Dito de outra maneira, e isto relaciona-se com o problema da articulação das duas partes, o semiologismo funciona melhor quando se trata de uma sociedade indiferenciada que em sociedades diferenciadas: não será que a alternativa entre semiologismo e reducionismo sociologista ou economicista é um falso debate quando o que está em causa são sociedades diferenciadas, já que essa espécie de alquimia se dá através do surgimento de universos que possuem a sua própria lógica?

Robert Darnton: Para as sociedades diferenciadas e complexas como a sociedade de Antigo Regime, aceitariam vocês a ideia que os Franceses do século XVIII viviam todos, mais ou menos, num certo mundo simbólico representado pelos contos populares e depois, no interior desse mundo, havia grupos, meios, intermediários culturais como os intelectuais ou como certos burgueses em algumas cidades, que tinham uma cultura específica? Se era esse o caso, julgo que fiz bem em começar pelo que era geral e comum, para depois entrar naquilo que era específico e que dizia respeito a certos meios. Em suma, foi essa a estratégia do livro, mas também, talvez, a sua maior debilidade, já que se no início faço uma espécie de semiologia para depois então entrar num método que é mais sociológico isso significa uma mudança na técnica de abordagem, o que talvez não fosse muito válido.

Pierre Bourdieu: Penso que a própria estrutura do livro é muito mais subtil e complexa do que aquilo que tu disseste no início e agora mesmo. Ao justapor esses textos e ao concebê-los como um todo, levantaste um problema fundamental, que é o da articulação, numa sociedade diferenciada, de um código cultural pelo menos vagamente comum com os contos e com o massacre dos gatos (o mesmo acontece com a língua, que apesar de ser, nos seus usos sociais, incrivelmente diferenciada, alguma coisa fica que, numa certa medida, é compreendida por toda a gente) e os códigos específicos associados aos sub-universos.

366 | O PODER SIMBÓLICO

Roger Chartier: Não sei até que ponto poderemos postular uma compreensão repartida de um sistema simbólico, e não creio que a manipulação das próprias formas seja suficiente para nos levar a concluir que existe compreensão que é partilhada por todos. Parece-me assim arriscado avançar com a ideia de que os símbolos são «partilhados por todos como o ar que se respira». A prova é que todo o teu primeiro capítulo sobre os contos procura diferenciar muito claramente as funções simbólicas desses contos no meio camponês e aquelas que Perrault e os outros escritores de contos do final do século XVII lhes atribuíam, quando os converteram em literatura. E se os operários tipógrafos se divertiam tanto com o massacre dos gatos, era também, parece-me, como tu sugeres, porque fizeram algo que era ao mesmo tempo compreendido e não compreendido pelos «burgueses». Se admitirmos que o interesse de tudo isto reside em lidar com essas diferenciações, que aqueles que manipulam os símbolos conhecem bem, isso parece-me provar que o sentido dos símbolos não é partilhado completamente por todos.

Robert Darnton: Bom, aceitarias a metáfora da língua? Quando falamos francês, todos falamos mais ou menos a mesma língua. Eu falo-o com sotaque norte-americano mas consigo fazer-me compreender e tu fala-lo com uma eloquência lionesa. Mas Pierre Bourdieu, apesar de tudo, compreende-o. Creio que todos temos o nosso sotaque que nos é particular, mas ao mesmo tempo algo permanece que é comum, que é como o ar que respiramos. A propósito dos contos populares, referi-me àquilo que eles possuem de mais geral. É uma espécie de macro-folclore. Para ser sério, como folclorista, é necessário estudar o folclore no plano micro, ou seja, fazer pequenos estudos de caso onde possamos interrogar aquele que conta, etc. E, ao mesmo tempo, parece-me válido, até certo ponto, observar o conjunto dos contos, pôr em evidência certas estruturas, compará-las com outras tradições, como a tradição alemã, italiana e inglesa, como eu fiz, para tirar conclusões que são talvez um pouco imprecisas mas que poderão representar esta língua ou este tesouro cultural

DIÁLOGO A PROPÓSITO DA HISTÓRIA CULTURAL | 367

muito vasto e não muito diferenciado, que era comum a toda a gente. Depois, quando abordamos o massacre dos gatos, apesar de o gato como símbolo de bruxaria ser do conhecimento geral, verificamos que este último possuía uma certa especificidade que se exprimia, para os operários, através dos gatos. Havia mundos simbólicos no interior desse universo simbólico que eram particulares a certos meios. Parece-me assim possível que os operários que manipulavam esse código simbólico podiam gozar com os burgueses sem que estes os compreendessem muito bem.

Pierre Bourdieu: Desembocamos assim no problema dos usos sociais diferenciados dos simbolismos que tínhamos evocado no início; parece-me que lidamos com universos diferenciados, que usamos, de forma diferenciada, códigos parcialmente comuns, pondo em acção todo o tipo de jogos estratégicos complexos que são possíveis graças à parte que entendemos e à que não entendemos: se nos compreendêssemos perfeitamente, se atribuíssemos o mesmo sentido à mesma palavra, haveria uma série de coisas que deixariam de ser possíveis. Estamos entre os dois pontos. E parece-me que é assim que a política funciona sempre.

Robert Darnton: «Compreendi-vos!»

Pierre Bourdieu: Há um bom uso do mal-entendido.

Robert Darnton: Nisso reside todo o jogo e o *enjeu* culturais.

III

Sobre as Relações entre a Sociologia e a História na Alemanha e em França

Entrevista com Lutz Raphael (*)

Lutz Raphael: As suas investigações sociológicas e etnológicas despertaram o interesse dos historiadores que se ocupam dos fenómenos da cultura e que andam à procura de conceitos novos. Cépticos em relação à grande teoria macro-sociológica, esses investigadores tentaram ao mesmo tempo modernizar as tradições fenomenológicas e hermenêuticas através do recurso à etnologia. Sobretudo para a Idade Média e para os tempos modernos, o conhecimento de certos textos etnológicos foi o ponto de partida de uma história das práticas simbólicas que foi marginalizada pela história sócio-económica. Enquanto sociólogo e etnólogo, criticou a forma como as ciências históricas se têm aberto à pesquisa etnológica. A antropologia histórica, para si, é apenas uma moda, uma

---

(*) Esta entrevista, realizada em Paris em Outubro de 1989 e publicada na revista *Geschichte und Gesellschaft* foi actualizada em alguns pontos de pormenor tendo em vista a sua publicação neste número de *Actes de la recherche en sciences sociales*.

solução preguiçosa de inovação metodológica? De que forma é que os conceitos e técnicas da etnologia poderão enriquecer a prática da investigação histórica ou sociológica?

Pierre Bourdieu: Manifestamente, quando você refere que a etnologia foi o ponto de partida de uma renovação da história das práticas simbólicas está a pensar mais na Alemanha que na França, enquanto nas minhas críticas eu estava a pensar sobretudo na França. E para que nós possamos entender-nos completamente, é necessário precisar a que categoria de historiadores você está a pensar – no caso da Alemanha, trata-se evidentemente dos *Alltagshistoriker*, no caso da França, é mais complicado, sem dúvida porque não existe uma etiqueta comum.

Seja como for, parece haver aí um belo programa para um estudo de história social comparativa das ciências sociais, para o qual encontraremos elementos preciosos no artigo que Carola Lipp dedicou ao campo da historiografia alemã. No que diz respeito à França, paralelamente a alguns trabalhos históricos que revelam um verdadeiro domínio dos métodos e dos conceitos da etnologia – por exemplo, no domínio das estratégias familiares, os de Christiane Klapisch-Zuber ou de Hugues Neveux ou, mais recentemente, Laurence Fontaine ou Gérard Delille, e, naturalmente, as pesquisas de etnólogos de formação, como Élisabeth Claverie e Pierre Lamaison, Isaac Chiva e G. Augustins, Françoise Zonabend e Yvonne Verdier, entre muitos outros –, há diversos trabalhos que entram no domínio daquilo que Georges Duby chama «etnologismo», na medida em que aplicam modelos ou conceitos etnológicos sem se preocuparem com as suas condições de validade, produzindo assim, não raro, um efeito de des-historização. (Devo dizer que também os etnólogos cometem esse pecado, nomeadamente quando se apoiam em analogias superficiais para aplicar conceitos etnológicos às nossas sociedades.) Dito isto, é-me difícil dizer o que poderão ser as relações entre as disciplinas, a história, a etnologia, a sociologia e até mesmo a economia, que, quanto a mim, estão artificialmente separadas e deveriam ser unificadas. E começam realmente a sê-lo. Mesmo que o estado civil, e os seus colegas historiadores, os classifi-

SOBRE AS RELAÇÕES ENTRE A SOCIOLOGIA E A HISTÓRIA | 371

quem como historiadores, os historiadores que acabei de citar poderiam dizer-se sociólogos. E mesmo que eles sejam ignorados nos balanços dos historiadores, a verdade é que muitos dos melhores historiadores da educação ou dos intelectuais são sociólogos ou historiadores convertidos à sociologia. O mesmo se pode dizer da história das religiões onde um «sociólogo» como Jacques Maître renovou profundamente o conhecimento da mística articulando de forma bastante realista e rigorosa a sociologia e a psicanálise.

Lutz Raphael: Actualmente, historiadores e sociólogos não se relacionam tão frequentemente como no início da década de 70. A «história como ciência social» ou a *historische Sozialwissenschaft* tornaram-se etiquetas programáticas um pouco antiquadas. As barreiras sociais entre as disciplinas parecem ser muito fortes e as estratégias de distanciamento entre historiadores e sociólogos muito eficazes. Ao mesmo tempo, porém, a lista de procedimentos de investigação, de ferramentas e de problemas comuns é suficientemente longa para imaginar que os intercâmbios são mais intensos. Quando se lê a sua «introdução a uma sociologia reflexiva» fica-se com a sensação de que está a fazer a introdução a uma disciplina que já não existe: uma ciência social que não está marcada pelas barreiras universitárias e pelos problemas da sociedade, mas pelos seus próprios objectos de estudo, que são simultaneamente actuais e históricos. Será que o projecto unificador durkheimiano continua, para si, na ordem do dia?

Pierre Bourdieu: Uma vez mais, é preciso distinguir: a situação não é de todo a mesma na Alemanha e em França (ou noutros países como os Estados Unidos, onde a sociologia histórica está em expansão). Não tenho a certeza – e você sabê-lo-á tão bem ou melhor que eu, pois estudou durante anos a história da Escola dos Annales – se os historiadores franceses, pelo menos aqueles que tiveram e que têm uma posição elevada na École des Hautes Études en Sciences Sociales, concebem a história como uma ciência social. É significativo que, em 1994, os Annales tenham substituído o subtítulo «Econo-

mias, Sociedades, Civilizações» por «História, ciências sociais».
Interessados em manter as distâncias em relação às ciências
ditas sociais, como dizia Althusser, outro defensor do aristo-
cratismo académico, os historiadores-pensadores são cada vez
mais levados a interrogar-se acerca do confronto entre a história *e* as ciências sociais, ou a definir-se «face às ciências sociais».
E nem estou a falar sequer daqueles que, levando até às últimas consequências o interesse pelo «*chic*», sempre tão determinante na vida intelectual francesa, recuperaram, sob a
designação nobre de «filosofia política», como François Furet
e alguns outros, a velha história das ideias e pretendem assim
devolver ao passado a história social, e muito especialmente a
história social das ideias – acerca da qual se deve dizer, em
abono da verdade, que, tal como tem vindo a ser praticada
desde há muito, ou seja, ignorando totalmente os campos de
produção autónomos e os seus respectivos efeitos, ela está
realmente ultrapassada. Para nos convencermos da ambivalência dos historiadores em relação à própria ideia de «ciência
social», logo em relação à sociologia que é a ciência social
por excelência, basta comparar a relação que os historiadores
alemães que se posicionam *explicitamente* sob a bandeira da
historische Sozialwissenschaft têm com Max Weber e aquela que
os historiadores franceses dos *Annales* têm com Durkheim e
Mauss ou com os seus sucessores (com excepção de Lévi-
-Strauss, embora tenha servido sobretudo de garante do
«etnologismo»).

Lutz Raphael: Entre parêntesis, diga-se que a relação dos
historiadores franceses com Max Weber sempre foi muito
estranha...

Pierre Bourdieu: Isso é verdade não apenas para os historiadores. Michael Pollak começou a analisar as leituras e
sobretudo as utilizações de Max Weber em França. Há também o livro, bastante completo, de Monique Hirschorn, *Max
Weber et la Sociologie française*. Seria preciso ir mais longe e tentar compreender nomeadamente as causas e as razões da resistência particular que os historiadores têm colocado a uma

SOBRE AS RELAÇÕES ENTRE A SOCIOLOGIA E A HISTÓRIA | 373

sociologia que, pela sua dimensão histórica, lhes deveria ser, aparentemente, simpática; e seria necessário analisar também, por contraste, o papel que alguns, entre eles, tentam atribuir actualmente a Norbert Elias, e não somente por ignorância – nomeadamente de tudo aquilo que ele deve a Max Weber, sobre o Estado e a violência, por exemplo, ou ao modo de raciocínio sociológico naquilo que ele tem de mais comum.

Lutz Raphael: Mas regressemos às relações entre os historiadores dos Annales e Durkheim...

Pierre Bourdieu: O durkheimianismo foi, desde o princípio, o «reprimido» dos fundadores da Escola dos *Annales* (com a excepção, talvez, de Marc Bloch) e os seus sucessores continuaram a reproduzir essa rejeição, aliás com uma maravilhosa constância. Na verdade, a ambivalência é sempre a mesma. Por um lado, a Escola dos *Annales* afirma a sua originalidade em relação aos historiadores «vulgares» (entre os quais encontramos, actualmente, e mesmo no passado, algumas das contribuições científicas mais interessantes) inspirando-se amplamente na sociologia, ou seja, nos durkheimianos ou nos seus «herdeiros» estruturalistas. Por outro lado, dá-se ares de originalidade e de liberdade insurgindo-se contra o «golpe durkheimiano» e contra a «ortodoxia», insuportável, da «escola», contra a ambição «totalitária» da sociologia, como diriam hoje em dia os últimos legatários. E juntando as vantagens técnicas dos empréstimos disciplinares e os benefícios simbólicos da recusa, temos sempre a estratégia do *Canada Dry* que torna possível a existência de uma sociologia sem a sociologia e, sobretudo, sem os sociólogos. Seria necessário enumerar aqui todos os empréstimos não declarados à sociologia, nomeadamente à sociologia da educação, das práticas culturais ou dos intelectuais, áreas durante tanto tempo ausentes da história tradicional, embora seja sempre possível construir retrospectivamente as genealogias míticas.

Na verdade, aquilo que essa rejeição e essa espécie de jogo duplo ou de consciência dupla revelam é a posição central da história no campo universitário, a meio caminho entre as dis-

374 | O PODER SIMBÓLICO

ciplinas canónicas, a filosofia e a história literária, e as novas disciplinas, sobretudo a sociologia, a linguística e a psicologia: dominante socialmente (pelo menos em relação à sociologia), o que a impede de assumir a sua dependência teórica (excepto em relação à filosofia), ela é dominada teoricamente; ela é um pouco o ponto fraco das ciências sociais e a «interdisciplinaridade integradora» de que se reclama defensora está mais próxima das estratégias políticas dos partidos «caça-tudo», *catch all*, que de um verdadeiro partido científico. Oscila entre o modernismo de uma ciência dos factos históricos e o academismo e o conformismo prudentes de uma tradição erudita (visíveis nomeadamente na sua relação com os conceitos e com a escrita); ou, mais precisamente, entre uma análise necessariamente crítica, já que aplicada a objectos *construídos contra* as representações comuns da história celebrativa, que os ignora totalmente, e uma história oficial ou semi-oficial, que se dedica à gestão da memória colectiva através da sua participação nas *comemorações* e da conservação dos sacrossantos arquivos, memória do Estado que o Estado controla através dela.

Lutz Raphael: Se essa é verdadeiramente a posição da história no campo universitário, é de pressupor que essa oscilação está presente em todos os historiadores e também que os historiadores tendem a dividir-se, consoante as épocas e mesmo consoante os momentos da sua carreira, entre uma história comemorativa e uma história científica.

Pierre Bourdieu: Efectivamente, a história que se pretende científica, e que se inscreve num campo internacional, tem de contar, em cada época, com uma história que responde às «expectativas do grande público», como costumamos dizer, desempenhando a *função social* mais comummente atribuída à história, *a comemoração ou a celebração do património nacional*, dos seus grandes feitos (*res gestae*), dos seus grandes lugares (os «lugares da memória») e das suas grandes individualidades (por exemplo, com as biografias das grandes figuras do Panteão nacional ou, em alguns casos, regional: os

SOBRE AS RELAÇÕES ENTRE A SOCIOLOGIA E A HISTÓRIA | 375

bearneses (*) são grandes consumidores de biografias de Henrique IV ou de Gaston Phébus). Se todos os praticantes da história científica são profissionais, nem todos os profissionais produzem história científica, ou apenas esse tipo de história. Daí se segue que o campo histórico tende a organizar-se em torno da oposição entre dois pólos, diferenciados consoante o seu grau de autonomia em relação à procura social: de um lado, a história científica, independente dos objectos estritamente *nacionais* (a história de França no sentido tradicional), pelo menos na maneira de a construir, onde encontramos profissionais produzindo para outros profissionais; do outro lado, a história comemorativa que permite a certos profissionais, não raro os mais consagrados, haver-se com os prestígios e os benefícios mundanos dos álbuns (graças sobretudo às biografias) e da literatura de comemoração ou das grandes obras colectivas de grande tiragem, jogando com a ambiguidade da história para alargar o mercado dos trabalhos de investigação; neste pólo, há também os amadores, os historiadores de domingo, que podem ser profissionais, mas de qualquer outra coisa, como o jornalismo ou a política; há ainda os estrangeiros, duplamente celebrados, a esse título, pelos meios de comunicação social, como Zeldin. O meu receio é que o peso do mercado e do sucesso mundano, que se faz sentir cada vez mais, através da pressão dos editores e da televisão, instrumento de promoção comercial e também de promoção pessoal, venha a reforçar ainda mais a história comemorativa (não podemos deixar de sentir uma grande tristeza quando assistimos a representantes da Escola dos Annales a sacrificar-se ao género «história de França»...).

Lutz Raphael: Parece recear também que, devido à posição ocupada pela história na universidade e na sociedade, um certo número de funções deixe de se impor aos historiadores, ao mesmo tempo que se impõem os modos de funcionamento tradicionais...

(*) Habitantes de Béarn, antiga província francesa situada perto dos Pirinéus. *(N.T.)*

376 | O PODER SIMBÓLICO

Pierre Bourdieu: Apesar de ter conhecido um certo *aggiornamento* tecnológico na década de 60, a história, na sua definição dominante, continua centrada no contacto sagrado e sacralizador com os arquivos, aos quais só acedemos muito progressivamente, depois de uma longa iniciação que nenhuma formação técnica permite reduzir (não é por acaso que a questão dos lugares na Biblioteca Nacional e na Grande Biblioteca desencadeou tanta paixão). A disposição um pouco submissa e dócil que pressupõe e reforça essa relação com os dados (e ao dado...) é paralela ao culto do bem escrever (o estilo rebuscado e impreciso de Lucien Febvre é a antítese perfeita da escrita austera e rigorosa – nada «*chic*» – de Durkheim). O historiador francês, como bom aristocrata (e não me refiro ao historiador de arte ou da literatura!), desconfia do conceito, não apenas porque costuma ser um pouco deselegante e quase sempre pouco literário, mas também, sem dúvida, porque tem algo de plebeu, na medida em que está feito para que toda a gente compreenda e para que toda a gente possa comprovar, em vez de deixar as coisas na ordem do inefável e do indizível. E o mesmo se aplica aos métodos e as técnicas, que toda a gente pode aprender, talvez até muito depressa, ao passo que os segredos que levaram à criação de uma tradição erudita, do mesmo modo que as boas maneiras aristocráticas só se conseguem aprender ao longo do tempo, como se dizia antigamente. É significativo que o «laboratório», novo modo de organização que Fernand Braudel tentou impor, com o Centre de Recherches Historiques, nunca tenha funcionado realmente como um verdadeiro grupo de investigação, organizado em torno de um tipo de pensamento comum, sem dúvida por causa dos obstáculos gerados pela sua pretensão à originalidade e à singularidade, encorajados pela instituição escolar e muito especialmente pela *École normal* literária (cada vez mais representada na École des Hautes Études à medida que nos afastamos das origens). Além disso, é em nome de uma representação, quanto a mim um pouco arcaica, dos valores da originalidade que certos historiadores denunciam, incapazes de compreender a sua lógica e a sua necessidade, as formas de organização mais colectivas e

SOBRE AS RELAÇÕES ENTRE A SOCIOLOGIA E A HISTÓRIA | 377

mais cumulativas que podem talvez vir a instaurar-se, contra a tradição literária da obra-prima singular, em certas equipas de sociólogos. Entre parêntesis, não deixa de ser chamativo, como se os campos de produção cultural também tivessem a sua longa duração, que aquilo que actualmente dizem alguns historiadores próximos dos *Annales* a propósito de certos sociólogos que você conhece bem seja muito semelhante ao que os fundadores da Escola dos *Annales* diziam dos durkheimianos («ortodoxia», «escola», etc.) – com a diferença de que o declínio leva a uma linguagem mais violenta e excessiva (falamos com muita facilidade de «totalitarismo» ou de «dogmatismo»).

Lutz Raphael: Mas na sua opinião há, juntamente com as determinações sociais dessa rejeição da sociologia, razões mais propriamente intelectuais.

Pierre Bourdieu: Num certo número de historiadores, frequentemente os mais próximos do pólo científico, essa rejeição parece-me estar ligada a uma espécie de recusa inconsciente da construção do objecto e da conceptualização. São incontáveis as obras históricas onde encontramos todo um conjunto de conceitos em segunda-mão, «modernização», «capital cultural», «*thick description*», «bens simbólicos», etc., que na minha opinião são desprovidos de toda a sua força de ruptura e da sua necessidade de conceitos *relacionais* (por exemplo, «capital» tem de ir necessariamente unido a «campo»), mesmo que conservem uma parte das suas virtudes heurísticas, pois são utilizados de forma isolada, sem referência ao sistema de relações teóricas de que são indissociáveis (poderíamos dizer exactamente a mesma coisa a propósito de diversos trabalhos da nova história económica que aplicam conceitos económicos em séries históricas mais ou menos bem construídas). E é sem dúvida a mesma visão positivista que leva alguns historiadores a atribuir a Elias, com toda a boa-fé, a paternidade do conceito de *habitus*, velho como o mundo filosófico (encontramo-lo em Aristóteles – *hexis* –, em Tomás de Aquino e, ocasionalmente, em muitos outros), que eu esco-

378 | O PODER SIMBÓLICO

lhi conscientemente pela sua força mnemotécnica (poderia muito bem ter-lhe chamado disposição ou, melhor ainda, sistema de disposições); desse modo, rebaixamo-lo ao seu sentido mais vulgar, ao seu uso mais comum, e retiramos-lhe toda a carga teórica que ele condensa no uso renovado que eu faço enquanto expressão do esforço para escapar à alternativa do objectivismo e do subjectivismo, do mecanicismo e do finalismo, da explicação pelas causas e da explicação pelas razões ou pelos fins (ou, em termos de nomes próprios, de Marx e Durkheim, por um lado, e de Weber, dos interaccionistas e dos etnometodologistas, por outro); alternativas que podemos perpetuar invocando um conceito expressamente concebido para as destruir...

Lutz Raphael: Na realidade, aquilo que é central, na oposição entre a história e a sociologia, é a relação com os conceitos e com a teoria...

Pierre Bourdieu: Exactamente. Na minha opinião, essa oposição é ao mesmo tempo bastante profunda, porque fundada em diferenças de tradição e de formação, e fictícia, porque a sociologia e a história possuem o mesmo objecto, e poderão utilizar os mesmos instrumentos teóricos e as mesmas técnicas para o construir e analisar: poderia dizer que um dos meus combates mais constantes, travado sobretudo através da *Actes de la recherche en sciences sociales*, visa favorecer a emergência de uma ciência social unificada, onde a história será uma sociologia histórica do passado e a sociologia uma história social do presente. Penso também que a relação mútua de desconfiança e de afastamento pode ser transformada: aquilo que a formação faz, a formação pode desfazer (na condição de conseguirmos, e esse é o ponto decisivo, transformar a formação).

Muitas das diferenças entre a historiografia alemã e a historiografia francesa, nomeadamente na sua relação com as ciências sociais e com a filosofia, devem-se sem dúvida, por um lado, à obrigação dos historiadores alemães terem uma «matéria anexa» (*Nebenfach*), normalmente a filosofia (em Kosellek,

SOBRE AS RELAÇÕES ENTRE A SOCIOLOGIA E A HISTÓRIA | 379

por exemplo) ou a *Volkskunde* e a *Germanistik* (nos *Alltagshisto-riker*). Consequentemente, podemos pensar que uma transformação da formação que vise dotar os historiadores franceses de uma verdadeira cultura filosófica (a mesma coisa se aplica à sociologia e à economia) tenderá a favorecer uma transformação profunda, não apenas das relações entre os historiadores e as outras ciências sociais, como também da maneira de praticar a história. Isso permitirá, pelo menos aos historiadores, sobretudo aqueles que foram empapados de filosofia nas aulas da *khâgne*(*), evitar deixar-se deslumbrar pelo primeiro «filósofo» que apareça; ou refugiar-se numa espécie de positivismo do ressentimento (do género: «não posso fazer aquilo que não sei fazer» ou «faço aquilo que sou o único a saber fazer, mas apenas isso»). Eis outra forma, igualmente negativa, de reagir à mutilação infligida por uma formação incapaz de fornecer a todos, historiadores, sociólogos ou economistas, o mínimo de formação teórica e epistemológica suficiente para se ser capaz de resistir ao terrorismo teórico e sobretudo para se ser capaz de utilizar e de produzir os instrumentos teóricos necessários à prática científica. (Seria necessário, evidentemente, especificar todas essas análises em função das especialidades, que, no interior de cada disciplina, são subtilmente hierarquizadas, consoante a época e consoante o domínio, ao mesmo tempo que consoante as características sociais e sexuais.)

Lutz Raphael: E no meio de tudo isso, como é que é entre os sociólogos?

Pierre Bourdieu: O que você quer dizer é que eu trato melhor os sociólogos. Entre os *double-binds* que pesam sobre eles, há todos aqueles que favorecem ou autorizam a tensão entre a definição tradicional da disciplina como «filosofia social», com ambições proféticas, segundo a tradição mais

---

(*) Termo usado informalmente para designar as aulas preparatórias para a entrada numa *grande école*, que têm normalmente a duração de dois anos (excepcionalmente três). *(N.T.)*

clássica das «humanidades», ou como «tecnologia social», voltada para a produção de relatórios, a venda de conselhos, de informações (com as sondagens, por exemplo, ou a assessoria em empresas), e a definição como ciência, e, assim, entre duas concepções totalmente diferentes de originalidade. Tal como o campo histórico, o campo sociológico organiza-se de acordo com o grau de autonomia relativamente à procura social (uma procura diferente daquela que se dirige à história), grau de autonomia que se mede sobretudo pela distância entre os problemas sociológicos e os problemas sociais tal como eles surgem num dado momento num determinado país (uma vez mais, o critério da distância em relação à nação e ao político é decisivo). O certo é que os sociólogos se sentem muito mais solicitados que os historiadores, sem terem sido mais bem preparados que eles, na maior parte dos casos, a produzir conceitos e teorias: o que os leva muitas vezes ao *bluff* teórico e à confusão conceptual, às distinções e às discussões sem inventiva nem necessidade que fazem sorrir, não sem razão, os historiadores mais lúcidos.

Lutz Raphael: Mas não consegue ver sinais, entre os historiadores franceses, da emergência ou de uma renovação do interesse pela teoria? Estou a pensar nos dois números dos *Annales ESC,* em 1988 e em 1989 ([1]), nomeadamente um editorial intitulado «Façamos a experiência».

Pierre Bourdieu: Alguns historiadores parecem-me dedicar demasiado tempo e energia a dissertar teoricamente sobre a história, mais até, talvez, que a praticar o «ofício de historiador» e, se for caso disso, a construir objectos novos e a descobrir novos tipos de realidades históricas, como fazia a Escola dos Annales nos seus tempos áureos ou, mais recentemente, Michel Foucault, a partir de novas questões teóricas. Este interesse pela epistemologia e a prontidão com que alguns

_____

([1]) «Histoire et sciences sociales. Un tournant critique», *Annales ESC,* volume 43, número 2, Março-Abril de 1988, pp. 291-293; e volume 44, número 6, Novembro-Dezembro de 1989.

SOBRE AS RELAÇÕES ENTRE A SOCIOLOGIA E A HISTÓRIA | 381

participam nos debates ditos filosóficos a propósito da história estão ligados, por um lado, à posição da história no campo intelectual francês e ao predomínio que a filosofia ainda exerce sobre os historiadores (seria necessário, deste ponto de vista, examinar as referências, não raro puramente rituais, que fazem à obra de Foucault, ou analisar as produções, cada vez mais numerosas, da autoria de historiadores que fazem de conta que são filósofos e que adoram rodear-se de filósofos que, por sua vez, fazem de historiadores

Mas, para além da pretensão hegemónica que não raro está por trás do interesse pelos jogos da teoria puramente teórica, exprime-se também a vontade, totalmente legítima, de afirmar a independência da ciência histórica em relação às outras ciências sociais e, desde logo, em relação à sociologia. Dito isto, não basta debater, ou debater-se, para se libertar dos laços de dependência. Na verdade, os historiadores franceses mais voltados para a teoria limitam-se, frequentemente, a substituir uma dependência por outra, libertando-se na aparência de teorias ou de teóricos estrangeiros à disciplina para depois caírem na alçada de outras teorias e de outros teóricos. É o caso, por exemplo, daqueles que predicam «uma abordagem subjectivista do social» (o que, sendo anunciado na mesma altura que o «regresso do sujeito», com grande pompa, pela revista *Débat* ou *Esprit*, não é sinal de uma extraordinária autonomia em relação à *doxa* intelectual). Falsos progressos parecidos, que na verdade não passam de retrocessos, de «regressos» (regresso da narrativa, do sujeito, do político, do social, etc., etc.), mas no sentido de marcha atrás – têm havido muitos, em história como em sociologia, no decurso dos últimos dez anos –, só se conseguem impor porque são trazidos pelo ar do tempo (ou, se quisermos ser um pouco mais precisos, pela conjuntura política). Podemos simplesmente ignorá-los, esperando que a moda que os trouxe os leve de volta, sim, como o frenesi semiológico, hoje completamente esquecido (de tal maneira que não conseguimos reconhecer tal moda quando regressa com um outro nome, *linguistic turn* entre os historiadores, ou *discourse analysis* entre os linguistas). Esperamos também que os falsos progressos que não sejam capazes de

382 | O PODER SIMBÓLICO

seduzir os novos investigadores com as suas aparências de novidade radical, isto sem pensar em toda a energia intelectual que vai ser necessária primeiro para os assimilar, depois para os expulsar.

Lutz Raphael: Já antes tinha referido, na conversa que teve com Roger Chartier e Robert Darnton, esse «pansemiologismo» que conduz não apenas a um fetichismo do «texto» como também a uma espécie de idealismo, com a fórmula «tudo é texto», que a Robert Darnton lhe parecia vinda de Paris, com Roland Barthes, Paul Ricoeur e Louis Marin, por exemplo...

Pierre Bourdieu: É precisamente de tudo isso que quero falar. A circulação internacional das ideias está cheia de mal-entendidos e de armadilhas, contra os quais é necessário empreender uma vigilância constante. Dito isto, embora a discussão esteja totalmente num outro nível, a situação não é assim tão diferente na Alemanha, onde os historiadores só debatem, de certo modo, por procuração, através de teorias e de teóricos estranhos à disciplina, quase todos eles americanos, sociólogos (sobretudo interaccionistas), etnometodólogos, em suma, etnólogos como Clifford Geertz, cuja *thick description* me parece uma justificação que vai ao encontro da actual ilusão positivista da ciência sem hipóteses nem construção prévia (seria necessário questionar as causas da influência, difícil de justificar por razões intelectuais, que a ciência social norte-americana ainda exerce sobre a história e a sociologia alemãs). Não quero dizer com isto que deveria ser proibido importar teorias ou conceitos, de onde e de quem quer que seja; mas, para evitar o risco de criar guerras religiosas conceptuais, as lutas teóricas deveriam ser levadas a cabo na própria prática científica, e não nessa espécie de discurso «no ar», exterior à prática, no qual identificamos uma epistemologia totalmente carente de justificação.

Os grandes historiadores do passado, Kantorowicz, Panofsky, Marc Bloch, Braudel, Gerschenkron, Finley, E.P. Thompson, fizeram sempre a teoria na prática, na sua prática e para a sua

SOBRE AS RELAÇÕES ENTRE A SOCIOLOGIA E A HISTÓRIA | 383

prática, como todos os outros especialistas das ciências sociais, reunindo o conjunto dos seus resultados teóricos a partir do *conjunto* das ciências sociais. (Porque pressupõe uma forte consciência epistemológica e uma grande cultura teórica – um grande investigador é alguém que aprendeu muito de muitas pessoas –, a sistematização ao mesmo tempo selectiva e cumulativa não tem nada que ver nem com o ecletismo nem com a miscelânea de referências, estratégia típica dos dominados através da qual certos historiadores procuram dar uma aparência de independência teórica.) E, como muitos dos grandes sábios, foram melhores teóricos, frequentemente, na sua investigação que no seu discurso sobre a sua investigação. Mesmo Lucien Febvre, cujas formulações conceptuais não me agradam muito, como «utensilagem mental», «mentalidade», etc., tão-pouco os seus textos metodológicos sobre a história, mostrou bem, no seu *Rabelais,* que a única forma de compreendermos bem um autor é reconstituindo o espaço dos possíveis no interior do qual se constituiu o seu pensamento, o universo das determinações sociais que tornam possível uma criação singular, ao mesmo tempo que a limitam.

Lutz Raphael: Mas esses historiadores que participam em discussões teóricas não raro sem grande relação com a sua prática de investigação, contribuindo com isso para afirmar a sua hegemonia na sua disciplina, não acabarão assim por a colocar na dependência da filosofia ou de certos filósofos?

Pierre Bourdieu: Era preciso organizar um movimento de libertação dos especialistas das ciências sociais contra o império não da filosofia, mas dos maus filósofos que, incapazes de se impor junto dos seus pares, encontraram um segundo mercado, infinitamente mais fácil de conquistar, entre os historiadores ou os sociólogos filosoficamente débeis e também, com frequência, cientificamente inseguros. A melhor protecção contra esses discursos estéreis e esterilizadores será, sem dúvida, uma verdadeira cultura história em matéria de história social da filosofia e das ciências sociais que permita identificar, logo à primeira vista, num debate na aparência totalmente novo, uma vingança insignificante de um combate perdido para sempre na década de 60, ou na última moda teórica um *remake* «colorido» de uma questão velhíssima, anterior à II Grande Guerra. Sem tempo (e também porque é um pouco constrangedor citar textos e nomes próprios... – mas se tivesse de citar um seria Hayden White), não me é possível analisar o estranho processo que, depois de um longo desvio pela América do Norte, fez regressar à Europa, com o nome de *linguistic turn*, a velha cantilena da filosofia hermenêutica contra a ambição científica das ciências sociais (para a qual o primeiro Habermas e o último Ricoeur muito contribuíram), na ordem do dia outra vez graças à orquestração «semiológica» da década de 60.

Seria importante seguir, passo a passo, nas suas verdadeiras repetições e falsas inovações, o percurso desse discurso anti-científico, sempre obscurantista e frequentemente niilista, desde as criações inimitáveis dos «mandarins alemães», analisadas por Fritz K. Ringer (com os dualismos rituais das dissertações escolares, por exemplo, explicar e compreender, quantitativo e qualitativo, etc.), até aos discursos sobre a «narrativa» que abundam hoje em dia um pouco por todo o lado, de Paul Ricoeur, que tende a dissolver a cientificidade da história mostrando a semelhança fundamental de todas as «narrativas», venham elas da história ou da ficção, até Jacques Rancière, que clama por uma «poética do saber» que revele «o conjunto dos procedimentos literários através dos quais um discurso se subtrai à literatura, se atribui um estatuto de ciência e o reivindica».

Lutz Raphael: Mas considera que esse discurso com pretensões filosóficas exerce verdadeiramente uma influência sobre os historiadores e a sobre a sua prática?

Pierre Bourdieu: Os filósofos que pretendem libertar os especialistas das ciências sociais da sua «auto-incompreensão cientista», como diz Habermas, ou convencê-los de que a sua

SOBRE AS RELAÇÕES ENTRE A SOCIOLOGIA E A HISTÓRIA | 385

ambição de cientificidade é totalmente ilusória (em nome, muito frequentemente, de uma definição simplista das ciências da natureza e de um desconhecimento radical dos métodos e das técnicas das ciências sociais), só são um problema porque conseguiram encontrar aliados no próprio interior do campo científico, entre os especialistas menos capazes de satisfazer as exigências mais específicas da sua disciplina: com efeito, fazendo da necessidade virtude e convertendo as suas deficiências ou as suas renúncias em recusas, é frequente encontrar historiadores sem arquivos ou sociólogos sem investigação feita que tentando dissimular, através de um meta-discurso normativo, uma prática científica muito fraca, em decadência ou mesmo ausente, acabam por negar completa e simplesmente o seu compromisso científico e denunciam como ambição «totalitária» o esforço de sistematização teórica inscrito em qualquer projecto científico ou condenam como dogmatismo cientista, incompatível com o «pluralismo» de um pensamento «aberto», a preocupação com a validação empírica. Compreendemos que eles sejam prontamente aplaudidos, graças à sua coragem e à sua liberdade de espírito, por aqueles filósofos particularmente interessados em lembrar os limites do conhecimento científico ou em recordar o especialista dos seus limites...

Sei que a ambição de «veridição», como eles dizem, não goza de boa fama entre aqueles que querem ver, no desejo elementar de coerência e de compatibilidade com os factos que define todo o projecto científico, uma forma de terrorismo dogmático e uma ameaça para as «vagabundagens» do pensamento «aberto, plural, local», como dizia mais ou menos Michel de Certeau (seria preciso citar e discutir aqui em pormenor aquele que se tornou a grande referência intelectual de todos os historiadores que recusam por princípio o projecto de uma história «global», identificada com a ambição de constituir um «império» – sempre o fantasma de Durkheim, ou de Marx –, e que, ao modelo dito dominante – que permite ao tradicionalismo mundano dar-se ares de resistência heróica –, sobrepõem a preferência pelos «traços», pelas «diferenças», pelas «margens», etc.). Porém, gostaria apenas

386 | O PODER SIMBÓLICO

de lembrar que o sociólogo só pode reivindicar o estatuto de ciência e o poder de «veridição» se aceitar, no mesmo movimento, submeter-se ao *veredicto* que a ordem do mundo produzirá sobre os seus enunciados; e que é pois à realidade áspera do mundo social, e não a si próprio, como muitas vezes julga, que ele deve outorgar o poder de refutação ou de verificação ou, numa palavra, de «veridição».

Lutz Raphael: Parece sugerir que certas divisões aparentemente científicas remetem, na verdade, para diferenças políticas ou ideológicas...

Pierre Bourdieu: Julgo que é preciso estar vigilante contra a redução à política a que muito frequentemente recorrem certos historiadores franceses que sentem alguma dificuldade em libertar-se dos seus hábitos de antigos militantes comunistas: se essa redução à política é, por um lado, um efeito da incompreensão, por outro lado, é também uma forma de fazer a economia de uma refutação lógica ou empírica, contentando-se com uma denúncia política ou quase política (certos conceitos, como «dogmatismo» ou «holismo», funcionam como substitutos eufemísticos dos insultos classificatórios mais frequentemente utilizados na polémica exotérica, como «marxismo», «marxismo distinguido», etc.). Julgo, no entanto, que as constâncias, para não dizer as invariantes, que podemos observar através dos tempos nas tomadas de posição favoráveis ou desfavoráveis às ciências sociais devem-se sem dúvida, em grande medida, ao facto dessas ciências se terem constituído contra a visão religiosa do mundo e se terem tornado, desde o seu surgimento, num dos bastiões centrais do campo dos Iluministas, do *Aufklärung*, na luta político-religiosa a propósito da visão do indivíduo, luta que continuou sempre a influenciar o debate intelectual ou até mesmo científico. Por exemplo, a reacção contra aquilo que chamamos o «pensamento de 68» recuperou os temas e os próprios termos do combate conduzido pelos escritores, Barrès, Péguy, Maurras, e depois também Bergson, nas vésperas da guerra de 14, pelos jovens reaccionários enfurecidos, como Agathon (pseudónimo de

SOBRE AS RELAÇÕES ENTRE A SOCIOLOGIA E A HISTÓRIA | 387

Henri Massis e Alfred de Tarde), contra o pensamento dito «cientista» dos Taine ou Renan que tinha dominado até então o campo intelectual e sobretudo o mundo universitário, e contra a «Nova Sorbonne» de Durkheim e Seignobos. Claudel antecipou todas as actuais lengalengas sobre o determinismo e a liberdade, os direitos do ser humano e do sujeito, quando dizia mais ou menos assim (cito de memória): «Saí finalmente do mundo repugnante de um Taine ou de um Renan, desses mecanismos horríveis regidos por leis inflexíveis, ainda por cima conhecíveis e susceptíveis de ser ensinados.»

Lutz Raphael: Quando você a opõe à reflexividade que denomina narcísica, pretende dizer que a reflexividade preconizada por si não se tem a si própria como fim e que visa, sobretudo, produzir efeitos na própria prática científica transformando a relação com essa prática e com os instrumentos que ela põe em acção...

Pierre Bourdieu: As reflexões aparentemente mais gratuitas sobre a diferença entre a postura teórica e a postura prática têm, na verdade, consequências directas na prática científica: a análise, que pode parecer um pouco especulativa, da relação de objectivação, ou seja, da exterioridade do investigador em relação à situação que ele analisa, foi aquilo que me conduziu, no estudo do casamento a propósito do qual ela foi elaborada, a abandonar a linguagem da regra substituindo-a pela linguagem da estratégia. A posição de exterioridade não se reduz, como muitas vezes pensamos, à estranheza (particularmente sensível quando, como o etnólogo ou o historiador de sociedades distantes no tempo, nos ocupamos de universos em que nos sentimos estrangeiros): estaremos numa posição exterior desde que, agindo enquanto investigadores e não enquanto agentes actuantes, nos retiramos do mundo social para o tomarmos como objecto, quer se trate do mundo de que fazemos parte ou da região desse mundo que nos é mais familiar, como a universidade (penso aqui no *Homo academicus*). Essa relação encerra em si a possibilidade ou mesmo a probabilidade de uma *distorção escolástica*, inerente à situação de

388 | O PODER SIMBÓLICO

skholè (*), de exterioridade em relação à prática e aos seus *enjeux*, e capaz de engendrar, enquanto for ignorada, toda uma série de erros científicos. Sabemos bem, como dizia Bachelard, que «o mundo em que pensamos não é o mundo em que vivemos»; porém, não devemos nunca esquecer essa diferença se quisermos evitar tomar o mundo como o pensamos pelo mundo como ele aparece àqueles que não têm tempo livre para o pensar.

O imperativo da reflexividade não é, como vimos, um simples ponto de honra um pouco vaidoso, do pensador que se considera incontornável e capaz de ocupar um ponto de vista absoluto, exterior e superior aos pontos de vista empíricos dos agentes mais vulgares, e dos seus concorrentes no próprio campo científico. A reflexividade compete ao conjunto dos agentes comprometidos no jogo científico e consegue-se na e pela concorrência científica, quando estão reunidas as condições sociais para que essa luta possa obedecer à lógica argumentativa da polémica científica (ou seja, para permitirem a cada um dos participantes no jogo ter interesse em subordinar os seus interesses «egoístas», «patológicos», às regras do confronto dialógico). É por isso que não faz sentido considerar como um último recurso, ou como um último refúgio, a posição inatacável de uma razão autoritária, a posição inexpugnável de um saber absoluto. Todas as conquistas individuais da reflexividade (por exemplo, a descoberta da «distorção escolástica» para a qual contribuí) tornam-se uma arma na luta científica e tem assim possibilidades de se impor universalmente na prática científica. Dito de outro modo, ninguém consegue criar armas susceptíveis de serem utilizadas contra os seus adversários ou os seus concorrentes sem se expor à possibilidade dessas armas serem depois utilizadas contra si próprio, por aqueles ou por outros, e assim sucessiva-

---

(*) Termo relacionado com a ideia de tempo livre, diversão ou repouso próprios do trabalho intelectual. Em *Meditações Pascalianas*, Bourdieu define o termo *skholé* como «tempo livre e liberto das urgências do mundo que torna possível uma relação livre e liberta com essas urgências, e com o mundo». *(N. T.)*

SOBRE AS RELAÇÕES ENTRE A SOCIOLOGIA E A HISTÓRIA | 389

mente até ao infinito. É por isso que os investigadores empenhados na concorrência serão levados a progredir colectivamente no sentido da reflexividade que lhes será imposta pelos efeitos da objectivação mútua e não pela simples viragem da sua subjectividade sobre si próprios.

Lutz Raphael: Referiu um pouco o modo como o conhecimento da história e das ciências sociais no seu conjunto pode proteger os historiadores e os outros especialistas das ciências sociais contra as intromissões pseudo-filosóficas ou contra a tentação deles próprios produzirem má filosofia. Pode precisar como é que ela pode intervir na própria prática científica?

Pierre Bourdieu: De milhares de formas e, de maneira geral, como instrumento de um esforço permanente, e colectivo, de reflexividade. Não me canso de dizer que a história da história e das outras ciências sociais não é um domínio, entre outros, da história (a mesma coisa é verdade para a sociologia da sociologia), mas sim uma condição prévia necessária a toda a prática consciente da história. Porém, a história a que me refiro deveria ser, evidentemente, outra coisa para além de uma simples historiografia mais ou menos hagiográfica dos grandes (ou pequenos) antepassados desaparecidos, como acontece numa certa história intelectual comprometida nos jogos de poder – com que você sem dúvida deparou no seu trabalho sobre a Escola dos Annales; ela não pode ser um instrumento da reflexividade se ela própria é já o produto de uma intenção reflexiva. A reflexividade concebida como trabalho de objectivação científica do sujeito objectivante (que é na verdade, não devemos esquecer, um sujeito colectivo, ou seja, o próprio campo) visa assegurar o domínio consciente das condições sociais de produção do discurso histórico ou sociológico sobre o mundo social, nomeadamente através da crítica histórica dos instrumentos de pensamento, os conceitos, as técnicas (tratando-se de um instrumento tão anódino e aparentemente indiscutível como a genealogia, cara à tradição proposográfica), taxinomias (categorias profissionais, etc.).

Paradoxalmente, os historiadores não são suficientemente historiadores quando se trata de pensar os instrumentos com os quais eles pensam a história. Devemos sempre tomar os conceitos da história (ou da sociologia) com pinças históricas...

Lutz Raphael: Mas não é isso que faz, precisamente, a *Begriffsgeschichte*?

Pierre Bourdieu: Ela dá um passo nesse sentido, e isso já é extraordinariamente importante, mas não fazer uma genealogia histórica das palavras tomadas numa situação isolada não é suficiente: é necessário, para historicizar verdadeiramente os conceitos, fazer uma genealogia *sócio-histórica* dos diferentes campos semânticos (historicamente constituídos) nos quais, em cada momento, cada palavra é adoptada, bem como dos campos sociais em que são produzidos e nos quais eles circulam e são utilizados. Com igual prudência e admiração, digo a mesma coisa dos trabalhos da Escola de Cambridge de história das ideias políticas: só conseguiremos compreender completamente as teorias políticas analisadas se reconstruirmos o espaço das teorias contemporâneas no seio das quais cada uma delas está integrada e se relacionarmos esse campo teórico com o campo dos produtores de teorias, nomeadamente os juristas.

Dito isto, é uma grande sorte, para a historiografia alemã, dispor de um instrumento como a *Begriffsgeschichte*; uma vez mais, porém, é importante que a constituição desse corpus não seja um fim em si mesmo e que *todos* os historiadores saibam adoptar, em relação aos seus conceitos, o ponto de vista da *Begriffsgeschichte* ou, melhor, da *Begriffssozialwissenschaft*. Seria importante que a reflexividade se convertesse em reflexo profissional. Mas ainda estamos muito longe disso. Lembro-me, por exemplo, de uma análise sobre o nascimento do conservadorismo na Alemanha na qual Hans Rosenberg fazia um uso completamente des-historicizado e quase essencialista dessa noção, não a situando no campo das etiquetas política da época e não relacionando essa estrutura com a estrutura do

SOBRE AS RELAÇÕES ENTRE A SOCIOLOGIA E A HISTÓRIA | 391

campo político. Entre os sociólogos, norte-americanos neste caso, observamos a mesma coisa na utilização de conceitos como *profissão, profissionalização*, etc., que não passam da essencialização, digamos assim, de noções populares. Porém, o exemplo mais extraordinário é o da tradição marxista que, como é possível verificar consultando um dicionário do marxismo (o de Labica, por exemplo), faz um uso totalmente des-historicizado (para o qual contribui, além disso, a inscrição num dicionário) de conceitos que, na sua quase totalidade, nasceram a partir dos conflitos históricos entre marxistas e os seus adversários teóricos ou políticos. Esta crítica da des-historicização dos conceitos deveria avançar no sentido de uma espécie de teratologia lexicológica empenhada em recensear todos os conceitos que paralisam o olhar e bloqueiam a investigação: estou a pensar, por exemplo, numa noção como a de *underclass*, que conheceu um sucesso extraordinário nos estudos sobre a «pobreza» nos Estados Unidos, ou como a de «totalitarismo», que, na década de 70, foi utilizada para «pensar» uma amálgama de realidades mal conhecidas (o nazismo, o estalinismo, etc.) e que impediu a difusão de análises que, como as de Moshe Lewin, por exemplo, tentavam recuperar a complexidade de uma realidade histórica diversificada. Seria assim importante submeter a uma crítica histórica todas as palavras da linguagem corrente que se introduziram fraudulentamente no discurso histórico, a começar, evidentemente, pelas palavras utilizadas para designar as divisões do mundo social.

Lutz Raphael: Parece excluir o recurso às noções correntes. Ora, elas têm pelo menos o mérito de relembrar os limites da validade histórica das noções históricas...

Pierre Bourdieu: De facto, as palavras correntes podem efectivamente ser utilizadas com uma validade limitada nas situações históricas em que elas foram extraídas. Mas mesmo os etnólogos quando falam de *maná* ou Max Weber quando fala de *Stand* tendem a conferir a essas noções uma validade universal. Há casos em que isso pode ser muito perigoso, cientificamente e politicamente, por exemplo na sociologia das religiões, e particularmente das religiões ditas universais; quando utiliza noções religiosas para falar da religião, a ciência da religião corre o risco de se converter em religião científica.

Uma das maiores dificuldades da escrita científica deriva do facto de as palavras correntes, extraídas do próprio objecto que estamos a estudar, serem quase sempre *enjeux* de lutas. É o caso, por exemplo, das palavras que designam grupos e que são utilizadas, muito frequentemente, nos conflitos a propósito dos limites desses grupos, ou seja, das condições de pertença ou de exclusão. (Seria necessário reflectir sobre o sentido da palavra «verdadeiro», ou em inglês *real*, que nós utilizamos quando nos referimos a alguém dizendo que é um verdadeiro intelectual ou um verdadeiro nobre.) Depois, todas essas palavras, como também aquelas que designam virtudes ou qualidades, são objectivamente polissémicas e a tentação tipicamente filológica de definir o sentido de *verdadeiro* ou de dar uma definição dita operatória (chamo nobreza a isto ou aquilo...) constitui uma violência contra a própria realidade; violência que é ainda mais perigosa porque se ignora como tal. Porque a definição (logo delimitação) de nobreza é algo que está em questão na realidade, tomar esse debate (sobre a «verdadeira» nobreza) como objecto é a única forma de evitar tomar partido nesse debate, de evitar, digamos assim, colar-se ao objecto, entrando nesse debate enquanto investigador, nem que seja para arbitrar, para criticar ou elogiar, para dizer onde está a razão ou a falta dela (como fazem frequentemente os historiadores que se deixam levar pelo papel de juízes, instruindo processos em vez de construírem os objectos – estou a pensar nos debates sobre a Revolução Francesa, sobre o nazismo ou sobre a ocupação).

Lutz Raphael: O que acaba de dizer a propósito da nobreza aplica-se também a um objecto de análise como os intelectuais, e mesmo *a fortiori*, já que, nesse caso, o historiador faz ele próprio parte do objecto ou do jogo.

SOBRE AS RELAÇÕES ENTRE A SOCIOLOGIA E A HISTÓRIA | 393

Pierre Bourdieu: Para aqueles que duvidam que um trabalho crítico é uma condição prévia indispensável a toda a
análise rigorosa, bastaria convidá-los a observar os livros que
os historiadores ou os sociólogos têm dedicado aos intelectuais nos períodos mais recentes (não me refiro, evidentemente, ao livro de Christophe Charle sobre o nascimento do
intelectual): dicionários concebidos na lógica do palmarés
(são-no sempre, por definição, já que visam dizer quem é
alguma coisa e quem não é, e quem são aqueles que o são...)
ou como balanço de um movimento (o «estruturalismo» em
Dosse) ou de um período (na década de 60 em Reifel), essas
obras são também ocasiões de conceder graus de importância
ou certificados de sobrevivência, através de falsas profecias
jornalísticas, *wishful thinking* disfarçado de constatação científica («o fim do estruturalismo», «o regresso do sujeito»); na
medida em que eles nos deixam ingenuamente penetrar nos
mecanismos e nas pulsões sociais que estão na sua base, constituem documentos magníficos para a sociologia dos intelectuais. Mas a mesma vigilância se impõe a propósito de todos os
objectos possíveis, desde a nobreza até às «massas», que sempre funcionaram como formidáveis testes projectivos para os
pensadores com falta de "povo" ou do "proletariado". A crítica
histórica e sociológica da razão histórica e sociológica constitui sem dúvida, juntamente com a crítica lógica e epistemológica, o melhor instrumento para romper com os pressupostos
e as pré-construções, algo que é indispensável na construção
de conceitos rigorosos e de alcance geral, senão mesmo
universal.

Lutz Raphael: Mas qual é a forma que pode tomar, concretamente, a crítica histórica e sociológica da razão histórica
e sociológica que você preconiza?

Pierre Bourdieu: Trata-se de efectuar metodicamente e
sistematicamente uma *dupla historicização*. Em primeiro lugar,
uma historicização do sujeito da historiografia, dos conceitos e
dos sistemas de classificação utilizados, em síntese, das categorias históricas do pensamento do investigador: de forma

394 | O PODER SIMBÓLICO

bizarra, o positivismo espontâneo da epistemologia do ressentimento, apesar de tão desconfiado quando se trata de «dados», é muito ligeiro e negligente no uso das palavras que escolhe para nomear e descrever a realidade histórica, ou seja, para a construir, e não raro projecta os conceitos não analisados quanto ao seu uso corrente (poder, arte, beleza, etc.) em sociedades onde as correspondentes realidades não estão construídas. Em segundo lugar, uma historicização dos «dados» analisados, desde logo os documentos, visando identificar as categorias históricas (por exemplo, as classificações estatísticas ou outras) que estão investidas (à maneira de Baxandall em *L'Oeil du Quattrocento*).

A principal função da história não é, nesta perspectiva, fornecer os elementos para uma «educação moral», como muitas vezes se dizia, a começar por Michelet. A importância de conhecer a história não é tanto para nos enriquecer mas acima de tudo para nos libertar, para evitar obedecer-lhe sem o sabermos ou repeti-la sem o queremos.

Lutz Raphael: Mas esse uso um pouco paradoxal da história não estará ligado à experiência do sociólogo ou do etnólogo que é muito diferente à do historiador, acantonado no manejo dos documentos?

Pierre Bourdieu: Sem dúvida nenhuma. Na verdade, o sociólogo, que sabe que os indivíduos e as instituições lhe oferecem espontaneamente certos dados ao mesmo tempo que lhe recusa ou lhe esconde outros (os documentos secretos), é menos propenso que o historiador a esquecer por exemplo que os documentos são frequentemente memorandos deixados ou legados intencionalmente para a posteridade como coisas que merecem ser registadas pela história, logo pré-construídas, de certo modo, para esse fim. O exemplo por excelência são evidentemente as memórias, onde percebemos melhor a função, quase sempre apologética, se tivermos em conta a génese desse género como a descreveu Marc Fumaroli. A mesma vigilância impõe-se a propósito das histórias de vida que a história oral, como a etnologia e a sociologia, utiliza

SOBRE AS RELAÇÕES ENTRE A SOCIOLOGIA E A HISTÓRIA | 395

frequentemente como um «dado» puro, quando na verdade se trata, evidentemente, de uma construção em que colaboram tanto o investigador como o investigado e que aplica, sem o saber, certos modelos, como o do romance ou da autobiografia ou, actualmente, a «entrevista» de «personalidade».

Mas a sociologia e a etnologia fornecem-nos um outro ensinamento fundamental, que obriga a levar a dúvida ainda mais longe: o essencial daquilo que constitui a experiência vulgar é, como dizia Schütz, na esteira de Husserl, *taken for granted*, admitido como evidente, abaixo da experiência e do discurso; estas teses que nunca ninguém concebeu como tais, tão evidentes que nunca ninguém pensou formulá-las, um pouco como a da existência do mundo exterior, como é evidente não estão registadas nos documentos. Aquilo que Hegel chama a «história original» ou «originária», ou seja, a contemporaneidade que vive nas evidências do mundo social em que ele escreve, é muda quanto ao essencial, que ele não pode dizer por saber demasiado, mas de um modo tal que ele nem sequer sabe, nem consegue imaginar como poderia enunciar. Quanto ao historiador posterior, quando não tem consciência dessa ausência, acaba por reproduzi-la e ratificá-la ou então colmata as lacunas com a sua própria *doxa*, que só coincide parcialmente com a dos agentes históricos estudados.

Lutz Raphael: No seu livro *La Noblesse d'État* compara a elite cultural, política e económica formada nas *Grandes Écoles* na França actual com a aristocracia do Antigo Regime: deixando de lado a polémica e a surpresa face a uma visão modernista das nossas sociedades ocidentais, um conceito como esse de «aristocracia» tem alguma utilidade nas investigações históricas ou sociológicas? Não será demasiado «vasto»?

Pierre Bourdieu: Com efeito, se tiver tempo para isso, poderei mostrar que o uso que faço do conceito de nobreza quando falo de nobreza de Estado não tem nada de metafórico. A nobreza de Antigo Regime e a nobreza de Estado, fundada no capital cultural garantido através do ensino (pelo título escolar, equivalente estrutural do título de nobreza

396 | O PODER SIMBÓLICO

concedido pelo poder real), e tendente a produzir um efeito de imposição simbólica, são formas específicas de capital simbólico. Esse capital fundado no conhecimento e no reconhecimento, ou, se preferirmos, na crença, possui propriedades muito gerais que podemos apreender a partir da análise das sociedades pré-capitalistas e, em particular, das sociedades mediterrânicas do passado e do presente, que nos aparecem assentes na noção de honra, mas também das sociedades de Antigo Regime (com a passagem, magnificamente analisada por Arlette Jouanna, da honra às honrarias) ou ainda da sociedade actual, com a nobreza escolar ou, muito simplesmente, a masculinidade, que é talvez a forma por excelência do capital simbólico. Não criei esta noção de capital simbólico só por prazer – entre outras coisas, é uma maneira de dar um conteúdo rigoroso à noção weberiana de carisma –, ela colocou-me até, durante bastante tempo, enormes problemas. Mas ela permite comparar «realidades» fenomenalmente muito diferentes, que nos revelam coisas complementares sobre o que me parece ser um mecanismo único e sem dúvida universal. Muito próximo daquilo que Durkheim e Mauss denominavam *maná* e Max Weber carisma (Weber compara explicitamente carisma e *maná* no capítulo de *Wirtschaft und Gesellschaft* sobre a religião), o capital simbólico é aquele poder verdadeiramente mágico que surge da relação entre certas propriedades diferenciadas inscritas nas pessoas, nas suas acções, na sua linguagem, nas suas roupas, no seu corpo, etc., e outras pessoas que possuem um olhar, uma visão, categorias de percepção, de apreciação e de pensamento tais, em síntese, um *habitus*, que estão em condições de captar aquilo que diferencia essas propriedades. Por exemplo, para haver nobreza, é necessário que haja pessoas que objectivamente se distinguem de outras – os nobres por oposição aos plebeus – devido a um conjunto de propriedades, nomeadamente maneiras de ser e de fazer tão subtilmente diferentes das maneiras vulgares que só as pessoas muito distintas as vislumbram e as percebem como distintas (esta definição, muito parcial, que agradaria bastante a Proust, grande sociólogo da nobreza, pode ser transposta directamente para a nobreza cultural). Poder-se-ia dizer tam-

SOBRE AS RELAÇÕES ENTRE A SOCIOLOGIA E A HISTÓRIA | 397

bém que o capital simbólico é uma propriedade arbitrária (ser branco ou negro, ser culto ou inculto, ser homem ou mulher, etc.) que, quando é percebida a partir das categorias ou dos princípios de divisão que são o produto da distribuição (ou da divisão) objectiva dessa propriedade, aparece como natural e dotada de um valor, positivo ou negativo, fundado na natureza (o estigma pode assim ser entendido como o inverso da nobreza).

A construção de uma noção como esta permite ganhar poder explicativo sem nada perder em termos da particularidade histórica dos objectos considerados. Isto contra a ideia que os historiadores fazem, frequentemente, da teoria e das «ideias gerais», defendendo, com uma mistura de desdém e de desprezo, que essas coisas devem ser deixadas ao sociólogo, porque são demasiado «vastas», para não dizer que são sempre um pouco vazias e vagas. Eu penso exactamente o contrário, com Leibniz, que «quanto mais a ciência se estende, mais ela se concentra».

Lutz Raphael: Na introdução do seu seminário na École des Hautes Études en Sciences Sociales, insiste na necessidade de trabalhar em profundidade um caso particular, mas construindo esse caso como «caso particular do possível» com a ajuda de uma ferramenta conceptual bem precisa que permita revelar as «invariantes»: como evitar que não sejam invariantes demasiado pobres e abstractas (por exemplo, dominantes *versus* dominados)? Na verdade, o seu programa não anda longe da história-problema, que sempre foi o *slogan* dos historiadores mais ambiciosos. Mas há um outro problema subjacente: a ambição de descobrir os objectos-chave, os «factos sociais totais» que permitem abrir grandes perspectivas sobre uma época, uma «sociedade». Neste ponto, você tem sido muito modesto ou muito mais ambicioso.

Pierre Bourdieu: Não somos obrigados a escolher entre a monografia estritamente ideográfica que a história e a sociologia tanto têm praticado (em nome da tese segundo a qual o facto de se tratar de um objecto minúsculo é, por si só, um garante de precisão e de seriedade) e os grandes frescos históricos que conduzem a caracterizações incertas de vastos processos mal definidos («profissionalização», «modernização», «civilização», «fechamento», etc.) ou às generalidades difusas da *Systemtheorie* à Luhmann. Não me cansarei nunca de repetir que o objectivo do objectivo do ofício de historiador ou de sociólogo consiste em saber construir um objecto completamente circunscrito, que pode assentar num documento ou numa estatística, o que levanta problemas muito gerais. É sem dúvida nos historiadores que encontramos os mais belos exemplos desses estudos de caso teoricamente fecundos, a respeito de objectos como o rei encoberto, os dois corpos do rei ou as três ordens. Mas é também um pouco o que eu tentei fazer com o meu trabalho sobre a honra nos Kabila, a que regressei já nem sei bem quantas vezes, ou com a minha investigação sobre o casamento em Béarn, à qual também tenho voltado diversas vezes: estes objectos na aparência muito restritos e particulares *obrigaram-me* de alguma maneira e colocar questões teóricas muito complexas sobre o capital simbólico e sobre as estratégias de reprodução, duas construções teóricas que, parece-me, podem servir actualmente de base para estudos comparativos ao mesmo tempo extensos e precisos, porque bem fundados...

Lutz Raphael: Nos seus textos, recorre regularmente a exemplos que são historicamente ou geograficamente muito distantes dos seus temas concretos: a sua sociologia nunca é a- ou anti-histórica e os seus resultados convidam a pesquisas comparativas. Se não quisermos reduzir essas comparações remotas (a juventude como categoria das nossas sociedades e os *juvenes* na Idade Média) a um efeito de desenraizamento heuristicamente saudável, mantém-se o problema de como construir bem essas perspectivas comparativas: você é céptico em relação às tentativas que visam construir modelos de evolução a longo prazo, quer se trate da racionalização em Weber ou da modernização nas suas versões anglo-americanas. O que é que propõe como estratégia de investigação e, concretamente, como conceito para analisar as *tendências* seculares

SOBRE AS RELAÇÕES ENTRE A SOCIOLOGIA E A HISTÓRIA | 399

(por exemplo, os sistemas pedagógicos) e a transformação das estratégias de reprodução social?

Pierre Bourdieu: Durkheim identificava explicitamente a sociologia com o «método comparativo»; Weber não parou de o praticar. Os historiadores prestaram sempre a maior atenção à especificidade dos casos históricos e manifestaram sempre a maior desconfiança em relação à generalização, devido sobretudo ao perigo de anacronismo inerente à transferência irreflectida de termos e de conceitos afastados do seu contexto de origem. No entanto, a história, nomeadamente nos inícios da Escola dos Annales, com Lucien Febvre e sobretudo Marc Bloch, tinha uma dimensão comparativa, não raro associada à longa duração e à investigação das grandes leis tendenciais, como em Braudel. Mas é sem dúvida a resistência à sociologia que explica que a história comparada esteja muito menos desenvolvida em França que na Alemanha, onde ela se pode apoiar no grande modelo weberiano e onde ela tem beneficiado da reflexão sobre o período nazi, que obriga a colocar a questão da singularidade alemã, do *Sonderweg*, logo a comparar com outras tradições nacionais. Tudo isso faz com que, na Alemanha, a história esteja sem dúvida menos afastada, que em França, do ideal de história comparada ou da sociologia comparativa na qual a sociologia e a história se confundem verdadeiramente, encontrando assim uma e outra a sua realização.

É verdade que se trata de uma tarefa incrivelmente difícil e que só pode ser realizada e levada a bom porto através de um trabalho verdadeiramente colectivo. Para isso, é preciso encontrar uma organização social adequada. Os colóquios internacionais, que proliferam hoje em dia, poderiam ser considerados exemplos capazes de desempenhar bem essa função. Na verdade, porém, quando assistimos ao indistinto consenso nominalista em torno de conceitos onde cabe tudo («as elites», «a realeza», «o poder», etc.), em colóquios tipo «albergue espanhol», chocamos contra obstáculos sociais que, de momento, parecem mais ou menos insuperáveis: todas as tentativas para propor um corpo sistemático de hipóteses ou de

400 | O PODER SIMBÓLICO

proposições teóricas, indispensável para fundar o trabalho colectivo de comparação, são necessariamente vistas como um procedimento insuportável.

Lutz Raphael: Nas suas intervenções «teóricas» e nas suas pesquisas concretas, insiste na necessidade de evitar os dualismos típicos das nossas tradições científicas – análise em termos sócio-económicos *versus* descrição fenomenológica de uma cultura ou pensamento em termos de oposições como indivíduo-sociedade, etc. Apesar disso, essas oposições estruturam as nossas disciplinas e estão sempre a renascer das cinzas das últimas controvérsias internas: deixando de lado os interesses materiais e simbólicos que estão ligados a essas oposições, temos de admitir que elas traduzem divisões bem reais do trabalho científico (por exemplo, entre historiadores economistas e historiadores das «mentalidades») e que elas correspondem a uma especialização que evita os grandes problemas epistemológicos. As suas próprias propostas no sentido de estratégias de investigação vão a contra-corrente dessas tendências automáticas: qual poderia ser uma política científica pragmática visando contrariar os efeitos dessas tendências?

Pierre Bourdieu: Efectivamente, se os dualismos totalmente desprovidos de fundamento científico têm uma existência tão sólida, isso deve-se ao facto de estarem assentes em bases sociais, que são difíceis de transformar: estou a pensar, por exemplo, nas divisões em disciplinas ou em especialidades, com todas as disposições e interesses associados, ou nas oposições políticas que sustentam divisões intelectuais fictícias, por exemplo entre a história social e a história das ideias, entre «holismo» e «individualismo» (metodológico) ou entre psique social objectivista e fenomenologia social subjectivista. Como não ver (e por sinal são os próprios protagonistas que tendem actualmente a reconhecê-lo) que um conflito como aquele que opôs, na Alemanha, a história social e a *Alltagsgeschichte* é no essencial fictício? Em que campo devemos situar historiadores como Giovanni Levi, que por vezes classificamos com a etiqueta absurda, e lançada, originalmente, um pouco

SOBRE AS RELAÇÕES ENTRE A SOCIOLOGIA E A HISTÓRIA | 401

como uma marca publicitária, de «micro-história», ou David Sabean, ou até mesmo um dos protagonistas oficiais da *Alltagsgeschichte*, como Alf Lüdtke, que, sobretudo na sua investigação sobre o nacional-socialismo e a *Eigensinn*, analisa a política, como a *Sozialwissenschaft*, mas de um ponto vista completamente diferente? Em que casa devemos colocar historiadores como E. P. Thompson, Georges Duby, Eric Hobsbawm, Carl Schorske, Michael Baxandall, Michèle Perrot ou Robert Darnton (refiro aqueles que conheço bem, mas existem sem dúvida muitos outros)?

Se há uma série de conflitos na aparência altamente teóricos que estão enraizados em diferenças sociais, em primeiro lugar internas e secundariamente externas, sobretudo políticas (como, no caso das duas grandes «correntes» alemãs, a oposição entre a esquerda clássica e os Verdes), é também claro que, ao contrário, as posições cientificamente mais fortes, na medida em que anulam as oposições estabelecidas ou estabelecem outras, estão muitas vezes desprovidas de apoio no espaço social, externo mas também interno, e têm portanto grandes possibilidades de ficar expostas aos ataques provenientes dos dois extremos opostos do espaço científico e político. Que dizer, por exemplo, do debate que ressurgiu actualmente, em França como na Alemanha, ainda que sob formas ligeiramente diferentes, em favor do clima de restauração conservadora cujos efeitos se fazem sentir até no campo científico: na Alemanha entre aquilo que chamamos «historicismo», ou seja, a historiografia mais tradicional, durante muito tempo dominante na universidade germânica, que apenas procura conhecer o indivíduo e as entidades singulares interpretados segundo o «método» do *Verstehen*, e a história social, preocupada em explicar; em França, entre a história das ideias, subitamente ressuscitada a coberto da filosofia política, e a história social das ideias? Estes combates de retaguarda perpetuam os falsos problemas que os novos avanços da ciência social reduziram a nada.

Julgo ter mostrado que a análise em termos de campo e de *habitus* faz desaparecer essa oposição entre a história das ideias e a história social e que, mais genericamente, destrói as velhas

402 | O PODER SIMBÓLICO

alternativas entre as estruturas e os indivíduos, ou entre a infra-estrutura e a super-estrutura, fazendo aparecer um nível de causalidade histórica que é ignorada tanto pelas análises internas das obras consideradas em si próprias como pelas análises externas. É no interior dos campos de produção cultural como espaços de posições relativamente autónomos em relação ao campo social no seu conjunto, que se definem as tomas de posição literárias, científicas ou artísticas irredutíveis aos determinismos económicos e sociais que se exercem ao nível da ordem social global (por exemplo, os efeitos das crises económicas ou políticas); essas tomadas de posição são definidas pelo espaço dos possíveis característicos de um determinado estado da história de cada campo e orientadas pelos constrangimentos associados, por cada produtor, à posição que ele ocupa no campo.

Lutz Raphael: Mas será que nos podemos apoiar nessas análises para propor uma política científica pragmática com o objectivo de contrariar as tendências imanentes do campo?

Pierre Bourdieu: Ter consciência de que o universo científico (sociologia ou história) é um campo social que obedece à mesma lógica que tenho vindo a descrever é saber que será ingénuo contar apenas com a «força intrínseca das ideias verdadeiras» para impor posições cientificamente justificadas contra as forças sociais externas e internas. Mas é saber também que os progressos da investigação fundados na superação das alternativas dotadas de toda a força social, associada, no próprio campo, às duas posições polares (por exemplo, «individualismo metodológico» e «holismo») e, fora do campo, sobre a base da homologia estrutural, às posições estabelecidas no campo político («liberalismo» e «socialismo», «individualismo» e «colectivismo», etc.), chocam com as resistências dos dois campos; ou que as construções que visam ultrapassar as oposições comuns serão percebidas através dessas oposições, logo reduzidas a um ou a outro dos termos dessas oposições, tanto que elas se afirmam quer na lógica específica do campo (a teoria do *habitus* poderá assim ser ligada, indiferen-

SOBRE AS RELAÇÕES ENTRE A SOCIOLOGIA E A HISTÓRIA | 403

temente – e foi-o efectivamente –, ao individualismo ou ao holismo), quer na lógica política. Assim, porque eles próprios estão encerradas na lógica das alternativas *políticas*, e que a sua tomada de posição sobre a história não é mais do que a *inversão* da posição outrora dominante, a história social, os defensores da nova história política não poderão compreender, porque só a conseguem compreender como política, uma tomada de posição que, como aquela que eu proponho, inverte, ou melhor, anula a própria alternativa entre as duas posições antagonistas.

A primeira consequência prática – para aquilo que você chama uma política científica pragmática – é que nós devemos lutar com todos os meios para aumentar a *autonomia* dos campos científicos que, sobretudo no caso das ciências sociais, continuam submetidos a pressões e solicitações sociais, a violências simbólicas de todas as ordens (a análise científica, pela *tomada de consciência* que ela torna possível, é já uma contribuição para o reforço da autonomia). Regresso assim, uma vez mais, à necessidade de pôr a nu, através de uma sócio-análise individual e sobretudo colectiva, todos os factores de heteronomia que estão inscritos nos inconscientes históricos («o inconsciente, dizia Durkheim, é a história»), nas categorias de pensamento herdadas do passado da disciplina e também do próprio passado do investigador, das suas experiências políticas (relação com o comunismo e com o marxismo, nomeadamente) ou, muito simplesmente, escolares (relação com a filosofia, etc.). Mas seria também necessário reforçar todas as defesas institucionais contra a intromissão dos constrangimentos puramente sociais, de poderes sociais, internos (os das comissões e dos comités onde se decidem as carreiras, nomeadamente) ou externos (os do jornalismo ou da política, por exemplo), capazes de criar toda a espécie de dificuldades àqueles que escolhem o caminho da ciência. A justiça imanente da ciência está longe de reinar, pelo menos em França, actualmente, na *cité* científica.

Lutz Raphael: Nas suas próprias investigações históricas, tem-se interessado pelos casos individuais que fizeram «época»

404 | O PODER SIMBÓLICO

no seu campo: Flaubert, Heidegger, Manet, que o ocupam hoje em dia. Parecem-me óptimos exemplos para ver os problemas inerentes à sua ambição de ligar uma análise objectivista, estrutural ou «estratégica», a uma perspectiva hermenêutica. Por exemplo, em *Ontologie politique de Martin Heidegger*, você insiste na necessidade de fazer simultaneamente a análise interna do texto filosófico, a análise da formação social do seu autor e do campo em que esse texto circula e da conjuntura política em que participam tanto o indivíduo como os seus textos. Você tenta ligar essas operações diferentes através de alguns conceitos-chave, como «*habitus*», «campo», e do modelo estrutural de uma homologia entre posições: como é que uma tal análise pode «explicar» os dinamismos inovadores, as revoluções simbólicas que percorrem os campos de produção cultural?

Pierre Bourdieu: Parece-me que a sua questão contém, em parte, a sua própria resposta. Não é por acaso que tenho orientado uma parte das investigações que realizei sobre os campos de produção cultural para os casos de revolução simbólica. Julgo que o mérito das análises em termos de campo é mostrarem que é na própria estrutura dos campos e na relação entre certos *habitus* e essa estrutura, e não no génio isolado imprevisível e irredutível do criador carismático, que reside o princípio das rupturas, na aparência totalmente milagrosas, com as tendências inscritas nas estruturas. Podemos assim dar conta das acções e das obras mais extraordinárias sem as reduzir à causalidade obscura das estruturas e sem por isso sacrificar à mitologia do «grande homem» esse «asilo de ignorância», como dizia Spinoza.

Porém, a verdadeira resposta à questão que você coloca é ou será dada pelas investigações históricas que conduzi sobre o campo literário no tempo de Flaubert ou sobre a revolução que Manet, e depois dele os Impressionistas, ou pelas investigações levadas actualmente a cabo por uma jovem investigadora sobre o campo literário em França durante a ocupação alemã. Esses trabalhos empíricos, e muitos outros que estão a decorrer ou que serão feitos no futuro, deverão mostrar que a

SOBRE AS RELAÇÕES ENTRE A SOCIOLOGIA E A HISTÓRIA | 405

história social ou a sociologia histórica munidas do modo pensamento científico condensado nos conceitos de *habitus* e de campo desfazem em pedaços as alternativas vulgares entre história da «longa duração» e história «dos acontecimentos», entre *structure* e *agency*, entre macro e micro (sociologia ou história), entre as análises estruturais e sistémicas que fazem desaparecer os agentes e os estudos prosopográficos de «elites» atomizadas, e também, sobretudo, entre a ciência social entendida como uma estática (na medida em que ela se liga às estruturas supostamente duráveis ou invariáveis) e a ciência social atenta à mudança, à inovação, à «criação da imprevisível novidade». Voltamos sempre, e quase sempre sem o sabermos, à velha oposição enunciada por Bergson, em *Deux Sources de la morale et de la religion*, entre o «fechado», o social, a obrigação moral que a sociedade impõe aos seus membros, as formas estáticas, dogmas, rituais, cultos, e o aberto, o acontecimento, o surgimento dinâmico, a moral «aberta» do santo, do génio e do herói, oposição que se construiu na reacção contra o «cientismo» durkheimniano, e que é recuperado, sem o saberem, por todos aqueles que querem reabilitar o «impulso da vida» contra o conformismo social, que pretendem anular as ordens impessoais em favor dos «apelos» lançados pelas «pessoas», profetas de Israel, sábios da Grécia, santos do cristianismo, e que, à mística cientista, pretendem opor uma ciência «aberta», «estilhaçada», inclusivamente um pouco mística e anti-científica.

A mais pequena experiência de investigação ensina-nos que a estrutura se actualiza no mais singular e no mais individual ou que a sua necessidade se realiza através dos caminhos muitas vezes impenetráveis das ligações pessoais, aparentemente mais inesperadas e mais contingentes, como os amores em que se deleita a história literária tradicional. A análise atenta aos pormenores pertinentes, não raro dissimulados pelo seu carácter aparentemente anedótico, é capaz de revelar a estrutura invisível que frequentemente se esconde por trás do insignificante.

Lutz Raphael: Ultimamente, tem vindo a preocupar-se cada vez mais com o problema do político, do campo político,

406 | O PODER SIMBÓLICO

enfim, do Estado. Através das suas pesquisas sobre os campos da cultura e do poder na França contemporânea, inclui-se entre aqueles que vêem na política o coração das nossas sociedades?

Pierre Bourdieu: A maioria dos debates sobre o lugar do político e da política assentam nas alternativas que acabo de referir. Debates que revelam a sua inanidade a partir do momento em que reconhecemos a existência do campo político como espaço relativamente autónomo, onde se constituem *enjeux* específicos, bem como interesses de um tipo particular, irredutíveis àqueles que são associados à posição no espaço social (os «interesses de classe» da tradição marxista ou mesmo weberiana), porque estão ligados, fundamentalmente, à posição ocupada nesse microcosmo relativamente autónomo. Mais autónomo do que aquilo que querem fazer crer as declarações dos actores políticos, forçados a dizerem-se e colocarem-se ao serviço dos que neles mandam, o campo político é também muito menos autónomo em relação às forças sociais e económicas que outros campos de produção cultural. Quer isso dizer que para compreender as acções dessa categoria particular de «grandes indivíduos» que são os políticos, quer se trate dos membros do Comité Central do Partido Comunista da União Soviética na década de 20 ou dos dirigentes do SPD ou do presidente Clinton, devemos relacioná-los, não como faz, pelo menos directamente, a história social tradicional, com as estruturas económicas e sociais do mundo social em que estão inseridos, mas com as particularidades dos microcosmos sociais que são o campo político e, no interior deste, o Partido, ou o comité director desse partido. Aproximamo-nos assim, mas apenas aparentemente, daquilo que faz a biografia tradicional, que evoca o ambiente, as relações e as influências pessoais, logo as ligações, económicas ou amorosas, etc.; mas neste microcosmo, do qual a história tradicional se limita a apreender o aspecto mais anedótico, já que não o sabe construir, uma análise orientada para a noção de campo revela as estruturas, as relações de força e de luta que visam conservar ou transformar essas relações de força, bem como os traços a

SOBRE AS RELAÇÕES ENTRE A SOCIOLOGIA E A HISTÓRIA | 407

partir dos quais podemos fazer uma *Sozialwissenschaft* de um tipo completamente novo. E poderemos mesmo colocar, mas de maneira a conseguir responder-lhe empiricamente, a questão da forma e do grau de dependência dos mecanismos e do funcionamento do campo político, logo das acções dos agentes comprometidos, em relação às determinações exteriores do campo, nomeadamente económicas e sociais.

IV

Sobre as Astúcias da Razão Imperialista

O imperialismo cultural assenta no poder de universalizar os particularismos ligados a uma tradição histórica singular, fazendo com que não sejam reconhecidos como tais [1]. Assim, do mesmo modo que no século XIX um certo número de questões ditas filosóficas, então debatidas, em toda a Europa e não só, como universais, tinham a sua origem, como muito bem o demonstrou Fritz Ringer, nos particularismos (e nos conflitos) históricos próprios ao universo singular dos universitários alemães [2], também hoje em dia uma série de tópicos directamente criados nas polémicas intelectuais ligadas ao particularismo social da sociedade e das universidades

---

[1] Para evitar quaisquer mal-entendidos – e afastar a acusação de anti-americanismo –, diga-se desde já que nada é mais universal que a aspiração ao universal ou, mais precisamente, à universalização de uma visão particular do mundo e que a demonstração esboçada aqui poderia ser aplicada *mutatis mutandis* a outros campos e outros países (nomeadamente a França: cf. P. Bourdieu, «Deux impérialismes de l'universel», em C. Fauré e T. Bishop (eds.), *L'Amérique des Français*, Paris, Ed. François Bourin, 1992).

[2] F. Ringer, *The Decline of the Mandarins*, Cambridge, Cambridge University Press, 1969.

410 | O PODER SIMBÓLICO

norte-americanas se impõem, sob formas na aparência des-historicizadas, ao conjunto do planeta. Estes *lugares comuns* no sentido aristotélico de noções ou de teses *com as quais* argumentamos mas *sobre as quais* não argumentamos, ou, noutros termos, estes pressupostos da discussão que continuam por discutir, devem uma parte da sua força de persuasão ao facto de, passando dos colóquios universitários para livros de sucesso, das revistas semi-especializadas para relatórios de especialistas, de balanços de comissões governamentais para as primeiras páginas de revistas de grande circulação, estarem presentes em todos os lados ao mesmo tempo, de Berlim a Tóquio e de Milão ao México, e de serem poderosamente apoiados e transmitidos por esses canais pretensamente neutros que são os organismos internacionais (como a OCDE ou a Comissão Europeia) e os centros de estudos e assessoria em políticas públicas (como o Instituto Adam Smith e a Fundação Saint-Simon) ([3]).

A neutralização do contexto histórico resultante da circulação internacional dos textos e do consequente esquecimento

---

([3]) Entre os livros que dão testemunho desta crescente McDonaldização do pensamento, poderíamos citar a lamúria elitista de Alan Bloom, *The Closing of the American Mind* (Nova Iorque, Simon & Schuster, 1987), imediatamente traduzida em francês pela editora Julliard com o título *L'âme désarmée* (1987) [*A Cultura Inculta*, Lisboa, Europa-América, 1988], e o panfleto furibundo do imigrante indiano neo-conservador (e biógrafo de Reagan) do Manhattan Institute, Dinesh D'Souza, *Illiberal Education: The Politics of Race and Sex on Campus* (Nova Iorque, The Free Press, 1991), traduzido em francês com o título *L'Éducation contre les libertés*, Paris, Gallimard (Collection le Messanger), 1993. Um dos melhores indicadores para detectar as obras que participam nesta nova doxa intelectual com ambição planetária é a *celeridade* a todos os níveis inusual com que são traduzidos e publicados no estrangeiro (sobretudo em comparação com as obras científicas). Para uma visão, a partir do seu interior, do conjunto dos sucessos e fracassos dos professores universitários americanos, actualmente, veja-se o número de *Daedalus* dedicado a «The American Academic Profession» (n° 126, Outono de 1997), nomeadamente Burton R. Clark, «Small Worlds, Different Worlds: The Uniqueness and Troubles of American Academic Professions», pp. 21-42, e Philip G. Altbach, «An international Academic Crisis? The American Professoriate in Comparative Perspective», pp. 315-338.

SOBRE AS ASTÚCIAS DA RAZÃO IMPERIALISTA | 411

das condições históricas de origem produz uma universalização aparente que vem duplicar o trabalho de «teorização». Espécie de axiomatização fictícia bem adequada para criar a ilusão de uma génese pura, o jogo das *definições* prévias e das deduções que visam substituir a aparência da necessidade lógica pela contingência das necessidades sociológicas negadas tende a ocultar as raízes históricas de todo um conjunto de questões e de noções que consoante o campo de recepção serão consideradas como filosóficas, sociológicas, históricas ou políticas. Deste modo planetarizados, globalizados, no sentido estritamente geográfico, pelo desenraizamento, ao mesmo tempo que desparticularizados pelo efeito de falsa ruptura que a conceptualização produz, esses lugares-comuns da grande vulgata planetária, que a constante repetição mediática vai transformando progressivamente em senso comum universal, conseguem fazer com que nos esqueçamos que eles tiveram a sua origem nas realidades complexas e controversas de uma sociedade histórica particular, tacitamente constituída em modelo e em medida de todas as coisas.

Foi isso que aconteceu, por exemplo, com o debate impreciso e inconsistente em torno do «multiculturalismo», termo que, na Europa, foi sobretudo utilizado para designar o pluralismo cultural na esfera cívica, enquanto nos Estados Unidos ele remete para as sequelas perenes da exclusão dos negros e para a crise da mitologia nacional do «sonho americano» que acompanhou o incremento generalizado, no decurso das duas últimas décadas, das desigualdades ([4]). Crise que o vocábulo

---

([4]) Douglas Massey e Nancy Denton, *American Apartheid: Segregation and the Making of the Underclass* (Cambridge, MA, Cambridge University Press, 1993); Mary Waters, *Ethnic Options: Choosing Ethnic Identities in America* (Berkeley, University of California Press, 1990); David A. Hollinger, *Postethnic America: Beyond Multiculturalism* (Nova Iorque, Basic Books, 1995) e Jennifer Hochschild, *Facing up to the American Dream: Race, Class, and the Soul of the Nation* (Princeton, Princeton University Press, 1996); para uma análise de conjunto destas questões que esclarece adequadamente a sua raiz e a sua recorrência históricas, veja-se Denis Lacorne, *La crise de l'identité américaine. Du melting pot au multiculturalisme* (Paris, Fayard, 1997).

412 | O PODER SIMBÓLICO

«multicultural» dissimula acantonando-o artificialmente no exclusivo microcosmo universitário e exprimindo-o num registo ostensivamente «étnico», quando na verdade ele tem como *enjeux* principal, não o reconhecimento das culturas marginalizadas pelos cânones académicos, mas sim o acesso aos instrumentos de (re)produção das classes médias e altas – em cujo primeiro escalão figura a universidade – num contexto de descomprometimento maciço e multiforme do Estado (5).

Através deste exemplo, podemos ver de passagem que, entre os produtos culturais hoje difundidos à escala planetária, as mais insidiosas não são as teorias aparentemente sistemáticas (como o «fim da história» ou a «globalização») e as visões filosóficas do mundo (ou que isso pretendem ser, como o «pós-modernismo»), que são fáceis de identificar. São sobretudo os termos isolados com uma aparência técnica, tais como «flexibilidade» (ou na sua versão britânica, a «empregabilidade»), que, pelo facto de condensarem e veicularem toda uma filosofia do indivíduo e da organização social, são adequadas para funcionar como autênticas palavras de ordem políticas (neste caso: «menos Estado», a diminuição da cobertura social e a aceitação da generalização da precariedade salarial como uma fatalidade, inclusive como um benefício).

Poder-se-ia analisar também, tendo em conta as suas implicações, a noção fortemente polissémica de «globalização», cujo efeito, senão mesmo função, é esconder por trás do ecumenismo cultural ou do fatalismo economicista os efeitos

---

(5) Sobre o imperativo de reconhecimento cultural, veja-se Charles Taylor, *Multiculturalism: Examining the Politics of Recognition* (Princeton, Princeton University Press, 1994) e os textos reunidos e apresentados por Theo Goldberg (ed.), *Multiculturalism: A Critical Reader* (Cambridge, Blackwell, 1994); sobre o abrandamento das estratégias de perpetuação da classe média nos Estados Unidos, veja-se Loïc Wacquant, «La généralisation de l'insécurité salariale en Amérique: restructurations d'enterprises et crise de reproduction sociale», *Actes de la recherche en sciences sociales*, 115, Dezembro de 1996, pp. 65-79; o profundo mal-estar da classe média norte-americana foi bem descrito por Katherine Newman, *Declining Fortunes: The Withering of the American Dream* (Nova Iorque, Basic Books, 1993).

SOBRE AS ASTÚCIAS DA RAZÃO IMPERIALISTA | 413

do imperialismo, e de fazer aparecer, como uma necessidade natural, uma relação de força transnacional. Como resultado de um investimento simbólico fundado na naturalização dos esquemas do pensamento neo-liberal, cuja dominação se tem imposto nos últimos vinte anos graças ao trabalho de sapa dos *think-tanks* conservadores e dos seus aliados nos campos político e jornalístico (6), a remodelação das relações sociais e das práticas culturais nas sociedades avançadas conforme o padrão norte-americano – fundado na pauperização do Estado, na mercantilização dos bens públicos e na generalização da insegurança social – é aceite hoje com resignação como a consequência inevitável das evoluções nacionais, quando não celebrada com um entusiasmo servil que lembra estranhamente o entusiasmo pelos Estados Unidos que o plano Marshall suscitara, há meio século, numa Europa devastada (7).

Uma série de temas afins que surgiram recentemente na cena intelectual europeia, e particularmente na parisiense, atravessaram assim o Atlântico, às claras ou às escondidas como no contrabando, aproveitando-se da influência renovada de que gozam os produtos da investigação norte-americana, tais como o «politicamente correcto» – utilizado paradoxalmente, nos meios intelectuais franceses como instrumento de reprovação e de repressão contra toda a veleidade de subversão, nomeadamente feminista ou homossexual –, ou o

---

(6) Pierre Grémion, *Preuves, une revue européenne à Paris*, Paris, Julliard, 1989; *Intelligence de l'anticommunisme: le Congrès pour la liberte de la culture à Paris*, Paris, Fayard, 1995; James A. Smith, *The Idea Brokers: Think Tanks and the Rise of the New Policy Elite*, Nova Iorque, The Free Press, 1991; K. Dixon, «Les Evangélistes du Marché», *Liber*, 32, Setembro de 1997, pp. 5-6.

(7) Sobre a «globalização» como «projecto norte-americano» veja-se Neil Fligstein, «Rhétorique et réalités de la "mondialisation"», *Actes de la recherche en sciences sociales*, 119, Setembro de 1997, pp. 36-47; sobre o fascínio ambivalente pelos Estados Unidos no período do pós-guerra, veja-se Luc Boltanski, «America, America... Le plan Marshall et l'importation du "management"», *Actes de la recherche en sciences socials*, 38, Junho de 1981, pp. 19-41; e Richard Kuisel, *Seducing the French: The Dilemma of Americanization* (Berkeley, University of California Press, 1993).

414 | O PODER SIMBÓLICO

pânico moral em torno da «guetização» dos bairros ditos «de imigrantes», ou ainda o moralismo que se insinua por todos os lados através de uma visão ética da política, da família, etc., conducente a uma espécie de despolitização de princípio dos problemas sociais e políticos, assim esvaziados de toda a referência a qualquer tipo de dominação, ou, por último, a oposição tornada canónica, nas regiões do campo intelectual mais próximas do jornalismo cultural, entre o «modernismo» e o «pós-modernismo» que, fundada numa releitura eclética, sincrética e na maioria dos casos des-historicizada e muito aproximada de um punhado de autores franceses e alemães, está prestes a impor-se, na sua forma americana, aos próprios europeus [8].

Seria necessária uma análise mais específica e mais desenvolvida do debate que opõe actualmente os «liberais» aos «comunitaristas» [9] (mais dois termos directamente *transcritos*, e não traduzidos, do inglês), como ilustração exemplar do efeito de *falsa ruptura* e de *falsa universalização* produzido pela sua transposição para a ordem do discurso pretensamente filosófico: definições fundadoras que marcam uma ruptura aparente com os particularismos históricos e que permanecem em segundo plano no pensamento do pensador historicamente situado e datado (por exemplo, como não ver, já o sugerimos várias vezes, que o carácter dogmático da argumentação de Rawls a favor da prioridade das liberdades de base se explica pelo facto de ele atribuir tacitamente aos parceiros na posição original um ideal latente que não é outro senão o seu, o de um universitário americano preso a uma

---

[8] Este não é o único caso em que, por um paradoxo que manifesta bem um dos efeitos mais típicos da dominação simbólica, uma série de lugares-comuns que os Estados Unidos exportam e impõem em todo o mundo, começando pelos europeus, foram tomados de empréstimo àqueles que depois os receberam como as formas mais avançadas da teoria.

[9] Para uma bibliografia sobre este imenso debate, veja-se a revista *Philosophy & Social Criticism*, volume 14, n.os 3-4, 1988, número especial sobre «Universalism *vs.* Communitarianism: Contemporary Debates in Ethics».

SOBRE AS ASTÚCIAS DA RAZÃO IMPERIALISTA | 415

visão ideal da democracia americana?) ([10]); pressupostos antropológicos antropologicamente injustificáveis, mas dotados de toda a autoridade *social* da teoria económica neo-marginalista da qual foram tomados de empréstimo; pretensão de dedução rigorosa, que permite encadear formalmente consequências infalsificáveis sem nunca se expor à confrontação com a refutação empírica, por mínima que seja; alternativas rituais, e irrisórias, entre atomistas-individualistas e holistas-colectivistas, tão visivelmente absurdas que obrigam a inventar «holistas-individualistas», para alojar Humboldt, ou «atomistas-colectivistas»; e tudo num *jargão* extraordinário, uma terrível *lingua franca* internacional, que permite englobar, sem nunca os ter em conta conscientemente, todas as particularidades e todos os particularismos associados às tradições *filosóficas e políticas* nacionais (de tal modo que um francês pode escrever *liberty* entre parêntesis depois da palavra *liberté*, mas aceitar sem qualquer problema barbarismos conceptuais como a oposição entre o «processual» e o «substancial»). Este debate e as «teorias» que ele opõe, e entre as quais seria inútil tentar introduzir uma escolha política, deve sem dúvida uma parte do seu êxito entre os filósofos, nomeadamente conservadores (e em especial católicos), ao facto de tenderem a reduzir a política à moral: o imenso discurso sabiamente neutralizado e politicamente «des-realizado» que ele suscita veio substituir a grande tradição alemã da *Antropologia filosófica*, um discurso nobre e falsamente profundo de *denegação* (*Verneinung*) que durante muito tempo serviu como biombo e como obstáculo, em qualquer lugar onde a filosofia (alemã) fosse capaz de afirmar a sua dominação, a toda a análise científica do mundo social ([11]).

([10]) H.L.A. Hart, «Rawls on Liberty and its Priority», em Norman Daniels (ed.), *Reading Rawls: Critical Studies on Rawls'* A Theory of Justice, Nova Iorque, Basic Books, 1975, pp. 238-259.

([11]) Deste ponto de vista toscamente sociológico, o diálogo entre Rawls e Habermas – dos quais se pode dizer, sem exagero, que são estruturalmente similares, no interior da própria tradição filosófica de cada um – é altamente significativo (veja-se, por exemplo, Jürgen Habermas, «Reconciliation through the Public Use of Reason: Remarks on Political Liberalism», *Journal of Philosophy*, 3, 1995, pp. 109-131).

416 | O PODER SIMBÓLICO

Num domínio mais próximo das realidades políticas, um debate como o que gira em torna da «raça» e da identidade provoca intromissões etnocêntricas muito semelhantes. Uma representação histórica, com origem no facto de a tradição americana tender a transpor de maneira arbitrária a dicotomia entre brancos e negros para uma realidade infinitamente mais complexa, que se conseguiu impor inclusive em países onde os princípios operacionais de visão e de divisão, codificados ou práticos, das diferenças étnicas são totalmente diferentes e que, como no Brasil, eram considerados ainda recentemente como contra-exemplos do «modelo americano» ([12]). Conduzidas por americanos ou latino-americanos formados nos Estados Unidos, a maior parte das últimas investigações sobre a desigualdade etno-racial no Brasil esforçam-se por provar que, contrariamente à imagem que os brasileiros fazem da sua própria nação, o país das «três tristes raças» (indígenas, negros descendentes dos escravos, brancos oriundos da colonização e das vagas da imigração europeia) não é menos «racista» que os outros e que os brasileiros «brancos» não têm nada a invejar, nesta questão, aos seus primos norte-americanos. Pior, o *racismo mascarado* à brasileira será por definição mais perverso, já que é dissimulado e negado. É isso que pretende dizer, em *Orpheus and Power* ([13]), o politólogo afro-ame-

---

([12]) Segundo o estudo clássico de Carl N. Degler, *Neither Black Nor White: Slavery and Race Relations in Brazil and the United States*, Madison, University of Wisconsin Press, 1995 (1ª edição de 1974).

([13]) Michael Hanchard, *Orpheus and Power: The* Movimento Negro *of Rio de Janeiro and São Paulo, 1945-1988* (Princeton, Princeton University Press, 1994). É possível encontrar um poderoso antídoto para o veneno etnocêntrico produzido sobre este tema na história comparada da dominação racial, onde fica bem demonstrado que as divisões raciais estão intimamente ligadas à história política e ideológica do país considerado, com cada Estado a fabricar, de certo modo, a concepção de «raça» que mais lhe convém. Infelizmente, porém, até os esforços que os estudiosos têm feito nessa direcção acabam, não raro, por projectar as categorias americano-cêntricas, eliminando assim as próprias diferenças históricas que pretendiam, inicialmente, iluminar. Sobre esta questão, veja-se Anthony Marx, *Making Race and Nation: A Comparison of the United States, South Africa and Brazil*, Cambridge, Cambridge University Press, 1998.

SOBRE AS ASTÚCIAS DA RAZÃO IMPERIALISTA | 417

ricano Michael Hanchard, o qual, ao aplicar as categorias raciais norte-americanas à situação brasileira, acaba por erigir a história particular do movimento norte-americano pelos direitos civis que se seguiu à Segunda Guerra Mundial em padrão universal da luta dos grupos oprimidos por razões de cor. Em vez de considerar a constituição da ordem etno-racial brasileira segundo a sua própria lógica, estas investigações contentam-se, na maioria dos casos, em substituir em bloco o mito nacional da «democracia racial» (tal como o apresenta, por exemplo, a obra de Gilberto Freyre) ([14]) pelo contra-mito que afirma que todas as sociedades são «racistas», incluindo aquelas no seio das quais as relações «raciais» parecem, à primeira vista, menos distantes e hostis. De ferramenta analítica, o conceito de racismo passa a ser um mero instrumento de acusação; a coberto da ciência, é a lógica do processo jurídico que se afirma (assegurando o sucesso de vendas nas livrarias, em vez do sucesso em termos de estima intelectual) ([15]).

Num artigo clássico, publicado faz já trinta anos, o antropólogo Charles Wagley mostrava que a concepção de «raça» nas Américas admitia várias definições, consoante o peso atribuído à ascendência, à aparência física (que não se limita à cor da pele) e ao estatuto sociocultural (profissão, nível de rendimentos, diplomas, região de origem, etc.), em função da história das relações e dos conflitos entre grupos nas diferentes zonas geográficas ([16]). Os norte-americanos são os úni-

---

([14]) Gilberto Freyre, *Maîtres et esclaves*, Paris, Gallimard, 1978 (tradução de *Casa-Grande e Senzala: formação da família brasileira sob o regime da economia patriarcal*, 1933).

([15]) Para quando um livro intitulado «O Brasil racista», assente no modelo da obra com título cientificamente inqualificável, como «A França racista», de um sociólogo francês mais atento às expectativas do campo jornalístico do que à complexidade da realidade social?

([16]) Charles Wagley, «On the Concept of Social Race in the Americas», em Dwight B. Heath e Richard N. Adams (eds.), *Contemporary Cultures and Societies in Latin America*, Nova Iorque, Random House, 1965, pp. 531-545; também Richard Graham (ed.), *The Idea of Race in Latin America, 1870-1940*, Austin, University of Texas Press, 1980; e ainda Peter Wade, *Race and Ethnicity in Latin America*, Londres, Pluto Press, 1997.

418 | O PODER SIMBÓLICO

cos que definem a «raça» com base unicamente na ascendência e isso apenas no caso dos afro-americanos: é-se «negro» em Chicago, Los Angeles ou Atlanta, não pela cor da sua pele mas sim pelo facto de ter um ou vários antepassados identificados como negros, ou seja, no final da regressão, como escravos. Os Estados Unidos são a única sociedade moderna que aplica a *one-drop rule* e o princípio da «hipodescendência», segundo o qual os filhos de uma união mista vêem-se automaticamente incluídos no grupo considerado inferior (aqui, os negros). No Brasil, em contrapartida, a identidade etno-racial define-se por referência a um *continuum* de «cor», quer dizer, pela aplicação de um princípio flexível ou impreciso que, tendo em conta traços físicos como a textura do cabelo, a forma dos lábios e do nariz e a posição de classe (nomeadamente os rendimentos e a educação), dão origem a um grande número de categorias intermédias (mais de uma centena foi catalogada logo no censo de 1980) ([17]). A categorização racial está igualmente condicionada pela posição de classe (particularmente pelo nível de rendimentos, pela profissão e pela escolaridade) e varia bastante consoante as regiões, o que faz com que o local de residência e o rendimento mensal determinem a designação racial atribuída a uma pessoa, isso enquanto os seus irmãos, ao mesmo tempo, podem ter sido incluído noutra categoria «racial», fenómenos que não são contemplados pelo esquema de classificação racial vigente nos Estados Unidos. Isso não significa que no Brasil não existam distinções individuais e profundas desigualdades que derivam desta graduação etno-racial, já que também aí elas estão claramente presentes. Sublinhe-se ainda que a construção simbólica da «raça» levou à criação, no Brasil, de fronteiras e relações entre grupos rela-

---

([17]) O antropólogo Marvin Harris ficou famoso pela sua definição dos 492 «termos sobre raça e cor da pele» a partir das respostas de 100 inquiridos, aos quais apresentou dois conjuntos de 36 cartões com desenhos de homens e mulheres mostrando três traços diferentes de tom de pele, três tipos de cabelo e dois tamanhos de lábios e duas larguras de nariz (Marvin Harris, «Referential Ambiguity in the Calculus of Brazilian Racial Identity», *Southwestern Journal of Anthropology*, 26, 1970, pp. 1-14).

SOBRE AS ASTÚCIAS DA RAZÃO IMPERIALISTA | 419

tivamente porosas e maleáveis, algo que a dicotomia branco/
/negro não consegue captar. Em concreto, essas relações não
acarretam uma ostracização radical nem uma *estigmatização*
definitiva no interior da estrutura social. Isso fica bem patente,
por exemplo, nos índices de segregação das cidades brasileiras,
muito claramente inferiores aos das metrópoles norte-americanas, e na ausência virtual dessas duas formas tipicamente
norte-americanas de violência racial que são o linchamento e
o motim urbano ([18]). Totalmente o oposto, nos Estados Unidos não existe a categoria socialmente e legalmente reconhecida do «mestiço» ([19]). Estamos perante uma divisão que se
aproxima mais daquela que existe entre *castas definitivamente*
definidas e delimitadas ou quase castas (a prova é a percenta-
gem excepcionalmente baixa, até à data, de casamentos
«mistos»: menos de 3% das mulheres afro-americanas entre os
25 e os 34 anos contraíram uniões «mistas» na década de 80
em comparação com os quase 50% de mulheres americanas de origem hispânica e os 80% de mulheres de origem
asiática) ([20]), uma divisão que tentamos mascarar diluindo-a,
através da «globalização», no universo das visões diferencia-
doras.

Como explicar que as «teorias» das «relações raciais»
tenham sido elevadas tacitamente ao estatuto de padrão universal, aquele a partir do qual deve ser analisada e medida

---

([18]) Edward E. Telles, «Race, Class, and Space in Brazilian Cities»,
International Journal of Urban and Regional Research, vol. 19, nº 3, Setembro
de 1995, pp. 395-406; e *idem*, «Residential Segregation by Skin Color in
Brazil», *American Sociological Review*, 57, nº 2, Abril de 1992, pp. 186-197;
para um estudo mais desenvolvido sobre todo um século, veja-se George
Andrews Reid, *Blacks and Whites in São Paulo, 1888-1988*, Madison, University of Wisconsin Press, 1992.

([19]) F. James Davis, *Who is Black? One Nation's Rule*, University Park,
Pennsylvania State Press, 1991; e Joel Williamson, *The New People: Misce-
genation and Mulattoes in the United States*, Nova Iorque, New York University Press, 1980.

([20]) Reynolds Farley, *The New American Reality: Who We Are, How We
Got There, Where We Are Going*, Nova Iorque, Russell Sage Foundation,
1996, pp. 264-265.

420 | O PODER SIMBÓLICO

toda a situação de dominação étnica ([21]), quando elas, na verdade, não são mais que *transfigurações conceptualizadas*, continuamente renovadas pelas necessidades de actualização, dos estereótipos raciais de uso comum, eles próprios meras justificações primárias para a dominação dos brancos sobre os negros ([22])? O facto de esta sociodiceia racial (ou racista) ter conseguido «globalizar-se» nos últimos anos, perdendo ao mesmo tempo as suas características de discurso legitimador para uso doméstico ou local, é sem dúvida uma das provas mais exemplares da dominação simbólica que os Estados Unidos exercem sobre todos os tipos de produção científica e, sobretudo, semi-científica, nomeadamente através do seu poder de consagração e dos benefícios materiais e simbólicos que os investigadores dos países dominados obtêm de uma adesão mais ou menos assumida ou mais ou menos envergonhada ao modelo propagado pelos Estados Unidos. Porque podíamos dizer, com Thomas Bender, que os produtos da investigação norte-americana adquiriram «uma dimensão internacional e um poder de atracção» comparáveis aos «do cinema, da música popular, do *software* dos computadores e do basquete americanos» ([23]). Na verdade, a violência simbólica

---

([21]) Este estatuto de padrão universal, de «Meridiano de Greenwich» em relação ao qual são avaliados os avanços e os retrocessos, os «arcaísmos» e os «modernismos» (a vanguarda) é uma das propriedades universais daqueles que exercem a dominação simbólica sobre um determinado universo (cf. Pascale Casanova, *La République mondiale des lettres*, Paris, Seuil, 1999).

([22]) James McKee demonstra ao mesmo tempo, na sua obra-prima *Sociology and the Race Problem: The Failure of a Perspective*, Urbana e Chicago, University of Illinois Press, 1993, por um lado, que essas teorias pretensamente científicas assentam no estereótipo da inferioridade cultural dos negros e que, por outro lado, elas se revelaram particularmente incapazes de prever e depois explicar a grande mobilização da comunidade afro-americana nas décadas do pós-guerra e que conduziu aos motins raciais da década de 60.

([23]) Thomas Bender, «Politics, Intellect, and the American University, 1945-1995», *Daedalus*, 126, Inverno de 1997, pp. 1-38; sobre a importância da temática do gueto no recente debate em torno da cidade e dos seus males, Loïc Wacquant, «Pour en finir avec le mythe des "cités-

SOBRE AS ASTÚCIAS DA RAZÃO IMPERIALISTA | 421

nunca é exercida sem uma qualquer espécie de cumplicidade (arrancada) daqueles que estão submetidos a ela, assim como a «globalização» dos temas da doxa social americana ou a sua transcrição, mais ou menos sublimada, no discurso semi-científico nunca seriam possíveis sem a colaboração, consciente ou inconsciente, directamente ou indirectamente interessada, de todos os «passadores» e importadores de produtos culturais de marca ou sem marca (editores, directores de instituições culturais, museus, óperas, galerias, revistas, centros de investigação, etc.) que, no próprio país ou nos países de destino, propõem e propagam, não raro com toda a boa-fé, os produtos culturais norte-americanos, e de todas as instâncias culturais norte-americanas que, sem estarem explicitamente concertadas, acompanham, orquestram e talvez mesmo organizam o processo de conversão colectiva à nova Meca simbólica ([24]).

No entanto, todos estes mecanismos, que têm como efeito *favorecer* uma verdadeira «globalização» das problemáticas americanas, dando assim razão, num certo ponto, à crença americano-cêntrica na «globalização», entendida esta, muito simplesmente, como *americanização* do mundo ocidental e, a pouco e pouco, de todo o planeta, não são suficientes para explicar a tendência do ponto de vista norte-americano, científico ou semi-científico, sobre o mundo para se impor como ponto de vista universal, sobretudo quando se trata de questões, como a «raça», onde a particularidade da situação americana é especialmente flagrante e está muito longe de ser exemplar. Poderíamos também referir, evidentemente, o papel central que as grandes fundações americanas de filantropia e de investigação desempenham na difusão da doxa racial norte-americana no interior do campo universitário brasileiro, tanto ao nível das representações como das práticas, ou, nou-

---

-ghettos": les différences entre la France et les États-Unis», *Annales de la recherche urbaine*, 52, Setembro de 1992, pp. 20-30.

([24]) Existe uma descrição exemplar do processo de transferência do poder de consagração de Paris para Nova Iorque em matéria de arte de vanguarda no livro clássico de Serge Guilbaut, *How New York Stole the Idea of Modern Art: Abstract Impressionism, Freedom, and the Cold War*, Chicago, The University of Chicago Press, 1983.

422 | O PODER SIMBÓLICO

tro âmbito, das categorias jurídicas e morais dos «direitos humanos» e da «filantropia» ([25]). Assim, por exemplo, a Fundação Rockefeller financia um programa sobre «Raça e etnicidade» na Universidade Federal do Rio de Janeiro e ainda o Centro de Estudos Afro-asiáticos (e a sua revista *Estudos Afro-asiáticos*) da Universidade Cândido Mendes, visando favorecer os intercâmbios de investigadores e estudantes. No entanto, a corrente intelectual flui apenas numa direcção: as categorias e problemáticas norte-americanas (desde logo a divisão dicotómica de branco e negro) viajam para o Sul, ao passo que as experiências e contrapontos brasileiros raras vezes ou nunca encontram o caminho que conduz ao Norte e que permitiriam questionar a maneira peculiar como os Estados Unidos conceberam a sua própria questão da «raça» e como estas concepções foram transpostas sem espírito crítico para o aparelho analítico da sua ciência social nacional. Como condição da sua ajuda, a Fundação Rockefeller exige que os grupos de investigação obedeçam aos critérios norte-americanos de *affirmative action* (*), o que coloca problemas espinhosos pois, como acabámos de ver, a aplicação da dicotomia branco/negro à sociedade brasileira é, no mínimo, muito arriscada.

Além do papel das fundações filantrópicas, inclua-se finalmente entre os factores que contribuem para a difusão do «pensamento norte-americano» em ciências sociais a internacionalização da edição de obras universitárias. A integração crescente da edição de livros académicos em inglês (não raro publicados pelas mesmas editoriais e vendidos, além de nos Estados Unidos e nos diferentes países da antiga Commonwealth britânica, também nos pequenos países poliglotas da União Europeia, como a Suécia e a Holanda, ou ainda nas sociedades mais directamente expostas à dominação cultural americana) e a dissolução da fronteira entre edição universitária e edição comercial contribuíram para encorajar a disse-

---

([25]) Yves Dezalay e Bryant Garth, «Droits de l'homme et philanthropie hégémonique», *Actes de la recherché en sciences sociales*, 121-122, Março de 1998, pp. 23-41.

(*) Em inglês, no original. *(N.T.)*

SOBRE AS ASTÚCIAS DA RAZÃO IMPERIALISTA | 423

minação de termos, temas e tropos com uma real ou projectada grande circulação, os quais, por sua vez, devem o seu poder de atracção tão-somente ao fenómeno da sua própria ampla difusão. Por exemplo, a Basil Blackwell, a grande editora meio comercial, meio académica (aquilo que os anglo-saxónicos apelidam *crossover press*), não hesita em impor aos seus autores títulos que estão em consonância com esse novo senso comum planetário, que no fundo ela contribui para forjar ao fazer eco dele. A recolha de textos sobre as novas formas de pobreza urbana na Europa e na América reunidos em 1996 pelo sociólogo italiano Enzo Mingione foi revestida com o título *Urban Poverty and the Underclass*, e isso contra a opinião e a vontade do responsável pelo livro e de alguns dos autores, já que todo o volume tenta demonstrar a vacuidade da noção de *underclass* (a Blackwell recusou inclusivamente colocar o termo entre aspas) ([26]). Quando os autores manifestam grandes reticências, a Basil Blackwell não tem qualquer problema em recorrer ao argumento de que um título chamativo é a única maneira de evitar um preço de venda demasiado elevado, que, de qualquer maneira, mataria o livro em questão. É assim que decisões editoriais puramente mercantilistas acabam por orientar a investigação e o ensino universitários no sentido da homogeneização e da submissão às modas vindas dos Estados Unidos, para não falar da imposição de «disciplinas», como os *cultural studies*, um domínio híbrido que nasceu na década de 70 em Inglaterra e que deve a sua difusão internacional a uma política de propaganda editorial bem sucedida. Por exemplo, o facto desta «disciplina» não existir nos campos universitário e intelectual franceses não impediu a editora Routledge de publicar um compêndio com o título *French*

([26]) Enzo Mingione, *Urban Poverty and the Underclass: A Reader*, Oxford, Basil Blackwell, 1996. Não se trata de um incidente isolado: no preciso momento em que este artigo estava a ser impresso, a mesma editora envolveu-se num discussão furibunda com os urbanistas Ronald van Kempen e Peter Marcuse porque queria que estes substituíssem o título da sua obra colectiva *The Partitioned City* para *Globalizing Cities* (o que fez com que tivessem acabado por publicar os dois volumes com os dois títulos, embora em editoras diferentes).

424 | O PODER SIMBÓLICO

Cultural Studies, que seguia o modelo dos *British Cultural Studies* (existe também um volume de *German Cultural Studies*). E podemos prever, em virtude do princípio de partenogénese étnico-cultural agora tão na moda, que não tardaremos a encontrar nas livrarias um manual de *French Arab Cultural Studies*, para fazer companhia ao seu primo do outro lado do Canal da Mancha, os *Black British Cultural Studies*, publicados em 1997.

Porém, vistos no seu conjunto, todos estes factores não conseguem explicar totalmente a hegemonia que a produção norte-americana exerce sobre o mercado intelectual mundial. É por isso que devemos ter em conta o papel de alguns dos responsáveis pelas estratégias de importação-exportação conceptual, autênticos mistificadores mistificados capazes de veicular inadvertidamente o lado escondido – e frequentemente maldito – dos produtos culturais que põem em circulação. Com efeito, que pensar dos investigadores norte-americanos que vão ao Brasil encorajar os líderes do Movimento Negro a adoptar as tácticas do movimento afro-americano de defesa dos direitos civis e a denunciar a categoria de *pardo* (termo intermédio entre *branco* e *preto* que serve para designar as pessoas com um aspecto físico misto), com o objectivo de mobilizar todos os Brasileiros de ascendência africana a adoptar a oposição dicotómica entre «afro-brasileiros» e «brancos», isso no mesmo momento em que, nos Estados Unidos, os indivíduos de origem mista se mobilizam com a finalidade de obter do Estado americano (a começar pelas repartições que fazem os censos) o reconhecimento oficial dos «mestiços» como norte-americanos, para assim deixarem de se ver incluídos, à força, na etiqueta única de «negro»? [27] Constatações semelhantes autorizam-nos a pensar que a descoberta, tão recente quanto

---

[27] Maria P. Root (ed.), *The Multiracial Experience: Racial Borders as the New Frontier*, Sage Publications, 1995; Jon Michael Spencer, *The New Colored People: The Mixed Race Mouvement in America*, Nova Iorque, New York University, 1997, e Kimberley DaCosta, *Remaking «Race»: Social Bases and Implications of the Multiracial Movement in America*, tese de doutoramento, Universidade da Califórnia, Berkeley, 1998.

SOBRE AS ASTÚCIAS DA RAZÃO IMPERIALISTA | 425

súbita, da «globalização da raça» (^{28}) resulta, não de uma brusca convergência dos modos de dominação etno-racial nos diferentes países, mas sobretudo da quase universalização do *folk concept* (*) norte-americano de «raça» como consequência da exportação mundial das categorias científicas americanas.

Poder-se-ia fazer a mesma demonstração a propósito da difusão internacional do conceito verdadeiro-falso de *underclass* (**), que, por um efeito de *allodoxia* transcontinental, foi importado por aqueles sociólogos do velho continente particularmente desejosos de viver uma segunda juventude intelectual surfando a onda de popularidade de conceitos *made in USA* (^{29}). Resumindo, os investigadores europeus retêm a palavra *classe* e julgam que ela se refere a uma nova posição dentro da estrutura do espaço social urbano, ao passo que os seus colegas norte-americanos retêm *under* e imaginam uma chusma de pessoas pobres, perigosas, imorais, e olham para elas a partir de uma óptica decididamente vitoriana e racistóide. Paul Peterson, professor de ciências políticas em Harvard e director do «Comité de investigação sobre as *underclass* urbanas» do Social Science Research Council (financiado, uma vez mais, pelas fundações Rockefeller e Ford), não deixou lugar a dúvidas quando resumiu, em tom de aprovação, as conclusões de um grande colóquio sobre os *underclass* realizado em 1990, em Chicago. As suas palavras não exigem mais comentários: «O termo tem impacto porque

---

(^{28}) Howard Winant, «Racial Formation and Hegemony: Global and Local Developments», em Ali Rattansi e Sallie Westwood (eds.), *Racism, Modernity, and Difference: On the Western Front*, Cambridge, Basil Blackwell, 1994, e *Idem, Racial Conditions: Politics, Theory, Comparisons*, Minneapolis, University of Minnesota Press, 1995.

(*) Em inglês, no original. *(N.T.)*

(**) Em inglês, no original. *(N.T.)*

(^{29}) Como já tinha sido assinalado, há alguns anos, por John Westergaard na sua conferência inaugural como presidente da British Sociological Association («About and Beyond the Underclass: Some Notes on the Influence of the Social Climate on British Sociology Today», *Sociology*, 26, n.º 4, Julho-Setembro de 1992, pp. 575-587.

426 | O PODER SIMBÓLICO

chama a atenção sobre a conjunção entre as características individuais e as forças impessoais da ordem social e política mais ampla. O sufixo *classe* é a componente menos interessante da palavra. Embora implique uma relação entre dois grupos sociais, os termos dessa relação permanecem indefinidos enquanto não se combinar "classe" com "inferior". Esta transformação de uma preposição em adjectivo não possui a solidez de "trabalhadora", nem a banalidade de "média", nem a distância de "superior". Em contrapartida, *under* sugere qualquer coisa de inferior, de vil, de passiva, de resignada e, ao mesmo tempo, qualquer coisa de vergonhoso, de perigoso, de disruptivo, de obscuro, de maléfico, e inclusive de demoníaco. Além desses atributos pessoais, implica ainda a ideia de submissão, de subordinação, e de miséria.» ([30]).

Em cada campo intelectual nacional, encontramos «passadores» ou transportadores (por vezes apenas um, por vezes vários que competem entre si) que têm como uma das suas funções retomar esse mito científico e reformular nesses termos alienados a questão das relações entre pobreza, imigração e segregação nos seus países. Já para não falar dos inúmeros artigos e obras que se propõem demonstrar – ou infirmar, o que vai dar quase no mesmo – com diligente aplicação positivista, a «existência» deste «grupo» em tal ou tal sociedade, cidade ou bairro, com base em indicadores empíricos frequentemente mal construídos e mais correlacionados entre si ([31]). Ora bem, colocar a questão de saber se existe

---

([30]) Christopher Jencks e Paul E. Peterson (eds.), *The Urban Underclass*, Washington, The Brookings Institution, 1991, p. 3. Peterson termina o primeiro parágrafo do livro referindo que *O Anel dos Nibelungos* de Richard Wagner evoca na perfeição a «classe inferior» como uma «população envilecida e degradada» (*sic*).

([31]) Entre muitos outros, referimos apenas três exemplos: Theo Roeland e Justus Veenman, «An Emerging Ethnic Underclass in the Netherlands? Some Empirical Evidence», *New Community*, 19, n.º 1, Outubro de 1992, pp. 129-141; Jens Dangschat, «Concentration of Poverty in the Landscapes of "Boomtown" Hamburg: The Creation of a New Urban Underclass?», *Urban Studies*, 31, n.º 77, Agosto de 1994, pp. 1133-1147; e Christopher T. Whelm, «Marginalization, Deprivation, and Fatalism in

SOBRE AS ASTÚCIAS DA RAZÃO IMPERIALISTA | 427

uma *underclass* (um termo que alguns sociólogos franceses não hesitaram em traduzir por «sub-classe», esperando sem dúvida introduzir o conceito de sub-seres humanos ou de *untermensch*, «ser humano inferior») em Londres, Lyon, Leiden ou Lisboa, é partir do princípio, no mínimo, por um lado, que o termo possui uma certa consistência analítica e, por outro lado, que um tal «grupo» existe realmente nos Estados Unidos ([32]). No entanto, esta noção semi-jornalística e semi-científica de *underclass* é desprovida tanto de coerência semântica como de existência social. As populações heteróclitas que os investigadores americanos costumam subsumir vulgarmente nesse termo – beneficiários da assistência social, desempregados de longa duração, mães solteiras, famílias monoparentais, rejeitados do sistema escolar, criminosos e membros de *gangs*, drogados e sem abrigo, quando não se refere, em bloco, a todos os habitantes do gueto – são incluídas nessa categoria genérica sobretudo pelo facto de serem vistas como negações ambulantes do «sonho americano» de sucesso individual. O conceito aparentado de «exclusão» é comummente utilizado, tanto em França como em muitos outros países europeus (nomeadamente sob influência da Comissão Europeia), na intersecção dos campos político, jornalístico e científico, e exercendo as funções gémeas de des-historicização e de despolitização com o intuito de definir um fenómeno antigo e bem conhecido – o desemprego maciço e os seus efeitos degradantes sobre o proletariado urbano – como algo novo e, de certo modo, desligado da política estatal de desregulamen-

---

the Republic of Ireland: Class and Underclass Perspectives», *European Sociological Review*, 12, n.º 1, Maio de 1996, pp. 33-51; e, para uma nota importante de discordância, Enrico Pugliese, «La disoccupazione di massa e la questione dell'*underclass*», *La Critica Sociologica*, 117-118, Abril-Setembro de 1996, pp. 89-98.

([32]) Dando-se ao imenso trabalho de argumentar algo evidente, ou seja, que o conceito de *underclass* não pode ser aplicado nas cidades francesas, Cyprien Avenel aceita e reforça a ideia preconcebida segundo a qual ela seria operatória nos Estados Unidos («La question de l'*underclass* des deux côtés de l'Atlantique», *Sociologie du travail*, 39, n.º 2, Abril de 1997, pp. 211-237).

428 | O PODER SIMBÓLICO

tação económica e de diminuição dos gastos sociais. O que nos dá uma ideia da inanidade do projecto de retraduzir uma noção inexistente por uma outra mais que incerta [33].

Na verdade, a *underclass* não passa de um grupo fictício, produzido no papel pelas práticas de classificação destes cientistas, jornalistas e outros especialistas em gestão dos pobres (negros urbanos) que partilham a crença na sua existência porque serve perfeitamente para conferir uma nova legitimidade a alguns e um tema político e comercialmente rendível que permite explorar os outros [34]. Inapto e inepto no caso norte-americano, a importação desse conceito não acrescenta nada ao conhecimento das sociedades europeias. Na verdade, os instrumentos e os métodos para dar conta da miséria divergem bastante em ambos os lados do Atlântico, para não falar das diferenças na divisão étnica e no seu estatuto político [35]. Daí que as «populações problemáticas» não sejam nem definidas nem tratadas da mesma maneira nos Estados Unidos e nos diversos países do Velho Mundo. E o mais extraordinário, sem dúvida, é que, segundo um paradoxo já tínhamos encontrado a propósito de outros falsos conceitos da vulgata globalizada, esta noção de *underclass* que nos chegou dos Estados Unidos nasceu, na verdade, na Europa, tal como a de «gueto», que ela tem por função ocultar devido à severa censura política que pesa sobre as investigações da desigualdade urbana e racial nos Estados Unidos. Foi o economista Gunnar Myrdal quem cunhou o termo na década de 60 a partir da palavra

---

[33] Como propõe Nicolas Herpin, «L'*underclass* dans la sociologie américaine: exclusion sociale et pauvreté», *Revue française de sociologie*, 34, nº 3, Julho-Setembro de 1993, pp. 421-439.

[34] Loïc Wacquant, «L'*underclass* urbaine dans l'imaginaire social et scientifique américain», em Serge Paugam (ed.), *L'Exclusion: l'état des savoirs*, Paris, La Découverte, 1996, pp. 248-262.

[35] Essas diferenças têm profundas raízes históricas, como indica uma leitura comparada das obras de Giovanna Procaci e Michael Katz: Giovanna Procaci, *Gouverner la misère: la question sociale en France, 1789- -1848*, Paris, Seuil, 1993; e Michael Katz, *In the Shadow of The Poorhouse: A History of Welfare in America*, Nova Iorque, Basic Books, 1997, nova edição.

SOBRE AS ASTÚCIAS DA RAZÃO IMPERIALISTA | 429

sueca *onderklass*. Porém, a sua intenção era então descrever o processo de marginalização das camadas inferiores da classe operária nos países ricos para criticar a ideologia do aburguesamento generalizado das sociedades capitalistas [36]. Este caso permite perceber o quão profundamente a viagem de ida e volta aos Estados Unidos pode transformar uma ideia: de um conceito estrutural visando colocar em questão a representação dominante da sociedade surgiu uma categoria behaviorista feita à medida para reforçar essa mesma representação imputando às condutas «anti-sociais» dos mais desfavorecidos a responsabilidade pelas suas próprias privações materiais.

Estes mal-entendidos devem-se, em parte, ao facto de os «passadores» transatlânticos dos diversos campos intelectuais importadores, que produzem, reproduzem e fazem circular todos estes (falsos) problemas, retendo de passagem a sua pequena parte do lucro material ou simbólico, estarem expostos, pela sua própria posição e pelos seus *habitus* científicos e políticos, a uma dupla heteronomia. Por um lado, viram-se para os Estados Unidos, supostamente o berço da (pós) «modernidade» social e científica, quando na verdade eles próprios estão dependentes dos investigadores norte-americanos que exportam para o estrangeiro produtos intelectuais (frequentemente em segunda-mão), já que, regra geral, não possuem qualquer conhecimento directo e específico acerca das instituições e da cultura dos americanos. Por outro lado, tendem para o jornalismo, cedendo às suas seduções e ao sucesso imediato que ele oferece, e, consequentemente, para os temas que afloram na intersecção dos campos mediático e político, precisamente no ponto que mais benefícios traz no mercado exterior (como poderia demonstrar uma enumeração das recensões complacentes aos seus trabalhos nas revistas de grande circulação). Daí a sua preferência por problemáticas *soft* (*), que nem são verdadeiramente jornalísticas (já

---

[36] Gunnar Myrdal, *Challenge to Affluence*, Nova Iorque, Pantheon, 1963.

(*) Em inglês, no original. (*N.T.*)

430 | O PODER SIMBÓLICO

que se adornam com conceitos), nem completamente científicas (pois orgulham-se de estar em simbiose com «o ponto de vista dos actores»), e que não passam da retradução semi-científica dos problemas sociais do momento numa linguagem importada dos Estados Unidos (na década de 90: etnicidade, identidade, minoria, comunidade, fragmentação, etc.) e que se sucedem segundo uma ordem e um ritmo ditados pelos meios de comunicação: juventude dos subúrbios, xenofobia da classe trabalhadora em declínio, a inadaptação dos estudantes liceais e universitários, violência urbana, a viragem para o Islão, etc. Estes sociólogos jornalistas, sempre dispostos a comentar os assuntos do momento e qualquer coisa que receba o nome de «factos de sociedade», numa linguagem ao mesmo tempo acessível e «moderna» e, portanto, considerada frequentemente como vagamente progressista (em comparação com os «arcaísmos» do pensamento europeu da velha escola), contribuem de maneira especialmente paradoxal para a imposição de uma visão do mundo que, apesar daquilo que ela aparenta à superfície, é perfeitamente compatível com aquelas produzidas e difundidas pelos grandes *think-tanks* internacionais, mais ou menos directamente ligados às esferas do poder económico e político.

Aqueles que, nos Estados Unidos, estão envolvidos – não raro sem o saberem muito bem – nessa vasta empresa internacional de exportação e importação cultural, ocupam, na sua maioria, posições dominantes no campo do poder norte-americano e também, com bastante frequência, no campo intelectual. Tal como os produtos da grande indústria cultural, como o *jazz* e o *rap*, ou as modas mais comuns na alimentação e na maneira de vestir, como as calças de ganga, devem uma parte do poder de sedução quase universal que exercem sobre os jovens ao facto de serem produzidos e adoptados pelas minorias dominadas nos Estados Unidos ([37]), também os tópicos da

---

([37]) Rick Fantasia, «Everything and Nothing: The Meaning of Fast-Food and Other American Cultural Goods in France», *The Tocqueville Review*, 15, nº 7, 1994, pp. 57-88.

SOBRE AS ASTÚCIAS DA RAZÃO IMPERIALISTA | 431

nova vulgata mundial devem sem dúvida parte da sua eficácia simbólica ao facto de, estando apoiados por especialistas de disciplinas consideradas marginais ou subversivas, como os *Cultural Studies*, os *Minority Studies*, os *Gay Studies* ou os *Women Studies*, eles ganharem, aos olhos por exemplo dos escritores das antigas colónias europeias, a aura de mensagens de libertação. Na realidade, a melhor forma de impor o imperialismo cultural (americano ou outro) é através de intelectuais progressistas (ou «intelectuais de cor», no caso da desigualdade racial), porque parecem pouco suspeitos de promover os interesses hegemónicos de um país contra o qual esgrimem a arma da crítica social. Assim, os diversos artigos que compõem o número de Verão de 1996 da revista *Dissent*, órgão da «velha esquerda» democrática nova-iorquina, consagrado ao tema «As minorias em luta no planeta: direitos, esperanças, ameaças» ([38]), projectam sobre o conjunto da humanidade, com a boa consciência humanista característica de uma certa esquerda académica, não apenas o senso comum *liberal* norte-americano, como também a noção de *minority* (é importante conservar sempre a palavra em inglês para nos lembrarmos que se trata de um conceito indígena importado para a teoria e que, além disso, é de origem europeia), que pressupõe precisamente aquilo cuja existência é preciso demonstrar ([39]): que as

---

([38]) «Embattled Minorities around the Globe: Rights, Hopes, Threat», *Dissent*, Verão de 1996.

([39]) O problema da língua, evocado aqui de passagem, é dos mais espinhosos. Conhecendo as precauções que os etnólogos tomam quando introduzem palavras indígenas, resta-nos manifestar a nossa surpresa – conscientes, muito embora, dos benefícios simbólicos que esse verniz de «modernidade» traz – quando deparamos com profissionais das ciências sociais que povoam a sua linguagem científica com tantos «falsos amigos» teóricos baseados no mero decalque lexicológico (*minority* torna-se *minoria, profession*, profissão liberal, etc.) sem se aperceberem que essas palavras morfologicamente aparentadas estão separadas por todo um conjunto de diferenças entre o sistema social em que foram produzidos e o novo sistema em que são introduzidos. Os mais expostos à *fallacy* dos «falsos amigos» são evidentemente os ingleses, porque aparentemente falam a mesma língua, mas também porque em muitos

432 | O PODER SIMBÓLICO

categorias arrancadas a um determinado Estado-Nação a partir de traços «culturais» ou «étnicos» aspiram e têm o direito a exigir um reconhecimento cívico e político *enquanto tais*. Ora, as formas através das quais os indivíduos tentam que o Estado reconheça a sua existência colectiva e a sua pertença a determinado grupos variam consoante os lugares e os momentos e em função ainda das suas tradições históricas, visto que elas constituem sempre um *enjeu* de lutas na história. Deste modo, uma análise comparativa aparentemente rigorosa e generosa pode contribuir, sem mesmo que disso os seus autores tenham consciência, para fazer aparecer como universal uma problemática feita por e para norte-americanos.

Deparamos assim com um duplo paradoxo. Na luta pelo monopólio da produção de uma visão do mundo social uni-

---

casos eles aprenderam a sua sociologia em manuais, *readers* e livros norte--americanos, de modo que não se sentem especialmente contrários a essa invasão conceptual, excepto uma vigilância epistemológica e política extrema. (É verdade que existem pólos de resistência clara à hegemonia americana, como, por exemplo, no caso dos estudos étnicos, em torno da revista *Ethnic and Racial Studies*, dirigida por Martin Bulmer, e do grupo de investigação do racismo e das migrações, de Robert Miles na Universidade de Glasgow. Porém, estes paradigmas alternativos, na sua ânsia de ter totalmente em conta as especificidades da ordem étnica e racial britânica, acabam por se definir necessariamente pela sua oposição às concepções americanas e aos seus derivados britânicos.) Em resultado disso, a Inglaterra está estruturalmente predisposta a fazer de cavalo de Tróia, através do qual os conceitos do senso comum científico dos norte-americanos conseguem penetrar no campo intelectual europeu (o que acontece tanto em matéria intelectual como em política económica e social, e mais recentemente, também, em política penal). O país em que a acção das fundações conservadoras e dos intelectuais mercenários está há mais tempo estabelecida e onde são mais apoiadas e eficazes é a Inglaterra. Prova disso mesmo é a difusão, nesse país, do mito da *underclass*, na sequência das intervenções ultra-mediáticas de Charles Murray, especialista do Manhattan Institute e guru intelectual da direita libertária nos Estados Unidos, e do seu companheiro Lawrence Mead, que lançou o tema da «dependência» dos desprovidos de ajudas sociais, que Tony Blair se propôs reduzir drasticamente de modo a «libertar» os pobres do jugo da assistência, como já o fizera Clinton com os seus primos norte-americanos no Verão de 1996.

SOBRE AS ASTÚCIAS DA RAZÃO IMPERIALISTA | 433

versalmente reconhecida como universal, onde ocupam hoje uma posição eminente, senão mesmo dominante, os Estados Unidos são excepcionais, embora o seu carácter excepcional não resida ali onde a sociodiceia e a ciência social nacionais decidiram situá-lo, ou seja, na fluidez de uma ordem social que oferece oportunidades extraordinárias para a mobilidade (sobretudo em comparação com as estruturas sociais rígidas do *velho* continente): os estudos comparativos mais rigorosos acabaram por concluir, em uníssono, que os Estados Unidos não diferem fundamentalmente, neste ponto, das outras nações pós-industriais, mesmo tendo em conta que a amplitude das desigualdades é claramente maior na América do Norte [40]. Se os Estados Unidos são realmente extraordinários, segundo a velha temática de Tocqueville incansavelmente repetida e periodicamente reactualizada, isso deve-se, acima de tudo, ao *dualismo rígido* das divisões que imperam na sua ordem racial. Mais ainda, deve-se à sua capacidade para impor como universal aquilo que eles têm de mais particular, fazendo passar por excepcional aquilo que eles têm em comum com todos.

Se é verdade que a des-historicização que resulta quase inevitavelmente da migração das ideias através das fronteiras nacionais é um dos factores de des-realização e de falsa universalização (juntamente com os «falsos amigos» teóricos, por exemplo), então só uma verdadeira história da génese das ideias acerca do mundo social, associada a uma análise dos mecanismos sociais de circulação internacional dessas ideias, é que pode levar os cientistas, neste como noutros campos, a

---

[40] Veja-se sobretudo Robert Erickson e John Goldthorpe, *The Constant Flux: A Study of Mobility in Industrial Societies*, Oxford, Clarendon Press, 1992; Erik Olin Wright chega exactamente ao mesmo resultado com uma metodologia significativamente diferente em *Class Counts: Comparative Studies in Class Inequality*, Cambridge, Cambridge University Press, 1997. Sobre os determinantes políticos da escala das desigualdades nos Estados Unidos e do seu crescimento durante as duas últimas décadas veja-se Claude Fischer *et al.*, *Inequality by Design: Cracking the Bell Curve Myth*, Princeton, Princeton University Press, 1996.

dominar melhor os instrumentos com os quais fundamentam os seus argumentos, sem que sobre eles, antecipadamente, tenham de entrar em confronto ([41]).

([41]) Numa obra essencial para se fazer uma ideia completa da dimensão do inconsciente histórico que sobrevive, de uma forma mais ou menos irreconhecível e reprimida, nas problemáticas científicas de um país, bem como do lastre histórico que confere ao imperialismo académico norte-americano uma parte da sua extraordinária força de imposição, Dorothy Ross revela como as ciências sociais norte-americanas (economia, sociologia, ciência política e psicologia) foram construídas, desde o início, com base em dois dogmas complementares constitutivos da *doxa* nacional: o «individualismo metafísico» e a ideia de uma oposição diametral entre o dinamismo e a flexibilidade da «nova» ordem social norte-americana, por um lado, e a estagnação e a rigidez das «velhas» formações sociais europeias, por outro lado (Dorothy Ross, *The Origins of American Social Science*, Cambridge, Cambridge University Press, 1991). Dois dogmas fundadores dos quais podemos encontrar retraduções directas na linguagem ostensivamente purificada da teoria sociológica, como se pode ver, para o primeiro termo da oposição, na tentativa canónica de Talcott Parsons de elaborar uma «teoria voluntarista da acção» e, mais recentemente, no ressurgimento da teoria dita da escolha racional, e, para o segundo, na «teoria da modernização» que exerceu um predomínio absoluto nos estudos da mudança social durante as três décadas após a Segunda Guerra Mundial e que recentemente tem conhecido um novo e inesperado fôlego nos estudos pós-soviéticos.

Origem dos textos por capítulos

O PODER SIMBÓLICO

I. Conferência na Universidade de Chicago em Abril de 1973, «Sur le pouvoir symbolique», *Annales,* E.S.C., 3, Maio-Junho 1977, pp. 405-411.

II. Introdução ao seminário da École des Hautes Études en Sciences Sociales, Outubro de 1987: «Introduction à une sociologie réflexive», 67 pp.

III. Versão original do artigo intitulado «The Genesis of the Concepts of Habitus and Field», Sociocriticism (Pittsburgh, Montpellier), *Theories and Perspectives,* II, nº 2, Dezembro 1985, pp. 11-24.

IV. «*Le mort saisit le vif.* Les relations entre l'histoire réifiée et l'histoire incorporée», *Actes de la recherche en sciences sociales,* 32--33, Abril-Junho 1980, pp. 63-72.

V. «L'identité et la représentation. Éléments pour une réflexion critique sur l'idée de région», *Actes de la recherche en sciences sociales,* 35, Novembro 1980, pp. 63-72.

VI. Texto apresentado na Universidade de Frankfurt, em Fevereiro de 1984, «Espace social et genèse des 'classes'», *Actes de la recherche en sciences sociales,* 52-53, Junho 1984, pp. 3-15.

436 | O PODER SIMBÓLICO

VII. «La représentation politique. Éléments pour une théorie du champ politique», *Actes de la recherche en sciences sociales*, 36-37, Fevereiro-Março 1981, pp. 3-24.

VIII. «La force du droit. Éléments pour une sociologie du champ juridique», *Actes de la recherche en sciences sociales*, 64, Setembro 1986, pp. 3-19.

IX. «L'institutionnalisation de l'anomie», *Les Cahiers du Musée National d'Art Moderne*, 19-20, Junho 1987, pp. 6-19.

X. «Genèse historique d'une esthétique pure» [tradução de inglesa], *The Journal of Aesthetics and Art Criticism*, vol. XLVI, n.º especial, 1987, pp. 1-210.

APÊNDICES

I. Pierre Bourdieu e Roger Chartier, «Gens à histories, gens sans histories: dialogue entre Pierre Bourdieu et Roger Chartier», *Politix*, vol. 2, n.º 6, Primavera de 1989, pp. 53-60.

II. Pierre Bourdieu, Roger Chartier e Robert Darnton, «Dialogue à propos de l'histoire culturelle», *Actes de la recherche en sciences sociales*, vol. 59, Setembro de 1985, pp. 86-93.

III. Pierre Bourdieu, «Sur les rapports entre la sociologie et l'histoire en Allemagne et en France» (Entretien avec Lutz Raphael), *Actes de la recherche en sciences sociales*, vol. 106 (1995), pp. 108-122.

IV. Pierre Bourdieu e Loïc J. D. Wacquant, «Sur les ruses de la raison impérialiste», *Actes de la recherche en sciences sociales*, vol. 121-122 (Março de 1998), pp. 109-118.

Nota bibliográfica

TRADUÇÕES EM LÍNGUA PORTUGUESAS

1. *Portugal*

- *As Regras da Arte. Génese e estrutura do campo literário*, trad. Miguel Serras Pereira (Lisboa: Presença, 1996); título original: *Les régles de l'art: genése et structure du champ littéraire.*
- *Lição sobre a lição*, trad. António Marcelino Valente (Arcozelo: Estratégias Criativas, 1996); título original: *Leçon sur la leçon.*
- *Razões Práticas: sobre a teoria da acção*, trad. Miguel Serras Pereira (Oeiras: Celta Editora, 1997); título original: *Raisons pratiques: sur la théorie de l'action.*
- *Sobre a Televisão*, trad. Miguel Serras Pereira (Oeiras: Celta Editora, 1997); título original: *Sur la television.*
- *O Que Falar Quer Dizer: a economia das trocas simbólicas*, trad. Vanda Anastácio (Algés: Difel, 1998); título original: *Ce que parler veut dire.*
- *Meditações Pascalianas*, trad. Miguel Serras Pereira (Oeira: Celta, 1998); título original: *Méditations pascaliennes.*
- *Contrafogos*, trad. Miguel Serras Pereira (Oeiras. Celta, 1998); título original: *Contre-feux.*
- *A Dominação Masculina*, trad. Miguel Serras Pereira (Oeiras: Celta, 1999); título original: *La domination masculine.*

438 | O PODER SIMBÓLICO

- *Contrafogos 2: por um movimento social europeu*, trad. Miguel Serras Pereira (Oeiras: Celta, 2001); título original: *Contre-feux 2: Pour un mouvement social européen*.
- *As Estruturas Sociais da Economia*, trad. Maria Fernanda de Oliveira (Lisboa: Instituto Piaget, 2001); título original: *Les structures de l'économie*.
- Idem, trad. Lígia Calapez e Pedro Simões (Porto: Campo das Letras, 2006); título original: *Les structures de l'économie*.
- *Esboço de Uma Teoria da Prática, Precedido de Três Estudos de Etnologia Cabila*, trad. Miguel Serras Pereira (Oeiras: Celta Editora, 2002); título original: *Esquisse pour une auto-analyse*.
- *Questões de Sociologia*, trad. Miguel Serras Pereira (Lisboa: Fim de Século, 2003); título original: *Questions de sociologie*.
- *Esboço para uma Auto-análise*, trad. Victor Silva (Lisboa: Edições 70, 2004); título original: *Esquisse pour une auto-analyse*.
- *Para uma Sociologia da Ciência*, trad. Pedro Elói Duarte (Lisboa: Edições 70, 2004); título original: *Science de la science et refléxivité*.
- *A Distinção: crítica social do gosto*, tradução de Pedro Elói Duarte. (Lisboa: Edições 70, 2010); título original: *La Distinction*.

ARTIGOS:
- «A Formação do Habitus Económico», *Revista Sociologia*, n.º 14, 2004, pp. 9-34.

2. Brasil

- Com J.-C. Passeron, *A reprodução: elementos para uma teoria do sistema de ensino* (Rio de Janeiro: Francisco Alves, 1975).
- *Desencantamento do Mundo: estruturas económicas e estruturas temporais* (São Paulo: Perspectiva, 1979).
- *A economia das trocas simbólicas* (São Paulo: Perspectiva, 1987).
- *A ontologia política de Martin Heidegger* (Campinas: Papirus, 1989).
- *Lições de aula* (São Paulo: Ática, 1994).
- *As Regras da Arte* (São Paulo: Companhia das Letras, 1996).
- *Razões práticas: sobre a teoria da ação* (São Paulo: Papirus, 1996).
- *Sobre a televisão* (Rio de Janeiro: Jorge Zahar, 1997).
- *Escritos de Educação* (Petrópolis: Vozes, 1998).
- *Contrafogos: táticas para resistir à invasão neoliberal* (Rio de Janeiro: Jorge Zahar, 1998).

NOTA BIBLIOGRÁFICA | 439

- *A Economia das trocas linguísticas: o que falar quer dizer* (São Paulo: Editora EDUSP, 1998).
- Com J.-C. CHAMBOREDON e J.-C. PASSERON, *A profissão de sociólogo. Preliminares epistemológicas* (Petrópolis: Vozes, 1999).
- *A dominação masculina* (Rio de Janeiro: Bertrand Brasil, 1999).
- *O campo econômico: a dimensão simbólica da dominação* (Campinas: Papirus, 2000).
- *O poder simbólico* (Rio de Janeiro: Bertrand Brasil, 2001).
- *Contrafogos 2: por um movimento social europeu* (Rio de Janeiro: Jorge Zahar, 2001).
- *Meditações pascalianas.* (Rio de Janeiro: Bertrand Brasil, 2001).
- *A Produção da Crença: contribuição para uma economia dos bens simbólicos* (Porto Alegre: Editora Zouk, 2001).
- *O Amor pela Arte: museus de arte na europa e seu público* (Porto Alegre: Editora Zouk, 2003).
- *A Miséria do Mundo* (Petrópolis: Vozes, 2003).
- *Coisas ditas* (São Paulo: Brasiliense, 2004).
- *Os Usos Sociais da Ciência: por uma sociologia clínica do campo científico* (São Paulo: Editora UNESP, 2004).
- *Esboço de auto-análise* (São Paulo: Companhia das Letras, 2005).
- *A Distinção: crítica social do julgamento* (Porto Alegre: Editora Zouk, 2007).
- *O Senso Prático* (Petrópolis: Vozes, 2009).

ARTIGOS:

- «Diálogo sobre a poesia oral na Cabília: entrevista de Mouloud Mammeri a Pierre Bourdieu», *Revista de Sociologia Política* (26): 61-81, Junho de 2006; título original: «Dialogue sur la poesie orale à la Kabylie: entretien de Mouloud Mammeri a Pierre Bourdieu».
- «O camponês e seu corpo», *Revista de Sociologia Política* (26): 83-92, Junho de 2006; título original: «Le paysan et son corps».
- «A odisséia da reapropriação: a obra de Mouloud Mammeri», *Revista de Sociologia Política* (26): 93-95, Junho de 2006; título original: «L'odyssée de la réappropriation: l'oeuvre de de Mouloud Mammeri».
- Pierre e Marie-Claire BOURDIEU, «O camponês e a fotografia», *Rev. Sociol. Polit.* (26): 31-39, Junho de 2006; título original: «Le paysan et la photographie».

440 | O PODER SIMBÓLICO

- Com Abdelmalek SAYAD, «A dominação colonial e o saber cultural», *Revista de Sociologia Política* (26): 41-60, Junho de 2006; título original: «La domination colonial et le sabir culturel».
- «Marginalia: algumas notas adicionais sobre o dom», *Mana* 2(2): 7-20, Outubro 1996.
- Com Loïc Wacquant, «Sobre as Artimanhas da Razão Imperialista, *Estudos afro-asiáticos*, 24(1): 15-33, ND. 2002; título original: «On the cunning of imperalistic reason».

Selecção de Obras sobre Bourdieu

- ADKINS, Lisa, SKEGGS, Beverly, *Feminism after Bourdieu* (Oxford: Blackwell, 2004).
- ALEXANDER, Jeffrey C., *Fin de Siècle Social Theory: Relativism, Reduction, and the Problem of Reason* (Londres: Verso, 1995).
- ALEXANDER, Jeffrey C., *La Réduction. Critique de Bourdieu* (Paris: Cerf, 2000).
- BRUBAKER, Rogers, «Rethinking Classical Theory: The Sociological Vision of Pierre Bourdieu», *Theory and Society*, vol. 14 (1985), pp. 745-775.
- CALHOUN, Craig, LIPUMA, Edward, POSTONE, Moishe, dirs., *Bourdieu: Critical Perspectives* (Chicago: University of Chicago Press, 1993).
- CHAMPAGNE, Patrick, *Mouvements d'une pensée: Pierre Bourdieu* (Paris: Bordas, 2004).
- FOWLER, Bridget, *Pierre Bourdieu and Cultural Theory: Critical Investigations* (Londres: Sage, 1997).
- FOWLER, Bridget, *Pierre Bourdieu and cultural Theory: critical investigations* (Londres: Thousand Oaks, Calif.: Sage, 1997).
- GRENFELL, Michael, *Pierre Bourdieu, agent provocateur* (Londres: Continuum, 2004).
- HARKER, Richard, MAHAR, Cheleen, WILKES, Chris, *An introduction to the work of Pierre Bourdieu : the practice and theory* (Londres: Macmillan, 1990).
- HEINICH, Nathalie, *Porquoi Bourdieu* (Paris: Galimard, 2007).
- JENKINS, Richard, *Pierre Bourdieu* (Londres : Routledge, 1992).
- LAHIRE, Bernard, *Le Travail sociologique de Pierre Bourdieu: dettes et critiques* (Paris: La Découverte, 1999).
- LANE, Jeremy, *Pierre Bourdieu: a critical introduction* (Londres: Pluto Press, 2000).

NOTA BIBLIOGRÁFICA | 441

- LESCOURRET, Marie-Anne, *Bourdieu: vers une économie du Bonheur* (Paris: Flammarion, 2008).
- LESCOURRET, Marie-Anne, *Pierre Bourdieu: un philosophe en sociologie* (Paris: PUF, 2009).
- PINTO, José Madureira, PEREIRA, Virgílio Borges, dirs., *Pierre Bourdieu. A teoria da prática e a construção da sociologia em Portugal* (Porto: Afrontamento, 2007).
- PINTO, Louis, *Pierre Bourdieu. Sociologue* (Paris: Fayard, 2004).
- POUPEAU, Franck e DISCEPOLO, Thierry, dirs., *Pierre Bourdieu. Interventions, science sociale et action politique* (Marselha: Agone/ /Contre-Feux, 2002).
- RAHKONEN, Keijo, *Not Class, but struggle: critical overtures to Pierre Bourdieu's sociology* (Helsinki: Departmente of Social Policy, University of Helsinki, 1999).
- REED-DANAHAY, Deborah, *Locating Bourdieu* (Bloomington: Indiana University Press, 2005).
- ROBBINS, Derek, *Bourdieu and Culture* (Londres: Sage, 2000).
- ROBBINS, Derek, *The Work of Pierre Bourdieu : recognizing Society* (Milton Keynes: Open University Press, 1990).
- SILVA, Elizabeth, WARDE, Alan, *Cultural analysis and Bourdieu's legacy: settling accounts and developing alternatives* (Abingdon: Routledge, 2010).
- SWARTZ, David, *Culture & Power: The Sociology of Pierre Bourdieu* (Chicago: University of Chicago Press, 1997).
- WACQUANT, Loïc, dir., *Pierre Bourdieu and Democratic Politics: The Mystery of Ministry* (Cambridge: Polity Press, 2005).
- WEBB, Jen, *Understanding Bourdieu* (Londres: Sage, 2002).

Índice de Autores

Abel (A.-D.-J.), 275
Abel (R.L.), 243-4n
Agostinho (Santo), 77n
Alain, 256n, 278
Alexandre (Jeffrey), 22
Althusser, 75, 218, 329n, 374
Angrand, 277n, 284n
Aristóteles, 140, 238n, 239, 380
Arnaud, 222n
Auerbach, Erich, 66 e n
Austin, 236, 240 e n, 308, 420n

Bachelard, 31, 224, 356, 390
Bakunine, 172, 187-8n
Bancaud, 256n
Baudelaire, 64n, 278n
Baudry, 282n
Baxandall, 283n, 396, 403
Bebel, 206n
Benjamin, 301, 303
Benveniste, 114-5, 154, 170, 193
    e n, 194, 247n
Benvenuto, 77n
Berger, 6n, 296
Blanc, 286 e n

Blumrosen, 221n
Boime, 281, 286 e n, 287n
Bois, 79 e n, 115-6n
Boltanski, 118n, 129n, 283n,
    415n
Bonafé-Schmitt, 245n
Bonnecase, 217n
Boudeville, 111n
Bouguereau, 278n, 280
Bukarine, 185, 207
Boulanger, 280
Brisset, 312
Brunetière, 71
Bürger, 71n

Cam, 103 e n, 245n
Cassirer, 4 e n, 13, 26 e n, 63 e n,
    350, 354
Castagnary, 289 e n
Castelnuovo, 108n, 306n
Cicourel, 44
Cellini, 77n
Chamboredon, 58n, 91n
Champfleury, 311
Charpilloz, 128n

444 | O PODER SIMBÓLICO

Chompré, 282n
Chomsky, 59-60, 67
Cícero, 77n
Clark, 288n, 412n
Coates, 243n
Cohen (F.), 232n
Cohen (S.), 183n, 202n, 207-8n
Combarieu, 278n
Corot, 272
Couder, 279
Cougny, 281n
Courbet, 276n, 284, 287n, 288, 311
Cournot, 75n
Couture, 17, 286n, 287 e n
Cummings, 271n

Danto, 295 e n, 300
Darbel, 300n
Darnton, 158n, 341 e n, 343-69, 384, 403
David (J.L.), 283n
David (R.), 229n
Descamps, 281n
Degas, 275 e n, 288
Delacroix, 271, 272, 275n, 284
Delaroche, 275, 290
Delécluze, 284-5
Derrida, 296, 297n, 329n
Descartes, 15, 37
Dezalay, 245n, 256n, 424n
Dhoquois, 246n
Dickie, 295n
Dubost, 89n, 97n
Duchamp, 301-2n, 311
Dulong, 123n
Dumesnil, 278n
Dumézil, 119n
Duranty, 287n
Durkheim, 4, 6-7, 13, 20, 22, 44, 122, 165, 240, 296, 298, 319-

-20, 327, 327, 329n, 349-50, 354-5, 373-5, 378, 380, 387, 389, 398, 401, 405

Egbert, 276
Ehrlich, 252n
Elias, 63, 83-4n, 333-5, 337-8, 375, 379
Ellul, 256-8
Engels, 6, 206

Fabiani, 58n, 108n
Faulkner, 66
Febvre, 278n, 327, 329, 349-50, 378, 385, 401
Felstiner, 243n
Fénéon, 281
Fichte, 60
Flandrin, 280
Flaubert, 19, 311, 406
Fleury, 282n
Foucault, 249, 296n, 329n, 358, 383
Fraser, 223n
Freud, 87n, 225, 323
Fried, 272 e n

Gadamer, 234, 238n, 300n
Gautier, 282n
Gendarme, 109n
Géricault, 275
Gérôme, 275, 278n, 283
Gillispie, 258n
Ginzburg, 108n
Giraudoux, 278n
Goffman, 94-5, 144
Goldmann, 63
Gombrich, 280
Gramsci, 172-3, 182n, 183, 184n, 186, 195-6, 198n, 201n
Greuze, 289

ÍNDICE DE AUTORES

445

Guidoni, 202n
Guillemot, 275

Halbwachs, 138
Hamilton, 285-8
Harding, 276, 279n
Hartmann, 81
Haskell, 272, 291
Haupt, 124n, 167, 186
Hegel, 3, 13, 26, 60, 141, 397
Heidegger, 5n, 61, 82, 296, 406
Heinich, 78n
Hérold, 278n
Hobsbawm, 128n, 131 e n, 403
Hoffman, 210
Hooft, 236-7n
Humboldt, 4, 417
Husserl, 6n, 60, 143, 397

Ingres, 273, 275, 277, 284

Jakobson, 69
Joyce, 66
Juillard, 111

Kadushin, 176
Kafka, 150 e n, 239
Kalinowski, 225n
Kant, 4-5, 13, 59, 78n, 223, 238n,
   297n, 308n, 350
Kantorowicz, 132 e n, 162, 385
Kautsky, 192
Kayris, 241n
Kelsen, 218, 224
Klein, 312
Kojève, 239

Lacorne, 196-7n, 205, 414
Lagarde, 110n
Landelle, 279
Lazarsfeld, 22

Le Lannou, 108-9
Leibniz, 21, 150, 300, 363, 399
Lenoir, 232n, 259n
Lethève, 275n, 276n, 279, 282n,
   285n, 286n, 287n, 292 e n
Levenson, 280
Lévi-Strauss, 13, 296, 321, 374
Lewin (K.), 63
Lewin (M.), 102n, 393
Lowry, 124n
Luhmann, 220 e n, 400
Lukacs, 63
Luxemburgo (R.), 172-3, 192

Maitron, 187n
Mallarmé, 51, 286 e n, 337
Manet, 17, 19, 269-70, 274, 275n,
   281, 284-9, 309-12, 337, 406
Mantz, 288
Maquiavel, 37
Marx, 3-4, 13, 44-6, 82, 86, 91,
   96-8, 138, 141, 163, 165, 171,
   187-8n 319-20, 380, 387, 419n
Mather, 242-3n
Mauss, 13, 61, 165, 296, 302,
   349, 355, 374, 398
Meissonier, 275, 282 e n
Merleau-Ponty, 61, 82n
Merton, 22
Michelet, 76, 396
Michels, 167n, 198, 204n, 206-
   -7n
Montaigne, 77 e n, 105
Montesquieu, 250
Moreau, 275n
Motulsky, 231 e n, 234
Mounier, 254 e n
Müller, 76

Nietzsche, 39, 296
Nonet, 220

446 | O PODER SIMBÓLICO

Ors, Eugenio d', 276
Osborne, 297n
Ostrogorski, 171n

Pallière, 275
Panofsky, 4-5, 59, 81 e n, 329, 385, 442
Pareto, 22
Parsons, 22, 38, 436n
Pascal, 235, 320
Passeron, 92n, 439-40
Patterson, 113n
Penrod, 243n
Petrarca, 77n
Pevsner, 280
Picot, 275
Platão, 77n
Ponge, 70
Ponton, 58n, 107n, 132
Post, 132n, 162

Quéré, 123n
Quine, 65

Radcliffe-Brown, 6-7
Reboul, 116n
Redon, 288
Rosenblum, 271n
Rousseau (Douanier), 312
Rousseau (J.J.), 77n, 348, 353, 358
Rousseau (T.), 272
Ruysdael, 272
Ryle, 163, 360

Sapir, 4, 13
Sarat, 243n
Sartre, 39, 86-7, 88n, 206, 321, 329n
Saussure, 5, 13, 218n
Sauvageot, 254
Sayad, 98

Sbriccoli, 234 e n, 253
Schelling, 5
Schlegel, 283
Schleiermacher, 265
Scholem, 146n
Scholz, 222-3n
Schopenhaüer, 165
Schorske, 87, 403
Schutz, 6 e n, 397
Selznick, 220
Serverin, 230n
Shusterman, 306n
Sloane, 277 e n, 281n, 285n, 286 e n, 288
Souriaux, 225n
Spitzer (L.), 150n
Spitzer (S.), 218n
Steiner, 63n
Strawson, 297

Tabarant, 278n, 282n, 284n, 294n
Tavarès, 91n
Thomas, 278n, 287n, 423n
Thompson, 219 e n, 385, 403
Thoré, 64n, 272, 288
Thuillier, 273, 274n
Ticiano, 282
Tocqueville, 228, 433n, 435
Trier, 63
Troeltsch, 172
Tynianov, 63

Veblen, 147
Verdès-Leroux, 94n
Vernet, 279, 282
Villey, 238n

Warhol, 312
Watteau, 272, 291
Weber, 8, 13, 22, 44, 64, 65n, 67, 147, 168n, 181, 196, 199n, 201,

ÍNDICE DE AUTORES

204n, 206n, 207, 225, 235, 241, 253n, 257, 262, 334, 355-7, 374-5, 380, 393, 398, 400-1, 442

Weill, 124n, 186n

Whistler, 289

White (C.A.), 277n

White (H.C.), 277n, 386

Whorf, 4, 13

Wittgenstein, 68, 169, 170n, 224, 236, 297, 305-6

Wolff, 285

Woolf, 66

Yngvesson, 242-3n

Zola, 288-9, 310

Índice temático

AGENTES, 53, 75-6, 80, 147-50; atitudes dos –, 92-4, 160, 205-6; condutas dos –, 233; acção dos –, 83-5, 130-131; posição dos – no espaço social, 136-8; concordância entre a vocação subjectiva e a missão objectiva dos –, 85, 88-9; adequação dos – aos postos, 85-9.

ANTROPOLOGIA, 26-7, 63.

APROPRIAÇÃO, – da tradição científica, 60-4; – da história pelo sujeito e do sujeito pela história, 81-2; – (incorporação) da história pelo agente, 86-7; – (percepção) da obra de arte, 282, 248-300, 306-7; interpretação (dos textos jurídicos), 213-4, 223-4.

ARTE, 17, 61-2, 67, 68-72, 269-70; obra de –, 71-2, 297-302, 312-3; – legitimada pelo Estado, 276-7, 290-1; – académica, 290-4; – romântica, 271; – revolucionária de Manet, 270-274; ruptura(s) artística(s) e estética(s), 70-1, 269-70, 293; campo artístico, 69-72, 299-301, 302-3, 312-3; constituição de um campo artístico, 293-4; atitude estética, 300-1; linguagem artística, 303-7. (vd. apropriação, história)

CAMPO, noção de, 25, 62-72; noção de – e pensamento (sociologia) relacional, 25-32; teoria geral dos – s, 67-9; limites do –, 29, 39-40; leis invariantes dos – s, 64-7; autonomia dos – s, 69-70; homologias estruturais e funcionais entre – s, 31-2, 65, 68n, 158-9; intersecção entre – s, 53-5; – da produção simbólica, 7-11, 148; – da produção ideológica, 8-10, 175-6; relações entre o – da produção ideológica e o – das posições sociais, 7; homologia entre o – da produção ideológica e o – da luta de classes. 8-12; – do

450 | O PODER SIMBÓLICO

poder, 26-9: – político, 53-4, 156-65, 167-215; – do *marketing* político, 54; – da ciência política, 54; – social, 137, 152; – da produção cultural, 3, 65-6, 69-70, 156, 223, 310; – artístico, 62-3, 68-72, 299-313; – da alta-costura, 65-6; – jornalístico, 54; – da produção literária, 72-3; – intelectual, 38, 63-4, 71n, 90-1n; – universitário, 10-1, 15-56, 76; – das instituições escolares, 28-9; – das ciências sociais, 34, 108-11; – da produção histórica, 76-9; relações entre o – científico e o – social, 120-1; – profissional, 96; jurídico, 219--66; – da magistratura, 38; – burocrático, 35-6, 92-4; – religioso, 64; – clerical, 74n; sub – do poder económico, 27-8; relações entre os vários – s e o – da produção económica, 158-9; – de forças, 136; – como espaço de lutas, 83-4. (vd. espaço social, lutas)

CAPITAL, 136; – simbólico, 11, 147; – social, 27-8, – político, 168, 171-2, 192, 196-9, 200-2; – jurídico, 228-9; – económico e – cultural, 8; conversão do –, 11-2; posse de – e capacidade de autonomia (escassez de – e submissão à instituição), 94-5.

CIÊNCIA, 16-7, 20-1, 33, 40, 59; razão científica, 41, 224; – social, 19, 33-4, 44, 47-8, 62; lógica da – e lógica da prática, 111; utilização simbólica da –, 120-1; relações entre – e indústria, 100-1n. (vd. cultura, história, sociologia)

CLASSE, noção de –, 26-7; teoria marxista das – s, 141-2, 156-7, 165; – s no papel e – s reais, 139-42, 154; – como representação e vontade, 163-5; representações de –, 73-5n; consciência de –, 26-7, 45; interesses de –, 6, 9-10; – dominante, 26-7, 259; – s dominadas, 170-2; – operária, 97-8, 164, 187, 204; fracções de –, (fracção de) – dos especialistas da produção cultural e simbólica (letrados, artistas, intelectuais), 7-10, 156-7; mobilização de – 140; luta de classes. – simbólica, 7-10, 156-7; – entre capital económico e capital cultural, 10. (vd. dominação, lutas)

CLASSIFICAÇÕES, 4, 114-5, 123-4, 153-5: sistemas de –, 10-1; – científicas e – sociais (práticas), 11-2, 115; – políticas, 160; luta das –, 113-4, 116-7; – e taxinomias profissionais, 37, 90-1; taxinomias oficiais, 16-1, 150-1; categorização, 116-7, 145; categorias do juízo artístico, 305-7. (vd. lutas)

CONCORRÊNCIA, 28, 51-5, 82-4; – entre capital económico e capital simbólico, 8; – pelo monopólio da produção simbólica e ideológica legítima, 8-10; – pelo monopólio do direito de dizer o direito, 220-3, 226-35; – política, 159, 181, 190. (vd. campo, conflito, espaço social, lutas, monopólio)

CONFLITO, 36-7, 40, 72, 239. (vd. lutas)

ÍNDICE TEMÁTICO | 451

CULTURA, – douta (científica), 43-4, 46; – política, 183-4; – dominante, 6-7; circulação (imigração) das ideias, 3, 61-2; transmissão cultural (prática a prática), 20; campo da produção cultural, 3.

DIREITO, 247-62; profissionais do –, 242-4; antagonismo estrutural entre teóricos e práticos do –, 226-32; ciência jurídica (visão internalista do direito), 217; sociologia marxista do direito (visão externalista do direito), 218; campo jurídico, 219-47, 263-6; relações entre o campo jurídico e o campo do poder, 253-5, 260, 263--4; relações do *corpus* jurídico com o estado das relações de forças, 220-2; linguagem jurídica, 224-5, 236-7.

DISCURSO, – dominante, 10-1; – político, 159, 169, 175, 182, 192; – performativo, 116-7, 148; – de celebração, 304-5; – regionalista, 116-7; – científico, 120-1; meta –, 55, 57; concorrência entre – s, 51-5.

DOMINAÇÃO, 10-2, 73, 85; – simbólica, 6-7, 10-1, 228-9, 253, 257-8, 260; revoltas contra a – simbólica, 125-9; – linguística, 129-30; – de classe, 7-8; relações de – entre as ciências sociais, 109-10.

ECONOMIA, 59, 130, 135, 228-30; pensamento económico e teoria dos campos, 67-8.

ESPAÇO SOCIAL, 27-8, 52-3, 82-3, 136-40; multidimensionalidade do –, 157; – como espaço de estilos de vida, 147; – do trabalho, 97; – e espaço mental, 234-5, 237; – e espaço geográfico, 141n. (vd. região)

ESTRATÉGIA(S), noção de –, 80-1, 125; simbólicas, 112-3, 121, 149; – cognitivas de produção de sentido, 143; – classificatórias, 154: – discursivas, 52-5; – científicas, 60-2, 109-20: – políticas, 188; – artísticas, 71-2. (vd. agentes)

ETNOLOGIA, 9-10n, 43, 112; etnometodologia, 6n, 23, 41-2.

FILOSOFIA, 67, 224, 238n; *habitus* do filósofo, 75-6; – e ciências sociais, 75-6, 295-6; – da história, 73-6, 89n; – da consciência 60; – da estética, 297-8, 302, 312-3; – pós-moderna, 295-6; – neo-fenomenologia, 6n; – neo-kantismo, 4-5, 59.

GEOGRAFIA, 108-9; – e economia, 108-10.

HABITUS, 205, 252-3; génese da noção de –, 59-62; – e história incorporada, 79-105; coincidência entre o – e o hábito, 85-9; – e posição (do agente), 83-98; – científico, 19-21, 60, 62, 76; – do político, 174; – profissional, 86-8; – jurídico, 228, 237, 241; – burguês e ordem burocrática, 92.

HISTÓRIA, 30, 104; construção do objecto histórico, 31-2, 76-9; campo da produção histórica, 76-9; – social (dos instrumentos de construção da realidade social), 34-5; – social das ciências sociais,

452 | O PODER SIMBÓLICO

34; – da sociologia e da –, 78n, 310; – teleológica e retrospectiva, 76-80; – dos campos, 69-70; – literária, 62; – da arte, 62, 69-72, 270-3, 302, 311-2; – da génese do campo artístico, 302-4, 312-3; – do direito, 161, 217, 220-1, 226-7; – da autobiografia, 77n; – objectiva e – incorporada, 73-105, 160; hagiografia, 70.

INSTITUIÇÃO(ÕES), 27, 73, 79-80, 90-5, 161-3, 196-8, 247-300; institucionalização, 90-1, 99, 118-201, 293-4; – política(s), 169-70, 175; – burocráticas, 92-3; – jurídica, 259; – judiciais, 242; – escolares, 28-9; – artísticas, 273, 290-2; taxinomias institucionalizadas, 151-3.

LINGUÍSTICA, 67-8, 113-4, 218n, 224-5, 236-7; sociolinguística, 26; *generative grammar*, 59; estruturalismo linguístico, 5, 63; formalismo russo, 63-4, 69.

LITERATURA, 65-7, 269-70, 310: autonomização do campo literário, 68-9; formalismo russo, 63, 68-9.

LUTA(S), – simbólica entre classes, 7-8, 156-7; – pelo monopólio do poder, 27; – de classificações, 113, 116, 125-7; – pelo poder de definição legítima das divisões do mundo social, 113-24; – entre disciplinas, 108-111; – pela entidade (social, grupai. regional, étnica), 112-4, 117, 120-1, 125-9: – regionalistas, 131-3; – pelo poder de nomeação, 149-50: – política, 145-6, 178-82, 188-9, 200, 208; homologia entre a – política e a – de classes, 180-2; – jurídicas, 264-5; – artísticas, 307; – entre a história objectivada e a história incorporada, 102; revolução, subversão, 101, 126, 208, 249. (vd. concorrência, conflito)

MERCADO, – de bens simbólicos, 130; – linguístico, 53, 67 – universitário; 40; – político; 159, 168, 170; – dos serviços jurídicos, 243-4, 251-2; unificação dos – s e lutas regionalistas, 131-2.

MONOPÓLIO, – da produção ideológica legítima, 8-10; – da objectivação objectivista, 55-6; – da definição das divisões do mundo social, 113-4; – da produção política legítima, 170, 172-3; – da nomeação legítima, – da nomeação simbólica, 149; – da produção artística legítima, 292-3; – da violência simbólica, 8, 149, 219, 247; – dos instrumentos da construção jurídica, 243-4: – do poder, 27. (vd. concorrência, lutas)

PENSAMENTO (CORRENTES DE); tradição teórica da sociologia, 22, 25, 57; tradição metodologista da sociologia, 22-3, 39; marxismo, 6-7, 9, 62, 75-6, 135, 141, 156, 164, 218, 256n; estruturalismo, 5, 59, 63-4, 92; neo-kantismo, 4, 59-60; neo-fenomenologia, 6n; pensamento relacional, 63-4. (vd. etnologia, filosofia, história, sociologia)

ÍNDICE TEMÁTICO | 453

PODER, 11-2, 26-7, 161-3; – simbólico. 3-11, 71n, 155, 193; campo do –, 26, 28: – de classificação, 113-7, 148; – de nomeação, 116-7, 149-51, 247-50, 290-1; – político, 193-4; político e – de classificação (nomeação), 114, 145, 154-5; – dos profissionais do direito, 241-3; – económico, 27. (vd. concorrência, lutas, monopólio, simbólico)

POLÍTICA(O), 210-4; jogo –, 145-6, 161-5, 174-83, 186, 188, 190-3; campo –, 156-214; autonomização do campo –, 175; cultura –, 183-4; limites do – mente dizível ou pensável, 169; ciência –, 167, 175; representação – (das classes dominadas) e desapossamento –, 170-2; disciplinamento –, 205-8; capital –, 196-201; partidos – s, 179-85, 189-90, 196-7, 202-7; profissionais da –, 170, 172-5, 177-8, 188, 193-5, 203-5; apolitismo, 174.

POSIÇÃO(ÕES), 136-9; – e profissões, 150-1; sentido da – ocupada (*sense of place*). 144; dialéctica entre as atitudes e as – dos agentes, 7, 82-3, 94-5; homologias entre as – dos intelectuais no campo do poder e da classe dominada no campo social, 156-8. (vd. agentes, espaço social)

PRÁTICA(O), 84-5, 112; razão –, 59; senso –, 81-2; ajustamento – (entre atitudes e posições), 97; – s inscritas nas posições (ou nos postos), 87-8, 93: – jurídica, 251-2.

REGIÃO, 107-33; génese da noção de –, 107-33; regionalismo (lutas regionais), 125-33; universalização e regionalismos, 130-2.

RELAÇÕES, 26-7, 63-4; – da força 7, 11, 137-8, 145, 233-4; – de forças simbólicas, 54-5, 125-6; – de poder, 26-7; – entre agentes do campo intelectual, 64-5. (vd. campo, espaço social)

REPRESENTAÇÕES, 87-8, 112, 118-9, 249; – sociais, 34, 38-42, 45-6, 73-4, 270; relação entre as – do mundo social e as posições dos agentes e dos grupos nos vários campos, 156-9; percepção do mundo social, 142-5; – oficiais, 259-60; – da prática jurídica, 238; – literárias e artísticas; 270; representação política, 160-5.

REPRODUÇÃO, 6-7, 27-8, 43-4, 83-4, 95-102, 144-5, 148, 202, 257, 263

SIMBÓLICO(A), teorias sobre o –, 4-8; luta –, 7, 52-4, 121, 125-6, 149, 226, 233-4; revolução –, 269-70; violência –, 8; poder –, 3-12, 113- -4, 116-7; luta pelo poder –, 7-8, 71n, 116-7, 148; sistemas –, 5-10; campo da produção –, 7-12, 148; estratégias – s, 121; eficácia –, 10-1, 46, 116-7, 148, 234-5, 255; economia do –, 112. (vd. lutas, poder)

SOCIAL(AIS), 26-8, 32-3, 51-3, 100, 126-8, 148, 160-1, 248-9, 259; integração –, 5-6; identidade – (regional e étnica), 112-3, 121,

454 | O PODER SIMBÓLICO

151-2; diferenciação –, 26, 158; diferenças –, 146-7; distinção, 130, 147-8; depreciação –, 130; interacção –, 52-3, 64; normalização das relações –, 261-2; capital –, 27-8; construção das representações – do –, 5, 34, 38, 41-2, 45; princípios de visão e divisão do –, 113-5, 140-1, 149-52, 179, 249; produção – dos problemas – legítimos, 33-6; grupos profissionais, 37-40, 92; corpo –, 291-2; sociedades arcaicas, 145-6; sociedade de corte, 82-3.

SOCIOLOGIA, – como ruptura com o senso comum. 32-42, 48, 63-4; – como ruptura epistemológica, 32-49, 59, 65-6; como discurso em concorrência com outros discursos, 52-6; – e ideologia, 46; – e filosofia, 41-2; – e direito, 265-6; – e noção de região, 110-2, 122-3; – como instrumento de luta no interior do campo universitário, 50. Objecto sociológico; construção do –, 18, 22-39; construção do(s) problemas(s), 33-7; relação teoria-prática, 18-9, 21--3, 57; objectivação objectivista, 51; objectivação participante, 49--56; análise intensiva e análise extensiva do –, 29-30; análise estrutural do-, 5; método comparativo (raciocínio analógico), 30-1; sondagens, 36; linguagem sociológica, 37-40; determinantes sociais dos princípios de apreensão sociológica, 37-40. Sociólogo, ofício do –, 16-21; habitas científico do –, 19-22, 42-3; relações entre o – e a sociedade, 33-4, 39-41, 45, 48, 119-20n. Sociologia da –, 23, 36, 48-50, 56, 78n, 104-5; – das instituições escolares, 28-9; – das formas simbólicas, 4; – das obras de arte, 71-2, 300m; quadro dos caracteres pertinentes de um conjunto de agentes ou de instituições, 27-8. Sociologia, relacional, 25-32, 63-4; – como topologia social, 135; interaccionismo, 7, 23, 64-5, 93; teoria teórica, 22, 25, 57; tradição metodologista da – (metodologismo), 22-3, 39; – e oposição teoria/metodologia, 22; escolas metodológicas em –, 23; – positivista, 29-30, 39-40, 48; – empirista, 30--1; hiper-empirismo positivista, 33; – neofuncionalista, 22; teoria dos sistemas, 220n; – americana, 41; – substancialista (pensamento realista), 25; – marxista, 6, 9, 45-6, 62, 156, 164; – corrente, 33, 41; epistemologia da –, 22.

TRABALHO, divisão social do –, 9-10, 22, 90, 131, 168-9, 220-1, 226--32, 256-7; – assalariado, 95-8; – industrial, 98; – de produção de sentido, 146.

VIOLÊNCIA, – simbólica, 7-12, 94, 219, 262-3; – iconoclasta, 46; – política, 12, 205.

Índice

NOTA À 2ª EDIÇÃO
VINTE ANOS DEPOIS VII

O PODER SIMBÓLICO E O PROJECTO SOCIOLÓGICO DE
  PIERRE BOURDIEU XV
  Quatro novos textos como complemento XVI
  A história cultural e a antropologia cultural XXI
  Uma proposta de unificação dos saberes XXXVI
  Por uma ciência, sociológica e histórica, do campo político . XLI
  Fecho L

CAPÍTULO I
SOBRE O PODER SIMBÓLICO 3
  Os «sistemas simbólicos» (arte, religião, língua) como estru-
    turas estruturantes 4
  «Os sistemas simbólicos» como estruturas estruturadas ... 5
  Primeira síntese 6
  As produções simbólicas como instrumentos de domi-
    nação 6
  Segunda síntese 7
  Os sistemas ideológicos que os especialistas produzem 9
  Instrumentos simbólicos (esquema) 13

456 | O PODER SIMBÓLICO

CAPÍTULO II

INTRODUÇÃO A UMA SOCIOLOGIA REFLEXIVA 15
   Ensinar um ofício 16
   Pensar relacionalmente 22
   Uma dúvida radical 32
   Double bind e conversão 42
   A objectivação participante 49

CAPÍTULO III

A GÉNESE DOS CONCEITOS DE *HABITUS* E DE CAMPO 57

CAPÍTULO IV

LE MORT SAISIT LE VIF. AS RELAÇÕES ENTRE A HISTÓRIA
   REIFICADA E A HISTÓRIA INCORPORADA 73

CAPÍTULO V

A IDENTIDADE E A REPRESENTAÇÃO. ELEMENTOS PARA UMA
   REFLEXÃO CRÍTICA SOBRE A IDEIA DE REGIÃO 107
   As lutas pelo poder de di-visão 108
   Dominação simbólica e lutas regionais 125

CAPÍTULO VI

ESPAÇO SOCIAL E GÉNESE DAS «CLASSES» 135
   O espaço social 136
   Classes no papel 139
   A percepção do mundo social e a luta política 142
   A ordem simbólica e o poder de nomeação 149
   O campo político e o efeito das homologias 155
   A classe como representação e como vontade 161

CAPÍTULO VII

A REPRESENTAÇÃO POLÍTICA. ELEMENTOS PARA UMA TEORIA
   DO CAMPO POLÍTICO 167
   O monopólio dos profissionais 168
   Competência, coisas em jogo e interesses específicos 174
   O jogo duplo 178
   Um sistema de desvios 183
   Palavras de ordem e ideias-força 188

ÍNDICE

Crédito e crença 193
As espécies de capital político 195
A institucionalização do capital político 200
Campos e aparelhos 202
Apêndice 210

Capítulo VIII
A FORÇA DO DIREITO. ELEMENTOS PARA UMA SOCIOLOGIA DO CAMPO JURÍDICO 217
A divisão do trabalho jurídico 220
A instituição do monopólio 235
O poder de nomeação 247
A força da forma 251
Os efeitos da homologia 263

Capítulo IX
A INSTITUCIONALIZAÇÃO DA ANOMIA 269
O olhar académico 271
O modelo: do *nomos* à institucionalização da anomia 290

Capítulo X
GÉNESE HISTÓRICA DE UMA ESTÉTICA PURA 295
A análise da essência e a ilusão do absoluto 297
A génese do campo artístico e a invenção do olhar puro .. 301

Apêndices
I.   PESSOAS COM HISTÓRIA, PESSOAS SEM HISTÓRIA 317
II. DIÁLOGO A PROPÓSITO DA HISTÓRIA CULTURAL 339
III. SOBRE AS RELAÇÕES ENTRE A SOCIOLOGIA E A HISTÓRIA NA ALEMANHA E EM FRANÇA 369
IV. SOBRE AS ASTÚCIAS DA RAZÃO IMPERIALISTA 409

ORIGEM DOS TEXTOS 435

NOTA BIBLIOGRÁFICA 437

ÍNDICE DE AUTORES 443

ÍNDICE TEMÁTICO 449